この本の特長と使い方

✎問題回数ギガ増しドリル!

算数　国語　生活

…容が，この１冊でたっぷり学べます。

✎キリトリ式プリント!

１回分を１枚ずつ切りとって使えるので，
学習しやすく，達成感も得られます。

✎…スマホでサクッと!

その場でサ…答入り誌面が見られます。

くわしくはp.2…

✎もう１回チャレンジできる!

裏面には，表面と同じ問題を掲載。
解きなおしや復習がしっかりできます。

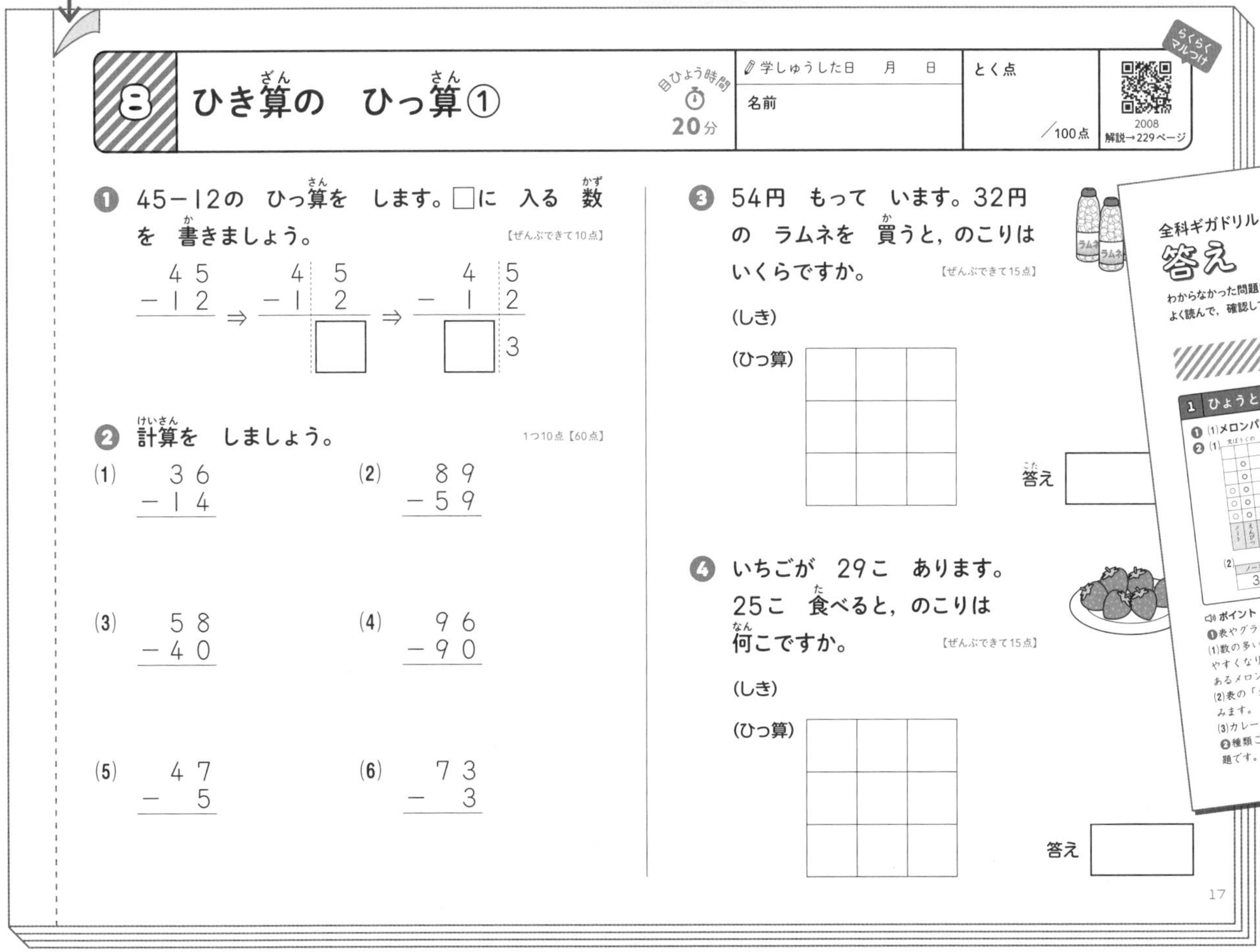

8　ひき算《ざん》の　ひっ算《さん》①

目ひょう時間 20分　学しゅうした日　月　日　名前　とく点　／100点　らくらくマルつけ　2008　解説→229ページ

❶ 45−12の　ひっ算《さん》を　します。□に　入る　数《かず》を　書《か》きましょう。【ぜんぶできて10点】

45 − 12 ⇒ 4│5 − 1│2 ⇒ 4│5 − 1│2 □│3

❷ 計算《けいさん》を　しましょう。1つ10点【60点】

(1) 36 − 14　(2) 89 − 59
(3) 58 − 40　(4) 96 − 90
(5) 47 − 5　(6) 73 − 3

❸ 54円　もって　います。32円の　ラムネを　買《か》うと，のこりは　いくらですか。【ぜんぶできて15点】

(しき)
(ひっ算)
答《こた》え

❹ いちごが　29こ　あります。25こ　食《た》べると，のこりは　何《なん》こですか。【ぜんぶできて15点】

(しき)
(ひっ算)
答え

17

裏面

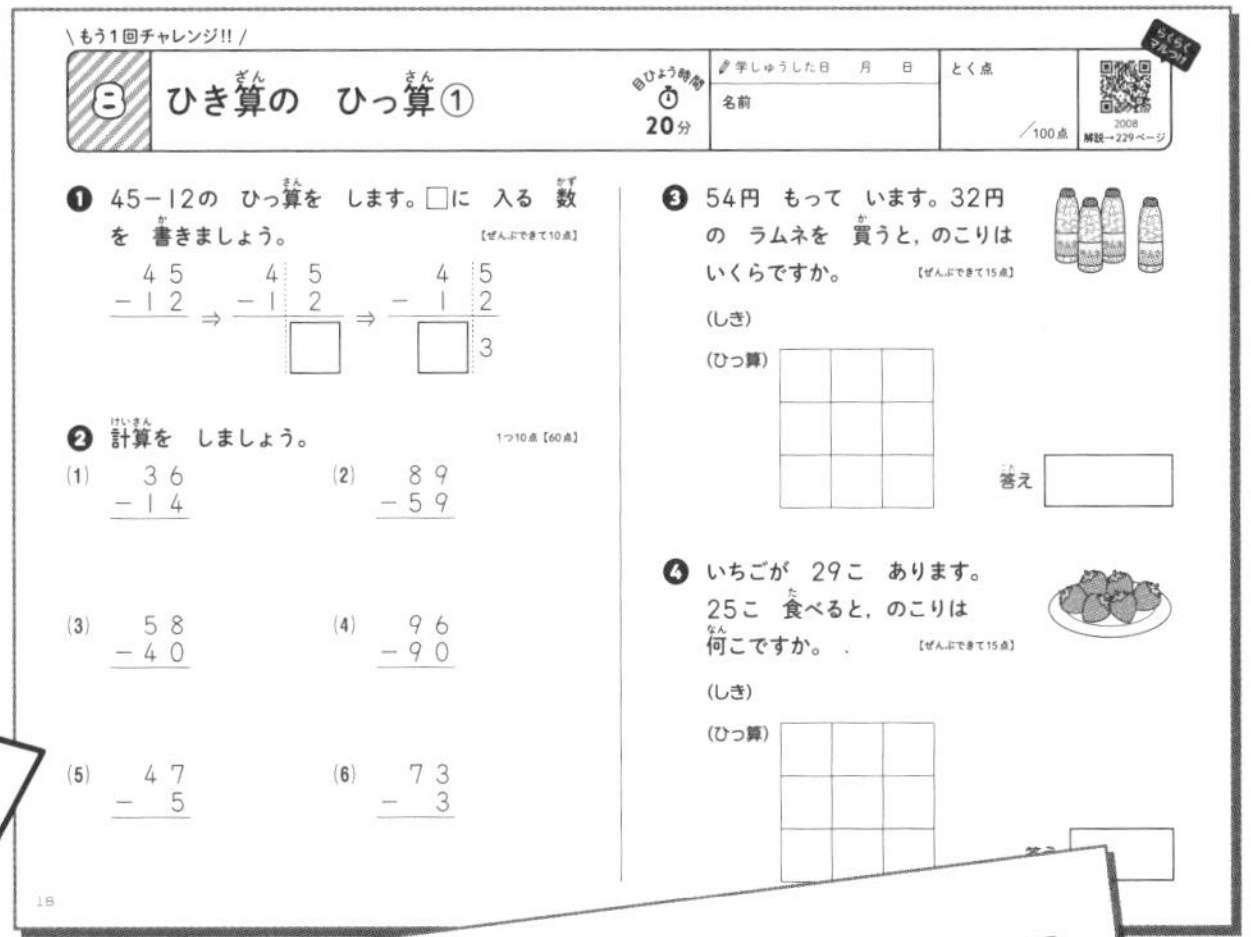

もう１回チャレンジ!!
8　ひき算の　ひっ算①
❶ 45−12の　ひっ算を　します。□に　入る　数を　書きましょう。
❷ 計算を　しましょう。
(1) 36 − 14　(2) 89 − 59　(3) 58 − 40　(4) 96 − 90　(5) 47 − 5　(6) 73 − 3
❸ 54円　もって　います。32円の　ラムネを　買うと，のこりは　いくらですか。
❹ いちごが　29こ　あります。25こ　食べると，のこりは　何こですか。

18

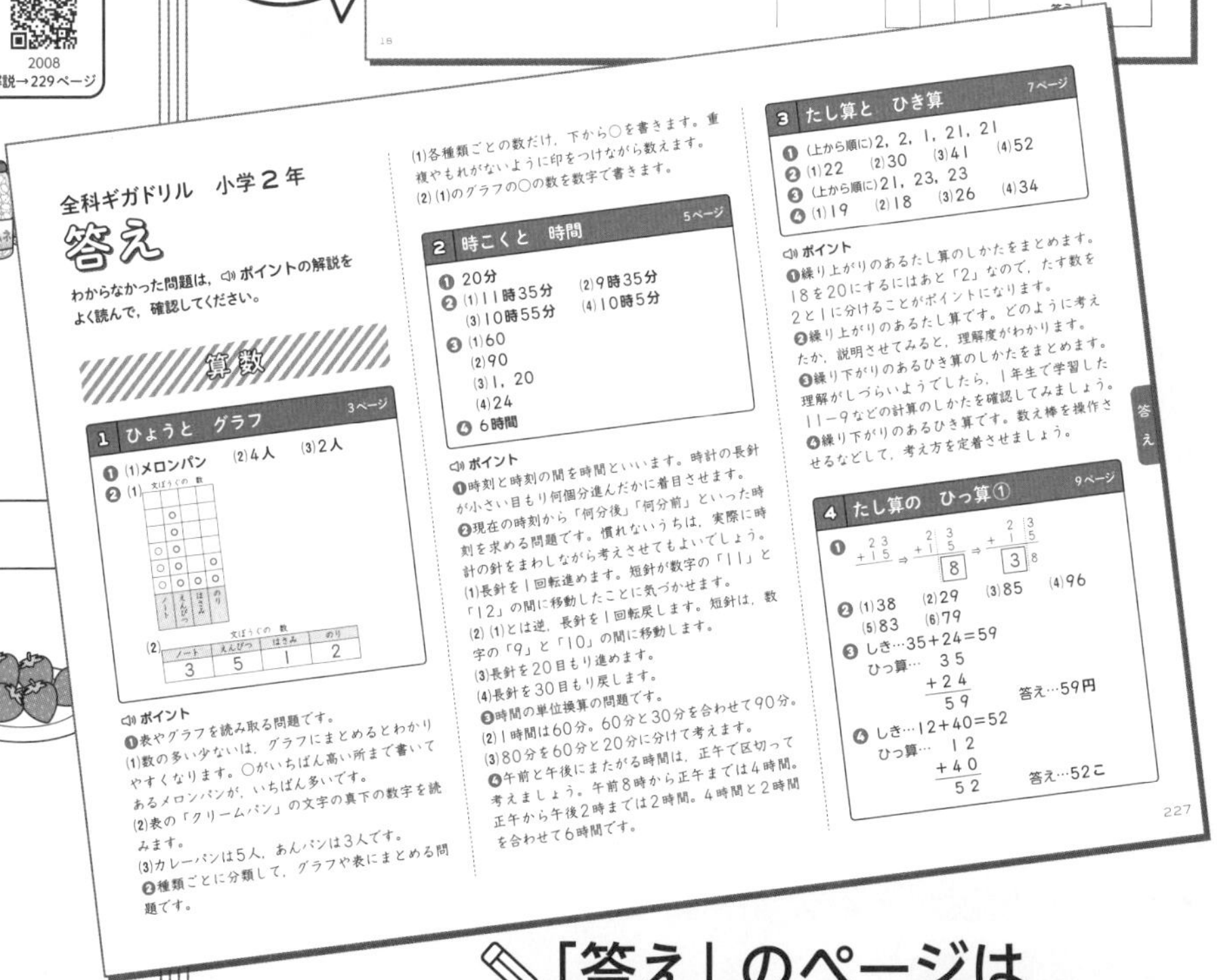

全科ギガドリル　小学２年

答え

わからなかった問題は，ポイントの解説をよく読んで，確認してください。

算数

1 ひょうと　グラフ　3ページ

❶ (1)メロンパン　(2)4人　(3)2人
❷ (1)（グラフ）(2)

文ぼうぐの　数

ノート	えんぴつ	はさみ	のり
3	5	1	2

ポイント
表やグラフを読み取る問題です。
❶表やグラフを読み取る問題です。
(1)数の多い少ないは，グラフにまとめるとわかりやすくなります。○がいちばん高い所まで書いてあるメロンパンが，いちばん多いです。
(2)表の「クリームパン」の文字の真下の数字を読みます。
(3)カレーパンは5人，あんパンは3人です。
❷種類ごとに分類して，グラフや表にまとめる問題です。
(1)各種類ごとの数だけ，下から○を書きます。重複やもれがないように印をつけながら数えます。
(2)(1)のグラフの○の数を数字で書きます。

2 時こくと　時間　5ページ

❶ 20分
❷ (1)11時35分　(2)9時35分　(3)10時55分　(4)10時5分
❸ (1)60　(2)90　(3)1，20　(4)24
❹ 6時間

ポイント
❶時刻と時刻の間を時間といいます。時計の長針が小さい目もり何個分進んだかに着目させます。
❷現在の時刻から「何分後」「何分前」といった時刻を求める問題です。慣れないうちは，実際に時計の針をまわしながら考えさせてもよいでしょう。
(1)長針を1回転進めます。短針が数字の「11」と「12」の間に移動したことに気づかせます。
(2)(1)とは逆，長針を1回転戻します。短針は，数字の「9」と「10」の間に移動します。
(3)長針を20目もり進めます。
(4)長針を30目もり戻します。
❸時間の単位換算の問題です。
(2)1時間は60分。60分と30分を合わせて90分。
(3)80分を60分と20分に分けて考えます。
❹午前と午後にまたがる時間は，正午で区切って考えましょう。午前8時から正午までは4時間。正午から午後2時までは2時間。4時間と2時間を合わせて6時間です。

3 たし算と　ひき算　7ページ

❶ (上から順に)2，2，1，21，21　(4)52
❷ (1)22　(2)30　(3)41
❸ (上から順に)21，23，23　(4)34
❹ (1)19　(2)18　(3)26

ポイント
❶繰り上がりのあるたし算のしかたをまとめます。18を20にするにはあと「2」なので，たす数を2と1に分けることがポイントになります。
❷繰り上がりのあるたし算です。どのように考えたか，説明させてみると，理解度がわかります。
❸繰り下がりのあるひき算のしかたをまとめます。理解がしづらいようでしたら，1年生で学習した11−9などの計算のしかたを確認してみましょう。
❹繰り下がりのあるひき算です。数え棒を操作させるなどして，考え方を定着させましょう。

4 たし算の　ひっ算①　9ページ

❶ 23 + 15 ⇒ 2│3 + 1│5 8 ⇒ 2│3 + 1│5 3│8
❷ (1)38　(2)29　(3)85　(4)96　(5)83　(6)79
❸ しき…35+24=59　ひっ算… 35 + 24 = 59　答え…59円
❹ しき…12+40=52　ひっ算… 12 + 40 = 52　答え…52こ

答え

227

✎「答え」のページは ていねいな解説つき!

解き方がわかる◁)ポイントがついています。

スマホでサクッと!

らくらくマルつけシステム

「答え」のページを
見なくても!
その場でスピーディーに!

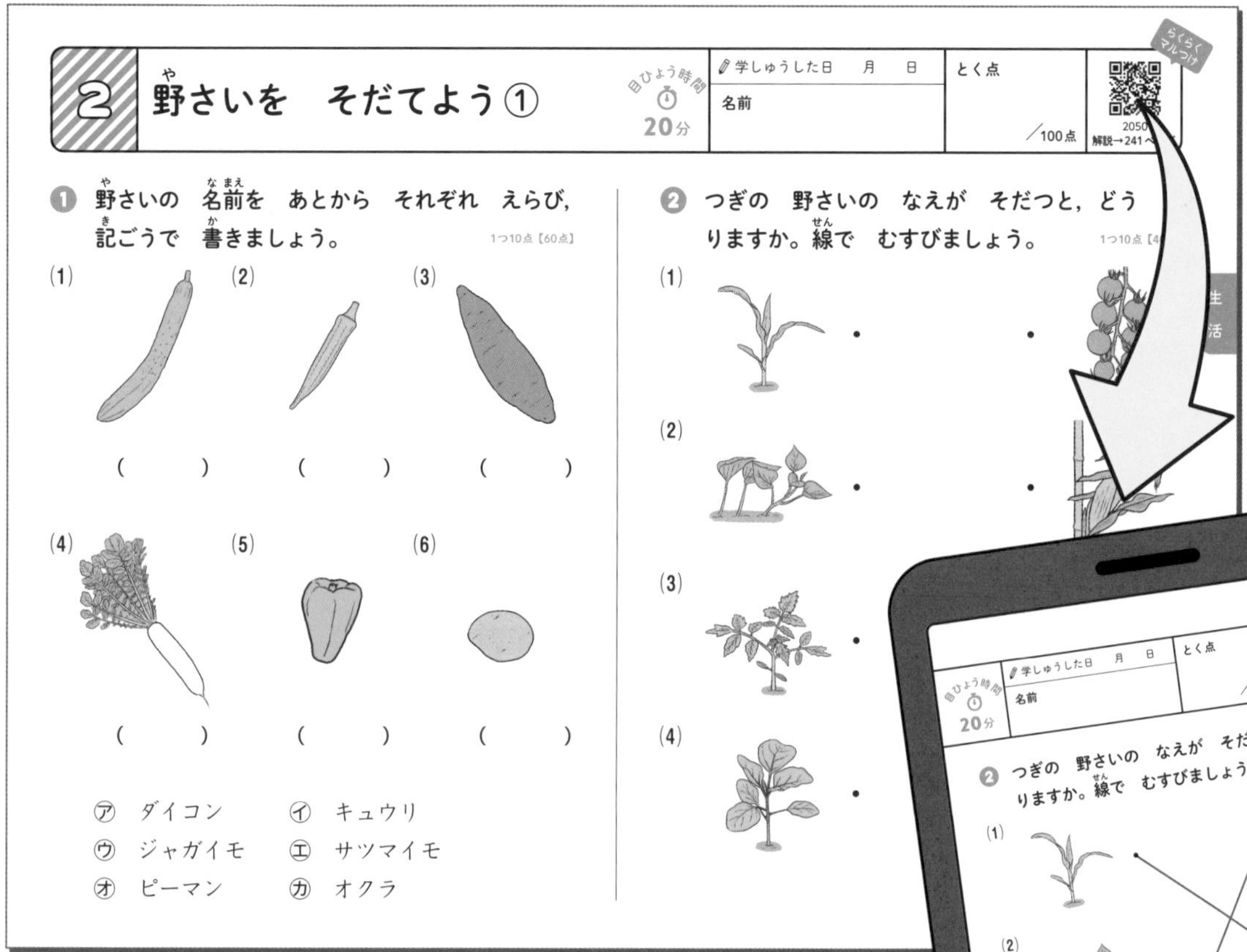

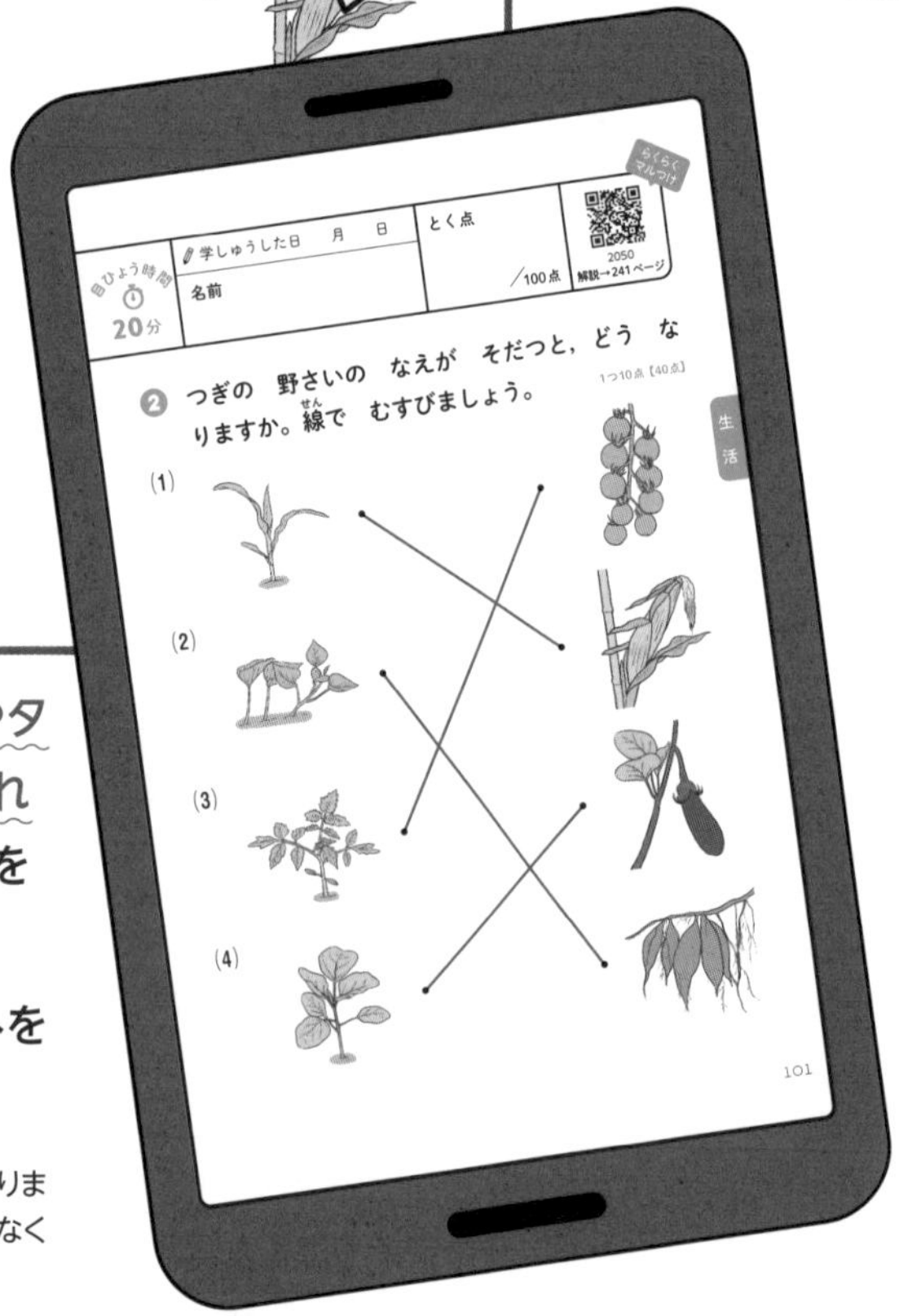

- 問題ページ右上のQRコードを，お手持ちのスマートフォンやタブレットで読みとってください。そのページの解答が印字された状態の誌面が画面上に表示されるので，「答え」のページを確認しなくても，その場ですばやくマルつけができます。
- くわしい解説が必要な場合は，「答え」のページの🔈ポイントをご確認ください。

●「らくらくマルつけシステム」は無料でご利用いただけますが，通信料金はお客様のご負担となります。●すべての機器での動作を保証するものではありません。●やむを得ずサービス内容に予告なく変更が生じる場合があります。●QRコードは㈱デンソーウェーブの登録商標です。

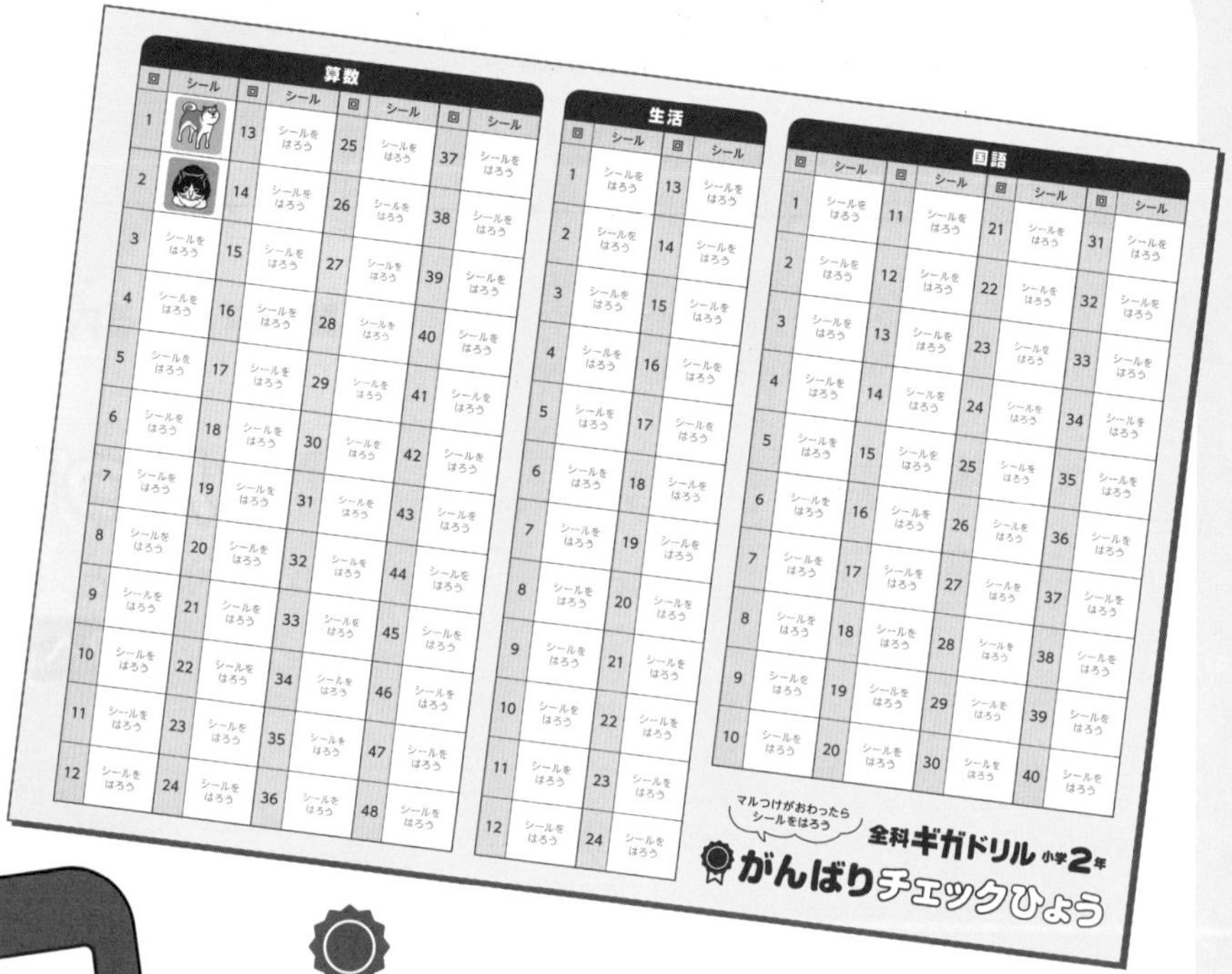

がんばりチェックシールでモチベーションもアップ!

1回分の学習が終わったら，巻末の「がんばりチェックひょう」にごほうびのシールを貼りましょう。

1 ひょうと　グラフ

目ひょう時間 20分

学しゅうした日　　月　　日	とく点
名前	／100点

らくらくマルつけ
2001
解説→227ページ

1 **すきな　パンを　しらべて，ひょうと　グラフに　あらわしました。**　1つ20点【60点】

すきな　パンしらべ

すきなパン	あんパン	メロンパン	カレーパン	クリームパン
人数《にんずう》(人)	3	6	5	4

すきな　パンしらべ

	○		
	○	○	
	○	○	○
○	○	○	○
○	○	○	○
○	○	○	○
あんパン	メロンパン	カレーパン	クリームパン

(1)　すきな　人が　いちばん　多《おお》い　パンは　どれですか。

(2)　「クリームパン」が　すきな　人は　何人《なんにん》ですか。

(3)　「カレーパン」が　すきな人と　「あんパン」が　すきな　人の　人数の　ちがいは　何人ですか。

2 **文ぼうぐの　数《かず》を　せい理《り》します。**　【40点】

(1)　文ぼうぐの　数を　○を　つかって，グラフに　あらわしましょう。　（ぜんぶできて20点）

文ぼうぐの　数

○			
○			
○			
ノート	えんぴつ	はさみ	のり

(2)　文ぼうぐの　数を　下の　ひょうに　あらわしましょう。　（ぜんぶできて20点）

文ぼうぐの　数

ノート	えんぴつ	はさみ	のり

1 ひょうと　グラフ

目ひょう時間 20分

学しゅうした日　　月　　日

名前

とく点

／100点

らくらくマルつけ

2001
解説→227ページ

❶ すきな　パンを　しらべて，ひょうと　グラフに　あらわしました。 1つ20点【60点】

すきな　パンしらべ

すきな パン	あんパン	メロンパン	カレーパン	クリーム パン
人数《にんずう》(人)	3	6	5	4

すきな パンしらべ

	○		
	○	○	
	○	○	○
○	○	○	○
○	○	○	○
○	○	○	○
あんパン	メロンパン	カレーパン	クリームパン

(1) すきな　人が　いちばん　多《おお》い　パンは　どれですか。

(2) 「クリームパン」が　すきな　人は　何人《なんにん》ですか。

(3) 「カレーパン」が　すきな人と　「あんパン」が　すきな　人の　人数の　ちがいは　何人ですか。

❷ 文ぼうぐの　数《かず》を　せい理《り》します。 【40点】

(1) 文ぼうぐの　数を　○を　つかって，グラフに　あらわしましょう。 (ぜんぶできて20点)

文ぼうぐの　数

○			
○			
○			
ノート	えんぴつ	はさみ	のり

(2) 文ぼうぐの　数を　下の　ひょうに　あらわしましょう。 (ぜんぶできて20点)

文ぼうぐの　数

ノート	えんぴつ	はさみ	のり

2 時《じ》こくと　時間《じかん》

目ひょう時間 20分

学しゅうした日　月　日

名前

とく点　／100点

2002
解説→227ページ

らくらくマルつけ

1 さん歩《ぽ》した　時間《じかん》は　何分《なんぷん》ですか。【10点】

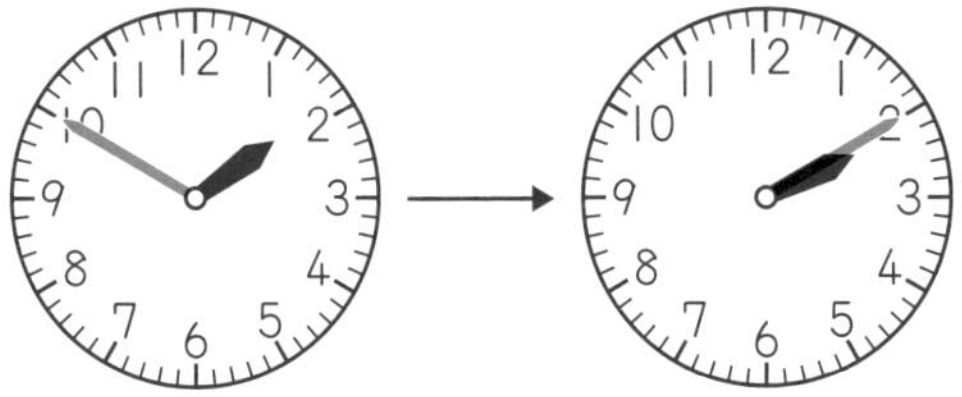

さん歩を　はじめる　　さん歩を　おえる

□

2 今《いま》の　時こくは　10時35分《ふん》です。つぎの　時こくを　答《こた》えましょう。

1つ10点【40点】

(1) 今から　1時間あと　□

(2) 今から　1時間前《まえ》　□

(3) 今から　20分あと　□

(4) 今から　30分前　□

3 □に　入る　数《かず》を　書《か》きましょう。【40点】

(1) 1時間＝□分　(10点)

(2) 1時間30分＝□分　(10点)

(3) 80分＝□時間□分　(ぜんぶできて10点)

(4) 1日＝□時間　(10点)

4 えまさんは，午前《ごぜん》8時から　午後《ごご》2時まで　学校に　いました。学校に　いた　時間は　何時間ですか。【10点】

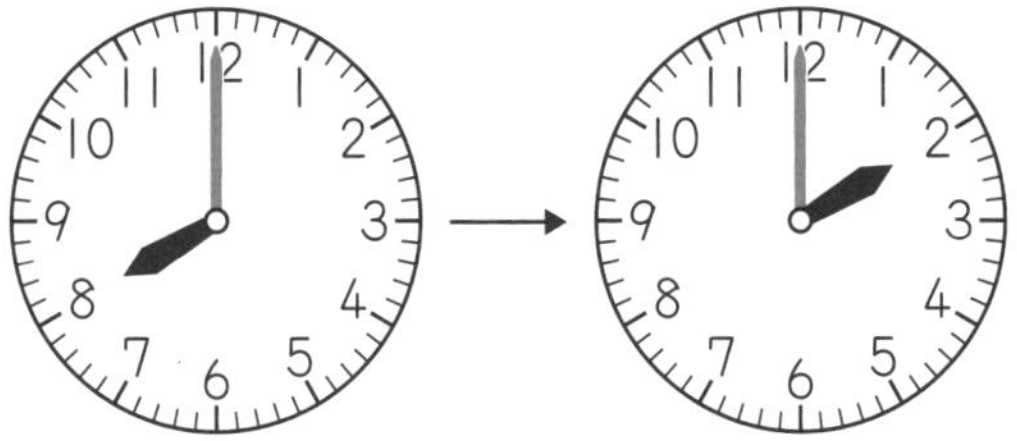

□

2 時《じ》こくと　時間《じかん》

目ひょう時間 20分

学しゅうした日　月　日
名前
とく点　／100点

2002
解説→227ページ

らくらくマルつけ

❶ さん歩《ぽ》した　時間《じかん》は　何分《なんぷん》ですか。　【10点】

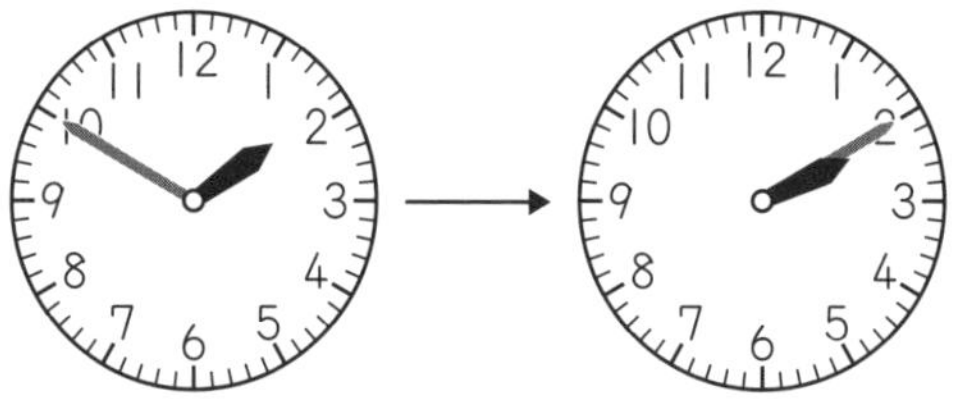

さん歩を　はじめる　→　さん歩を　おえる

❷ 今《いま》の　時こくは　10時35分《ふん》です。つぎの　時こくを　答《こた》えましょう。

1つ10点【40点】

(1) 今から　1時間あと

(2) 今から　1時間前《まえ》

(3) 今から　20分あと

(4) 今から　30分前

❸ □に　入る　数《かず》を　書《か》きましょう。　【40点】

(1) 1時間＝□分　(10点)

(2) 1時間30分＝□分　(10点)

(3) 80分＝□時間□分　(ぜんぶできて10点)

(4) 1日＝□時間　(10点)

❹ えまさんは，午前《ごぜん》8時から　午後《ごご》2時まで　学校に　いました。学校に　いた　時間は　何時間ですか。　【10点】

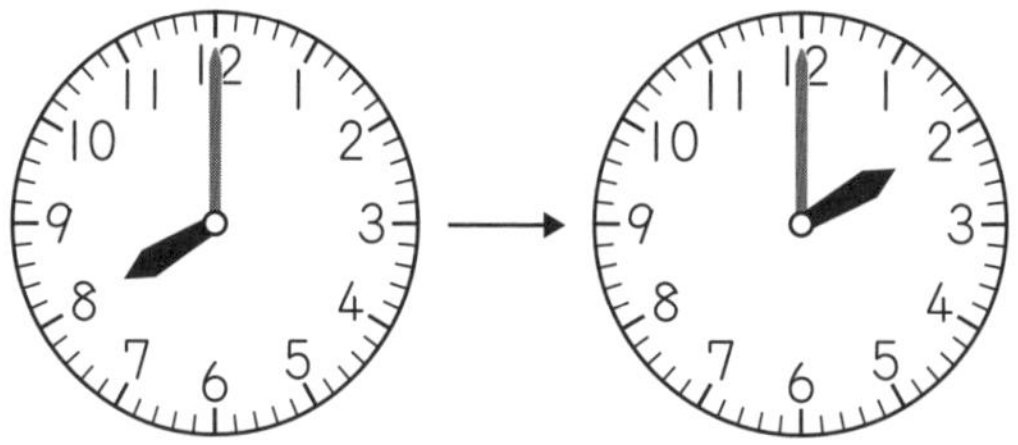

3 たし算《ざん》と　ひき算

目ひょう時間 20分

学しゅうした日　月　日

名前

とく点　／100点

2003
解説→227ページ

1 18＋3の　計算《けいさん》を　します。□に　入る数《かず》を　書《か》きましょう。【ぜんぶできて10点】

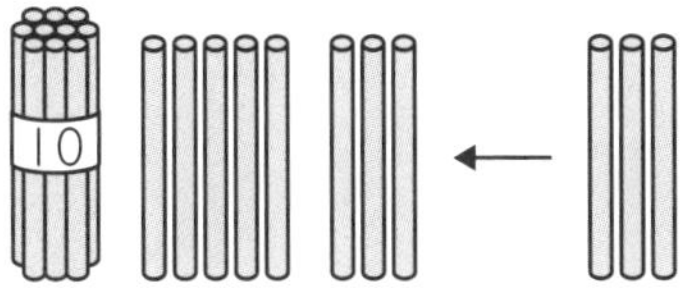

① 18は　あと □ で　20

② 3を □ と　1に　分《わ》けます。

③ 20と □ で □

④ 18＋3＝□

2 計算を　しましょう。1つ10点【40点】

(1) 19＋3＝　　(2) 25＋5＝

(3) 37＋4＝　　(4) 44＋8＝

3 32－9の　計算を　します。□に　入る数を　書きましょう。【ぜんぶできて10点】

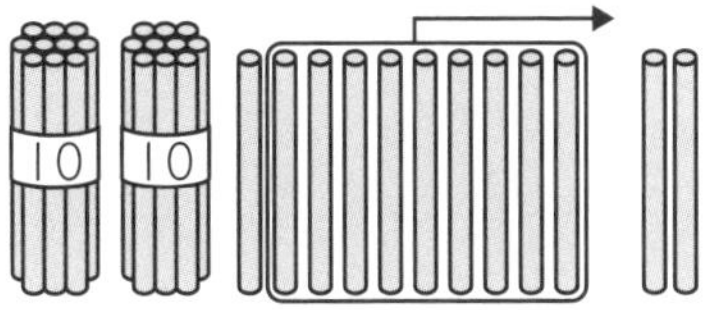

① 32を　30と　2に　分けます。

② 30から　9を　ひいて □

③ 21と　2で □

④ 32－9＝□

4 計算を　しましょう。1つ10点【40点】

(1) 20－1＝　　(2) 23－5＝

(3) 34－8＝　　(4) 41－7＝

＼もう1回チャレンジ!!／

3 たし算《ざん》と　ひき算

目ひょう時間 20分

学しゅうした日　　月　　日

名前

とく点

／100点

2003
解説→227ページ

❶ 18＋3の　計算《けいさん》を　します。□に　入る　数《かず》を　書《か》きましょう。 【ぜんぶできて10点】

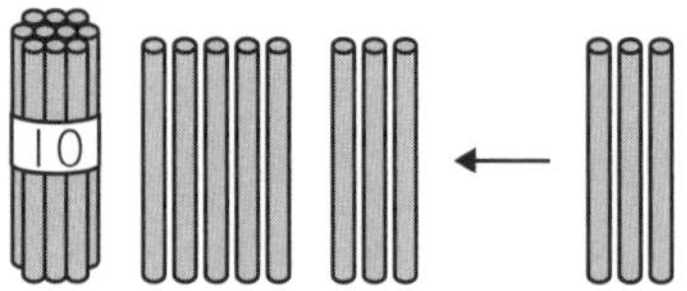

① 18は　あと □ で　20

② 3を □ と　1に　分《わ》けます。

③ 20と □ で □

④ 18＋3＝□

❷ 計算を　しましょう。 1つ10点【40点】

(1) 19＋3＝　　(2) 25＋5＝

(3) 37＋4＝　　(4) 44＋8＝

❸ 32－9の　計算を　します。□に　入る　数を　書きましょう。 【ぜんぶできて10点】

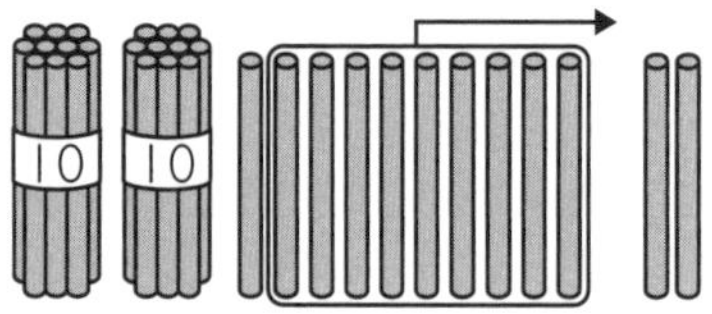

① 32を　30と　2に　分けます。

② 30から　9を　ひいて □

③ 21と　2で □

④ 32－9＝□

❹ 計算を　しましょう。 1つ10点【40点】

(1) 20－1＝　　(2) 23－5＝

(3) 34－8＝　　(4) 41－7＝

4 たし算《ざん》の　ひっ算《さん》①

目ひょう時間 20分

学しゅうした日　月　日

名前

とく点

／100点

2004
解説→227ページ

らくらくマルつけ

1 23＋15の　ひっ算《さん》を　します。□に　入る　数《かず》を　書《か》きましょう。 【ぜんぶできて10点】

$$\begin{array}{r} 23 \\ +\ 15 \\ \hline \end{array} \Rightarrow \begin{array}{r|r} 2 & 3 \\ +\ 1 & 5 \\ \hline & \square \end{array} \Rightarrow \begin{array}{r|r} 2 & 3 \\ +\ 1 & 5 \\ \hline \square & 8 \end{array}$$

2 計算《けいさん》を　しましょう。 1つ10点【60点】

(1)
$$\begin{array}{r} 32 \\ +\ \ 6 \\ \hline \end{array}$$

(2)
$$\begin{array}{r} 8 \\ +\ 21 \\ \hline \end{array}$$

(3)
$$\begin{array}{r} 14 \\ +\ 71 \\ \hline \end{array}$$

(4)
$$\begin{array}{r} 53 \\ +\ 43 \\ \hline \end{array}$$

(5)
$$\begin{array}{r} 63 \\ +\ 20 \\ \hline \end{array}$$

(6)
$$\begin{array}{r} 30 \\ +\ 49 \\ \hline \end{array}$$

3 35円の　ラムネと　24円の　グミを　買《か》うと，だい金は　いくらに　なりますか。 【ぜんぶできて15点】

(しき)

(ひっ算)

答《こた》え

4 みかんが　かごに　12こ，はこに　40こ　あります。あわせて　何《なん》こですか。 【ぜんぶできて15点】

(しき)

(ひっ算)

答え

＼もう１回チャレンジ!!／

4 たし算《ざん》の　ひっ算《さん》①

目ひょう時間 20分

学しゅうした日　月　日	とく点	
名前	／100点	2004 解説→227ページ

らくらくマルつけ

1 23＋15の　ひっ算《さん》を　します。□に　入る　数《かず》を　書《か》きましょう。【ぜんぶできて10点】

$$\begin{array}{r} 2\ 3 \\ +\ 1\ 5 \\ \hline \end{array} \Rightarrow \begin{array}{rr} 2 & 3 \\ +\ 1 & 5 \\ \hline & \square \end{array} \Rightarrow \begin{array}{rr} 2 & 3 \\ +\ 1 & 5 \\ \hline \square & 8 \end{array}$$

2 計算《けいさん》を　しましょう。1つ10点【60点】

(1) $\begin{array}{r} 32 \\ +\ 6 \\ \hline \end{array}$　　(2) $\begin{array}{r} 8 \\ +\ 21 \\ \hline \end{array}$

(3) $\begin{array}{r} 14 \\ +\ 71 \\ \hline \end{array}$　　(4) $\begin{array}{r} 53 \\ +\ 43 \\ \hline \end{array}$

(5) $\begin{array}{r} 63 \\ +\ 20 \\ \hline \end{array}$　　(6) $\begin{array}{r} 30 \\ +\ 49 \\ \hline \end{array}$

3 35円の　ラムネと　24円の　グミを　買《か》うと，だい金は　いくらに　なりますか。【ぜんぶできて15点】

(しき)

(ひっ算)

答《こた》え

4 みかんが　かごに　12こ，はこに　40こ　あります。あわせて　何《なん》こですか。【ぜんぶできて15点】

(しき)

(ひっ算)

答え

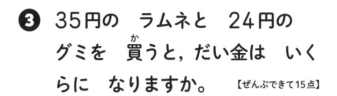

5 たし算《ざん》の　ひっ算《さん》②

目ひょう時間 20分

学しゅうした日　　月　　日

名前

とく点

／100点

らくらくマルつけ

2005

解説→228ページ

1 25＋39の　ひっ算《さん》を　します。□に　入る　数《かず》を　書《か》きましょう。【ぜんぶできて10点】

$$\begin{array}{r} 2\ 5 \\ +\ 3\ 9 \\ \hline \end{array} \Rightarrow \begin{array}{r} \square \\ 2\ 5 \\ +\ 3\ 9 \\ \hline \square \end{array} \Rightarrow \begin{array}{r} 1 \\ 2\ 5 \\ +\ 3\ 9 \\ \hline \square\ 4 \end{array}$$

2 計算《けいさん》を　しましょう。1つ10点【60点】

(1)
$$\begin{array}{r} 4\ 7 \\ +\ 2\ 4 \\ \hline \end{array}$$

(2)
$$\begin{array}{r} 3\ 6 \\ +\ 5\ 7 \\ \hline \end{array}$$

(3)
$$\begin{array}{r} 6\ 9 \\ +\ 1\ 8 \\ \hline \end{array}$$

(4)
$$\begin{array}{r} 2\ 8 \\ +\ 3\ 2 \\ \hline \end{array}$$

(5)
$$\begin{array}{r} 5\ 6 \\ +\ \ \ 9 \\ \hline \end{array}$$

(6)
$$\begin{array}{r} 3 \\ +\ 8\ 7 \\ \hline \end{array}$$

3 子どもが　18人，おとなが　13人　います。みんなで　何人《なんにん》ですか。【ぜんぶできて15点】

(しき)

(ひっ算)

答《こた》え

4 シールを　25まい　もって　いました。お姉《ねえ》さんから　15まい　もらいました。ぜんぶで　何まいに　なりましたか。【ぜんぶできて15点】

(しき)

(ひっ算)

答え

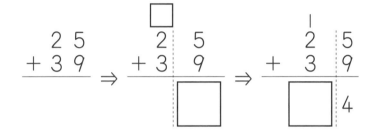

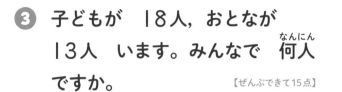

5 たし算《ざん》の　ひっ算《さん》②

目ひょう時間 20分

学しゅうした日　月　日

名前

とく点　／100点

らくらくマルつけ

2005
解説→228ページ

1 25＋39の　ひっ算《さん》を　します。□に　入る　数《かず》を　書《か》きましょう。【ぜんぶできて10点】

$$\begin{array}{r} 25\\ +39\\ \hline \end{array} \Rightarrow \begin{array}{rr} \square & \\ 2 & 5\\ +3 & 9\\ \hline & \square \end{array} \Rightarrow \begin{array}{rr} 1 & \\ 2 & 5\\ +3 & 9\\ \hline \square & 4 \end{array}$$

2 計算《けいさん》を　しましょう。　1つ10点【60点】

(1)
$$\begin{array}{r} 47\\ +24\\ \hline \end{array}$$

(2)
$$\begin{array}{r} 36\\ +57\\ \hline \end{array}$$

(3)
$$\begin{array}{r} 69\\ +18\\ \hline \end{array}$$

(4)
$$\begin{array}{r} 28\\ +32\\ \hline \end{array}$$

(5)
$$\begin{array}{r} 56\\ +9\\ \hline \end{array}$$

(6)
$$\begin{array}{r} 3\\ +87\\ \hline \end{array}$$

3 子どもが　18人，おとなが　13人　います。みんなで　何人《なんにん》ですか。【ぜんぶできて15点】

(しき)

(ひっ算)

答《こた》え

4 シールを　25まい　もって　いました。お姉《ねえ》さんから　15まい　もらいました。ぜんぶで　何まいに　なりましたか。【ぜんぶできて15点】

(しき)

(ひっ算)

答え

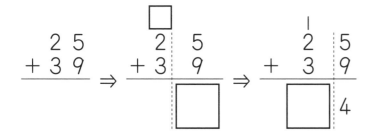

6 たし算《ざん》の　ひっ算《さん》③

目ひょう時間 20分

学しゅうした日　月　日

名前

とく点　／100点

らくらくマルつけ

2006
解説→228ページ

1 つぎの　計算《けいさん》を　ひっ算で　しましょう。1つ6点【54点】

(1) 14＋25　(2) 27＋54　(3) 20＋47

(4) 38＋29　(5) 42＋36　(6) 19＋61

(7) 49＋7　(8) 2＋75　(9) 6＋89

2 あめが　46こ　あります。12こ　もらいました。あわせて　何《なん》こですか。【ぜんぶできて15点】

(しき)

答《こた》え

3 色紙《いろがみ》が　55まい　あります。37まい　もらいました。あわせて　何まいですか。【ぜんぶできて15点】

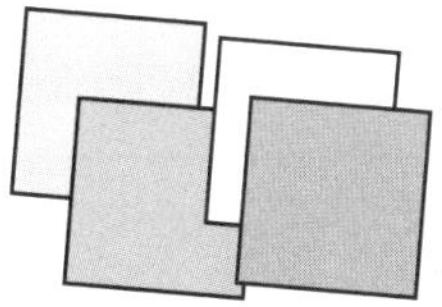

(しき)

答え

4 車が　24台《だい》　とまって　います。6台　ふえると　何台に　なりますか。【ぜんぶできて16点】

(しき)

答え

6 たし算《ざん》の　ひっ算《さん》③

目ひょう時間 20分

学しゅうした日　　月　　日

名前

とく点

／100点

2006

解説→228ページ

らくらくマルつけ

1 つぎの　計算《けいさん》を　ひっ算で　しましょう。1つ6点【54点】

(1)　14＋25　　(2)　27＋54　　(3)　20＋47

(4)　38＋29　　(5)　42＋36　　(6)　19＋61

(7)　49＋7　　(8)　2＋75　　(9)　6＋89

2 あめが　46こ　あります。12こ　もらいました。あわせて　何《なん》こですか。【ぜんぶできて15点】

(しき)

答《こた》え

3 色紙《いろがみ》が　55まい　あります。37まい　もらいました。あわせて　何まいですか。【ぜんぶできて15点】

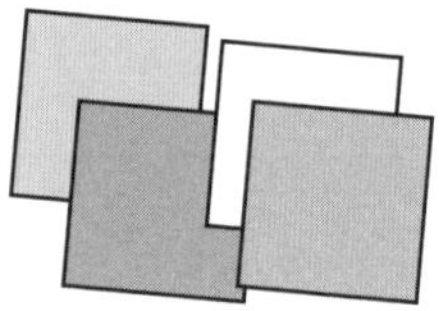

(しき)

答え

4 車が　24台《だい》　とまって　います。6台　ふえると　何台に　なりますか。【ぜんぶできて16点】

(しき)

答え

7

たし算《ざん》の　きまり

目ひょう時間　20分

学しゅうした日　　月　　日

名前

とく点　　／100点

らくらくマルつけ

2007
解説→228ページ

算数

1 答《こた》えが　同《おな》じに　なる　しきを，計算《けいさん》しないで　見つけて，線《せん》で　むすびましょう。　【ぜんぶできて40点】

54＋33　・	・　56＋30
68＋15　・	・　33＋54
30＋56　・	・　15＋68
78＋6　・	・　67＋8
8＋67　・	・　6＋78

2 計算の　答えが　あって　いるかを，たされる数《かず》と　たす数を　入れかえて　たしかめましょう。（　）には，答えが　正しければ　○，まちがって　いれば　正しい　答えを　書《か》きましょう。　【60点】

(1)　28＋37＝65　（ぜんぶできて30点）

(たしかめ)

（　　　　）

(2)　42＋26＝78　（ぜんぶできて30点）

(たしかめ)

（　　　　）

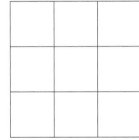

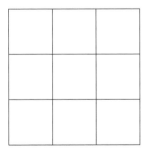

7　たし算《ざん》の　きまり

目ひょう時間 20分

学しゅうした日　　月　　日

名前

とく点　　／100点

らくらくマルつけ

2007
解説→228ページ

❶ 答《こた》えが　同《おな》じに　なる　しきを，計算《けいさん》しないで見つけて，線《せん》で　むすびましょう。【ぜんぶできて40点】

54+33 ・	・ 56+30
68+15 ・	・ 33+54
30+56 ・	・ 15+68
78+6 ・	・ 67+8
8+67 ・	・ 6+78

❷ 計算の　答えが　あって　いるかを，たされる数《かず》と　たす数を　入れかえて　たしかめましょう。
(　)には，答えが　正しければ　○，まちがっていれば　正しい　答えを　書《か》きましょう。【60点】

(1) 28＋37＝65　（ぜんぶできて30点）

（たしかめ）

(　　　　)

(2) 42＋26＝78　（ぜんぶできて30点）

（たしかめ）

(　　　　)

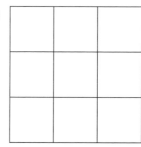

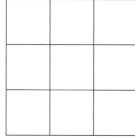

8 ひき算《ざん》の　ひっ算《さん》①

目ひょう時間 20分

学しゅうした日　月　日

名前

とく点　／100点

2008
解説→229ページ

らくらくマルつけ

算数

❶ 45−12の　ひっ算《さん》を　します。□に　入る　数《かず》を　書《か》きましょう。【ぜんぶできて10点】

$$\begin{array}{r} 45 \\ -12 \\ \hline \end{array} \Rightarrow \begin{array}{r|r} 4 & 5 \\ -1 & 2 \\ \hline & \square \end{array} \Rightarrow \begin{array}{r|r} 4 & 5 \\ -1 & 2 \\ \hline \square & 3 \end{array}$$

❷ 計算《けいさん》を　しましょう。1つ10点【60点】

(1) $\begin{array}{r} 36 \\ -14 \\ \hline \end{array}$

(2) $\begin{array}{r} 89 \\ -59 \\ \hline \end{array}$

(3) $\begin{array}{r} 58 \\ -40 \\ \hline \end{array}$

(4) $\begin{array}{r} 96 \\ -90 \\ \hline \end{array}$

(5) $\begin{array}{r} 47 \\ -5 \\ \hline \end{array}$

(6) $\begin{array}{r} 73 \\ -3 \\ \hline \end{array}$

❸ 54円　もって　います。32円の　ラムネを　買《か》うと，のこりは　いくらですか。【ぜんぶできて15点】

(しき)

(ひっ算)

答《こた》え

❹ いちごが　29こ　あります。25こ　食《た》べると，のこりは　何《なん》こですか。【ぜんぶできて15点】

(しき)

(ひっ算)

答え

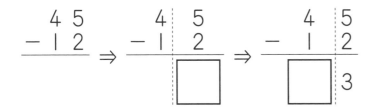

8 ひき算《ざん》の　ひっ算《さん》①

目ひょう時間 20分

学しゅうした日　　月　　日

名前

とく点　　／100点

2008
解説→229ページ

らくらくマルつけ

❶ 45−12の　ひっ算《さん》を　します。□に　入る　数《かず》を　書《か》きましょう。【ぜんぶできて10点】

$$\begin{array}{r} 45 \\ -12 \\ \hline \end{array} \Rightarrow \begin{array}{r|r} 4 & 5 \\ -1 & 2 \\ \hline & \square \end{array} \Rightarrow \begin{array}{r|r} 4 & 5 \\ -1 & 2 \\ \hline \square & 3 \end{array}$$

❷ 計算《けいさん》を　しましょう。1つ10点【60点】

(1) $\begin{array}{r} 36 \\ -14 \\ \hline \end{array}$

(2) $\begin{array}{r} 89 \\ -59 \\ \hline \end{array}$

(3) $\begin{array}{r} 58 \\ -40 \\ \hline \end{array}$

(4) $\begin{array}{r} 96 \\ -90 \\ \hline \end{array}$

(5) $\begin{array}{r} 47 \\ -\ \ 5 \\ \hline \end{array}$

(6) $\begin{array}{r} 73 \\ -\ \ 3 \\ \hline \end{array}$

❸ 54円　もって　います。32円の　ラムネを　買《か》うと，のこりは　いくらですか。【ぜんぶできて15点】

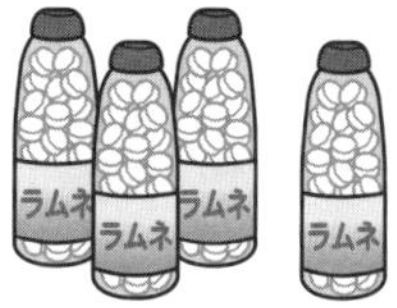

(しき)

(ひっ算)

答《こた》え □

❹ いちごが　29こ　あります。25こ　食《た》べると，のこりは　何《なん》こですか。【ぜんぶできて15点】

(しき)

(ひっ算)

答え □

9 ひき算《ざん》の　ひっ算《さん》②

目ひょう時間 20分

学しゅうした日　月　日	とく点
名前	／100点

らくらくマルつけ

2009 解説→229ページ

算数

1 54−29の　ひっ算《さん》を　します。□に　入る　数《かず》を　書《か》きましょう。　【ぜんぶできて10点】

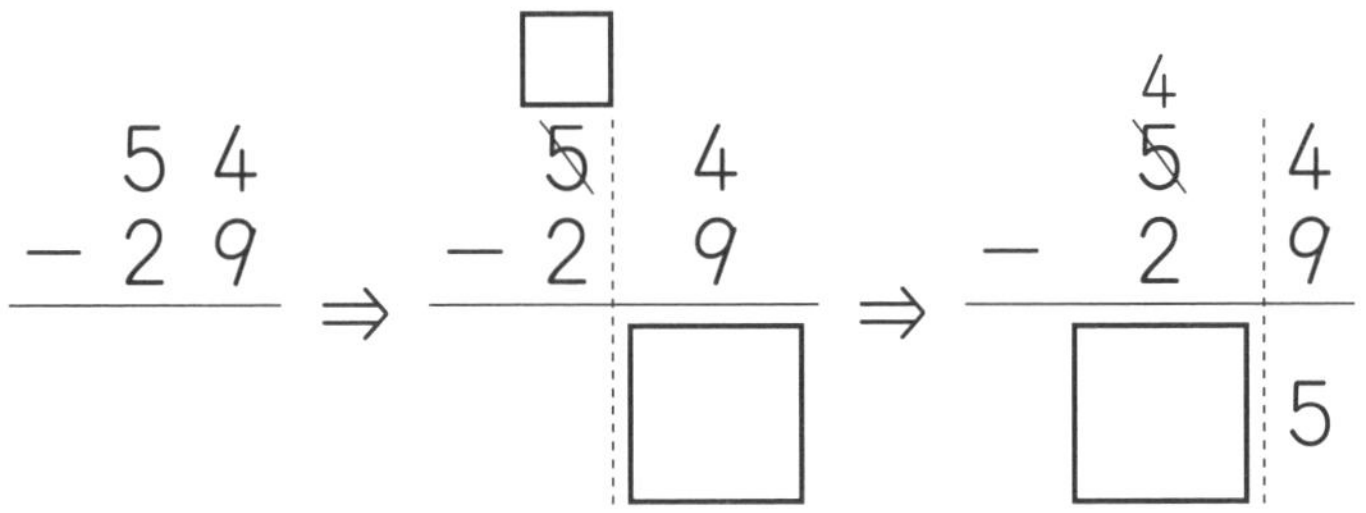

2 計算《けいさん》を　しましょう。　1つ10点【60点】

(1)　62 − 35

(2)　86 − 48

(3)　90 − 56

(4)　32 − 27

(5)　41 − 9

(6)　70 − 7

3 82ページ　ある　本を　67ページ　読《よ》みました。のこりは　何《なん》ページですか。　【ぜんぶできて15点】

(しき)

(ひっ算)

答《こた》え

4 せんべいは　48円，クッキーは　56円です。ちがいは　いくらですか。　【ぜんぶできて15点】

(しき)

(ひっ算)

答え

＼もう1回チャレンジ!!／

9 ひき算《ざん》の　ひっ算《さん》②

目ひょう時間 20分

学しゅうした日　月　日

名前

とく点　／100点

2009 解説→229ページ

らくらくマルつけ

1 54－29の　ひっ算《さん》を　します。□に　入る　数《かず》を　書《か》きましょう。　【ぜんぶできて10点】

$$\begin{array}{r} 54 \\ -\ 29 \\ \hline \end{array} \Rightarrow \begin{array}{rr} \overset{\square}{\cancel{5}} & 4 \\ -\ 2 & 9 \\ \hline & \square \end{array} \Rightarrow \begin{array}{rr} \overset{4}{\cancel{5}} & 4 \\ -\ 2 & 9 \\ \hline \square & 5 \end{array}$$

2 計算《けいさん》を　しましょう。　1つ10点【60点】

(1) $\begin{array}{r} 62 \\ -\ 35 \\ \hline \end{array}$　(2) $\begin{array}{r} 86 \\ -\ 48 \\ \hline \end{array}$

(3) $\begin{array}{r} 90 \\ -\ 56 \\ \hline \end{array}$　(4) $\begin{array}{r} 32 \\ -\ 27 \\ \hline \end{array}$

(5) $\begin{array}{r} 41 \\ -\ 9 \\ \hline \end{array}$　(6) $\begin{array}{r} 70 \\ -\ 7 \\ \hline \end{array}$

3 82ページ　ある　本を　67ページ　読《よ》みました。のこりは　何《なん》ページですか。　【ぜんぶできて15点】

(しき)

(ひっ算)

答《こた》え

4 せんべいは　48円，クッキーは　56円です。ちがいは　いくらですか。　【ぜんぶできて15点】

(しき)

(ひっ算)

答え

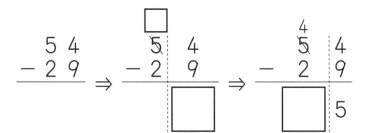

10 ひき算《ざん》の　ひっ算《さん》③

目ひょう時間 20分

学しゅうした日　　月　　日	とく点
名前	／100点

らくらくマルつけ

2010
解説→229ページ

1 つぎの　計算《けいさん》を　ひっ算で　しましょう。1つ6点【54点】

(1)　97－72　　(2)　82－68　　(3)　72－32

(4)　60－36　　(5)　56－5　　(6)　28－19

(7)　39－30　　(8)　44－7　　(9)　82－76

2 子どもが　26人　います。そのうち　男の子が　12人です。女の子は　何人《なんにん》ですか。【ぜんぶできて15点】

(しき)

答《こた》え

3 画用紙《がようし》が　40まい　あります。16まい　つかうと，のこりは何まいですか。【ぜんぶできて15点】

(しき)

答え

4 みかんが　31こ，りんごが　25こ　あります。ちがいは　何こですか。【ぜんぶできて16点】

(しき)

答え

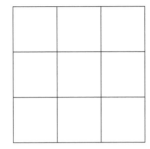

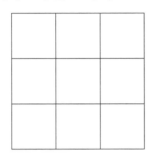

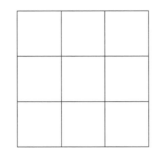

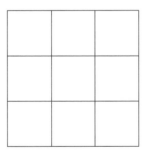

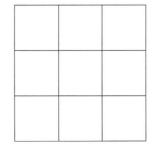

10 ひき算《ざん》の　ひっ算《さん》③

目ひょう時間 20分

学しゅうした日　　月　　日

名前

とく点　　／100点

らくらくマルつけ

2010
解説→229ページ

❶ つぎの　計算《けいさん》を　ひっ算で　しましょう。1つ6点【54点】

(1)　97－72　　(2)　82－68　　(3)　72－32

(4)　60－36　　(5)　56－5　　(6)　28－19

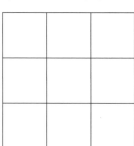

(7)　39－30　　(8)　44－7　　(9)　82－76

❷ 子どもが　26人　います。そのうち　男の子が　12人です。女の子は　何人《なんにん》ですか。【ぜんぶできて15点】

(しき)

答《こた》え

❸ 画用紙《がようし》が　40まい　あります。16まい　つかうと，のこりは　何まいですか。【ぜんぶできて15点】

(しき)

答え

❹ みかんが　31こ，りんごが　25こ　あります。ちがいは　何こですか。【ぜんぶできて16点】

(しき)

答え

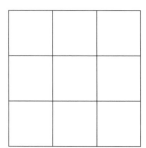

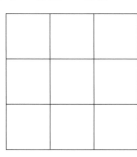

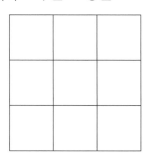

11 ひき算《ざん》の　きまり

目ひょう時間 20分

学しゅうした日　月　日

名前

とく点　／100点

2011
解説→230ページ

1 ひき算《ざん》と，答《こた》えの　たしかめに　なる　たし算を　線《せん》で　むすびましょう。【ぜんぶできて40点】

67－36＝31 ・	・ 43＋4＝47
87－40＝47 ・	・ 28＋32＝60
47－4＝43 ・	・ 31＋36＝67
38－22＝16 ・	・ 47＋40＝87
	・ 16＋22＝38

2 ひき算を　しましょう。また，答えの　たしかめを　たし算で　しましょう。【60点】

(1)

	4	2
－	1	7

（たしかめ）

42－17＝□　（ぜんぶできて30点）

(2)

	8	2
－		5

（たしかめ）

82－5＝□　（ぜんぶできて30点）

＼もう１回チャレンジ!!／

11 ひき算《ざん》の　きまり

目ひょう時間 20分

学しゅうした日　　月　　日

名前

とく点

／100点

らくらくマルつけ

2011
解説→230ページ

❶ ひき算《ざん》と，答《こた》えの　たしかめに　なる　たし算を　線《せん》で　むすびましょう。【ぜんぶできて40点】

- 67－36＝31
- 87－40＝47
- 47－4＝43
- 38－22＝16

- 43＋4＝47
- 28＋32＝60
- 31＋36＝67
- 47＋40＝87
- 16＋22＝38

❷ ひき算を　しましょう。また，答えの　たしかめを　たし算で　しましょう。【60点】

(1)

	4	2
－	1	7

（たしかめ）

42－17＝□

（ぜんぶできて30点）

(2)

	8	2
－		5

（たしかめ）

82－5＝□

（ぜんぶできて30点）

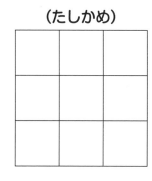

長《なが》さ（cm, mm）①

目ひょう時間 20分

学しゅうした日　月　日

名前

とく点　／100点

らくらくマルつけ

2012
解説→230ページ

1 左はしから ㋐, ㋑, ㋒までの 長《なが》さは どれだけですか。【30点】

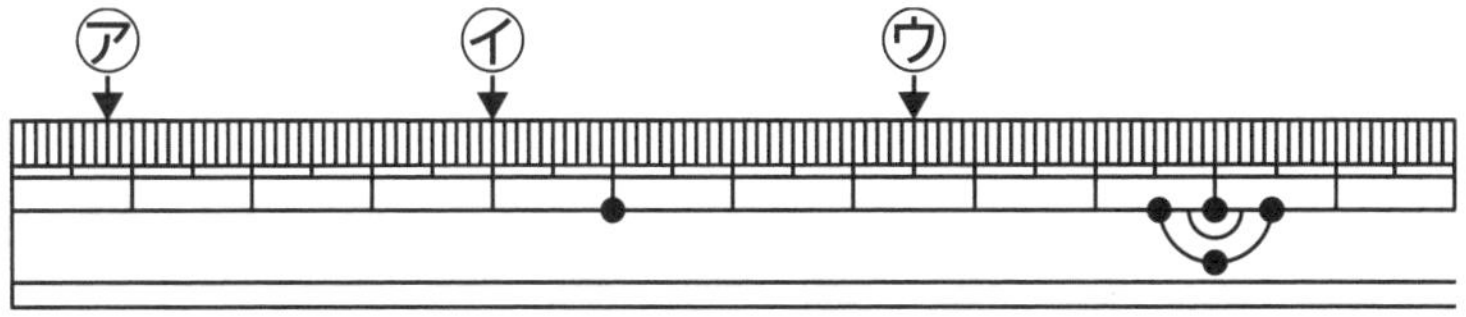

㋐…□mm（10点）　㋑…□cm（10点）

㋒…□cm□mm（ぜんぶできて10点）

2 テープの 長さは どれだけですか。1つ10点【20点】

(1)

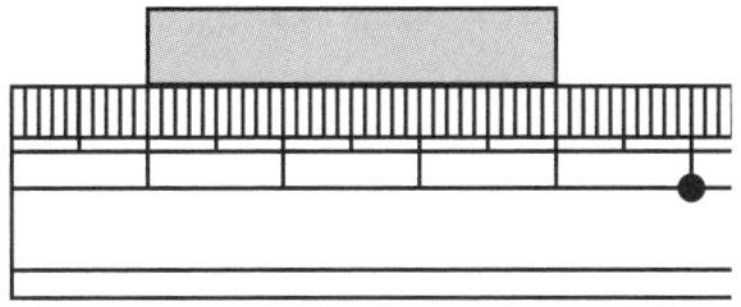

□

(2)

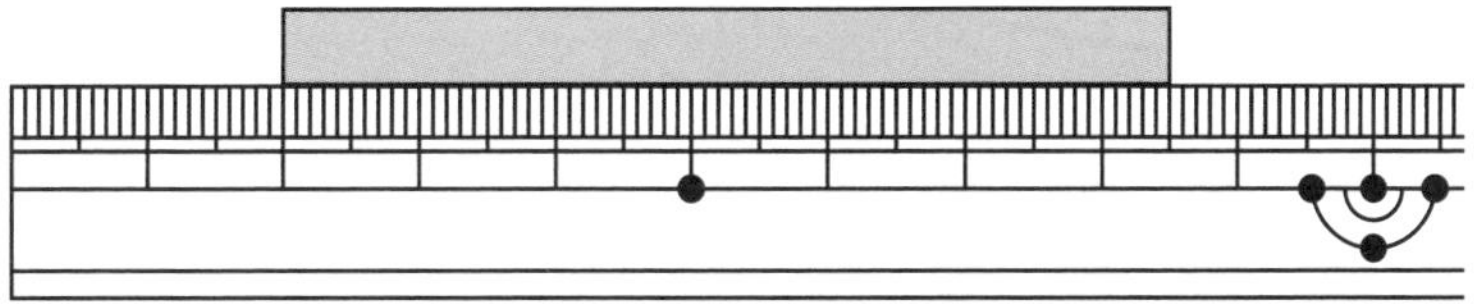

□

3 □に 入る 数《かず》を 書《か》きましょう。【40点】

(1) 3cm＝□mm（10点）

(2) 60mm＝□cm（10点）

(3) 5cm4mm＝□mm（10点）

(4) 92mm＝□cm□mm（ぜんぶできて10点）

4 直線《ちょくせん》の 長さは 何《なん》cm何mmですか。長さをはかって，答《こた》えましょう。【10点】

□

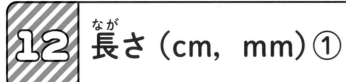

12 長《なが》さ（cm，mm）①

目ひょう時間 20分

学しゅうした日　月　日

名前

とく点　／100点

2012 解説→230ページ

らくらく

❶ 左はしから　㋐，㋑，㋒までの　長《なが》さは　どれだけですか。【30点】

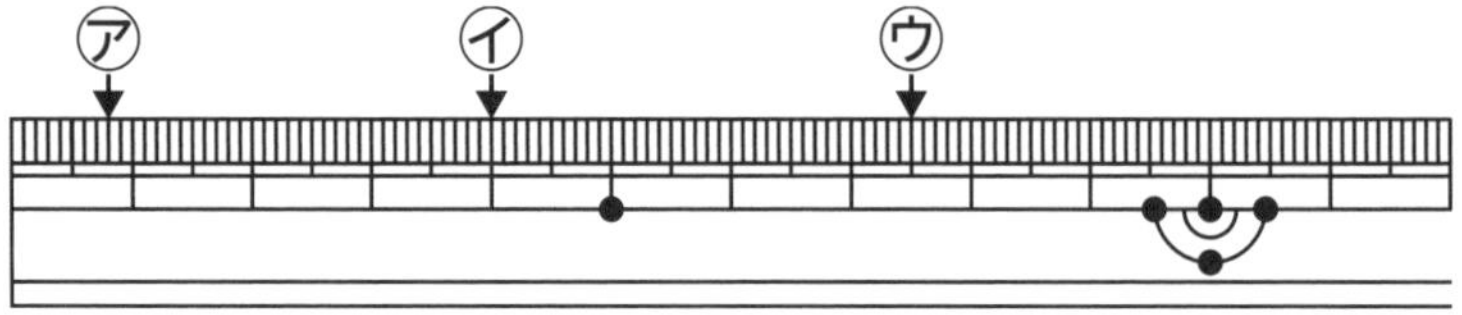

㋐…□mm（10点）　㋑…□cm（10点）

㋒…□cm□mm（ぜんぶできて10点）

❷ テープの　長さは　どれだけですか。1つ10点【20点】

(1)

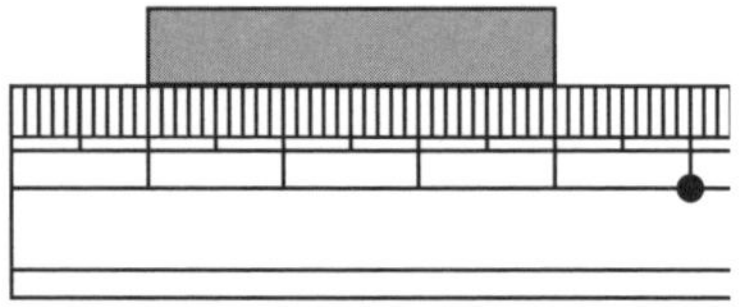

□

(2)

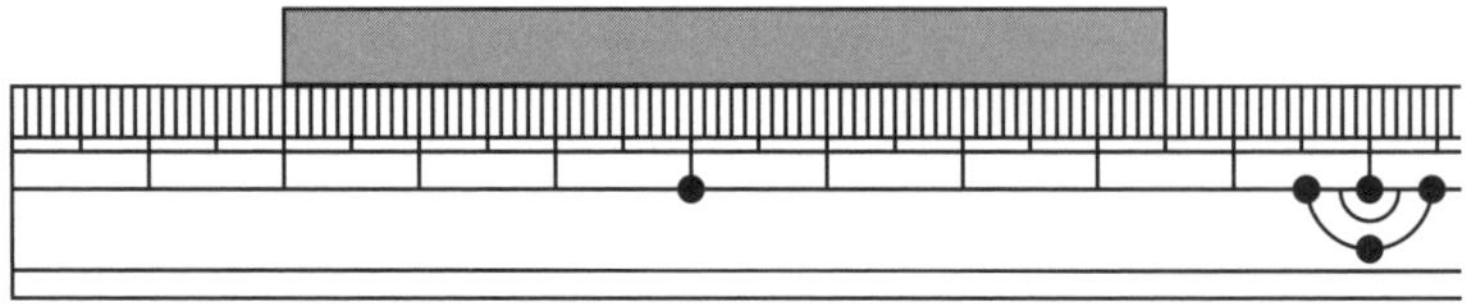

□

❸ □に　入る　数《かず》を　書《か》きましょう。【40点】

(1) 3cm＝□mm（10点）

(2) 60mm＝□cm（10点）

(3) 5cm4mm＝□mm（10点）

(4) 92mm＝□cm□mm（ぜんぶできて10点）

❹ 直線《ちょくせん》の　長さは　何《なん》cm何mmですか。長さをはかって，答《こた》えましょう。【10点】

□

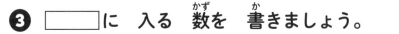

13 長《なが》さ（cm，mm）②

目ひょう時間 20分

学しゅうした日　月　日

名前

とく点　／100点

らくらくマルつけ

2013
解説→230ページ

算数

1 線《せん》の　長《なが》さは　どれだけですか。【10点】

(1)

3cm＋4cm＝□cm　（5点）

(2)

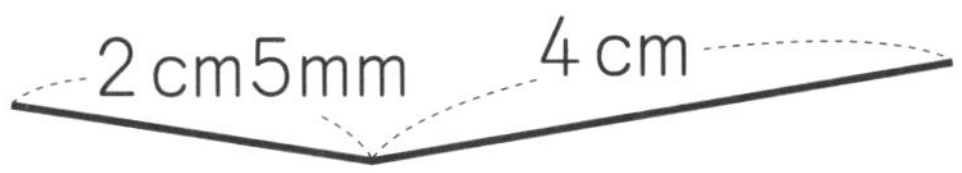

2cm5mm＋4cm＝□cm□mm

（ぜんぶできて5点）

2 ㋐と　㋑の　直線《ちょくせん》の　長さの　ちがいは　どれだけですか。【ぜんぶできて10点】

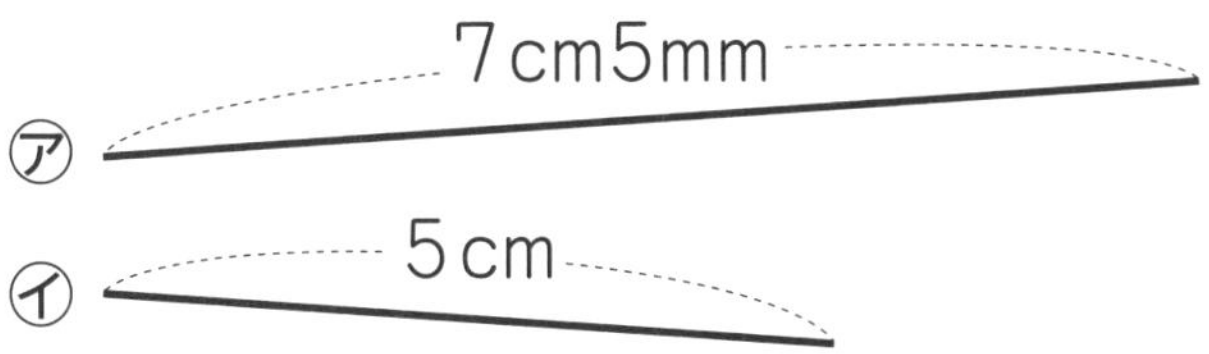

7cm5mm－5cm＝□cm□mm

3 計算《けいさん》を　しましょう。　1つ10点【80点】

(1) 5cm＋6cm＝

(2) 2mm＋7mm＝

(3) 4cm6mm＋3mm＝

(4) 6cm9mm＋1mm＝

(5) 5cm－4cm＝

(6) 3cm4mm－2cm＝

(7) 7cm9mm－5mm＝

(8) 8cm6mm－6mm＝

13 長《なが》さ（cm, mm）②

目ひょう時間 20分

学しゅうした日　月　日

名前

とく点　／100点

らくらくマルつけ

2013

解説→230ページ

❶ 線《せん》の　長《なが》さは　どれだけですか。【10点】

(1)

3cm＋4cm＝□cm　(5点)

(2)

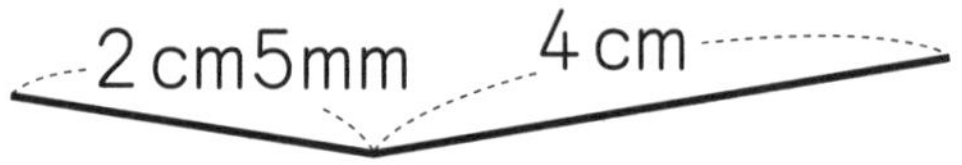

2cm5mm＋4cm＝□cm□mm

(ぜんぶできて5点)

❷ ㋐と　㋑の　直線《ちょくせん》の　長さの　ちがいは　どれだけですか。【ぜんぶできて10点】

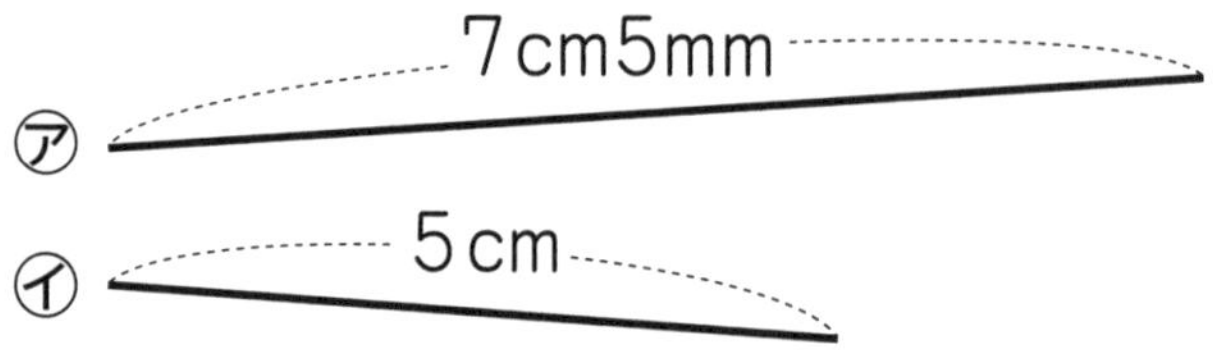

7cm5mm－5cm＝□cm□mm

❸ 計算《けいさん》を　しましょう。1つ10点【80点】

(1) 5cm＋6cm＝

(2) 2mm＋7mm＝

(3) 4cm6mm＋3mm＝

(4) 6cm9mm＋1mm＝

(5) 5cm－4cm＝

(6) 3cm4mm－2cm＝

(7) 7cm9mm－5mm＝

(8) 8cm6mm－6mm＝

14 100より　大きい　数《かず》①

目ひょう時間 20分

学しゅうした日　　月　　日

名前

とく点　　／100点

らくらくマルつけ

2014
解説→231ページ

1 数《かず》を　数字《すうじ》で　書《か》きましょう。　1つ10点【20点】

(1) 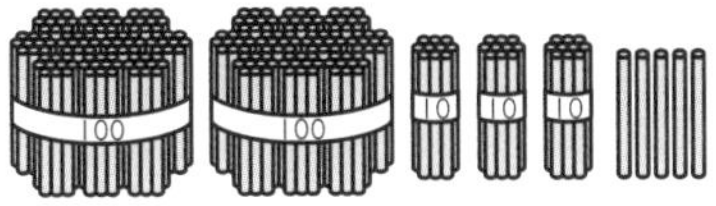

(2) 

2 □に　入る　数を　書きましょう。　【30点】

(1) 六百二十三を　数字で　書くと，

□　(10点)

(2) 100を　5こ，10を　7こ，1を　9こ　あわせた　数は　□　です。　(10点)

(3) 816は，100を　□　こ，10を　□　こ，1を　□　こ　あわせた　数です。　(ぜんぶできて10点)

3 同《おな》じ　数を　線《せん》で　むすびましょう。　【ぜんぶできて20点】

159	590	519	509
・	・	・	・
・	・	・	・
五百九十	五百九	五百十九	百五十九

4 つぎの　数の，百のくらい，十のくらい，一のくらいの　数字を　書きましょう。　【30点】

(1) 716

百のくらい…□

十のくらい…□

一のくらい…□

(ぜんぶできて15点)

(2) 302

百のくらい…□

十のくらい…□

一のくらい…□

(ぜんぶできて15点)

14 100より　大きい　数《かず》①

目ひょう時間 20分

学しゅうした日　　月　　日

名前

とく点　　／100点

らくらくマルつけ

2014
解説→231ページ

❶ 数《かず》を　数字《すうじ》で　書《か》きましょう。　1つ10点【20点】

(1) 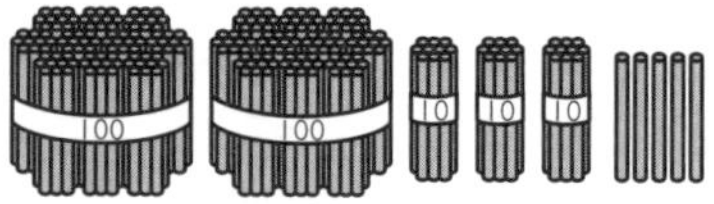

(2) 

❷ □に　入る　数を　書きましょう。　【30点】

(1) 六百二十三を　数字で　書くと，

□　(10点)

(2) 100を　5こ，10を　7こ，1を　9こ　あわせた　数は　□　です。　(10点)

(3) 816は，100を　□　こ，10を　□　こ，1を　□　こ　あわせた数です。　(ぜんぶできて10点)

❸ 同《おな》じ　数を　線《せん》で　むすびましょう。　【ぜんぶできて20点】

159	590	519	509
五百九十	五百九	五百十九	百五十九

❹ つぎの　数の，百のくらい，十のくらい，一のくらいの　数字を　書きましょう。　【30点】

(1) 716

百のくらい…□

十のくらい…□

一のくらい…□

(ぜんぶできて15点)

(2) 302

百のくらい…□

十のくらい…□

一のくらい…□

(ぜんぶできて15点)

らくらくマルつけ

15 100より　大きい　数《かず》②

目ひょう時間 20分

学しゅうした日　　月　　日

名前

とく点　　／100点

2015
解説→231ページ

算数

1 つぎの　数《かず》を　書《か》きましょう。　1つ5点【20点】

(1) 10を 35こ あつめた 数　□

(2) 10を 50こ あつめた 数　□

(3) 240は，10を　何《なん》こ　あつめた　数ですか。　□

(4) 900は，10を　何こ　あつめた　数ですか。　□

2 ㋐，㋑，㋒に　あたる　数を　書きましょう。　1つ10点【30点】

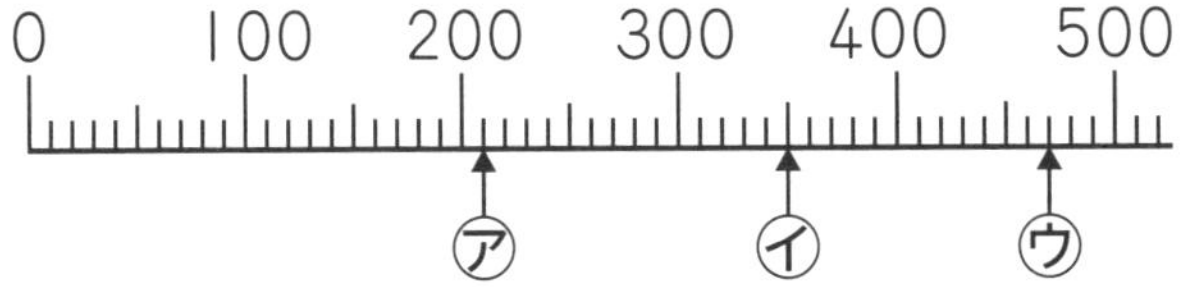

㋐…□　㋑…□

㋒…□

3 ㋐，㋑に　あたる　数を　書きましょう。　1つ5点【30点】

(1)

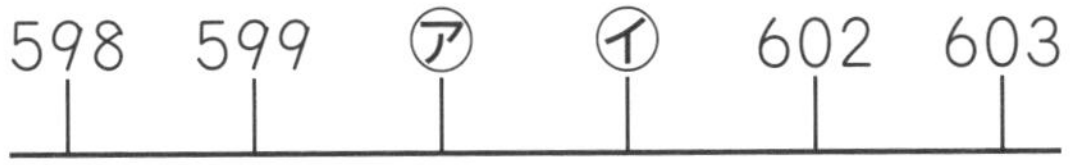

㋐…□　㋑…□

(2)

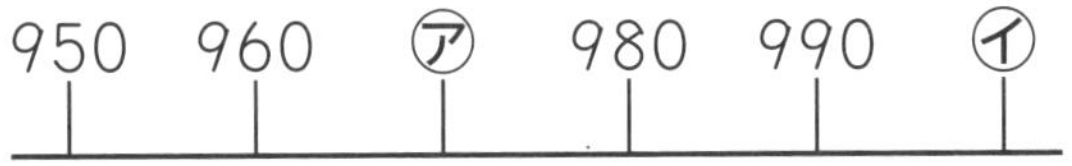

㋐…□　㋑…□

(3)

㋐…□　㋑…□

4 □に　入る　>，<を　書きましょう。　1つ5点【20点】

(1) 342 □ 296　(2) 709 □ 711

(3) 935 □ 930　(4) 123 □ 99

15 100より 大きい 数《かず》②

目ひょう時間 20分

学しゅうした日　　月　　日

名前

とく点　　／100点

らくらくマルつけ

2015
解説→231ページ

❶ つぎの 数《かず》を 書《か》きましょう。 1つ5点【20点】

(1) 10を 35こ あつめた 数

(2) 10を 50こ あつめた 数

(3) 240は，10を 何《なん》こ あつめた 数ですか。

(4) 900は，10を 何こ あつめた 数ですか。

❷ ㋐，㋑，㋒に あたる 数を 書きましょう。 1つ10点【30点】

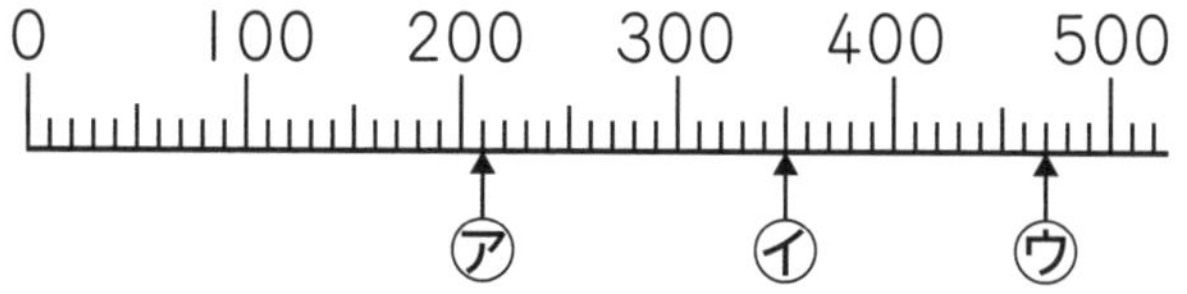

㋐…

㋑…

㋒…

❸ ㋐，㋑に あたる 数を 書きましょう。 1つ5点【30点】

(1)

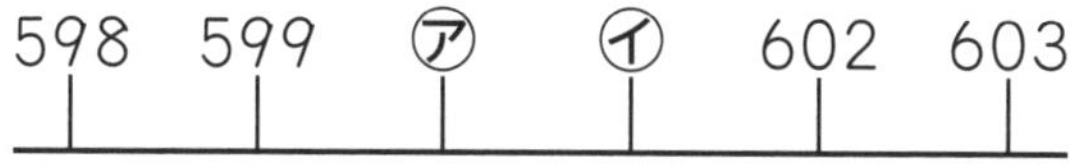

㋐…　　㋑…

(2)

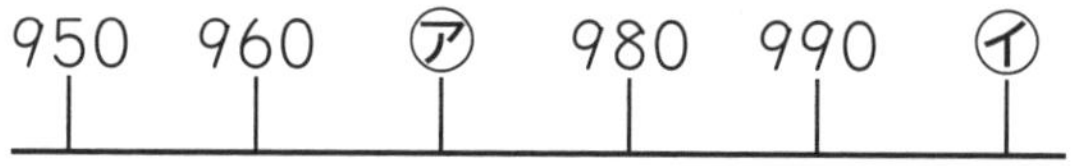

㋐…　　㋑…

(3)

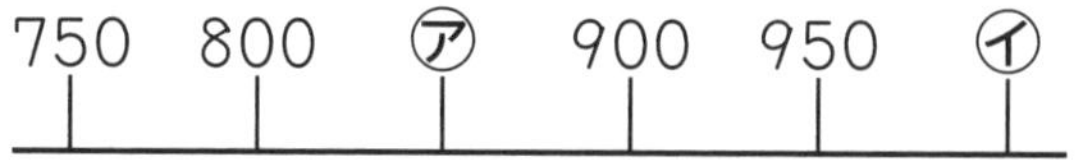

㋐…　　㋑…

❹ □に 入る ＞，＜を 書きましょう。 1つ5点【20点】

(1) 342 □ 296　　(2) 709 □ 711

(3) 935 □ 930　　(4) 123 □ 99

16 100より　大きい　数《かず》③

目ひょう時間 20分

学しゅうした日　　月　　日

名前

とく点

／100点

2016
解説→231ページ

らくらくマルつけ

算数

1 計算《けいさん》を　しましょう。　1つ5点【20点】

(1) 90＋20＝　　(2) 70＋50＝

(3) 120－90＝　　(4) 130－50＝

2 赤の　色紙《いろがみ》が　90まい，青の　色紙が　50まい　あります。あわせて　何《なん》まいですか。　【ぜんぶできて15点】

(しき)

答《こた》え

3 150円　もって　いました。80円の　パンを　買《か》うと　のこりは　いくらですか。　【ぜんぶできて15点】

(しき)

答え

4 計算を　しましょう。　1つ5点【20点】

(1) 300＋200＝　　(2) 600＋400＝

(3) 900－300＝　　(4) 1000－500＝

5 300円の　ノートと　400円の　ペンを　買うと，いくらに　なりますか。　【ぜんぶできて15点】

(しき)

答え

6 800円　もって　いました。500円の　ふでばこを　買うと，のこりは　いくらですか。【ぜんぶできて15点】

(しき)

答え

16 100より　大きい　数《かず》③

目ひょう時間 20分

学しゅうした日　月　日

名前

とく点　／100点

らくらくマルつけ

2016
解説→231ページ

❶ 計算《けいさん》を　しましょう。 1つ5点【20点】

(1) 90＋20＝　　(2) 70＋50＝

(3) 120－90＝　　(4) 130－50＝

❷ 赤の　色紙《いろがみ》が　90まい，青の　色紙が　50まい　あります。あわせて　何《なん》まいですか。 【ぜんぶできて15点】

(しき)

答《こた》え

❸ 150円　もって　いました。80円の　パンを　買《か》うと　のこりは　いくらですか。 【ぜんぶできて15点】

(しき)

答え

❹ 計算を　しましょう。 1つ5点【20点】

(1) 300＋200＝　　(2) 600＋400＝

(3) 900－300＝　　(4) 1000－500＝

❺ 300円の　ノートと　400円の　ペンを　買うと，いくらに　なりますか。 【ぜんぶできて15点】

(しき)

答え

❻ 800円　もって　いました。500円の　ふでばこを　買うと，のこりは　いくらですか。 【ぜんぶできて15点】

(しき)

答え

17 水の　かさ①

目ひょう時間 20分

学しゅうした日　月　日

名前

とく点

／100点

2017
解説→232ページ

らくらくマルつけ

算数

1 かさは　どれだけですか。【40点】

(1)

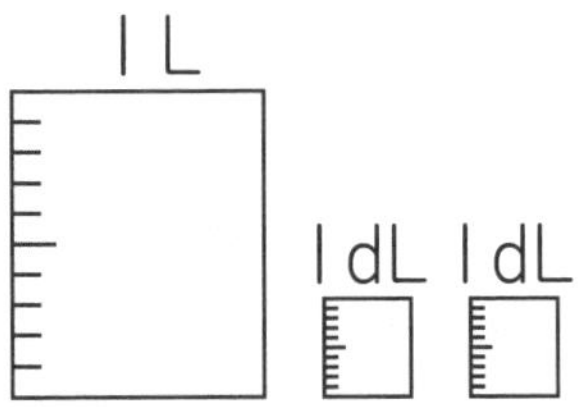

[　　　]L [　　　]dL

（ぜんぶできて10点）

(2)

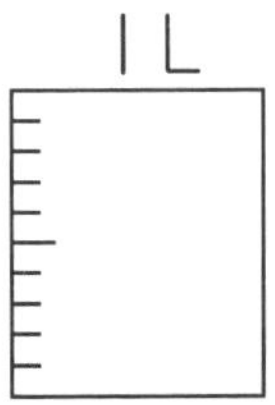

[　　　]dL

（10点）

(3)

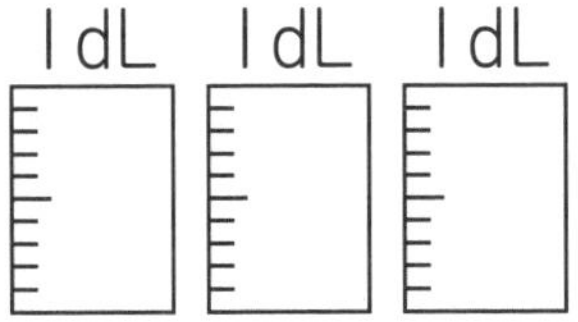

[　　　]mL

（10点）

(4)

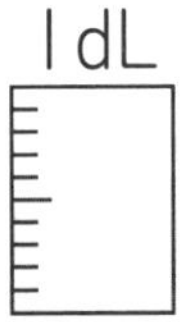

[　　　]mL

（10点）

2 [　　　]に　入る　数《かず》を　書《か》きましょう。1つ10点【50点】

(1) 2L＝[　　　]dL

(2) 40dL＝[　　　]L

(3) 500mL＝[　　　]dL

(4) 1000mL＝[　　　]L

(5) 3L5dL＝[　　　]dL

3 [　　　]に　入る　かさの　たんいを　書きましょう。1つ5点【10点】

(1) プリンの　ようき　いっぱいに　入る　水の　かさ

1[　　　]

(2) ペットボトルの　お茶《ちゃ》

500[　　　]

17 水の　かさ①

目ひょう時間 20分

学しゅうした日　　月　　日

名前

とく点　　／100点

2017
解説→232ページ

らくらくマルつけ

❶ かさは　どれだけですか。【40点】

(1)

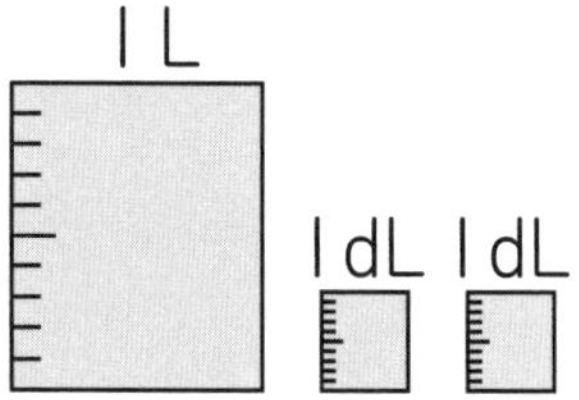

□L □dL

（ぜんぶできて10点）

(2)

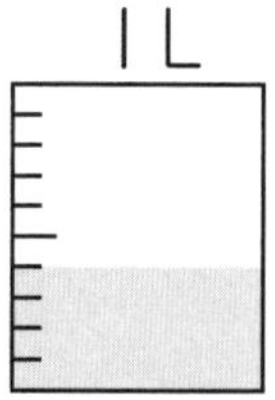

□dL

（10点）

(3)

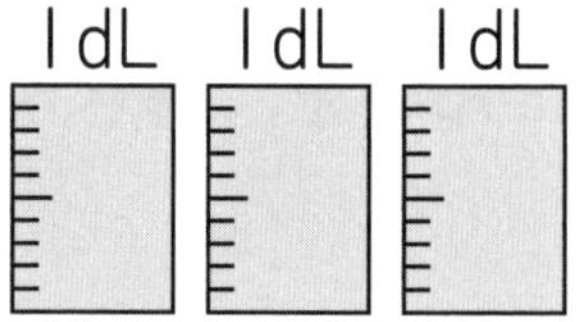

□mL

（10点）

(4)

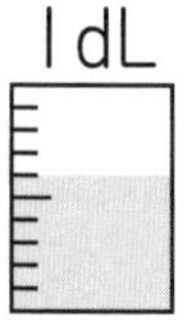

□mL

（10点）

❷ □に　入る　数《かず》を　書《か》きましょう。 1つ10点【50点】

(1) 2L＝□dL

(2) 40dL＝□L

(3) 500mL＝□dL

(4) 1000mL＝□L

(5) 3L5dL＝□dL

❸ □に　入る　かさの　たんいを　書きましょう。 1つ5点【10点】

(1) プリンの　ようき　いっぱいに　入る
水の　かさ

1□

(2) ペットボトルの　お茶《ちゃ》

500□

18 水の　かさ②

目ひょう時間 20分

学しゅうした日　月　日

名前

とく点

／100点

2018
解説→232ページ

1 計算《けいさん》を　しましょう。 1つ5点【40点】

(1)　1L2dL＋3dL＝

(2)　3L5dL＋4L＝

(3)　2L8dL＋2dL＝

(4)　8L7dL－5dL＝

(5)　6L3dL－3L＝

(6)　5L4dL－4dL＝

(7)　3L2dL＋1L3dL＝

(8)　5L6dL－1L2dL＝

2 水そうに　入る　水の　かさは，10Lの　バケツの　2はい分《ぶん》です。水そうに　入る　水の　かさは　何《なん》Lですか。 【20点】

3 水が　やかんに　4L3dL，水とうに　2L　入って　います。 【40点】

(1)　あわせて　何L何dLですか。 (ぜんぶできて20点)

(しき)

答《こた》え

(2)　やかんの　水の　かさと　水とうの　水の　かさでは，どちらが　どれだけ　多《おお》いですか。(ぜんぶできて20点)

(しき)

答え　　　　の　水の　かさが

　　　　多い

18 水の　かさ②

目ひょう時間　20分

学しゅうした日　月　日

名前

とく点　／100点

らくらくマルつけ

2018 解説→232ページ

❶ 計算《けいさん》を　しましょう。　1つ5点【40点】

(1)　1L2dL＋3dL＝

(2)　3L5dL＋4L＝

(3)　2L8dL＋2dL＝

(4)　8L7dL－5dL＝

(5)　6L3dL－3L＝

(6)　5L4dL－4dL＝

(7)　3L2dL＋1L3dL＝

(8)　5L6dL－1L2dL＝

❷ 水そうに　入る　水の　かさは，10Lの　バケツの　2はい分《ぶん》です。水そうに　入る　水の　かさは　何《なん》Lですか。　【20点】

❸ 水が　やかんに　4L3dL，水とうに　2L　入って　います。　【40点】

(1)　あわせて　何L何dLですか。　（ぜんぶできて20点）

(しき)

答《こた》え

(2)　やかんの　水の　かさと　水とうの　水の　かさでは，どちらが　どれだけ　多《おお》いですか。（ぜんぶできて20点）

(しき)

答え　　　の　水の　かさが

　　　多い

19 計算《けいさん》の　くふう

目ひょう時間 20分

学しゅうした日　月　日

名前

とく点　／100点

2019
解説→232ページ

1 シールを　8まい　もって　いました。そこへ　お姉《ねえ》さんから　13まい，お兄《にい》さんから　7まい　もらいました。シールは　ぜんぶで　何《なん》まいに　なりましたか。 【20点】

(1) ふえた　じゅんに　考《かんが》えます。1つの　しきに　書《か》いて，もとめましょう。 （ぜんぶできて10点）

(しき)

答《こた》え ［　　　］

(2) あとから　ふえた　数《かず》を　まとめて　考えます。（　）を　つかって　1つの　しきに　書いて，もとめましょう。 （ぜんぶできて10点）

(しき)

答え ［　　　］

2 計算《けいさん》を　しましょう。(3)〜(5)は　くふうして　計算しましょう。 1つ10点【50点】

(1) (7+3)+26＝

(2) 35+(3+2)＝

(3) 14+6+19＝

(4) 27+35+5＝

(5) 38+9+11＝

3 □に　入る　>，<，＝を　書きましょう。 1つ10点【30点】

(1) 30+60 □ 100

(2) 100 □ 130−50

(3) 100+80 □ 180

19 計算《けいさん》の　くふう

目ひょう時間 20分

学しゅうした日　月　日

名前

とく点　／100点

らくらくマルつけ

2019

解説→232ページ

❶ シールを　8まい　もって　いました。そこへ　お姉《ねえ》さんから　13まい，お兄《にい》さんから　7まい　もらいました。シールは　ぜんぶで　何《なん》まいに　なりましたか。 【20点】

(1) ふえた　じゅんに　考《かんが》えます。1つの　しきに　書《か》いて，もとめましょう。（ぜんぶできて10点）

(しき)

答《こた》え □

(2) あとから　ふえた　数《かず》を　まとめて　考えます。(　)を　つかって　1つの　しきに　書いて，もとめましょう。（ぜんぶできて10点）

(しき)

答え □

❷ 計算《けいさん》を　しましょう。(3)〜(5)は　くふうして　計算しましょう。 1つ10点【50点】

(1) (7+3)+26=

(2) 35+(3+2)=

(3) 14+6+19=

(4) 27+35+5=

(5) 38+9+11=

❸ □に　入る　＞，＜，＝を　書きましょう。 1つ10点【30点】

(1) 30+60□100

(2) 100□130−50

(3) 100+80□180

たし算《ざん》の　ひっ算《さん》④

目ひょう時間 20分

✎学しゅうした日　　月　　日

名前

とく点　　／100点

らくらくマルつけ

2020
解説→233ページ

1 92+54の　ひっ算《さん》を　します。□に　入る　数《かず》を　書《か》きましょう。【ぜんぶできて10点】

$$\begin{array}{r} 9\ 2 \\ +\ 5\ 4 \\ \hline \end{array} \Rightarrow \begin{array}{r|r} 9 & 2 \\ +\ 5 & 4 \\ \hline & \square \end{array} \Rightarrow \begin{array}{r|r|r} & 9 & 2 \\ + & 5 & 4 \\ \hline \square & \square & 6 \end{array}$$

2 計算《けいさん》を　しましょう。1つ10点【60点】

(1)
$$\begin{array}{r} 8\ 4 \\ +\ 4\ 3 \\ \hline \end{array}$$

(2)
$$\begin{array}{r} 3\ 6 \\ +\ 8\ 1 \\ \hline \end{array}$$

(3)
$$\begin{array}{r} 6\ 0 \\ +\ 8\ 7 \\ \hline \end{array}$$

(4)
$$\begin{array}{r} 2\ 3 \\ +\ 8\ 5 \\ \hline \end{array}$$

(5)
$$\begin{array}{r} 5\ 6 \\ 2\ 3 \\ +\ 5\ 3 \\ \hline \end{array}$$

(6)
$$\begin{array}{r} 8\ 8 \\ 3\ 7 \\ +\ 4\ 5 \\ \hline \end{array}$$

3 2年生が　57人，3年生が　62人　います。あわせて　何人《なんにん》　いますか。【ぜんぶできて15点】

(しき)

(ひっ算)

答《こた》え

4 90円の　ノートと　48円の　けしゴムを　買《か》うと，だい金は　いくらですか。【ぜんぶできて15点】

(しき)

(ひっ算)

答え

算数

20 たし算《ざん》の　ひっ算《さん》④

目ひょう時間 20分

✎学しゅうした日　　月　　日

名前

とく点

／100点

2020 解説→233ページ

らくらくマルつけ

❶ 92＋54の　ひっ算《さん》を　します。□に　入る　数《かず》を　書《か》きましょう。【ぜんぶできて10点】

	9	2
＋	5	4

⇒

	9	2
＋	5	4
		□

⇒

	9	2
＋	5	4
□	□	6

❷ 計算《けいさん》を　しましょう。 1つ10点【60点】

(1)
　84
＋43

(2)
　36
＋81

(3)
　60
＋87

(4)
　23
＋85

(5)
　56
　23
＋53

(6)
　88
　37
＋45

❸ 2年生が　57人，3年生が　62人　います。あわせて　何人《なんにん》　いますか。【ぜんぶできて15点】

(しき)

(ひっ算)

答《こた》え

❹ 90円の　ノートと　48円の　けしゴムを　買《か》うと，だい金は　いくらですか。【ぜんぶできて15点】

(しき)

(ひっ算)

答え

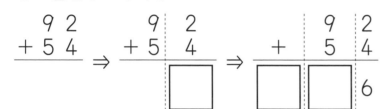

21 たし算《ざん》の　ひっ算《さん》⑤

目ひょう時間 20分

学しゅうした日　月　日

名前

とく点　／100点

らくらくマルつけ

2021 解説→233ページ

算数

❶ 87+59の　ひっ算《さん》を　します。□に　入る　数《かず》を　書《か》きましょう。【ぜんぶできて10点】

$$\begin{array}{r} 8\,7 \\ +\,5\,9 \\ \hline \end{array} \Rightarrow \begin{array}{r} \square \\ 8\;7 \\ +\,5\;9 \\ \hline \square \end{array} \Rightarrow \begin{array}{r} 1\;\; \\ 8\;7 \\ +\;5\;9 \\ \hline \square\,\square\,6 \end{array}$$

❷ 計算《けいさん》を　しましょう。 1つ10点【60点】

(1)
$$\begin{array}{r} 6\,8 \\ +\,5\,7 \\ \hline \end{array}$$

(2)
$$\begin{array}{r} 7\,3 \\ +\,6\,9 \\ \hline \end{array}$$

(3)
$$\begin{array}{r} 9\,5 \\ +\,2\,5 \\ \hline \end{array}$$

(4)
$$\begin{array}{r} 1\,6 \\ +\,8\,5 \\ \hline \end{array}$$

(5)
$$\begin{array}{r} 3 \\ +\,9\,8 \\ \hline \end{array}$$

(6)
$$\begin{array}{r} 9\,1 \\ +\;\;\,9 \\ \hline \end{array}$$

❸ アルミかんを　78こ，スチールかんを　46こ　あつめました。あわせて　何《なん》こですか。【ぜんぶできて15点】

(しき)

(ひっ算)

答《こた》え

❹ カードを　96まい　もって　います。あと　6まい　ふえると，何まいですか。【ぜんぶできて15点】

(しき)

(ひっ算)

答え

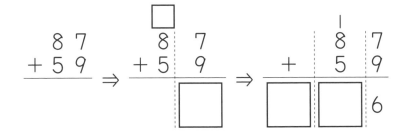

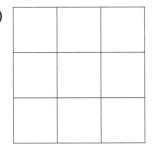

21 たし算《ざん》の　ひっ算《さん》⑤

目ひょう時間 20分

学しゅうした日　月　日

名前

とく点　／100点

2021
解説→233ページ

らくらくマルつけ

❶ 87＋59の　ひっ算《さん》を　します。□に　入る　数《かず》を　書《か》きましょう。【ぜんぶできて10点】

$$\begin{array}{r} 8\ 7 \\ +5\ 9 \\ \hline \end{array} \Rightarrow \begin{array}{rr} \square & \\ 8 & 7 \\ +5 & 9 \\ \hline & \square \end{array} \Rightarrow \begin{array}{rrr} & 1 & \\ & 8 & 7 \\ + & 5 & 9 \\ \hline \square & \square & 6 \end{array}$$

❷ 計算《けいさん》を　しましょう。1つ10点【60点】

(1) $\begin{array}{r} 6\ 8 \\ +5\ 7 \\ \hline \end{array}$

(2) $\begin{array}{r} 7\ 3 \\ +6\ 9 \\ \hline \end{array}$

(3) $\begin{array}{r} 9\ 5 \\ +2\ 5 \\ \hline \end{array}$

(4) $\begin{array}{r} 1\ 6 \\ +8\ 5 \\ \hline \end{array}$

(5) $\begin{array}{r} 3 \\ +9\ 8 \\ \hline \end{array}$

(6) $\begin{array}{r} 9\ 1 \\ +\ \ 9 \\ \hline \end{array}$

❸ アルミかんを　78こ，スチールかんを　46こ　あつめました。あわせて　何《なん》こですか。【ぜんぶできて15点】

(しき)

(ひっ算)

答《こた》え

❹ カードを　96まい　もって　います。あと　6まい　ふえると，何まいですか。【ぜんぶできて15点】

(しき)

(ひっ算)

答え

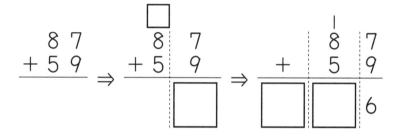

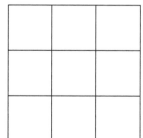

22 たし算《ざん》の　ひっ算《さん》⑥

目ひょう時間 20分

学しゅうした日　月　日

名前

とく点 ／100点

らくらくマルつけ
2022
解説→233ページ

算数

1 つぎの　計算《けいさん》を　ひっ算で　しましょう。1つ6点【54点】

(1) 63＋56　(2) 47＋89　(3) 59＋51

(4) 45＋60　(5) 98＋18　(6) 72＋28

(7) 16＋93　(8) 5＋95　(9) 92＋9

2 とりが　77わ　います。49わ　とんで　きました。あわせて　何《なん》わに　なりましたか。【ぜんぶできて15点】

(しき)

答《こた》え

3 いちごが　54こ　あります。46こ　もらうと，あわせて　何こに　なりますか。【ぜんぶできて15点】

(しき)

答え

4 本を　98ページ　読《よ》みました。あと　9ページ　読むと，何ページ　読んだ　ことに　なりますか。【ぜんぶできて16点】

(しき)

答え

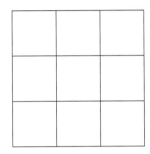

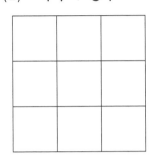

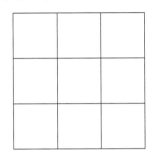

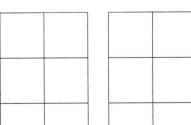

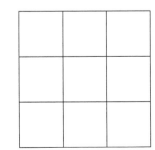

22 たし算《ざん》の　ひっ算《さん》⑥

目ひょう時間 20分

✎学しゅうした日　　月　　日

名前

とく点　　／100点

らくらくマルつけ

2022
解説→233ページ

1 つぎの　計算《けいさん》を　ひっ算で　しましょう。1つ6点【54点】

(1)　63＋56　　(2)　47＋89　　(3)　59＋51

(4)　45＋60　　(5)　98＋18　　(6)　72＋28

(7)　16＋93　　(8)　5＋95　　(9)　92＋9

2 とりが　77わ　います。49わ　とんで　きました。あわせて　何《なん》わに　なりましたか。【ぜんぶできて15点】

(しき)

答《こた》え

3 いちごが　54こ　あります。46こ　もらうと，あわせて　何こに　なりますか。【ぜんぶできて15点】

(しき)

答え

4 本を　98ページ　読《よ》みました。あと　9ページ　読むと，何ページ　読んだ　ことに　なりますか。

【ぜんぶできて16点】

(しき)

答え

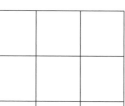

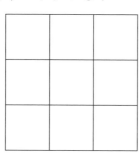

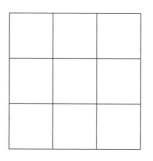

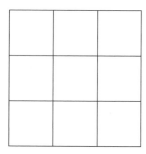

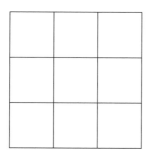

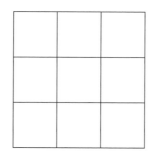

ひき算《ざん》の　ひっ算《さん》④

目ひょう時間 20分

学しゅうした日　月　日

名前

とく点　／100点

らくらくマルつけ
2023
解説→234ページ

1 137−52の　ひっ算《さん》を　します。□に　入る　数《かず》を　書《か》きましょう。　【ぜんぶできて10点】

$$\begin{array}{r} 137 \\ -\ \ 52 \\ \hline \end{array} \Rightarrow \begin{array}{rr} 13 & 7 \\ -\ \ 5 & 2 \\ \hline & \square \end{array} \Rightarrow \begin{array}{rrr} 1 & 3 & 7 \\ - & 5 & 2 \\ \hline & \square & 5 \end{array}$$

2 計算《けいさん》を　しましょう。　1つ10点【60点】

(1) $\begin{array}{r} 128 \\ -\ \ 35 \\ \hline \end{array}$　　(2) $\begin{array}{r} 114 \\ -\ \ 63 \\ \hline \end{array}$

(3) $\begin{array}{r} 159 \\ -\ \ 78 \\ \hline \end{array}$　　(4) $\begin{array}{r} 181 \\ -\ \ 90 \\ \hline \end{array}$

(5) $\begin{array}{r} 143 \\ -\ \ 93 \\ \hline \end{array}$　　(6) $\begin{array}{r} 107 \\ -\ \ 84 \\ \hline \end{array}$

3 画用紙《がようし》が　165まい　あります。82まい　つかうと，何《なん》まい　のこりますか。　【ぜんぶできて15点】

(しき)

(ひっ算)

答《こた》え

4 2年生が　109人，1年生が　93人　います。ちがいは　何人ですか。　【ぜんぶできて15点】

(しき)

(ひっ算)

答え

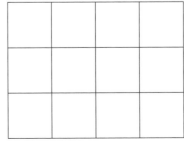

23 ひき算《ざん》の　ひっ算《さん》④

目ひょう時間 20分

学しゅうした日　　月　　日

名前

とく点

／100点

2023
解説→234ページ

らくらくマルつけ

❶ 137−52の　ひっ算《さん》を　します。□に　入る数《かず》を　書《か》きましょう。【ぜんぶできて10点】

```
  137         13|7           1 3|7
−  52   ⇒   −  5|2   ⇒    −   5|2
              □ |             □ |5
```

❷ 計算《けいさん》を　しましょう。1つ10点【60点】

(1)
```
  128
−  35
```

(2)
```
  114
−  63
```

(3)
```
  159
−  78
```

(4)
```
  181
−  90
```

(5)
```
  143
−  93
```

(6)
```
  107
−  84
```

❸ 画用紙《がようし》が　165まい　あります。82まい　つかうと，何《なん》まい　のこりますか。【ぜんぶできて15点】

（しき）

（ひっ算）

答《こた》え

❹ 2年生が　109人，1年生が　93人　います。ちがいは　何人ですか。【ぜんぶできて15点】

（しき）

（ひっ算）

答え

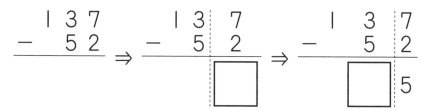

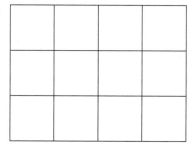

24 ひき算《ざん》の　ひっ算《さん》⑤

目ひょう時間 20分

学しゅうした日　月　日

名前

とく点　／100点

2024 解説→234ページ

❶ 145−59の　ひっ算《さん》を　します。□に　入る　数《かず》を　書《か》きましょう。【ぜんぶできて10点】

```
  1 4 5          □              3
− 5 9    ⇒    1 ~~4~~ 5   ⇒   1 ~~4~~ 5
              −   5 9        −   5 9
                  □              □ 6
```

❷ 計算《けいさん》を　しましょう。1つ10点【60点】

(1) 131 − 65

(2) 116 − 87

(3) 152 − 53

(4) 107 − 98

(5) 100 − 76

(6) 101 − 4

❸ 120円の　ノートと，78円の　ノートが　あります。ちがいは　いくらですか。【ぜんぶできて15点】

(しき)

(ひっ算)

答《こた》え □

❹ ふうせんが　100こ　ありました。8こ　われると，のこりは　何《なん》こですか。【ぜんぶできて15点】

(しき)

(ひっ算)

答え □

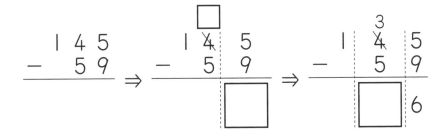

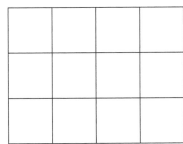

24 ひき算《ざん》の　ひっ算《さん》⑤

目ひょう時間 20分

学しゅうした日　　月　　日

名前

とく点　　／100点

らくらくマルつけ

2024 解説→234ページ

❶ 145−59の　ひっ算《さん》を　します。□に　入る　数《かず》を　書《か》きましょう。【ぜんぶできて10点】

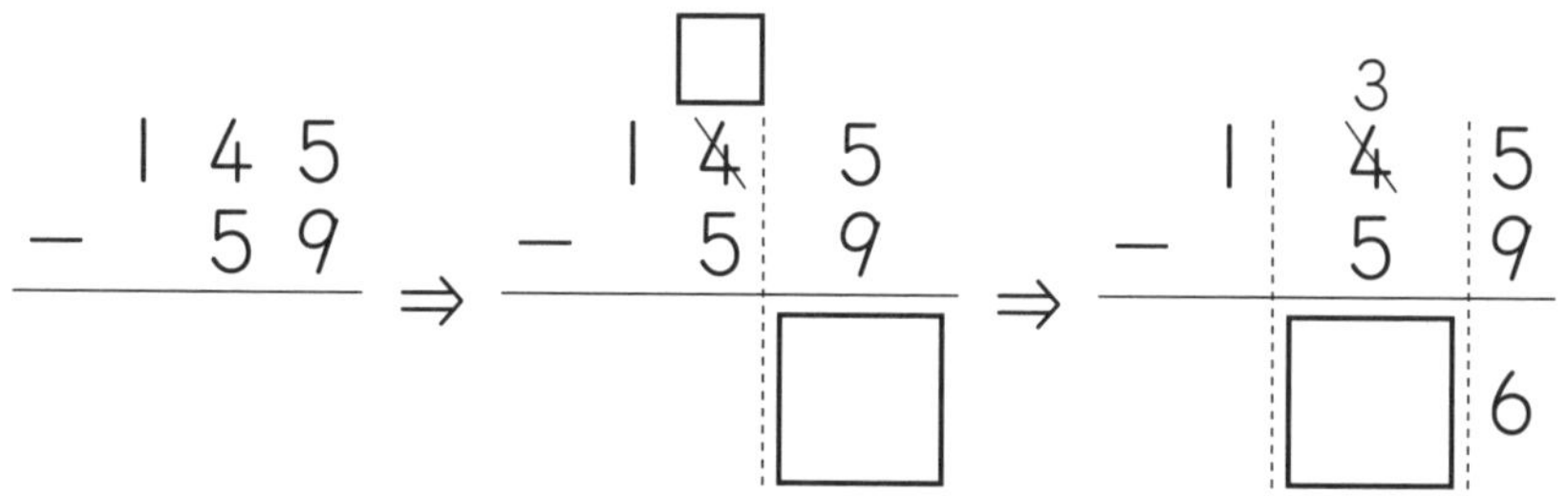

❷ 計算《けいさん》を　しましょう。　1つ10点【60点】

(1) 131 − 65

(2) 116 − 87

(3) 152 − 53

(4) 107 − 98

(5) 100 − 76

(6) 101 − 4

❸ 120円の　ノートと，78円の　ノートが　あります。ちがいは　いくらですか。【ぜんぶできて15点】

(しき)

(ひっ算)

答《こた》え

❹ ふうせんが　100こ　ありました。8こ　われると，のこりは　何《なん》こですか。【ぜんぶできて15点】

(しき)

(ひっ算)

答え

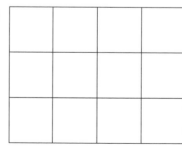

25 ひき算《ざん》の　ひっ算《さん》⑥

目ひょう時間 20分

学しゅうした日　　月　　日

名前

とく点　　／100点

らくらくマルつけ

2025 解説→234ページ

算数

1 つぎの　計算《けいさん》を　ひっ算で　しましょう。1つ7点【42点】

(1) 156－63

(2) 124－35

(3) 142－80

(4) 106－8

(5) 113－19

(6) 100－92

2 ミニトマトが かごに 173こ，ざるに 83こ 入って　います。ちがいは　何《なん》こですか。【ぜんぶできて18点】

(しき)

答《こた》え

3 55円の　おかしを　買《か》います。100円　出すと，おつりは　いくらですか。【ぜんぶできて20点】

(しき)

答え

4 子どもが　110人　います。そのうち，ぼうしを　かぶって　いる　人は　99人です。ぼうしを　かぶって　いない　人は　何人ですか。【ぜんぶできて20点】

(しき)

答え

＼もう1回チャレンジ!!／

25 ひき算《ざん》の　ひっ算《さん》⑥

目ひょう時間 20分

学しゅうした日　　月　　日

名前

とく点

／100点

2025

解説→234ページ

らくらくマルつけ

1 つぎの　計算《けいさん》を　ひっ算で　しましょう。1つ7点【42点】

(1) 156−63

(2) 124−35

(3) 142−80

(4) 106−8

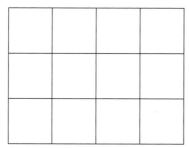

(5) 113−19

(6) 100−92

2 ミニトマトが かごに 173こ，ざるに 83こ 入って　います。ちがいは　何《なん》こですか。【ぜんぶできて18点】

(しき)

答《こた》え

3 55円の　おかしを　買《か》います。100円　出すと，おつりは　いくらですか。【ぜんぶできて20点】

(しき)

答え

4 子どもが　110人　います。そのうち，ぼうしを かぶって　いる　人は　99人です。ぼうしを かぶって　いない　人は　何人ですか。【ぜんぶできて20点】

(しき)

答え

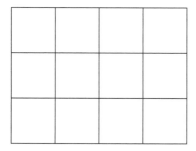

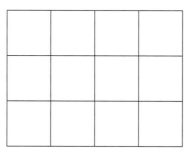

26 大きい　数《かず》の　ひっ算《さん》

目ひょう時間 20分

学しゅうした日　　月　　日

名前

とく点

／100点

らくらくマルつけ

2026

解説→235ページ

算数

❶ 計算《けいさん》を　しましょう。　1つ5点【40点】

(1)

	5	2	3
＋		4	5

(2)

		5	6
＋	2	1	9

(3)

	8	0	3
＋			7

(4)

			4
＋	7	7	8

(5)

	6	3	8
－		2	3

(6)

	4	9	2
－		1	5

(7)

	3	6	4
－		5	6

(8)

	7	2	1
－			9

❷ つぎの　計算を　ひっ算で　しましょう。1つ10点【60点】

(1) 356＋30

(2) 47＋907

(3) 728＋8

(4) 596－56

(5) 280－75

(6) 316－7

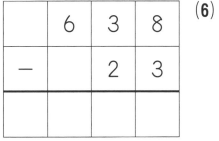

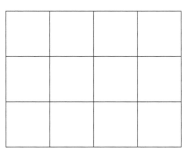

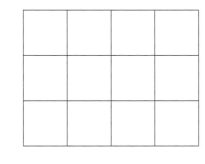

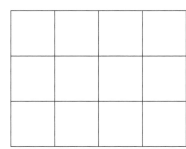

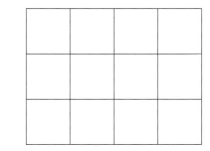

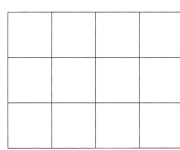

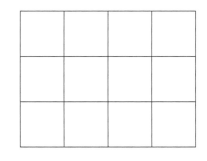

26 大きい　数《かず》の　ひっ算《さん》

目ひょう時間 20分

学しゅうした日　　月　　日

名前

とく点　　／100点

2026
解説→235ページ

らくらくマルつけ

❶ 計算《けいさん》を　しましょう。　1つ5点【40点】

(1)

	5	2	3
＋		4	5

(2)

		5	6
＋	2	1	9

(3)

	8	0	3
＋			7

(4)

			4
＋	7	7	8

(5)

	6	3	8
−		2	3

(6)

	4	9	2
−		1	5

(7)

	3	6	4
−		5	6

(8)

	7	2	1
−			9

❷ つぎの　計算を　ひっ算で　しましょう。1つ10点【60点】

(1)　356＋30

(2)　47＋907

(3)　728＋8

(4)　596−56

(5)　280−75

(6)　316−7

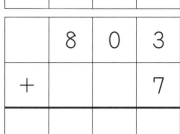

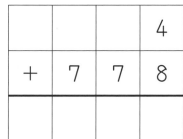

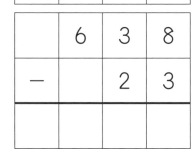

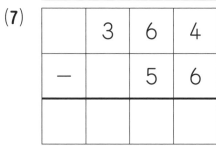

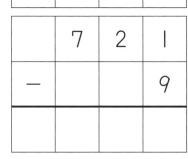

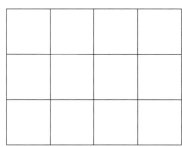

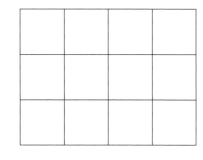

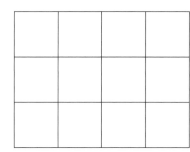

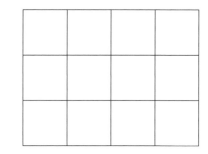

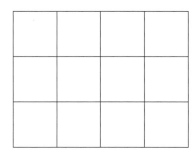

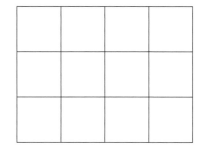

27 三角形《さんかくけい》と　四角形《しかくけい》①

目ひょう時間 20分

学しゅうした日　月　日

名前

とく点

/100点

2027 解説→235ページ

らくらくマルつけ

1 □に　入る　ことばを　書《か》きましょう。

1つ10点【40点】

(1) 3本の　直線《ちょくせん》で　かこまれた　形《かたち》を

□と　いいます。

(2) 4本の　直線で　かこまれた　形を

□と　いいます。

(3)

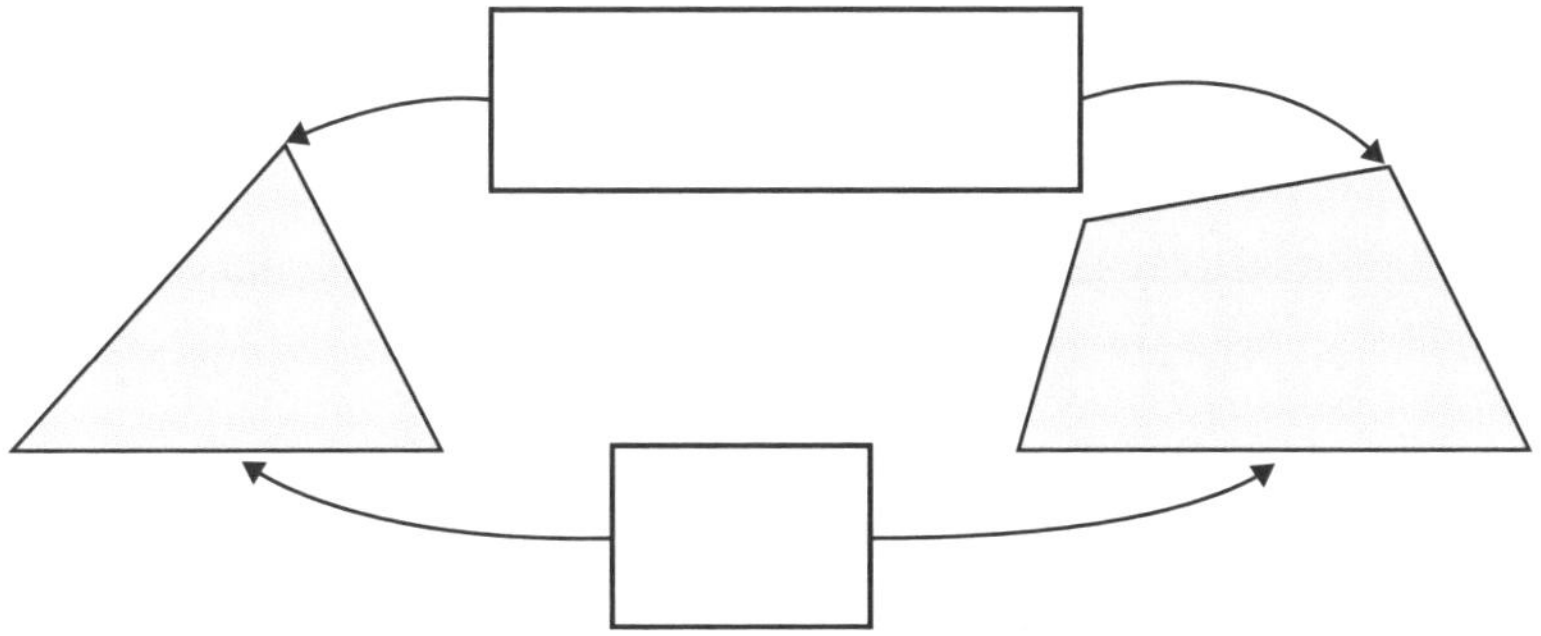

2 □に　あてはまる　数《かず》を　書きましょう。1つ5点【20点】

三角形《さんかくけい》には，ちょう点《てん》が □ こ，辺《へん》が □ 本，

四角形《しかくけい》には，ちょう点が □ こ，辺が □ 本

あります。

3 三角形と　四角形を　すべて　えらび，記《き》ごうで　書きましょう。

1つ10点【20点】

三角形…(　　　　　　　　)

四角形…(　　　　　　　　)

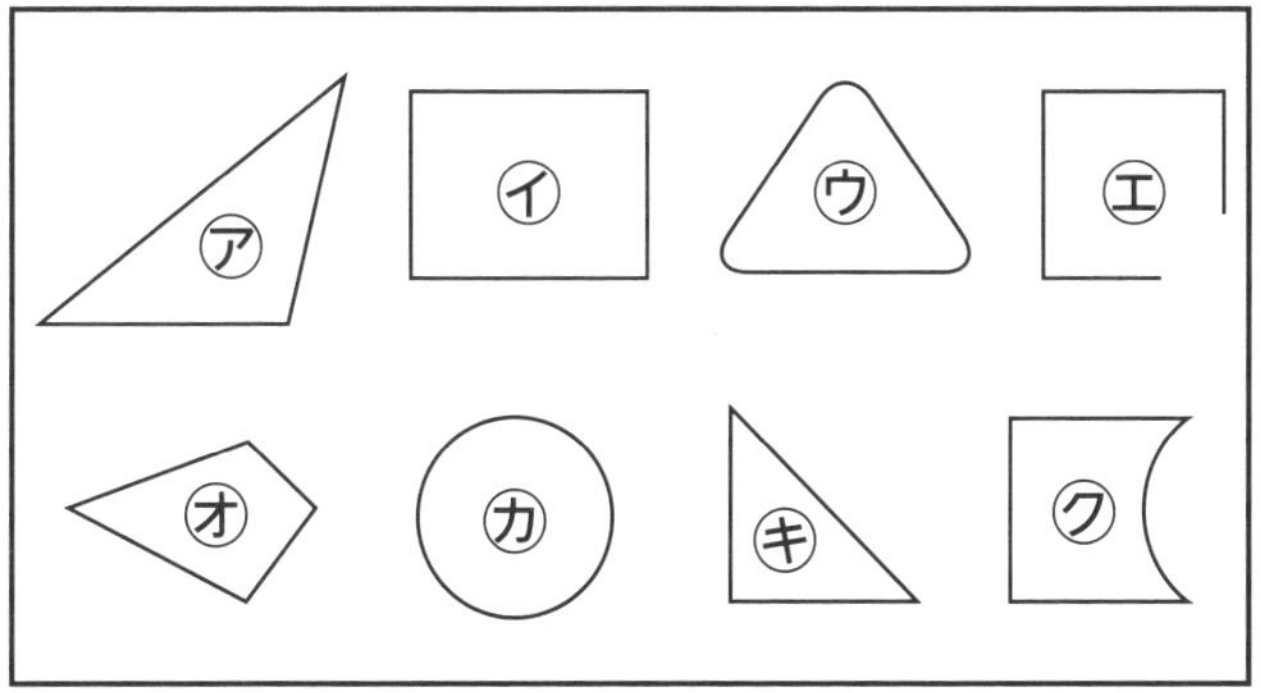

4 図《ず》に　直線を　1本　引《ひ》いて，つぎの　形に　分《わ》けましょう。

1つ10点【20点】

(1) 2つの　三角形

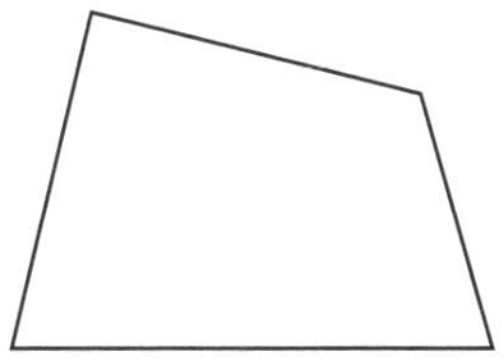

(2) 2つの　四角形

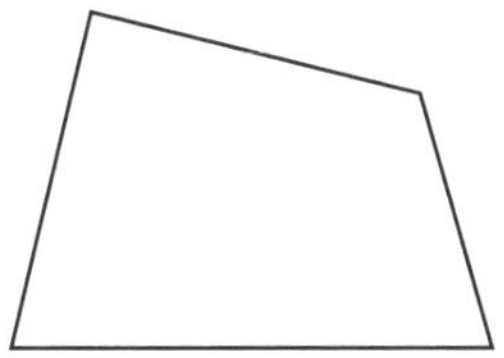

27 三角形《さんかくけい》と　四角形《しかくけい》①

目ひょう時間 20分

学しゅうした日　　月　　日

名前

とく点　　／100点

2027
解説→235ページ

らくらくマルつけ

❶ □に　入る　ことばを　書《か》きましょう。　1つ10点【40点】

(1) 3本の　直線《ちょくせん》で　かこまれた　形《かたち》を

□と　いいます。

(2) 4本の　直線で　かこまれた　形を

□と　いいます。

(3)

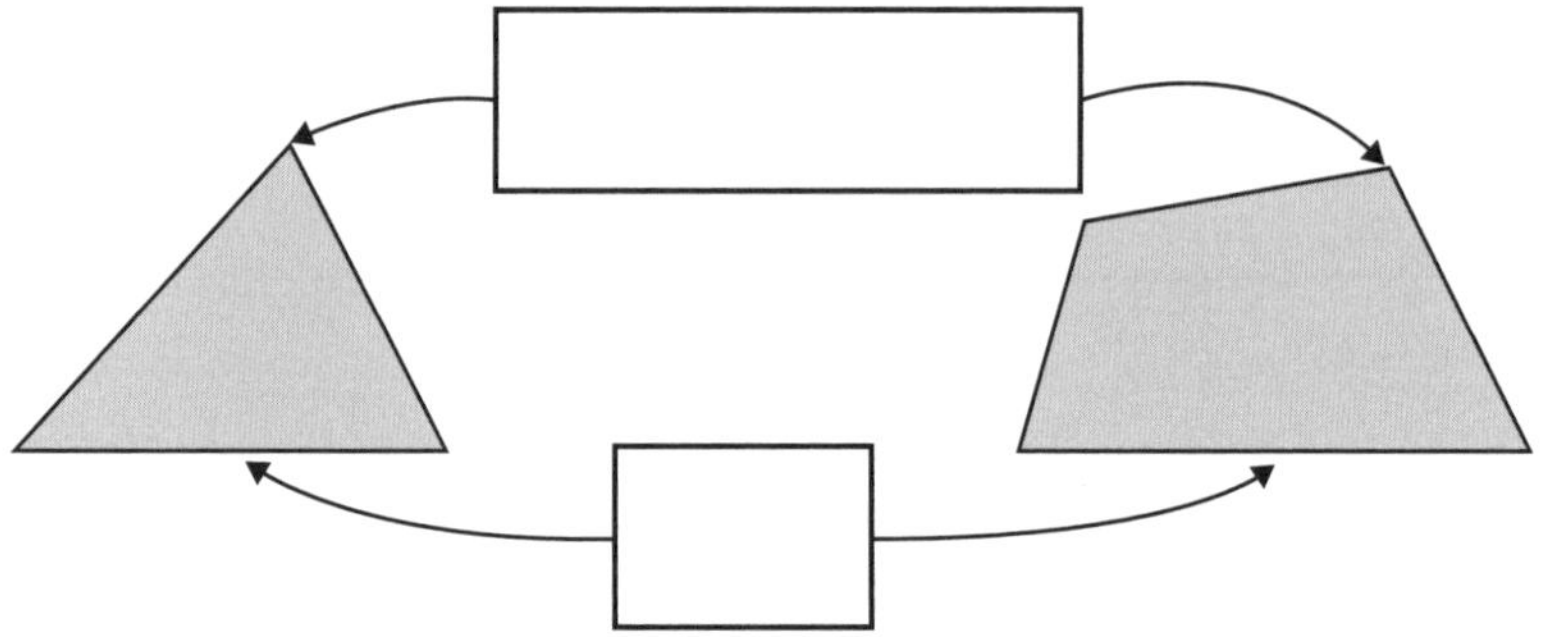

❷ □に　あてはまる　数《かず》を　書きましょう。　1つ5点【20点】

三角形《さんかくけい》には，ちょう点《てん》が □ こ，辺《へん》が □ 本，

四角形《しかくけい》には，ちょう点が □ こ，辺が □ 本

あります。

❸ 三角形と　四角形を　すべて　えらび，記《き》ごうで　書きましょう。　1つ10点【20点】

三角形…(　　　　　　　　　)

四角形…(　　　　　　　　　)

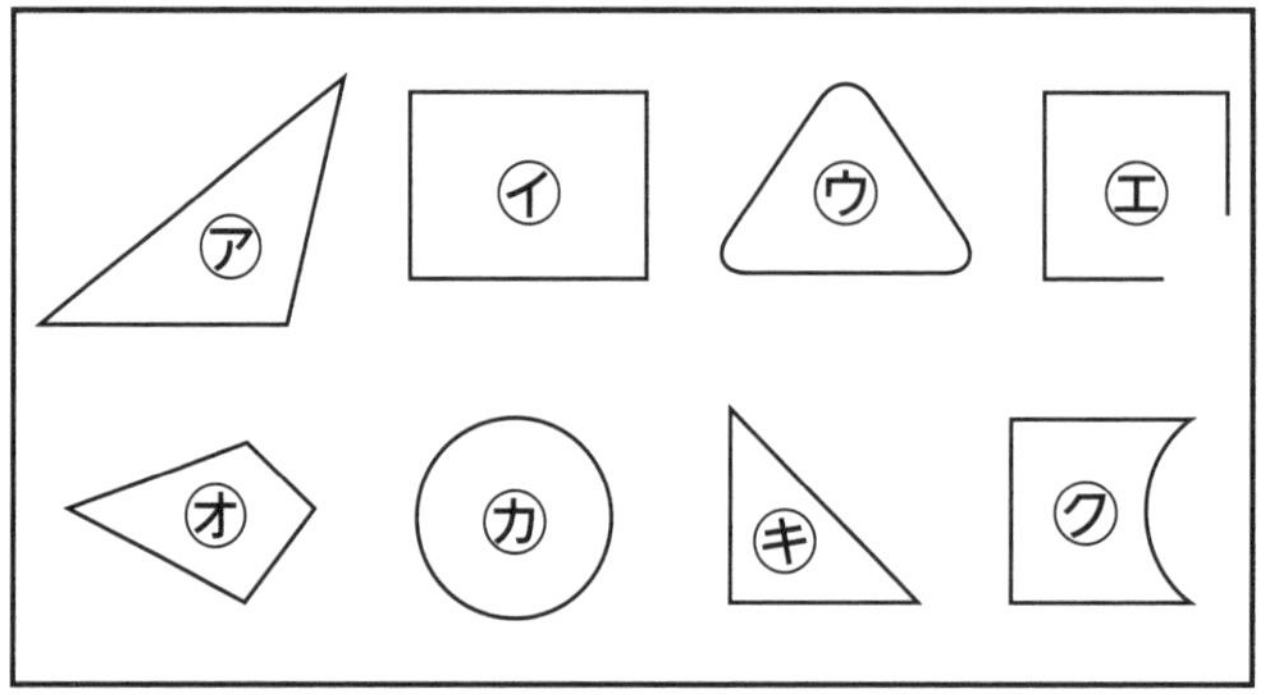

❹ 図《ず》に　直線を　1本　引《ひ》いて，つぎの　形に　分《わ》けましょう。　1つ10点【20点】

(1) 2つの　三角形

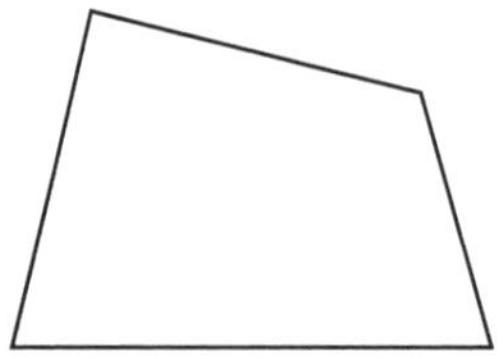

(2) 2つの　四角形

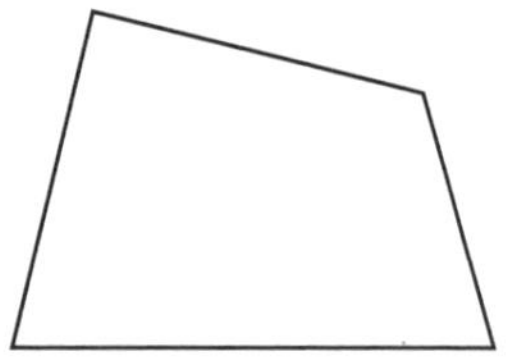

28 三角形《さんかくけい》と　四角形《しかくけい》②

目ひょう時間 20分

学しゅうした日　月　日

名前

とく点　／100点

2028 解説→235ページ

らくらくマルつけ

1 長方形《ちょうほうけい》と　正方形《せいほうけい》を　すべて　えらび，記《き》ごうで　書《か》きましょう。

1つ20点【40点】

長方形…(　　　　　　　　　　)

正方形…(　　　　　　　　　　)

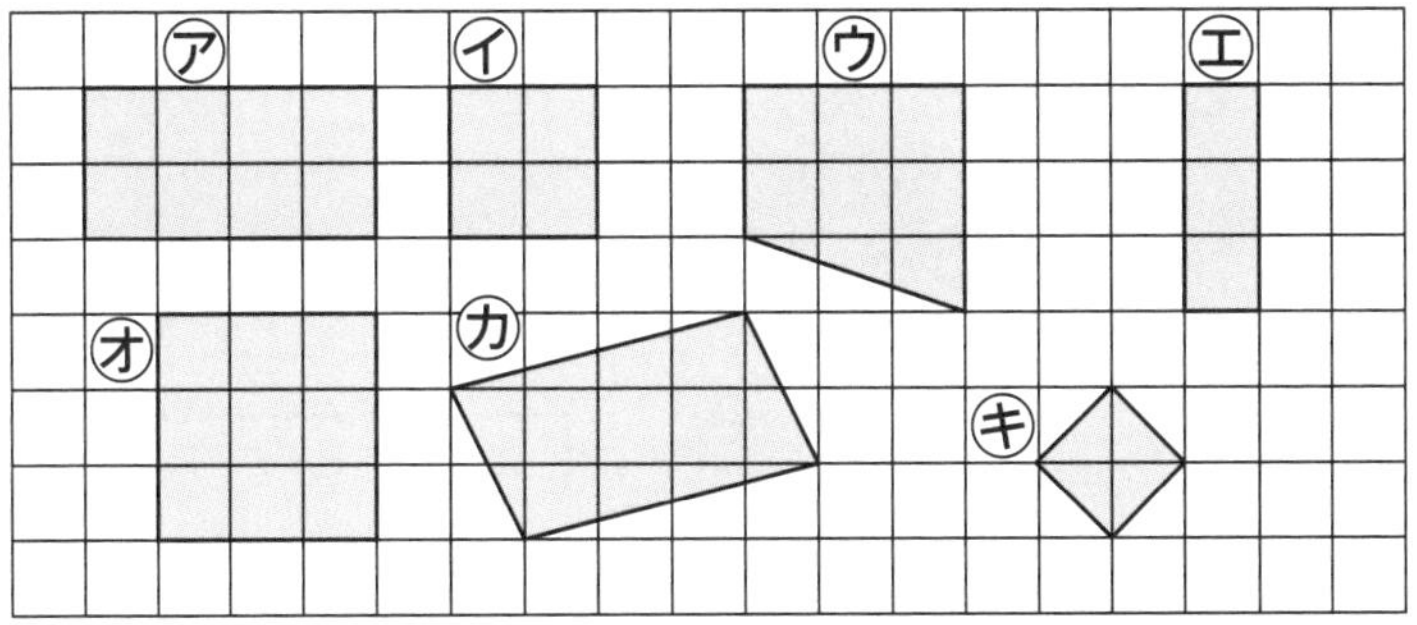

2 直角三角形《ちょっかくさんかくけい》を　すべて　えらび，記ごうで　書きましょう。

【20点】

(　　　　　　　　　　)

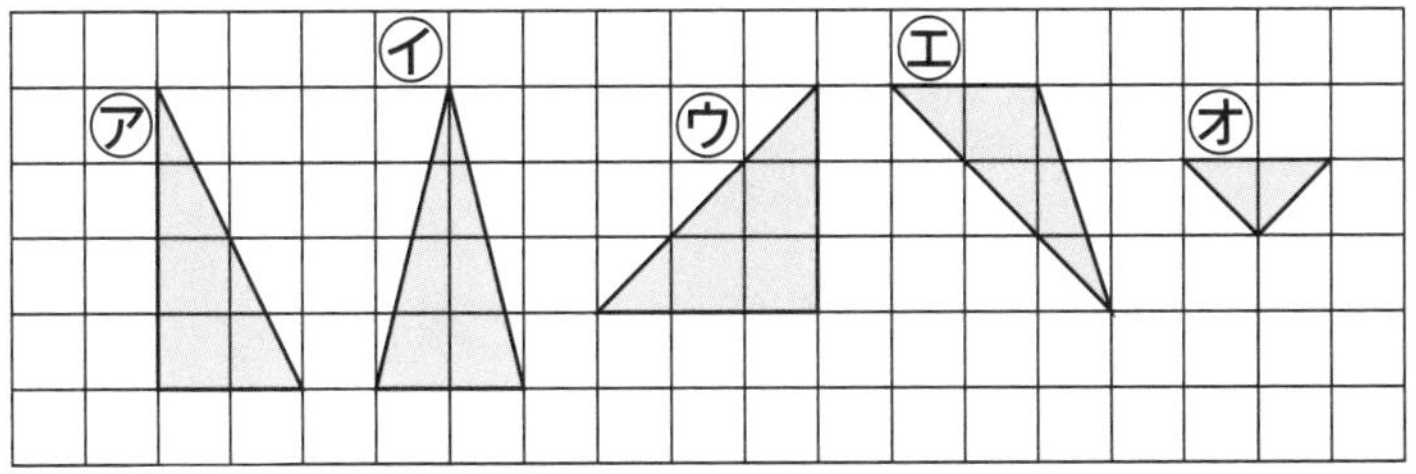

3 下の　形《かたち》は　長方形です。㋐，㋑の　辺《へん》の　長《なが》さは　何《なん》cmですか。

1つ5点【10点】

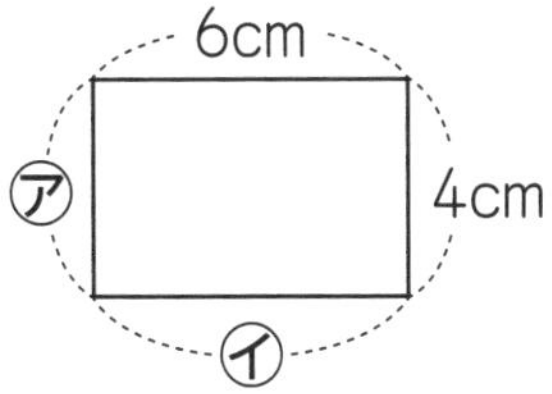

㋐…［　　　　］

㋑…［　　　　］

4 ［　　］に　入る　ことばを　書きましょう。

1つ6点【30点】

(1) 4つの　かどが　みんな［　　　　］で，むかいあう　辺の　長さが　同《おな》じに　なって　いる　四角形《しかくけい》を［　　　　］と　いいます。

(2) 4つの　かどが　みんな［　　　　］で，4つの　辺の　長さが　みんな［　　　　］に　なって　いる　四角形を　正方形と　いいます。

(3) 直角の　かどが　ある　三角形を［　　　　］と　いいます。

28 三角形《さんかくけい》と　四角形《しかくけい》②

目ひょう時間 20分

✎学しゅうした日　　月　　日

名前

とく点　　／100点

らくらくマルつけ

2028
解説→235ページ

❶ 長方形《ちょうほうけい》と　正方形《せいほうけい》を　すべて　えらび，記《き》ごうで　書《か》きましょう。　1つ20点【40点】

長方形…(　　　　　　　　　　)

正方形…(　　　　　　　　　　)

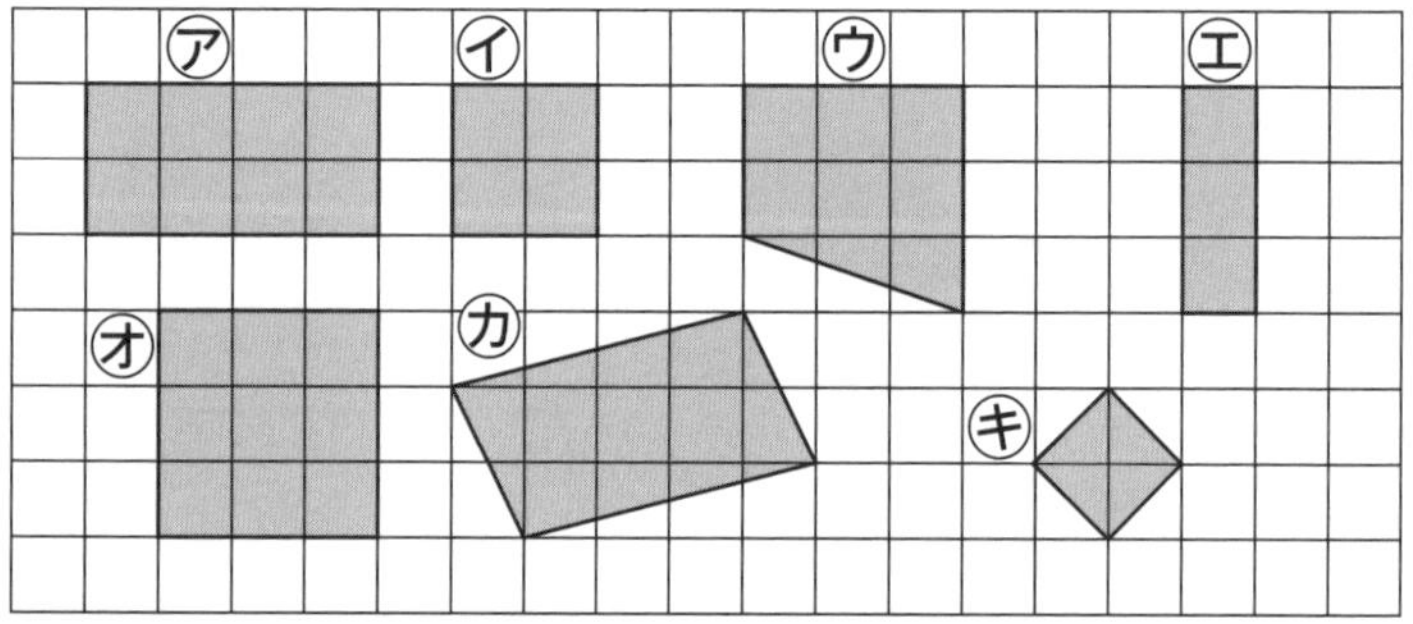

❷ 直角三角形《ちょっかくさんかくけい》を　すべて　えらび，記ごうで　書きましょう。　【20点】

(　　　　　　　　　　)

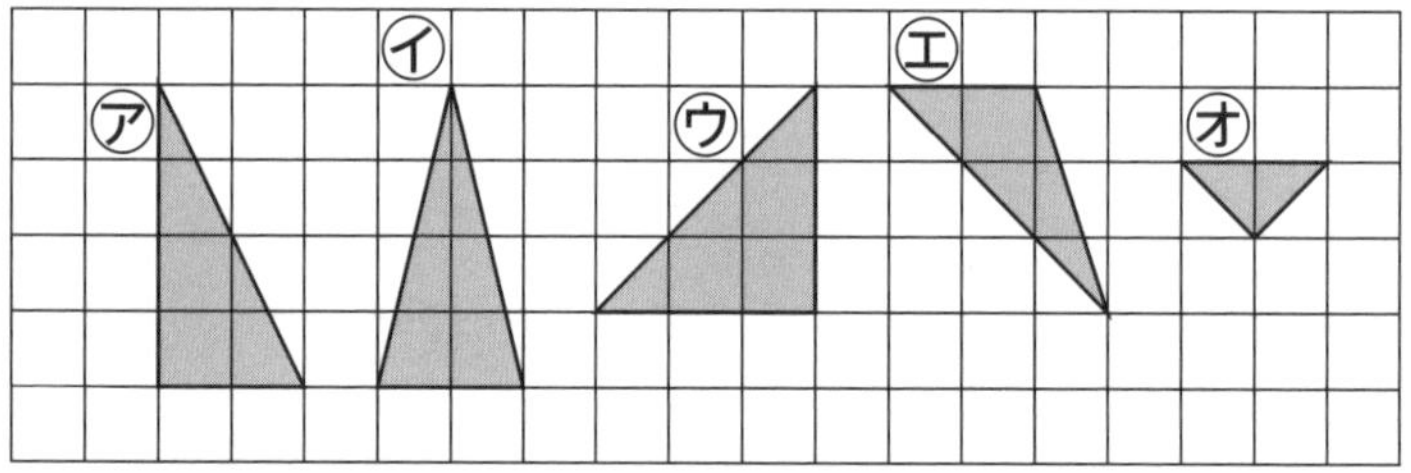

❸ 下の　形《かたち》は　長方形です。㋐，㋑の　辺《へん》の　長《なが》さは　何《なん》cmですか。　1つ5点【10点】

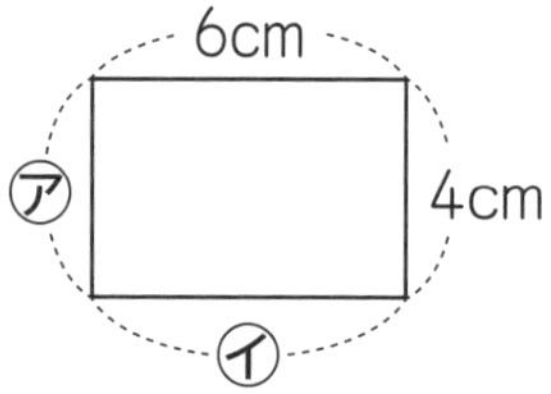

㋐…［　　　　］

㋑…［　　　　］

❹ ［　　　］に　入る　ことばを　書きましょう。　1つ6点【30点】

(1) 4つの　かどが　みんな［　　　　］で，むかいあう　辺の　長さが　同《おな》じに　なって　いる　四角形《しかくけい》を［　　　　］と　いいます。

(2) 4つの　かどが　みんな［　　　　］で，4つの　辺の　長さが　みんな［　　　　］に　なって　いる　四角形を　正方形と　いいます。

(3) 直角の　かどが　ある　三角形を［　　　　］と　いいます。

29 かけ算《ざん》①

目ひょう時間 20分

学しゅうした日　月　日	とく点
名前	／100点

らくらくマルつけ
2029
解説→235ページ

算数

1 □に　入る　数《かず》を　書《か》きましょう。【ぜんぶできて20点】

ケーキの　数は　1さらに　□こずつ

□さら分《ぶん》で，□こです。これを

かけ算《ざん》の　しきで　書くと，下のように　なります。

□×□＝□

（↑1つ分の　数）（↑いくつ分）（↑ぜんぶの　数）

2 2cmの　テープの　4ばいの　長《なが》さを　もとめます。【20点】

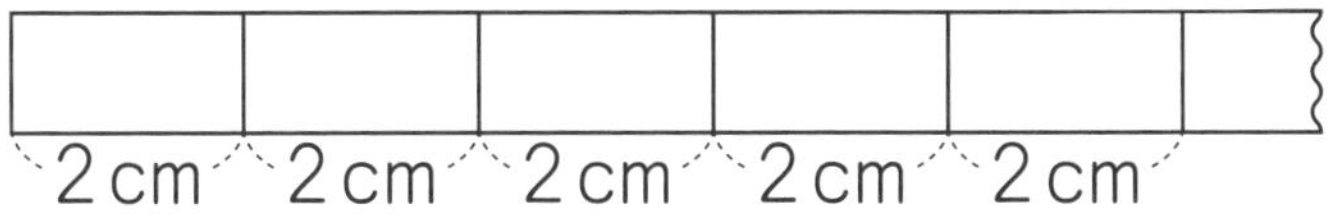

(1)　2cmの　4ばいの　長さだけ　色《いろ》を　ぬりましょう。（10点）

(2)　2cmの　4ばいは　何《なん》cmですか。（ぜんぶできて10点）

(しき)

答《こた》え □

3 計算《けいさん》を　しましょう。1つ5点【40点】

(1)　5×2＝

(2)　5×6＝

(3)　5×5＝

(4)　5×7＝

(5)　2×3＝

(6)　2×9＝

(7)　2×7＝

(8)　2×8＝

4 プリンが　1はこに　2こずつ，6はこ分　あります。プリンは　ぜんぶで　何こ　ありますか。【ぜんぶできて10点】

(しき)

答え □

5 5cmの　4ばいの　長さは　何cmですか。【ぜんぶできて10点】

(しき)

答え □

29 かけ算《ざん》①

目ひょう時間 20分

学しゅうした日　月　日

名前

とく点　／100点

らくらくマルつけ

2029

解説→235ページ

❶ □に　入る　数《かず》を　書《か》きましょう。【ぜんぶできて20点】

ケーキの　数は　１さらに　□こずつ

□さら分《ぶん》で，□こです。これを

かけ算《ざん》の　しきで　書くと，下のように　なります。

□×□＝□

↑１つ分の　数　↑いくつ分　↑ぜんぶの　数

❷ 2cmの　テープの　4ばいの　長《なが》さを　もとめます。【20点】

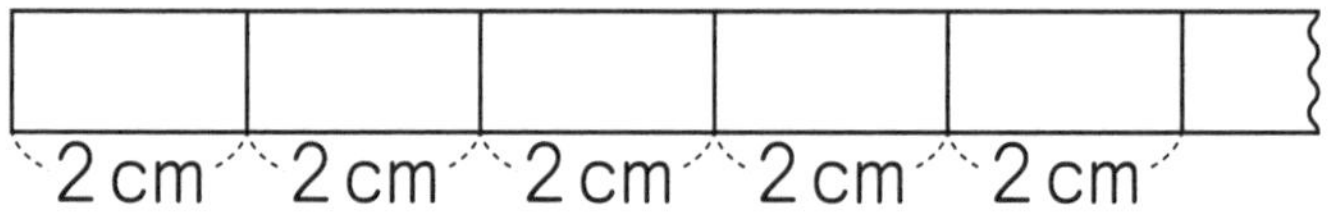

(1) 2cmの　4ばいの　長さだけ　色《いろ》を　ぬりましょう。(10点)

(2) 2cmの　4ばいは　何《なん》cmですか。(ぜんぶできて10点)

(しき)

答《こた》え □

❸ 計算《けいさん》を　しましょう。1つ5点【40点】

(1) 5×2＝

(2) 5×6＝

(3) 5×5＝

(4) 5×7＝

(5) 2×3＝

(6) 2×9＝

(7) 2×7＝

(8) 2×8＝

❹ プリンが　１はこに　２こずつ，６はこ分　あります。プリンは　ぜんぶで　何こ　ありますか。

【ぜんぶできて10点】

(しき)

答え □

❺ 5cmの　4ばいの　長さは　何cmですか。

【ぜんぶできて10点】

(しき)

答え □

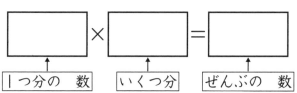

30 かけ算《ざん》②

目ひょう時間 20分

学しゅうした日　月　日	とく点
名前	／100点

2030
解説→236ページ

1 計算《けいさん》を　しましょう。　1つ5点【35点】

(1) $3 \times 2 =$　　(2) $3 \times 5 =$

(3) $3 \times 6 =$　　(4) $3 \times 9 =$

(5) $3 \times 4 =$　　(6) $3 \times 3 =$

(7) $3 \times 7 =$

2 計算を　しましょう。　1つ5点【35点】

(1) $4 \times 5 =$　　(2) $4 \times 2 =$

(3) $4 \times 6 =$　　(4) $4 \times 8 =$

(5) $4 \times 4 =$　　(6) $4 \times 7 =$

(7) $4 \times 1 =$

3 えんぴつを　1人に　3本ずつ　8人に　くばります。えんぴつは　ぜんぶで　何本《なんぼん》　いりますか。

【ぜんぶできて10点】

(しき)

答《こた》え

4 ももが　4こずつ　入った　かごが　9つ　あります。ももは　ぜんぶで　何こですか。【ぜんぶできて10点】

(しき)

答え

5 長《なが》いすが　3つ　あります。1つの　いすに　4人ずつ　すわります。みんなで　何人　すわれますか。

【ぜんぶできて10点】

(しき)

答え

30 かけ算《ざん》②

目ひょう時間 20分

学しゅうした日　　月　　日

名前

とく点

／100点

2030
解説→236ページ

らくらくマルつけ

❶ 計算《けいさん》を　しましょう。 1つ5点【35点】

(1) $3\times2=$　　(2) $3\times5=$

(3) $3\times6=$　　(4) $3\times9=$

(5) $3\times4=$　　(6) $3\times3=$

(7) $3\times7=$

❷ 計算を　しましょう。 1つ5点【35点】

(1) $4\times5=$　　(2) $4\times2=$

(3) $4\times6=$　　(4) $4\times8=$

(5) $4\times4=$　　(6) $4\times7=$

(7) $4\times1=$

❸ えんぴつを　1人に　3本ずつ　8人に　くばります。えんぴつは　ぜんぶで　何本《なんぼん》　いりますか。

【ぜんぶできて10点】

(しき)

答《こた》え

❹ ももが　4こずつ　入った　かごが　9つ　あります。ももは　ぜんぶで　何こですか。 【ぜんぶできて10点】

(しき)

答え

❺ 長《なが》いすが　3つ　あります。1つの　いすに　4人ずつ　すわります。みんなで　何人　すわれますか。

【ぜんぶできて10点】

(しき)

答え

らくらくマルつけ

31 かけ算《ざん》③

目ひょう時間 20分

学しゅうした日　月　日

名前

とく点　／100点

2031 解説→236ページ

1 計算《けいさん》を　しましょう。　1つ5点【35点】

(1) 6×3＝　　(2) 6×2＝

(3) 6×5＝　　(4) 6×6＝

(5) 6×4＝　　(6) 6×7＝

(7) 6×9＝

2 計算を　しましょう。　1つ5点【35点】

(1) 7×1＝　　(2) 7×2＝

(3) 7×6＝　　(4) 7×4＝

(5) 7×9＝　　(6) 7×8＝

(7) 7×7＝

3 ジュースが　6本ずつ　入った　はこが　8はこ　あります。ジュースは　ぜんぶで　何本《なんぼん》ですか。

【ぜんぶできて10点】

(しき)

答《こた》え

4 7人ずつの　グループが　5つ　あります。みんなで　何人ですか。

【ぜんぶできて10点】

(しき)

答え

5 1週間《しゅうかん》は　7日間です。3週間は　何日間ですか。

【ぜんぶできて10点】

(しき)

答え

算数

31 かけ算《ざん》③

目《め》ひょう時間 20分

学しゅうした日　　月　　日

名前

とく点　　／100点

2031 解説→236ページ

らくらくマルつけ

❶ 計算《けいさん》を　しましょう。　1つ5点【35点】

(1) $6\times3=$　　(2) $6\times2=$

(3) $6\times5=$　　(4) $6\times6=$

(5) $6\times4=$　　(6) $6\times7=$

(7) $6\times9=$

❷ 計算を　しましょう。　1つ5点【35点】

(1) $7\times1=$　　(2) $7\times2=$

(3) $7\times6=$　　(4) $7\times4=$

(5) $7\times9=$　　(6) $7\times8=$

(7) $7\times7=$

❸ ジュースが　6本ずつ　入った　はこが　8はこ　あります。ジュースは　ぜんぶで　何本《なんぼん》ですか。

【ぜんぶできて10点】

(しき)

答《こた》え

❹ 7人ずつの　グループが　5つ　あります。みんなで　何人ですか。　【ぜんぶできて10点】

(しき)

答え

❺ 1週間《しゅうかん》は　7日間です。3週間は　何日間ですか。

【ぜんぶできて10点】

(しき)

答え

32 かけ算《ざん》④

目ひょう時間 20分

学しゅうした日　月　日

名前

とく点　／100点

2032
解説→236ページ

1 計算《けいさん》を　しましょう。　1つ5点【30点】

(1) 8×5＝　　(2) 8×3＝

(3) 8×6＝　　(4) 8×9＝

(5) 8×8＝　　(6) 8×7＝

2 計算を　しましょう。　1つ5点【30点】

(1) 9×3＝　　(2) 9×2＝

(3) 9×9＝　　(4) 9×5＝

(5) 9×7＝　　(6) 9×8＝

3 計算を　しましょう。　1つ5点【10点】

(1) 1×4＝　　(2) 1×7＝

4 1はこに　8こ　入った　おかしを　2はこ　買《か》います。おかしは　ぜんぶで　何《なん》こですか。

【ぜんぶできて10点】

(しき)

答《こた》え

5 1こ　9円の　あめを　6こ　買うと，だい金は　いくらに　なりますか。　【ぜんぶできて10点】

(しき)

答え

6 1つの　辺《へん》の　長《なが》さが　8cmの　正《せい》方形《ほうけい》の，まわりの　長さは　何cmですか。　【ぜんぶできて10点】

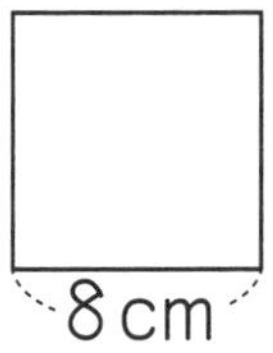

(しき)

答え

32 かけ算《ざん》④

目ひょう時間 20分

学しゅうした日　　月　　日

名前

とく点

／100点

らくらくマルつけ

2032
解説→236ページ

❶ 計算《けいさん》を　しましょう。

1つ5点【30点】

(1) 8×5＝　　(2) 8×3＝

(3) 8×6＝　　(4) 8×9＝

(5) 8×8＝　　(6) 8×7＝

❷ 計算を　しましょう。

1つ5点【30点】

(1) 9×3＝　　(2) 9×2＝

(3) 9×9＝　　(4) 9×5＝

(5) 9×7＝　　(6) 9×8＝

❸ 計算を　しましょう。

1つ5点【10点】

(1) 1×4＝　　(2) 1×7＝

❹ 1はこに　8こ　入った　おかしを　2はこ　買《か》います。おかしは　ぜんぶで　何《なん》こですか。

【ぜんぶできて10点】

(しき)

答《こた》え

❺ 1こ　9円の　あめを　6こ　買うと，だい金は　いくらに　なりますか。

【ぜんぶできて10点】

(しき)

答え

❻ 1つの　辺《へん》の　長《なが》さが　8cmの　正《せい》方形《ほうけい》の，まわりの　長さは　何cmですか。

【ぜんぶできて10点】

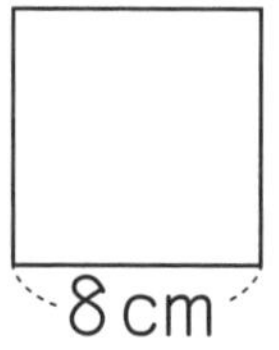

(しき)

答え

33 九《く》九《く》の　きまり

目ひょう時間 20分

学しゅうした日　月　日

名前

とく点　／100点

らくらくマルつけ

2033
解説→236ページ

算数

1 九《く》九《く》の　ひょうの　㋐〜㋕に　あてはまる　数《かず》を　書《か》きましょう。

1つ5点【30点】

かける数

かけられる数

	1	2	3	4	5	6	7	8	9
1	1	2	3	4	5	6	7	8	9
2	2	4	㋐	8	10	12	14	16	18
3	3	6	9	12	15	18	21	24	27
4	4	8	12	16	20	㋑	28	32	36
5	5	10	15	20	25	30	35	40	45
6	6	12	18	24	30	36	42	48	㋒
7	7	14	21	㋓	35	42	49	56	63
8	8	16	24	32	40	㋔	56	64	72
9	9	18	27	36	45	54	㋕	72	81

㋐…　　㋑…

㋒…　　㋓…

㋔…　　㋕…

2 □に　入る　数を　書きましょう。

1つ10点【40点】

(1) 5のだんでは，かける数が　1　ふえると，答《こた》えは □ ふえる。

(2) 7×6＝7×5＋□

(3) 8×3＝3×□

(4) 9×3の　答えは，4×3の　答えと □×3の　答えを　たした　数です。

3 答えが　つぎの　数に　なる　九九を　ぜんぶ　書きましょう。

1つ15点【30点】

(1) 8

(2) 36

33 九九《くく》の　きまり

目ひょう時間 20分

学しゅうした日　　月　　日

名前

とく点

／100点

2033
解説→236ページ

らくらくマルつけ

❶ 九九《くく》の　ひょうの　㋐～㋕に　あてはまる　数《かず》を　書《か》きましょう。 1つ5点【30点】

かける数（横）／かけられる数（たて）

	1	2	3	4	5	6	7	8	9
1	1	2	3	4	5	6	7	8	9
2	2	4	㋐	8	10	12	14	16	18
3	3	6	9	12	15	18	21	24	27
4	4	8	12	16	20	㋑	28	32	36
5	5	10	15	20	25	30	35	40	45
6	6	12	18	24	30	36	42	48	㋒
7	7	14	21	㋓	35	42	49	56	63
8	8	16	24	32	40	㋔	56	64	72
9	9	18	27	36	45	54	㋕	72	81

㋐…□　　㋑…□

㋒…□　　㋓…□

㋔…□　　㋕…□

❷ □に　入る　数を　書きましょう。 1つ10点【40点】

(1) 5のだんでは，かける数が　1　ふえると，

答《こた》えは　□　ふえる。

(2) 7×6＝7×5＋□

(3) 8×3＝3×□

(4) 9×3の　答えは，4×3の　答えと

□×3の　答えを　たした　数です。

❸ 答えが　つぎの　数に　なる　九九を　ぜんぶ　書きましょう。 1つ15点【30点】

(1) 8　□

(2) 36　□

34 長《なが》い　長さ（cm，m）①

目ひょう時間 20分

学しゅうした日　月　日

名前

とく点　／100点

2034
解説→237ページ

1 左はしからの　長《なが》さは　どれだけですか。【12点】

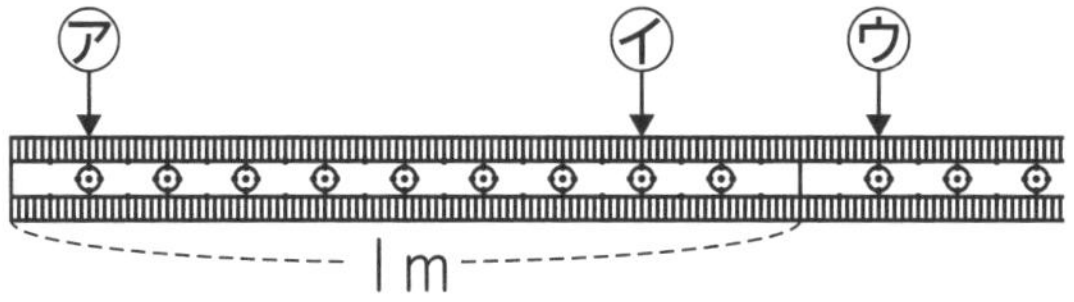

ア…□cm（4点）　イ…□cm（4点）

ウ…□m□cm（ぜんぶできて4点）

2 もんだいに　答《こた》えましょう。【30点】

(1) 1mの　ものさし　3つ分《ぶん》と　10cmの　長さは　何《なん》m何cmですか。（ぜんぶできて10点）

□m□cm

(2) 1mに　10cm　たりない　長さは　何cmですか。（10点）

□cm

(3) 長い　じゅんに　記《き》ごうで　書《か》きましょう。（10点）

ア　1m30cm　イ　70cm　ウ　2m10cm

（長い）□　→　→　（みじかい）

3 □に　入る　数《かず》を　書きましょう。【50点】

(1) 1m＝□cm（10点）

(2) 500cm＝□m（10点）

(3) 2m30cm＝□cm（10点）

(4) 415cm＝□m□cm（ぜんぶできて10点）

(5) 6m9cm＝□cm（10点）

4 □に　入る　たんいを　書きましょう。

1つ4点【8点】

(1) つくえの　たての　長さ　65□

(2) 3かいだての　たてものの　高《たか》さ　10□

34 長《なが》い 長さ（cm, m）①

目ひょう時間 20分

学しゅうした日　月　日
名前
とく点　／100点

2034 解説→237ページ

らくらくマルつけ

❶ 左はしからの 長《なが》さは どれだけですか。【12点】

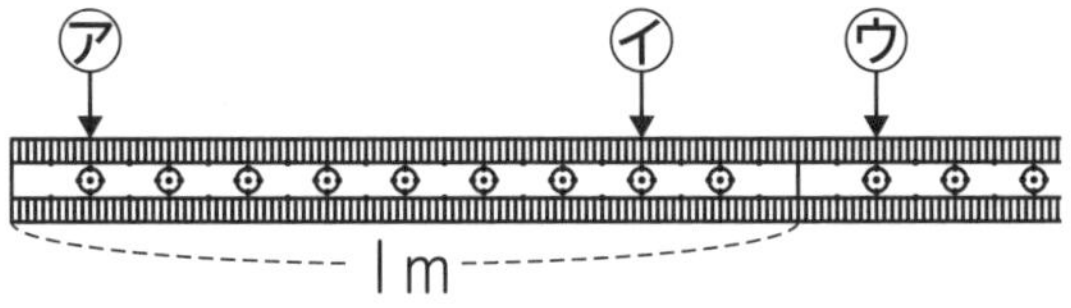

㋐…□cm（4点）　㋑…□cm（4点）

㋒…□m□cm（ぜんぶできて４点）

❷ もんだいに 答《こた》えましょう。【30点】

(1) 1mの ものさし 3つ分《ぶん》と 10cmの 長さは 何《なん》m何cmですか。（ぜんぶできて10点）

□m□cm

(2) 1mに 10cm たりない 長さは 何cmですか。（10点）□cm

(3) 長い じゅんに 記《き》ごうで 書《か》きましょう。（10点）

㋐ 1m30cm　㋑ 70cm　㋒ 2m10cm

（長い）□ → □ → □（みじかい）

❸ □に 入る 数《かず》を 書きましょう。【50点】

(1) 1m＝□cm（10点）

(2) 500cm＝□m（10点）

(3) 2m30cm＝□cm（10点）

(4) 415cm＝□m□cm（ぜんぶできて10点）

(5) 6m9cm＝□cm（10点）

❹ □に 入る たんいを 書きましょう。

1つ4点【8点】

(1) つくえの たての 長さ　65□

(2) 3かいだての たてものの 高《たか》さ　10□

35 長《なが》い　長さ（cm，m）②

目ひょう時間 20分

学しゅうした日　月　日

名前

とく点　／100点

らくらくマルつけ 2035

解説→237ページ

算数

❶ 計算《けいさん》を　しましょう。　1つ10点【80点】

(1) 1m50cm＋10cm＝

(2) 3m60cm＋2m＝

(3) 4m＋30cm＝

(4) 2m80cm＋1m5cm＝

(5) 1m90cm－10cm＝

(6) 3m5cm－1m＝

(7) 3m50cm－2m40cm＝

(8) 5m40cm－40cm＝

❷ 長《なが》さが　1m20cmの　ぼうと，50cmの　ぼうを　あわせると，ぜん体《たい》の　長さは　何《なん》m何cmですか。　【ぜんぶできて10点】

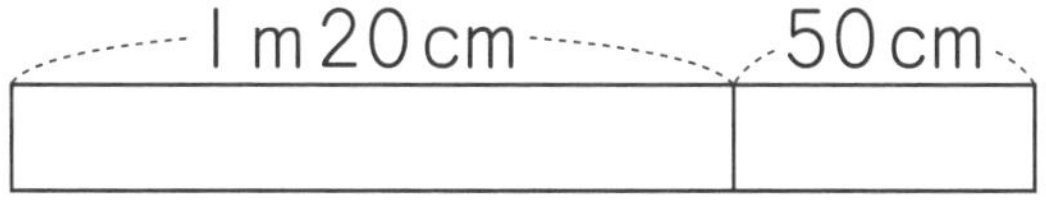

（しき）

答《こた》え

❸ いつきさんが　50cmの　台《だい》の上に　立つと，ぜん体の　高《たか》さは　1m80cmに　なりました。いつきさんの　せの　高さは　何m何cmですか。　【ぜんぶできて10点】

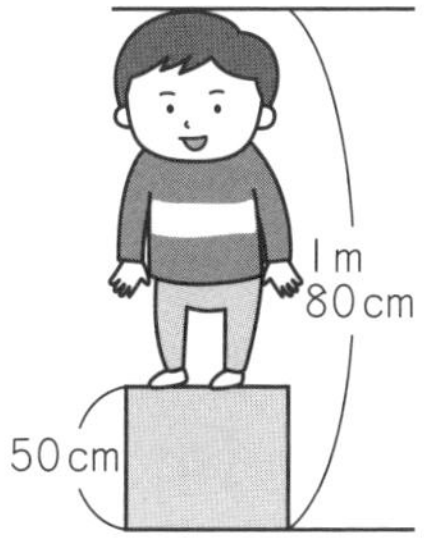

（しき）

答え

＼もう１回チャレンジ!!／

らくらくマルつけ

35 長《なが》い　長さ（cm，m）②

目ひょう時間 20分

学しゅうした日　月　日

名前

とく点　／100点

2035
解説→237ページ

❶ 計算《けいさん》を　しましょう。　1つ10点【80点】

(1) 1m50cm＋10cm＝

(2) 3m60cm＋2m＝

(3) 4m＋30cm＝

(4) 2m80cm＋1m5cm＝

(5) 1m90cm－10cm＝

(6) 3m5cm－1m＝

(7) 3m50cm－2m40cm＝

(8) 5m40cm－40cm＝

❷ 長《なが》さが　1m20cmの　ぼうと，50cmの　ぼうを　あわせると，ぜん体《たい》の　長さは　何《なん》m何cmですか。　【ぜんぶできて10点】

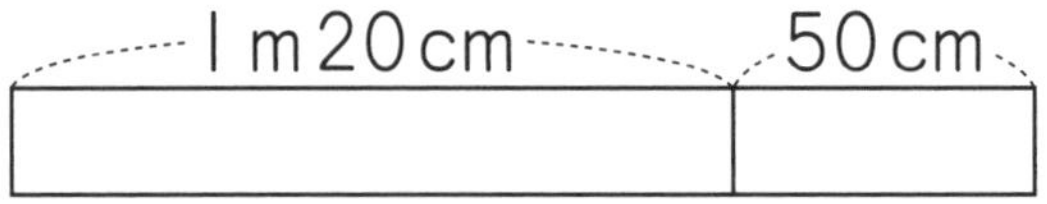

（しき）

答《こた》え

❸ いつきさんが　50cmの　台《だい》の上に　立つと，ぜん体の　高《たか》さは1m80cmに　なりました。
いつきさんの　せの　高さは何m何cmですか。　【ぜんぶできて10点】

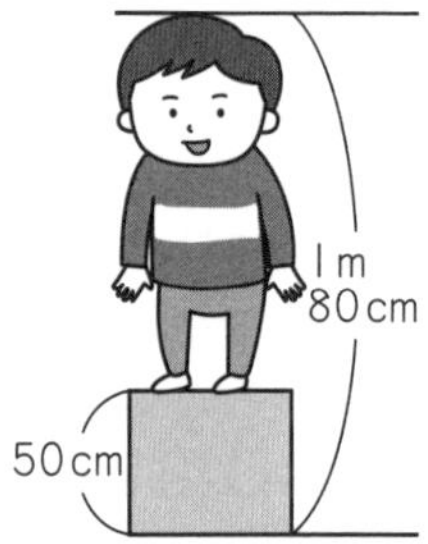

（しき）

答え

36 1000より　大きい　数《かず》①

目ひょう時間 20分

学しゅうした日　月　日

名前

とく点　／100点

2036 解説→237ページ

らくらくマルつけ

算数

❶ 数《かず》を　数字《すうじ》で　書《か》きましょう。　1つ10点【20点】

(1)

□

(2)

□

❷ 同《おな》じ　数を　線《せん》で　むすびましょう。　【ぜんぶできて20点】

五千百八	五千八	五千八十	五千百八十
•	•	•	•
•	•	•	•
5008	5080	5108	5180

❸ □に　入る　数を　書きましょう。　【60点】

(1) 1000を　6こ，100を　5こ，10を　3こ

あわせた　数は □ です。　(15点)

(2) 7600は，1000を □ こ，100を

□ こ　あわせた　数です。(ぜんぶできて15点)

(3) 千のくらいの　数字が　9，百のくらいの

数字が　1，十のくらいの　数字が　5，一のく

らいの　数字が　7の　数は，

□ です。　(15点)

(4) 8000と　900と　7を　あわせた　数は

□ です。　(15点)

\ もう1回チャレンジ!! /

36 1000より 大きい 数《かず》①

目ひょう時間 20分

学しゅうした日 月 日	とく点	2036
名前	／100点	解説→237ページ

らくらくマルつけ

❶ 数《かず》を 数字《すうじ》で 書《か》きましょう。 1つ10点【20点】

(1)

☐

(2)

☐

❷ 同《おな》じ 数を 線《せん》で むすびましょう。 【ぜんぶできて20点】

五千百八	五千八	五千八十	五千百八十
・	・	・	・
・	・	・	・
5008	5080	5108	5180

❸ ☐に 入る 数を 書きましょう。 【60点】

(1) 1000を 6こ，100を 5こ，10を 3こ あわせた 数は ☐ です。 (15点)

(2) 7600は，1000を ☐ こ，100を ☐ こ あわせた 数です。(ぜんぶできて15点)

(3) 千のくらいの 数字が 9，百のくらいの 数字が 1，十のくらいの 数字が 5，一のくらいの 数字が 7の 数は，☐ です。 (15点)

(4) 8000と 900と 7を あわせた 数は ☐ です。 (15点)

1000より　大きい　数《かず》②

目ひょう時間 20分

✎学しゅうした日　　月　　日

名前

とく点　　／100点

2037 解説→238ページ

らくらくマルつけ

1 つぎの　もんだいに　答《こた》えましょう。　1つ5点【30点】

(1) 100を　50こ　あつめた　数《かず》は　いくつですか。

□

(2) 4600は　100を　何《なん》こ　あつめた　数ですか。

□

(3) 1000を　10こ　あつめた　数は　いくつですか。

□

(4) 10000は，100を　何こ　あつめた　数ですか。

□

(5) 下の　数の　直線《ちょくせん》の　いちばん　小さい　1目もりは　いくつですか。

□

(6) 上の　数の　直線の　8800に　あたる　目もりに　↑を　かきましょう。

2 ㋐，㋑に　入る　数を　書《か》きましょう。　【20点】

(1) 3000－3500－㋐－㋑

㋐…□　　㋑…□

（ぜんぶできて10点）

(2) 6970－6980－㋐－㋑

㋐…□　　㋑…□

（ぜんぶできて10点）

3 □に　入る　＞，＜を　書きましょう。　1つ10点【20点】

(1) 2800□3100　(2) 7210□7209

4 計算《けいさん》を　しましょう。　1つ10点【30点】

(1) 500＋600＝

(2) 400＋900＝

(3) 900－200＝

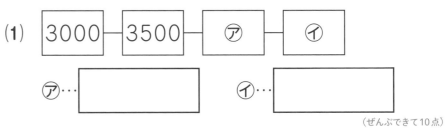

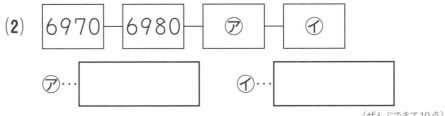

37 1000より　大きい　数《かず》②

目ひょう時間 20分

学しゅうした日　　月　　日

名前

とく点　／100点

らくらくマルつけ

2037
解説→238ページ

❶ つぎの　もんだいに　答《こた》えましょう。　1つ5点【30点】

(1) 100を　50こ　あつめた　数《かず》は　いくつですか。

(2) 4600は　100を　何《なん》こ　あつめた　数ですか。

(3) 1000を　10こ　あつめた　数は　いくつですか。

(4) 10000は，100を　何こ　あつめた　数ですか。

(5) 下の　数の　直線《ちょくせん》の　いちばん　小さい　1目もりは　いくつですか。

(6) 上の　数の　直線の　8800に　あたる　目もりに　↑を　かきましょう。

❷ ㋐，㋑に　入る　数を　書《か》きましょう。　【20点】

(1) 3000―3500―㋐―㋑

㋐…　　㋑…

（ぜんぶできて10点）

(2) 6970―6980―㋐―㋑

㋐…　　㋑…

（ぜんぶできて10点）

❸ □に　入る　>，<を　書きましょう。　1つ10点【20点】

(1) 2800 □ 3100　(2) 7210 □ 7209

❹ 計算《けいさん》を　しましょう。　1つ10点【30点】

(1) 500＋600＝

(2) 400＋900＝

(3) 900－200＝

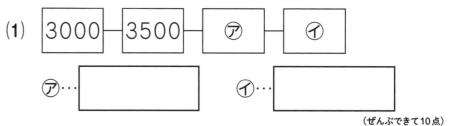

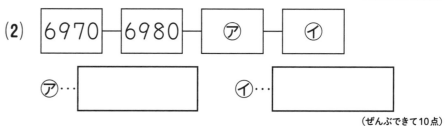

38 はこの　形《かたち》

目ひょう時間 20分

学しゅうした日　月　日	とく点
名前	／100点

らくらくマルつけ
2038
解説→238ページ

1 はこの　形《かたち》に　ついて　答《こた》えましょう。 【50点】

(1) ㋐，㋑，㋒を　何《なん》と　いいますか。 1つ10点(30点)

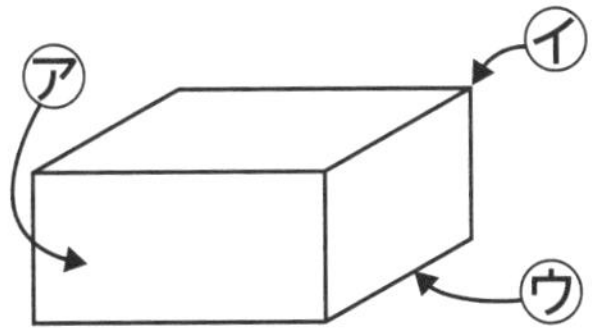

㋐…

㋑…

㋒…

(2) ひょうに　まとめましょう。 (ぜんぶできて10点)

面《めん》の　数《かず》	辺《へん》の　数	ちょう点《てん》の　数

(3) 右の　6つの　正方形《せいほうけい》の　面を　テープで　つないで　できる　形を　つぎから　えらび　記《き》ごうで　書《か》きましょう。 (10点)

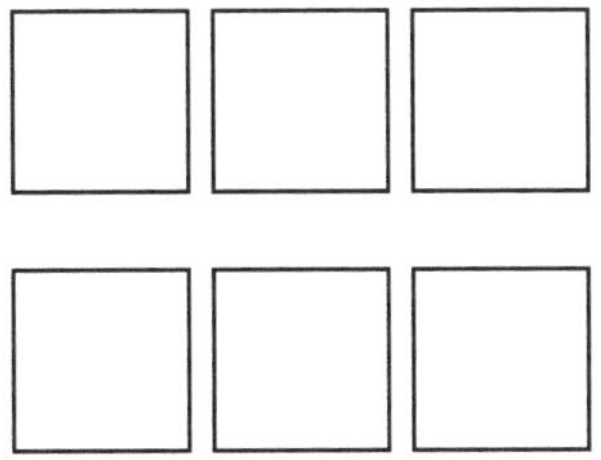

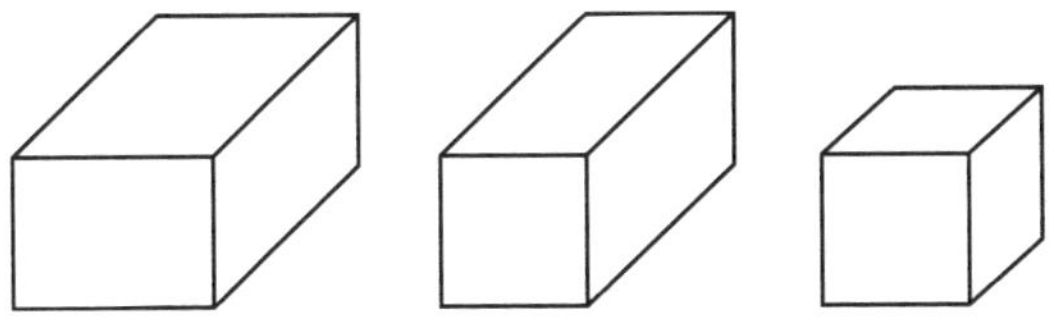

(　　　)

2 右の　はこの　形を　つくります。㋐〜㋓の　どの　紙《かみ》を　何まい　つかいますか。【ぜんぶできて20点】

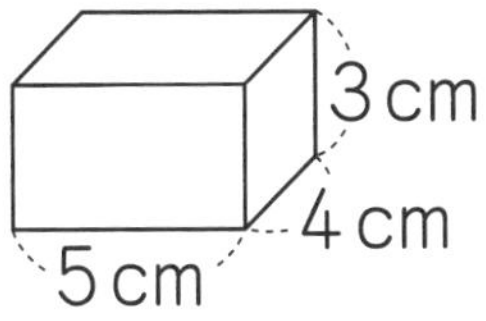

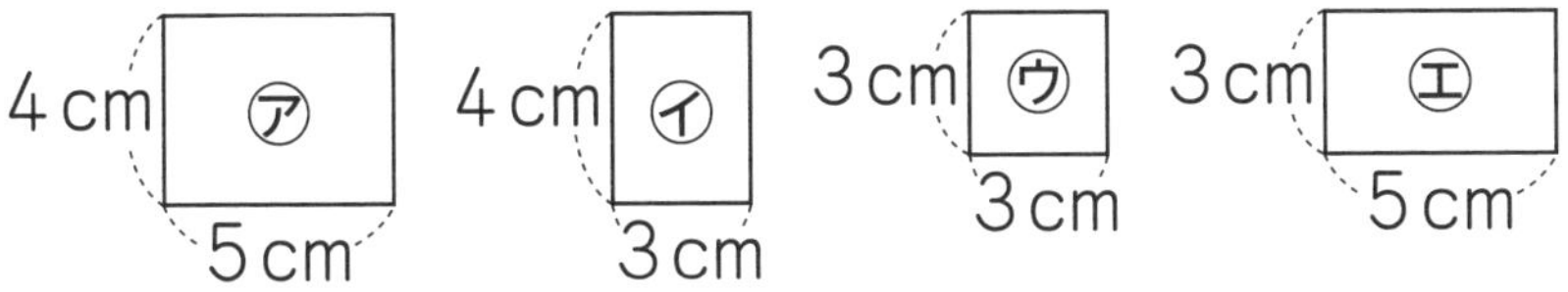

(　　　)を　□　まいと，(　　　)を　□　まいと，(　　　)を　□　まい

3 右の　はこの　形を　つくります。 【30点】

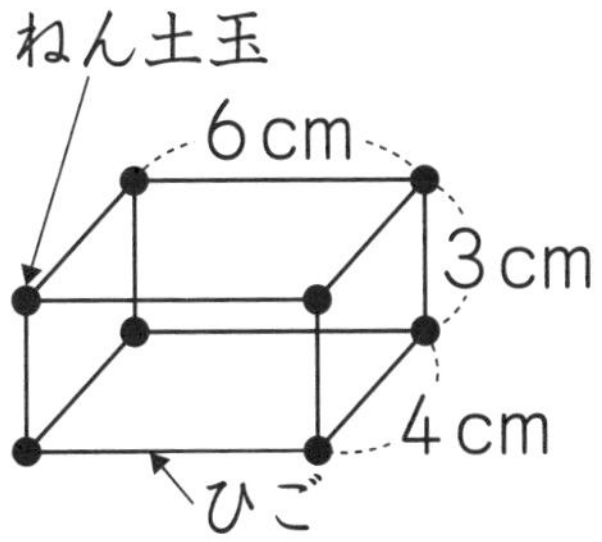

(1) ねん土玉は　何こ　いりますか。 (15点)

(2) ひごの　数を　ひょうに　まとめましょう。 (ぜんぶできて15点)

長《なが》さ	3cm	4cm	6cm
本数《ほんすう》			

38 はこの 形《かたち》

目ひょう時間 20分

学しゅうした日　　月　　日

名前

とく点　　／100点

2038 解説→238ページ

らくらくマルつけ

❶ はこの 形《かたち》に ついて 答《こた》えましょう。【50点】

(1) ㋐，㋑，㋒を 何《なん》と いいますか。 1つ10点(30点)

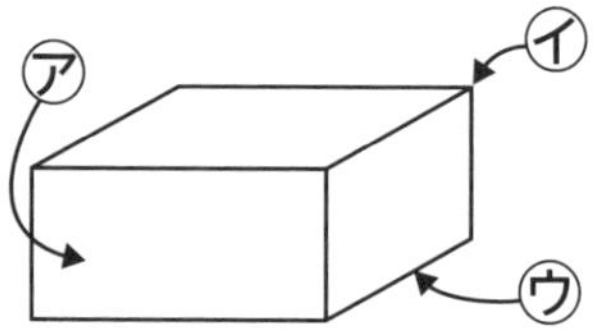

㋐…

㋑…

㋒…

(2) ひょうに まとめましょう。 (ぜんぶできて10点)

面《めん》の 数《かず》	辺《へん》の 数	ちょう点《てん》の 数

(3) 右の 6つの 正方形《せいほうけい》の 面を テープで つないで できる 形を つぎから えらび 記《き》ごうで 書《か》きましょう。 (10点)

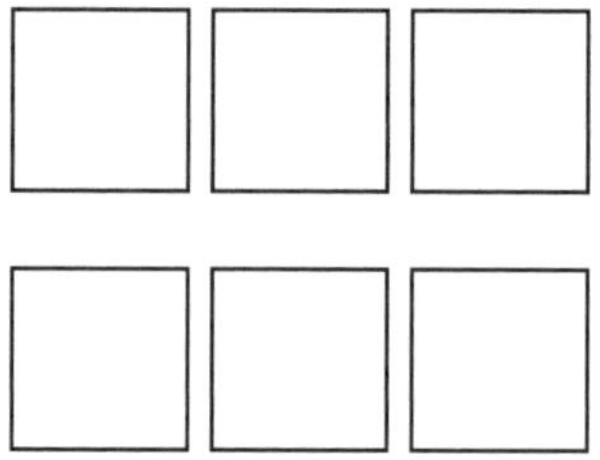

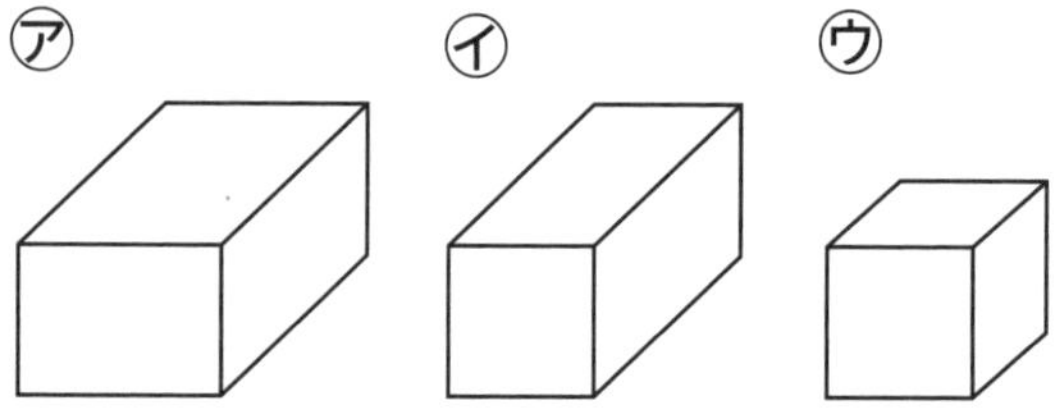

(　　　)

❷ 右の はこの 形を つくります。㋐〜㋓の どの 紙《かみ》を 何まい つかいますか。【ぜんぶできて20点】

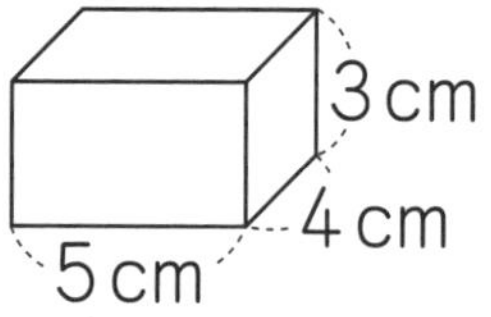

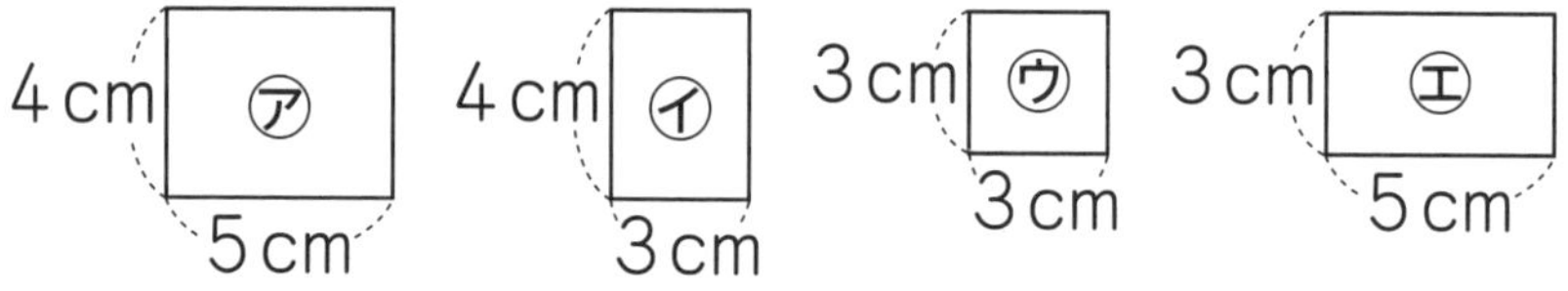

(　　　)を □ まいと，(　　　)を □ まいと，(　　　)を □ まい

❸ 右の はこの 形を つくります。【30点】

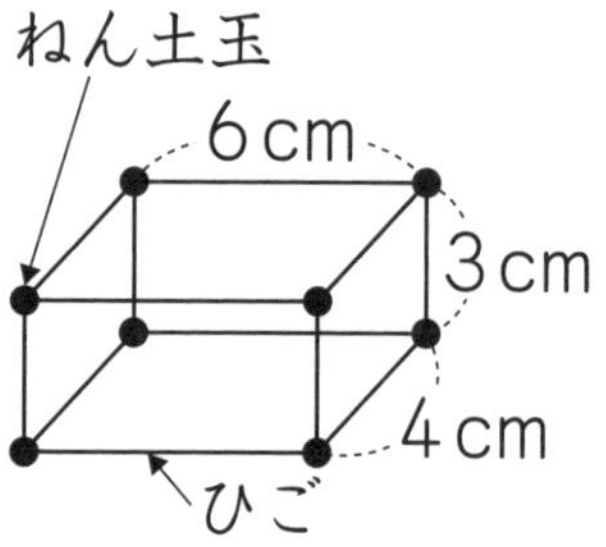

(1) ねん土玉は 何こ いりますか。 (15点) □

(2) ひごの 数を ひょうに まとめましょう。 (ぜんぶできて15点)

長《なが》さ	3cm	4cm	6cm
本数《ほんすう》			

分数《ぶんすう》

目ひょう時間 20分

学しゅうした日　月　日

名前

とく点　／100点

らくらくマルつけ

2039 解説→238ページ

1 つぎの　大きさだけ　色《いろ》を　ぬりましょう。

1つ10点【20点】

(1) テープの　$\frac{1}{2}$の　大きさ

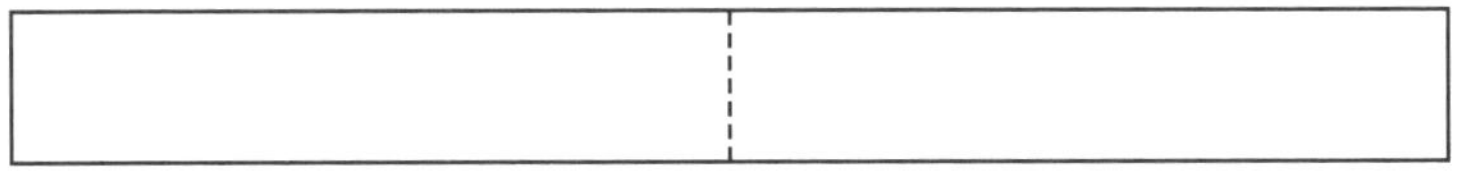

(2) テープの　$\frac{1}{4}$の　大きさ

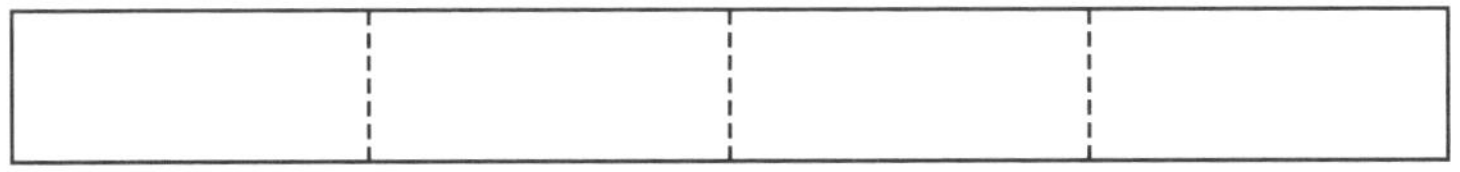

2 もとの　大きさの　$\frac{1}{8}$は　どれですか。記《き》ごうで　書《か》きましょう。

【20点】

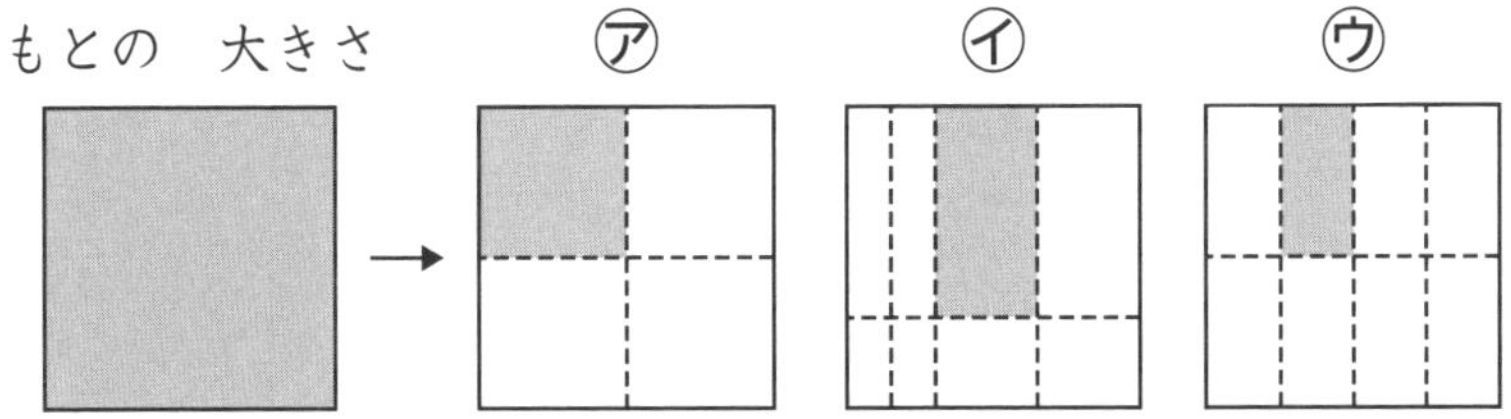

(　　　)

3 □に　入る　数《かず》を　書きましょう。

1つ10点【20点】

もとの　大きさを　同《おな》じ　大きさに　3つに　分《わ》けた　1つ分《ぶん》は　もとの　大きさの　□　です。

$\frac{1}{3}$の　□　つ分は　もとの　大きさです。

4 □に　入る　数を　書きましょう。

【40点】

(1) 6この　$\frac{1}{3}$の　大きさは　□　こです。　(20点)

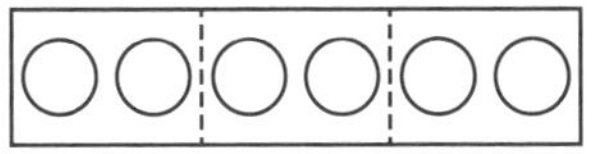

(2) 9この　$\frac{1}{3}$の　大きさは　□　こです。

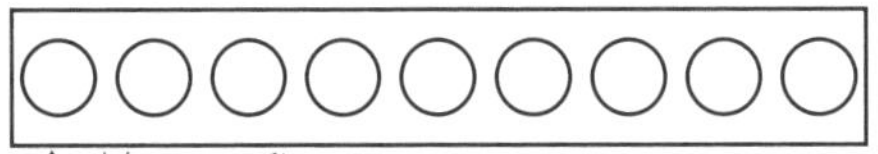

↑線《せん》を　引《ひ》いて　分けましょう。　(ぜんぶできて20点)

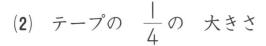

39 分数《ぶんすう》

目ひょう時間 20分

学しゅうした日　　月　　日

名前

とく点　　／100点

らくらくマルつけ

2039
解説→238ページ

❶ つぎの　大きさだけ　色《いろ》を　ぬりましょう。

1つ10点【20点】

(1) テープの　$\frac{1}{2}$の　大きさ

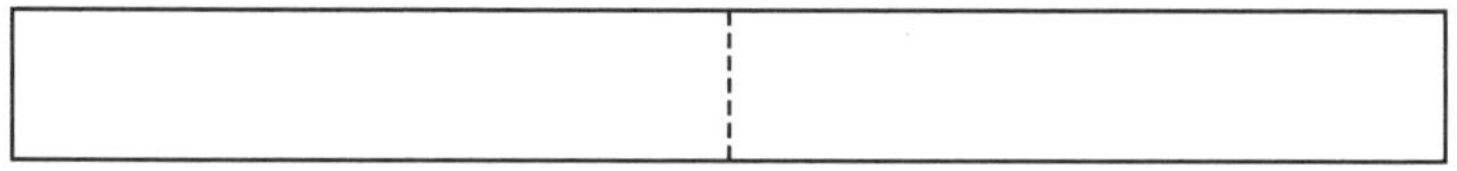

(2) テープの　$\frac{1}{4}$の　大きさ

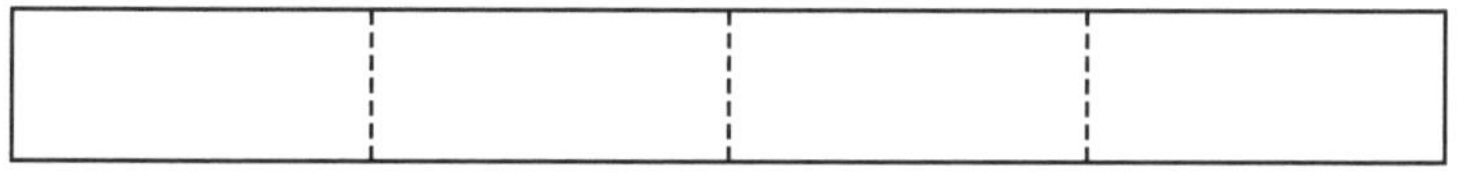

❷ もとの　大きさの　$\frac{1}{8}$は　どれですか。記《き》ごうで　書《か》きましょう。

【20点】

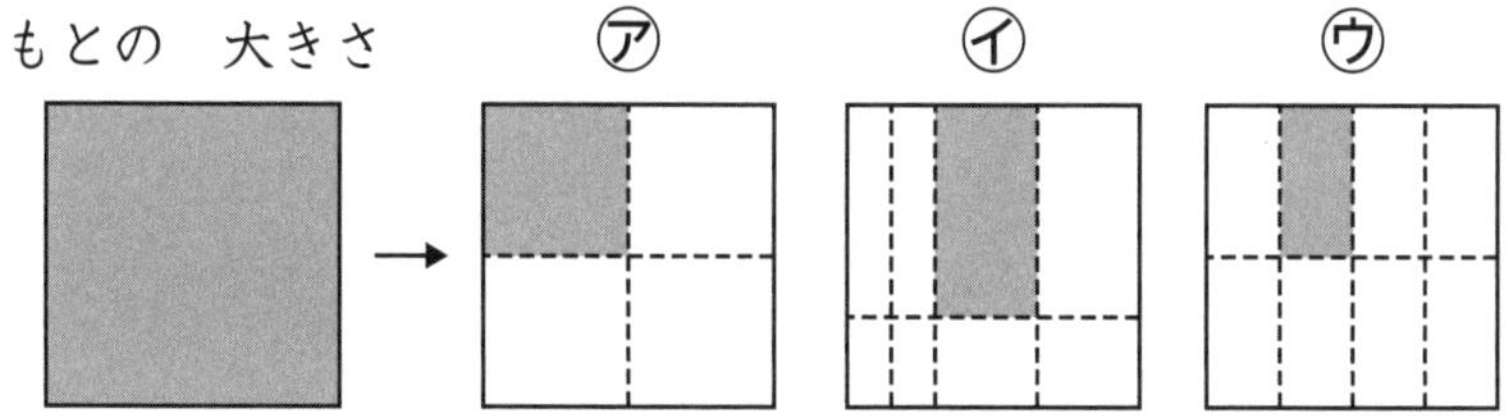

（　　　）

❸ □に　入る　数《かず》を　書きましょう。

1つ10点【20点】

もとの　大きさを　同《おな》じ　大きさに　3つに　分《わ》けた　1つ分《ぶん》は　もとの　大きさの　□　です。

$\frac{1}{3}$の　□つ分は　もとの　大きさです。

❹ □に　入る　数を　書きましょう。

【40点】

(1) 6この　$\frac{1}{3}$の　大きさは　□こです。　(20点)

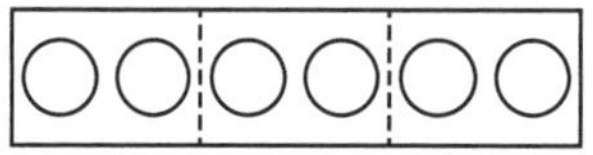

(2) 9この　$\frac{1}{3}$の　大きさは　□こです。

└線《せん》を　引《ひ》いて　分けましょう。

（ぜんぶできて20点）

40 図《ず》を　つかって　考《かんが》える①

目ひょう時間 20分

学しゅうした日　月　日

名前

とく点　／100点

らくらくマルつけ

2040
解説→238ページ

❶ はじめに　はとが　14わ　いました。そこへ　はとが　来《き》て，ぜんぶで　25わに　なりました。あとから　来た　はとは　何《なん》わですか。【ぜんぶできて30点】

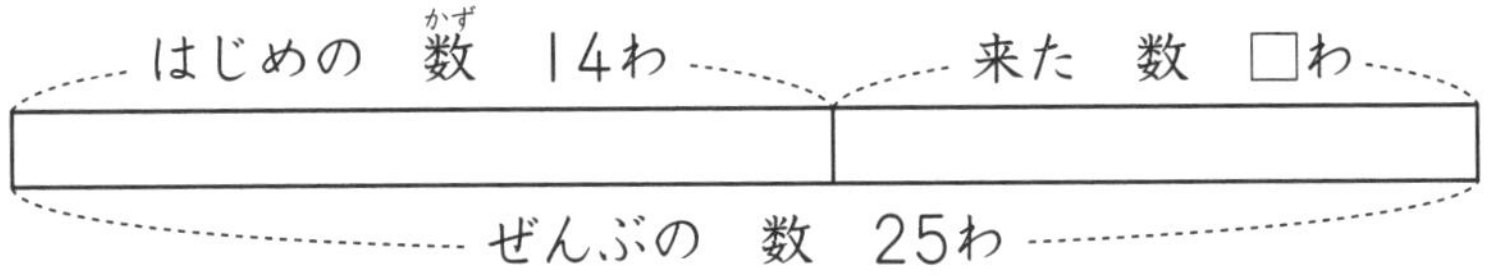

（しき）

答《こた》え

❷ はじめに　ねこが　9ひき　いました。そこへ　ねこが　来て，ぜんぶで　15ひきに　なりました。あとから　来た　ねこは　何びきですか。図《ず》の　①，②に　あてはまる　ことばを　あとから　えらび，記《き》ごうで　書《か》きましょう。【ぜんぶできて20点】

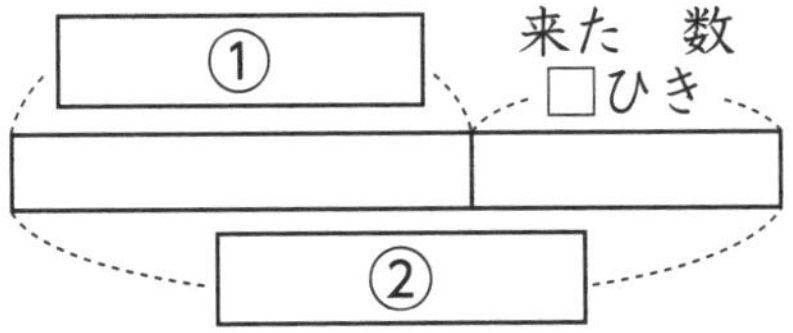

①…（　　　）

②…（　　　）

㋐　ぜんぶの　数　15ひき

㋑　はじめの　数　9ひき

❸ はじめに　子どもが　18人　いました。何人か　帰《かえ》ったので，のこりは　10人に　なりました。何人　帰りましたか。【ぜんぶできて30点】

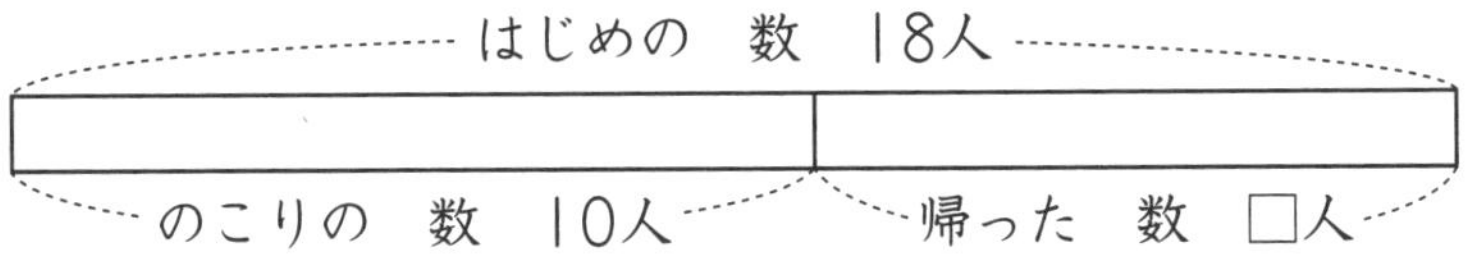

（しき）

答え

❹ はじめに　車が　25台《だい》　とまって　いました。何台か　出て　いったので，のこりは　15台に　なりました。何台　出て　いきましたか。図の　①，②に　あてはまる　ことばを　あとから　えらび，記ごうで　書きましょう。【ぜんぶできて20点】

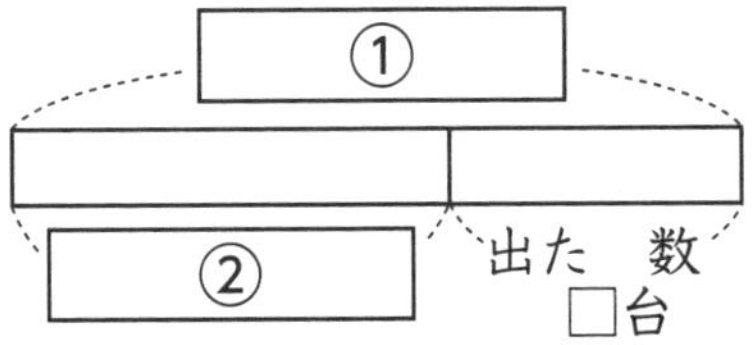

①…（　　　）

②…（　　　）

㋐　はじめの　数　25台

㋑　のこりの　数　15台

40 図《ず》を　つかって　考《かんが》える①

目ひょう時間 20分

学しゅうした日　月　日

名前

とく点　／100点

らくらくマルつけ

2040 解説→238ページ

❶ はじめに　はとが　14わ　いました。そこへ　はとが　来《き》て，ぜんぶで　25わに　なりました。あとから　来た　はとは　何《なん》わですか。【ぜんぶできて30点】

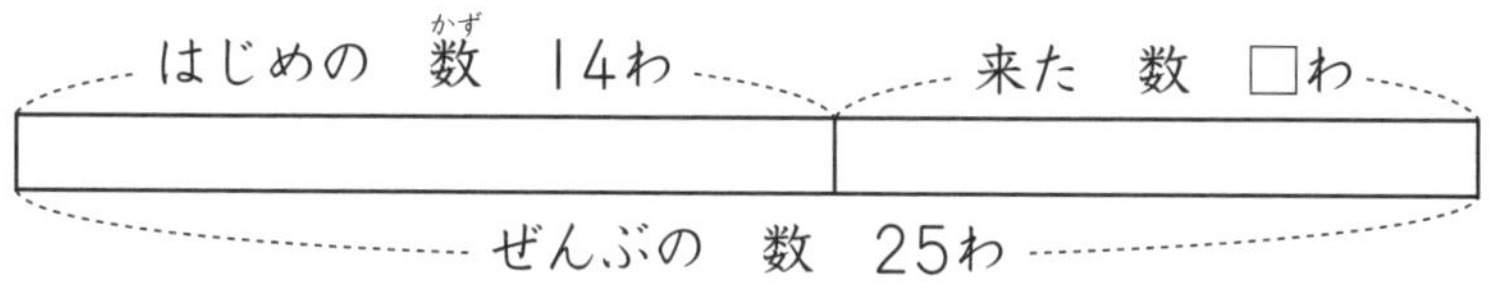

（しき）

答《こた》え

❷ はじめに　ねこが　9ひき　いました。そこへ　ねこが　来て，ぜんぶで　15ひきに　なりました。あとから　来た　ねこは　何びきですか。図《ず》の　①，②に　あてはまる　ことばを　あとから　えらび，記《き》ごうで　書《か》きましょう。【ぜんぶできて20点】

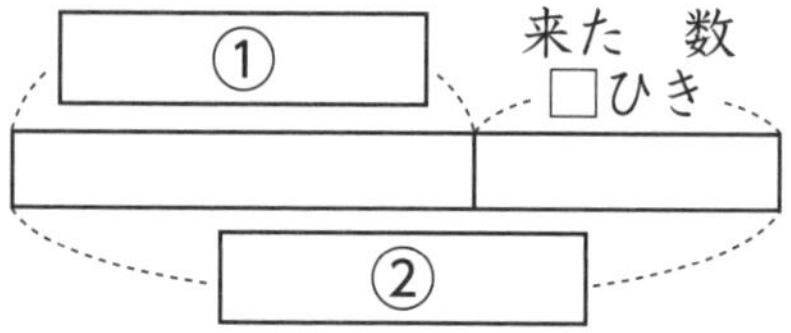

①…（　　　）

②…（　　　）

㋐　ぜんぶの　数　15ひき

㋑　はじめの　数　9ひき

❸ はじめに　子どもが　18人　いました。何人か　帰《かえ》ったので，のこりは　10人に　なりました。何人　帰りましたか。【ぜんぶできて30点】

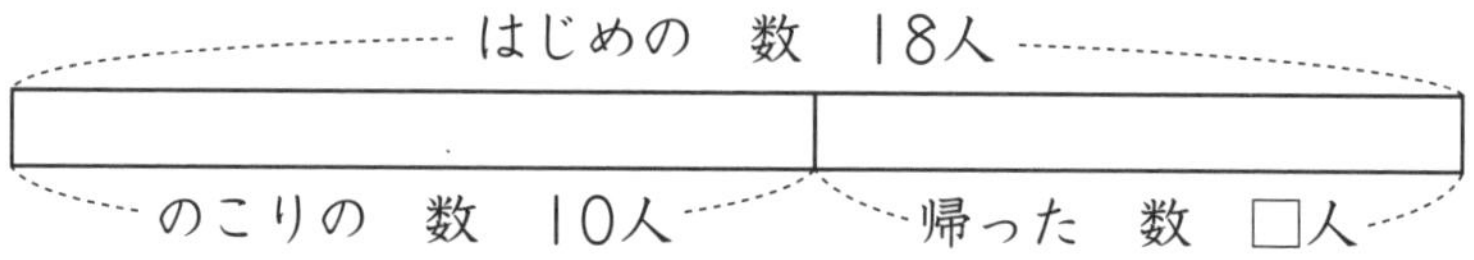

（しき）

答え

❹ はじめに　車が　25台《だい》　とまって　いました。何台か　出て　いったので，のこりは　15台に　なりました。何台　出て　いきましたか。図の　①，②に　あてはまる　ことばを　あとから　えらび，記ごうで　書きましょう。【ぜんぶできて20点】

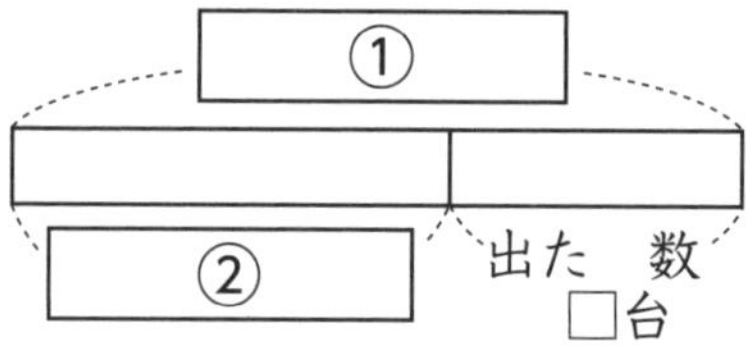

①…（　　　）

②…（　　　）

㋐　はじめの　数　25台

㋑　のこりの　数　15台

41 図《ず》を　つかって　考《かんが》える②

目ひょう時間 20分

学しゅうした日　　月　　日

名前

とく点　　／100点

2041
解説→239ページ

らくらくマルつけ

算数

1 はじめに　いちごが　何《なん》こか　ありました。あとから　10こ　もらったので，ぜんぶで　30こになりました。はじめに　何こ　ありましたか。

【ぜんぶできて30点】

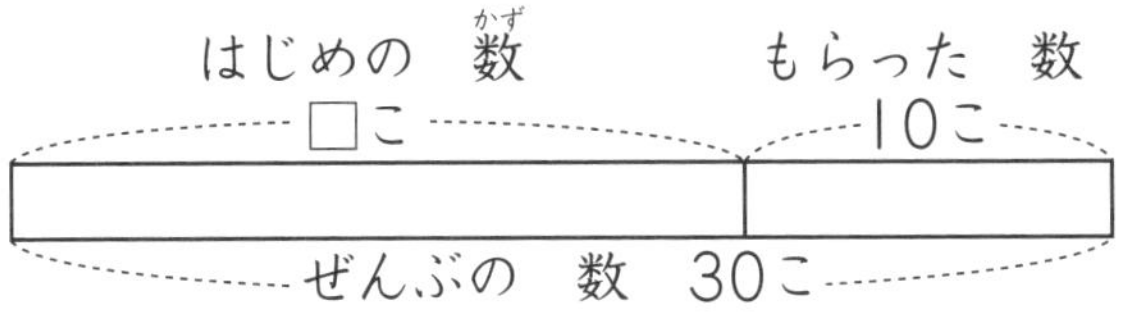

（しき）

答《こた》え

2 はじめに　トマトが　何こか　ありました。あとから　14こ　もらったので，ぜんぶで　24こになりました。はじめに　何こ　ありましたか。
図《ず》の　①，②に　あてはまる　ことばを　あとから　えらび，記《き》ごうで　書《か》きましょう。【ぜんぶできて20点】

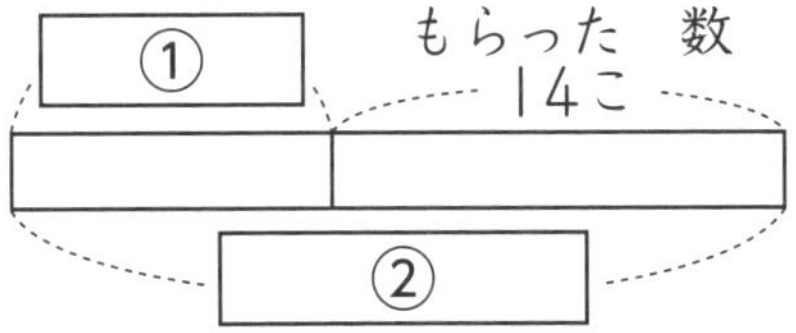

①…（　　　）
②…（　　　）

㋐　はじめの　数　□こ
㋑　ぜんぶの　数　24こ

3 はじめに　クッキーが　何こか　ありました。5こ　食《た》べると　のこりは　28こに　なりました。はじめに　何こ　ありましたか。【ぜんぶできて30点】

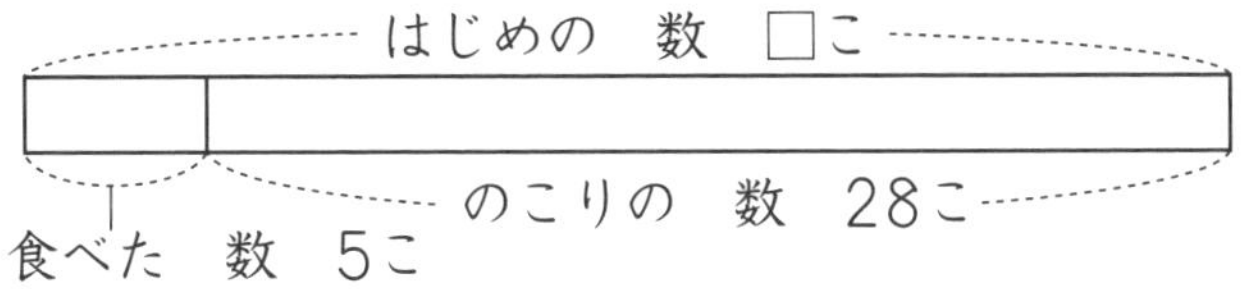

（しき）

答え

4 はじめに　シールが　何まいか　ありました。弟《おとうと》に　15まい　あげると　のこりは　20まいになりました。はじめに　何まい　ありましたか。
図の　①，②に　あてはまる　ことばを　あとから　えらび，記ごうで　書きましょう。【ぜんぶできて20点】

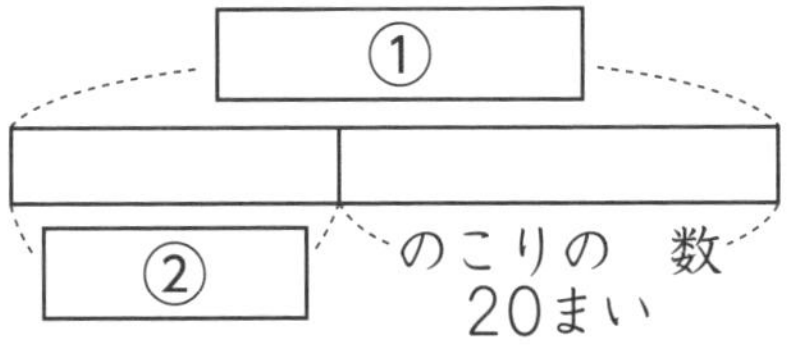

①…（　　　）
②…（　　　）

㋐　あげた　数　15まい
㋑　はじめの　数　□まい

41 図《ず》を　つかって　考《かんが》える②

目ひょう時間 20分

学しゅうした日　　月　　日

名前

とく点　　／100点

2041
解説→239ページ

らくらくマルつけ

1 はじめに　いちごが　何《なん》こか　ありました。あとから　10こ　もらったので，ぜんぶで　30こになりました。はじめに　何こ　ありましたか。

【ぜんぶできて30点】

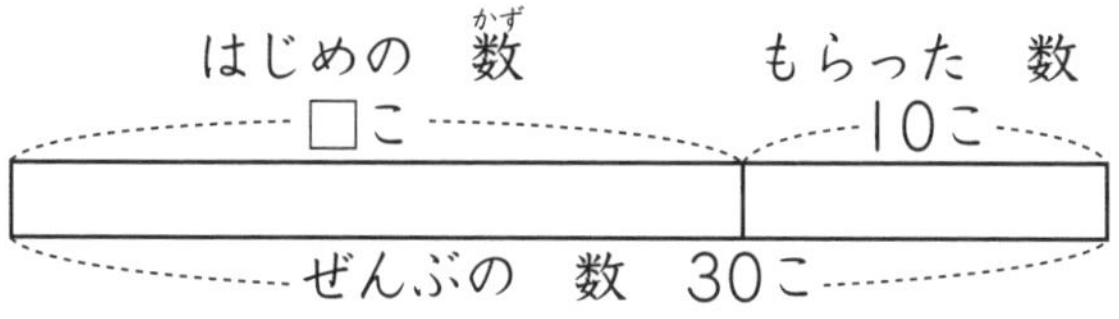

（しき）

答《こた》え

2 はじめに　トマトが　何こか　ありました。あとから　14こ　もらったので，ぜんぶで　24こになりました。はじめに　何こ　ありましたか。
図《ず》の　①，②に　あてはまる　ことばを　あとから　えらび，記《き》ごうで　書《か》きましょう。【ぜんぶできて20点】

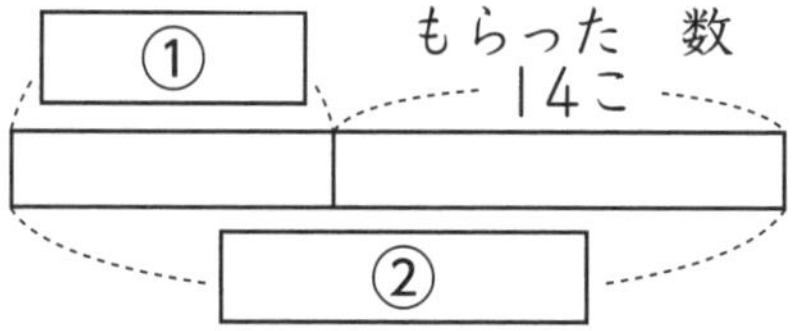

①…（　　　　）
②…（　　　　）

㋐　はじめの　数　□こ
㋑　ぜんぶの　数　24こ

3 はじめに　クッキーが　何こか　ありました。5こ　食《た》べると　のこりは　28こに　なりました。はじめに　何こ　ありましたか。【ぜんぶできて30点】

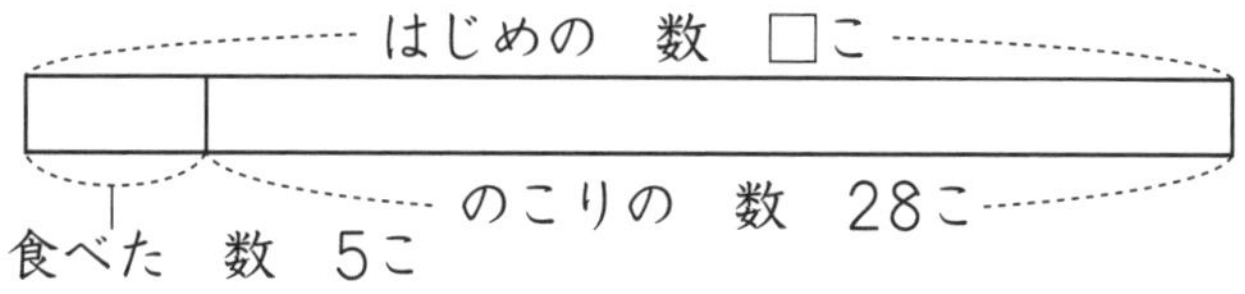

（しき）

答え

4 はじめに　シールが　何まいか　ありました。弟《おとうと》に　15まい　あげると　のこりは　20まいになりました。はじめに　何まい　ありましたか。
図の　①，②に　あてはまる　ことばを　あとから　えらび，記ごうで　書きましょう。【ぜんぶできて20点】

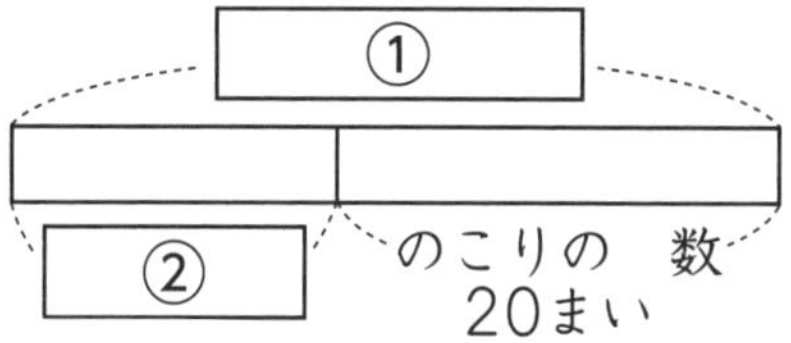

①…（　　　　）
②…（　　　　）

㋐　あげた　数　15まい
㋑　はじめの　数　□まい

42 図《ず》を　つかって　考《かんが》える③

目ひょう時間 20分

学しゅうした日　月　日

名前

とく点　／100点

2042
解説→239ページ

1 はじめに　みかんが　18こ　ありました。そこへ　みかんを　何《なん》こか　もらったので，ぜんぶで　30こに　なりました。何こ　もらいましたか。□に　入る　数《かず》と　たんいを　書《か》いて　考《かんが》えましょう。

【ぜんぶできて25点】

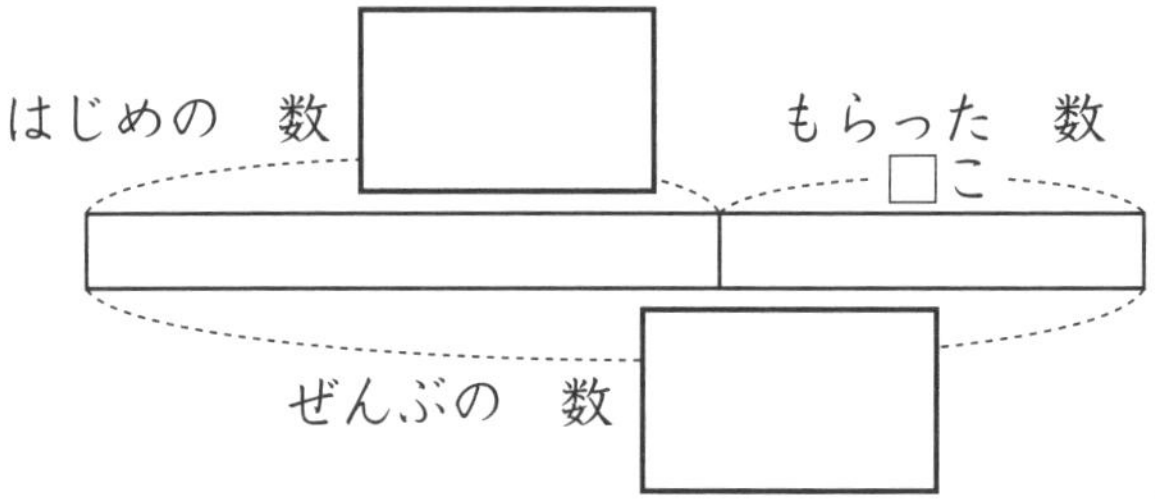

(しき)

答《こた》え

2 はじめに　テープが　20m　ありました。何mか　つかったら，のこりが　13mに　なりました。何m　つかいましたか。□に　入る　数と　たんいを　書いて　考えましょう。

【ぜんぶできて25点】

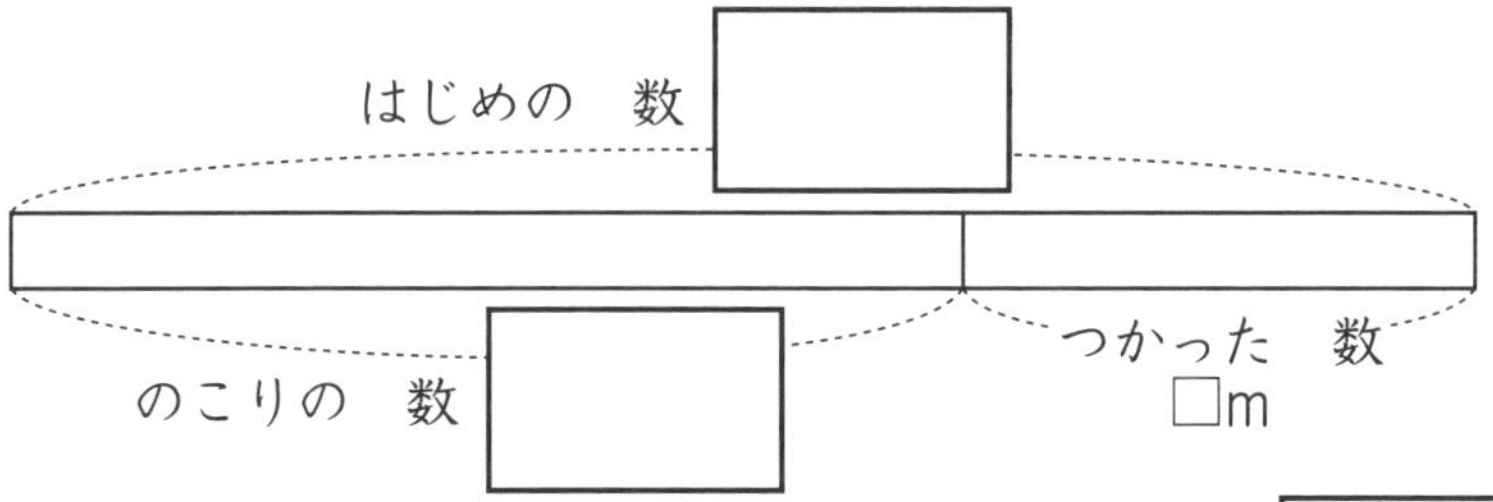

(しき)

答え

3 バスに　何人か　のって　いました。あとから　5人　のって　きたので，みんなで　13人に　なりました。はじめは　何人でしたか。□に　入る　数と　たんいを　書いて　考えましょう。

【ぜんぶできて25点】

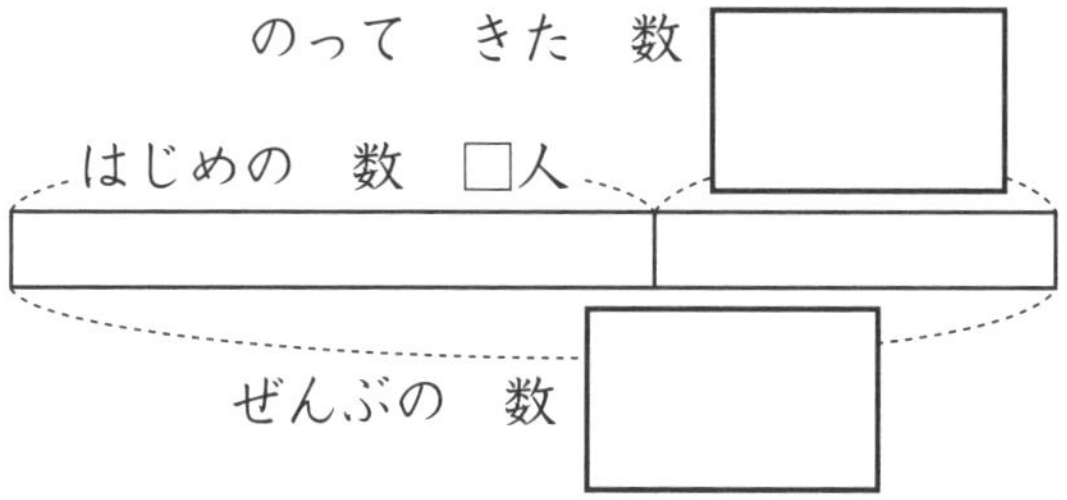

(しき)

答え

4 子どもが　何人か　あそんで　いました。12人　帰《かえ》ると　のこりは　15人に　なりました。はじめは　何人でしたか。□に　入る　数と　たんいを　書いて　考えましょう。

【ぜんぶできて25点】

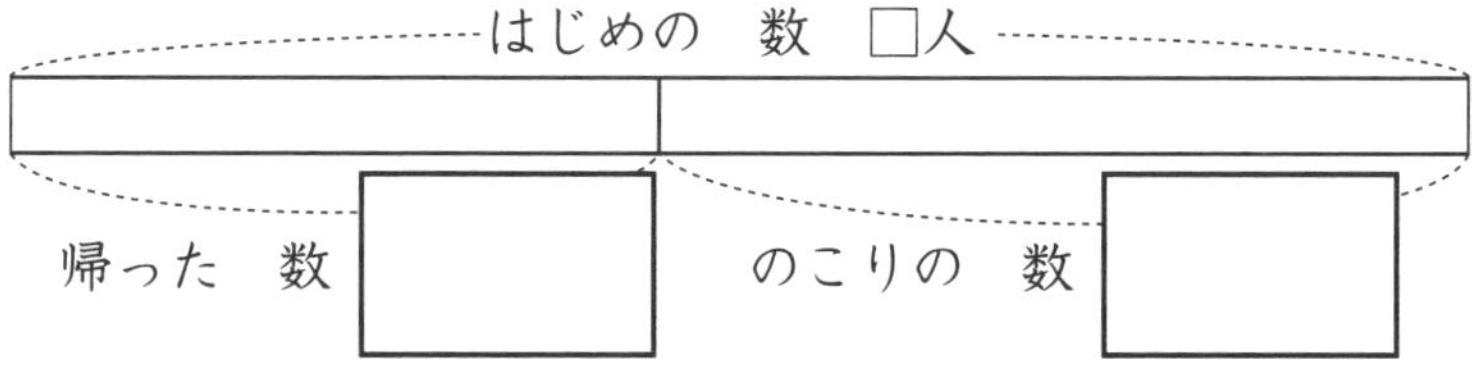

(しき)

答え

42 図《ず》を　つかって　考《かんが》える③

目ひょう時間 20分

✎学しゅうした日　　月　　日

名前

とく点

／100点

らくらくマルつけ

2042
解説→239ページ

❶ はじめに　みかんが　18こ　ありました。そこへ　みかんを　何《なん》こか　もらったので，ぜんぶで　30こに　なりました。何こ　もらいましたか。□に　入る　数《かず》と　たんいを　書《か》いて　考《かんが》えましょう。

【ぜんぶできて25点】

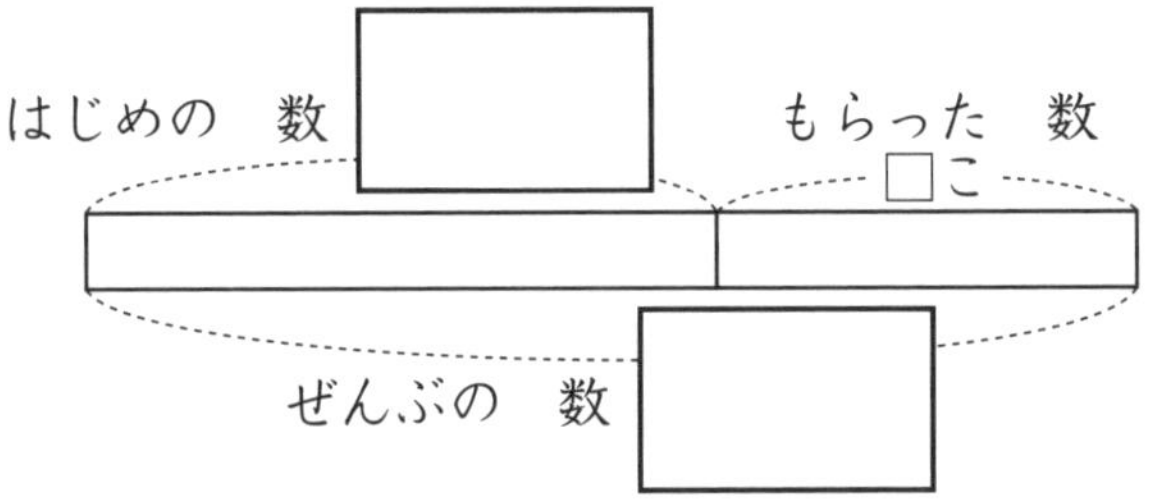

(しき)

答《こた》え □

❷ はじめに　テープが　20m　ありました。何mか　つかったら，のこりが　13mに　なりました。何m　つかいましたか。□に　入る　数と　たんいを　書いて　考えましょう。

【ぜんぶできて25点】

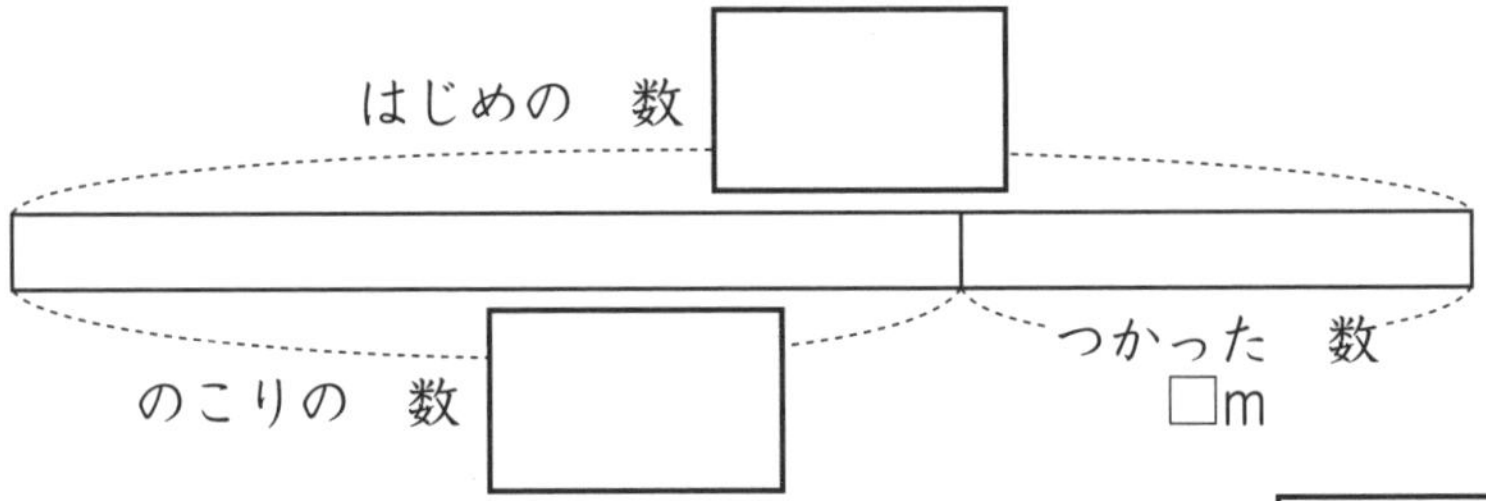

(しき)

答え □

❸ バスに　何人か　のって　いました。あとから　5人　のって　きたので，みんなで　13人に　なりました。はじめは　何人でしたか。□に　入る　数と　たんいを　書いて　考えましょう。

【ぜんぶできて25点】

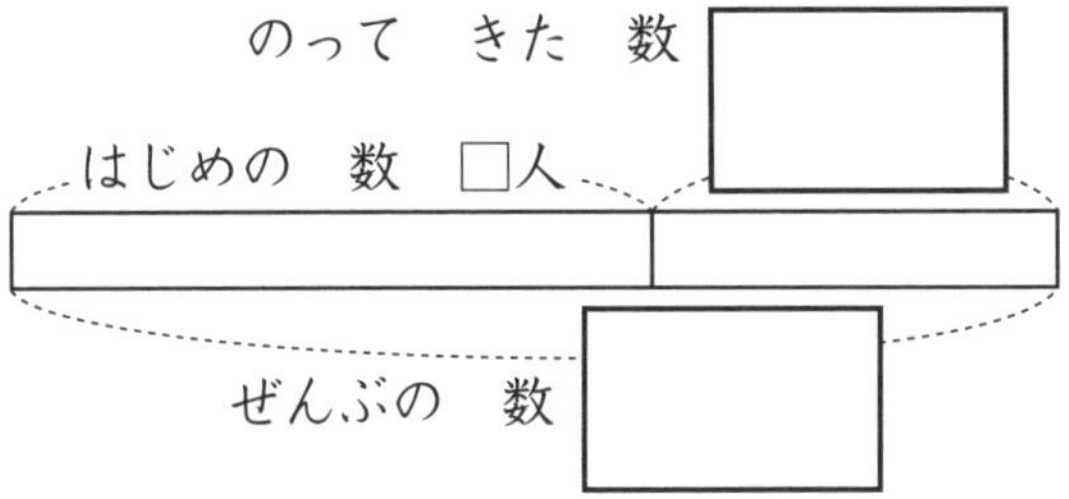

(しき)

答え □

❹ 子どもが　何人か　あそんで　いました。12人　帰《かえ》ると　のこりは　15人に　なりました。はじめは　何人でしたか。□に　入る　数と　たんいを　書いて　考えましょう。

【ぜんぶできて25点】

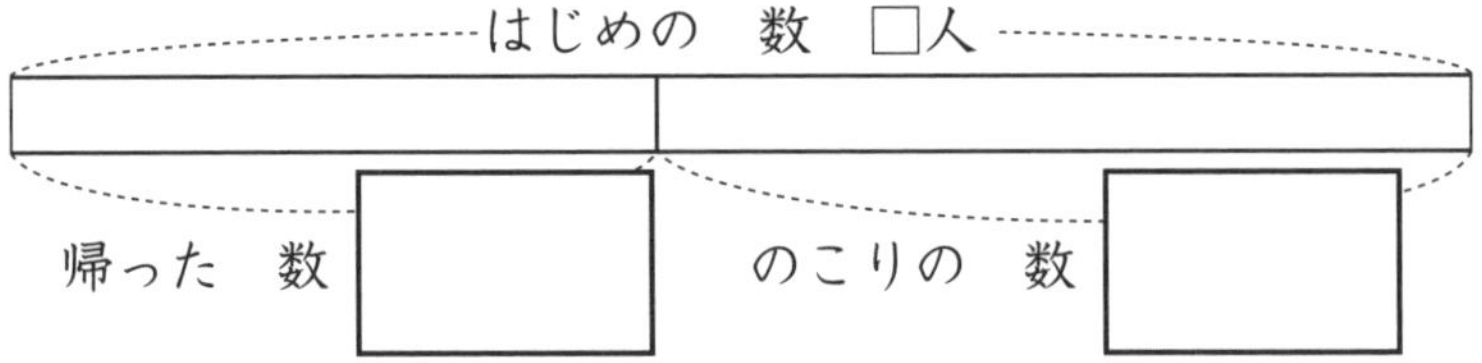

(しき)

答え □

43 図《ず》を　つかって　考《かんが》える④

目ひょう時間 20分

学しゅうした日　月　日

名前

とく点

／100点

2043
解説→239ページ

1 男の子と　女の子が　います。男の子は　女の子より　5人　多《おお》いそうです。男の子は　19人です。女の子は　何人《なんにん》ですか。【ぜんぶできて20点】

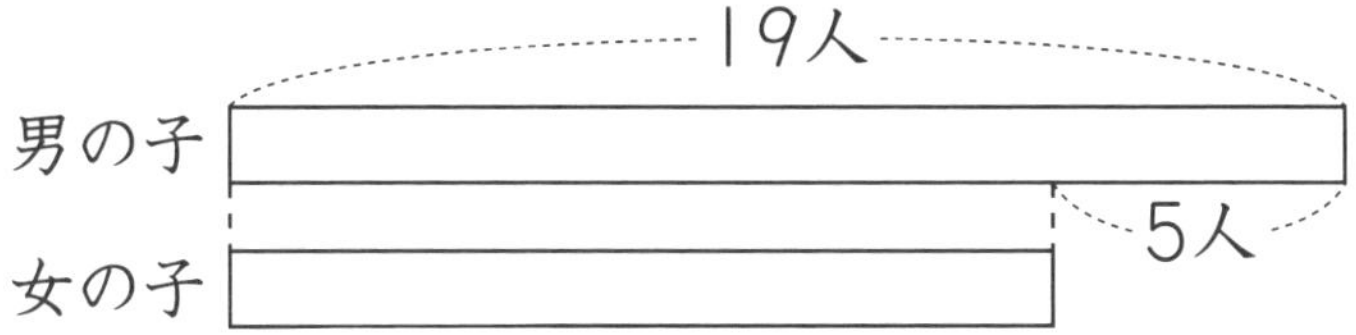

(しき)

答《こた》え

2 青い　りんごと　赤い　りんごが　あります。青い　りんごは　赤い　りんごより　12こ　多いそうです。青い　りんごは　28こです。赤い　りんごは　何こですか。【40点】

(1) 図《ず》に　書《か》きましょう。（ぜんぶできて20点）

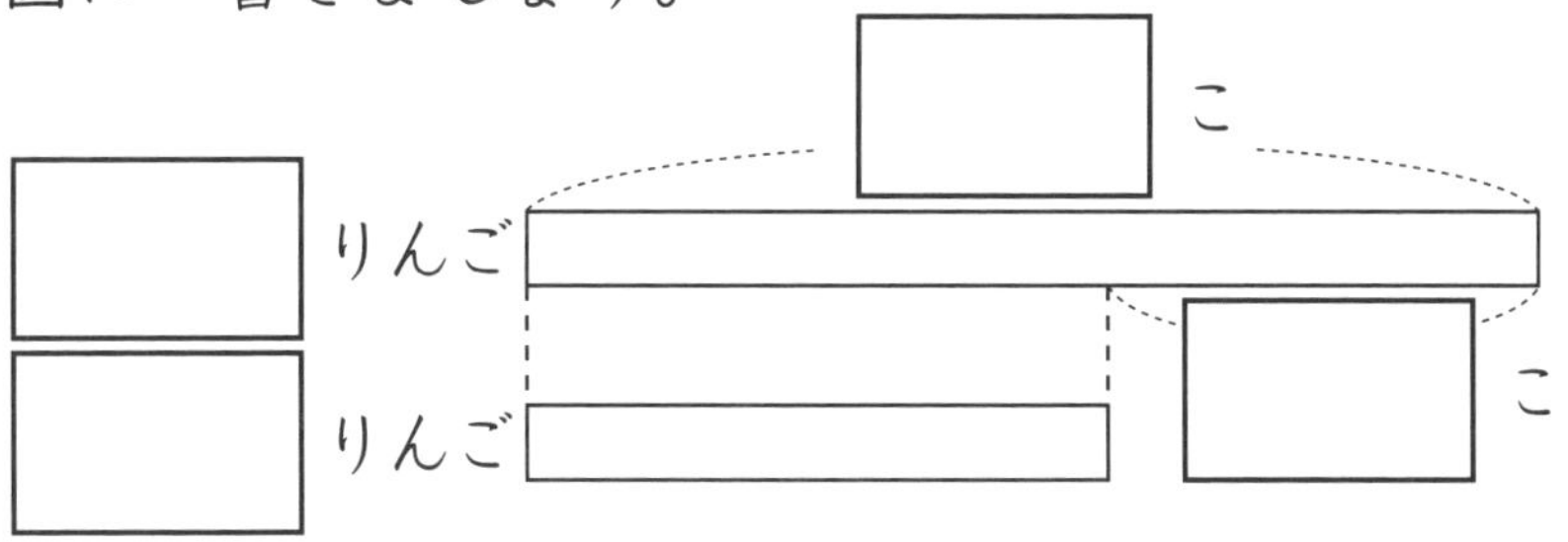

(2) しきを　書いて　もとめましょう。（ぜんぶできて20点）

(しき)

答え

3 ノートと　けしゴムを　買《か》います。ノートは　けしゴムより　30円　高《たか》いそうです。ノートは　120円です。けしゴムは　いくらですか。【40点】

(1) 図に　書きましょう。（ぜんぶできて20点）

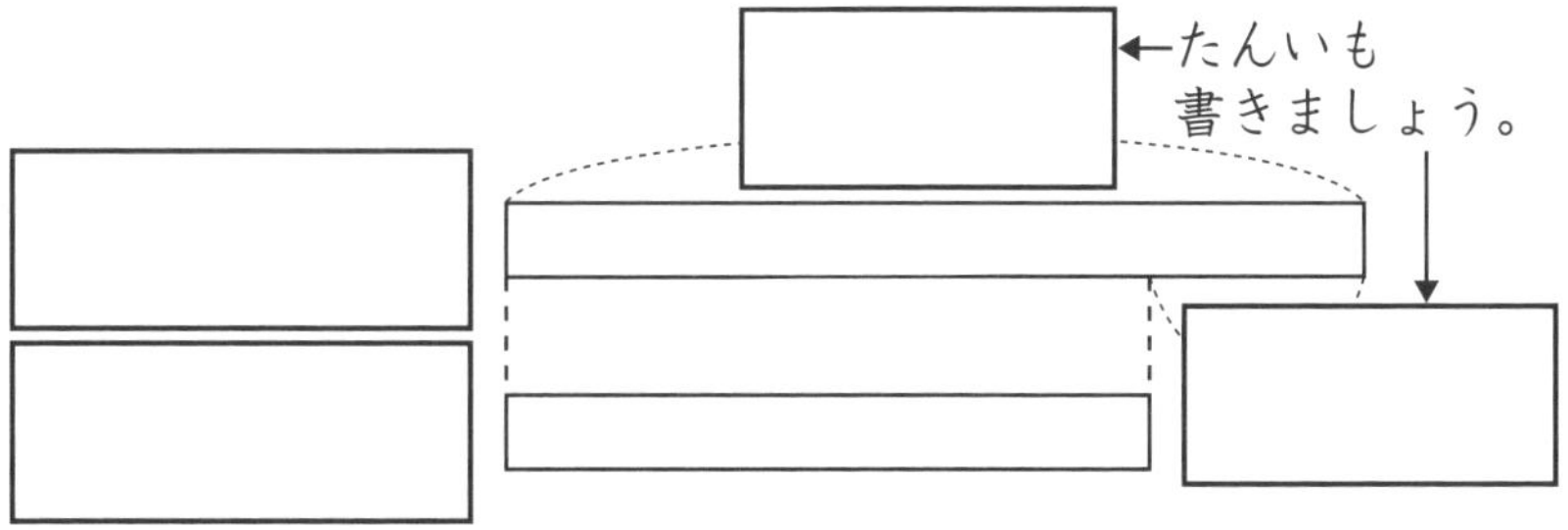

(2) しきを　書いて　もとめましょう。（ぜんぶできて20点）

(しき)

答え

43 図《ず》を　つかって　考《かんが》える④

目ひょう時間 20分

学しゅうした日　　月　　日

名前

とく点　　／100点

2043
解説→239ページ

らくらくマルつけ

1 男の子と　女の子が　います。男の子は　女の子より　5人　多《おお》いそうです。男の子は　19人です。女の子は　何人《なんにん》ですか。【ぜんぶできて20点】

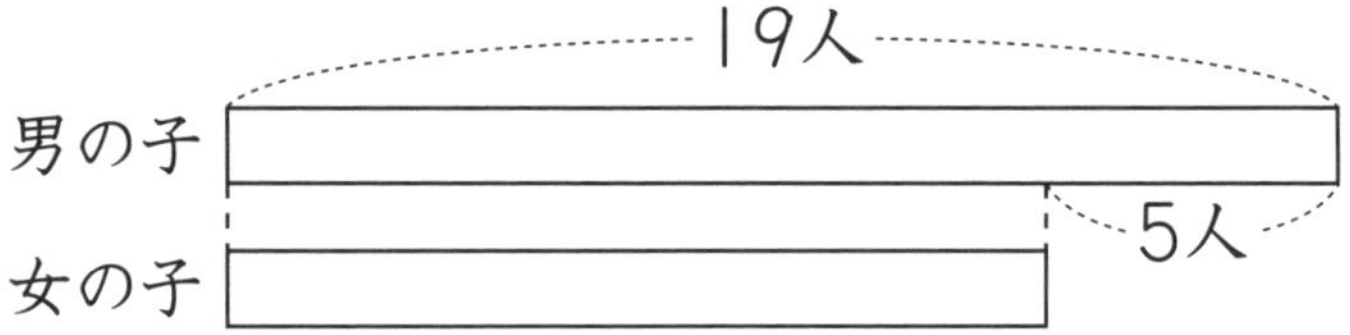

(しき)

答《こた》え

2 青い　りんごと　赤い　りんごが　あります。青い　りんごは　赤い　りんごより　12こ　多いそうです。青い　りんごは　28こです。赤い　りんごは　何こですか。【40点】

(1) 図《ず》に　書《か》きましょう。（ぜんぶできて20点）

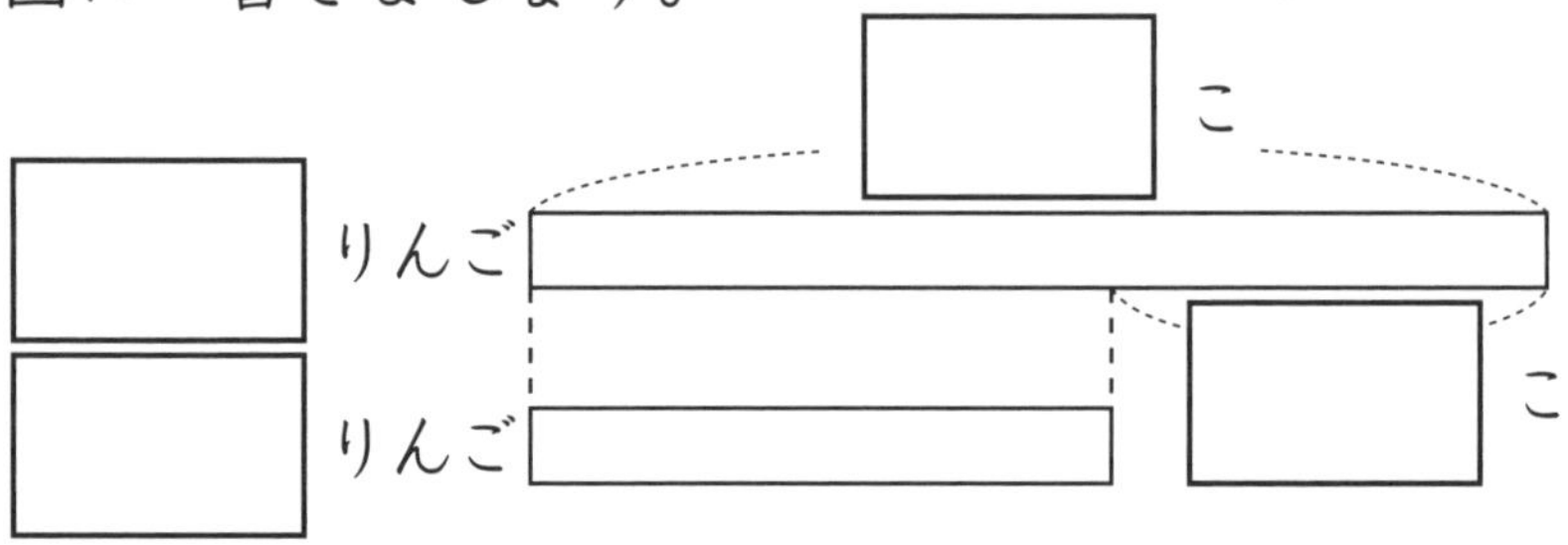

(2) しきを　書いて　もとめましょう。（ぜんぶできて20点）

(しき)

答え

3 ノートと　けしゴムを　買《か》います。ノートはけしゴムより　30円　高《たか》いそうです。ノートは120円です。けしゴムは　いくらですか。【40点】

(1) 図に　書きましょう。（ぜんぶできて20点）

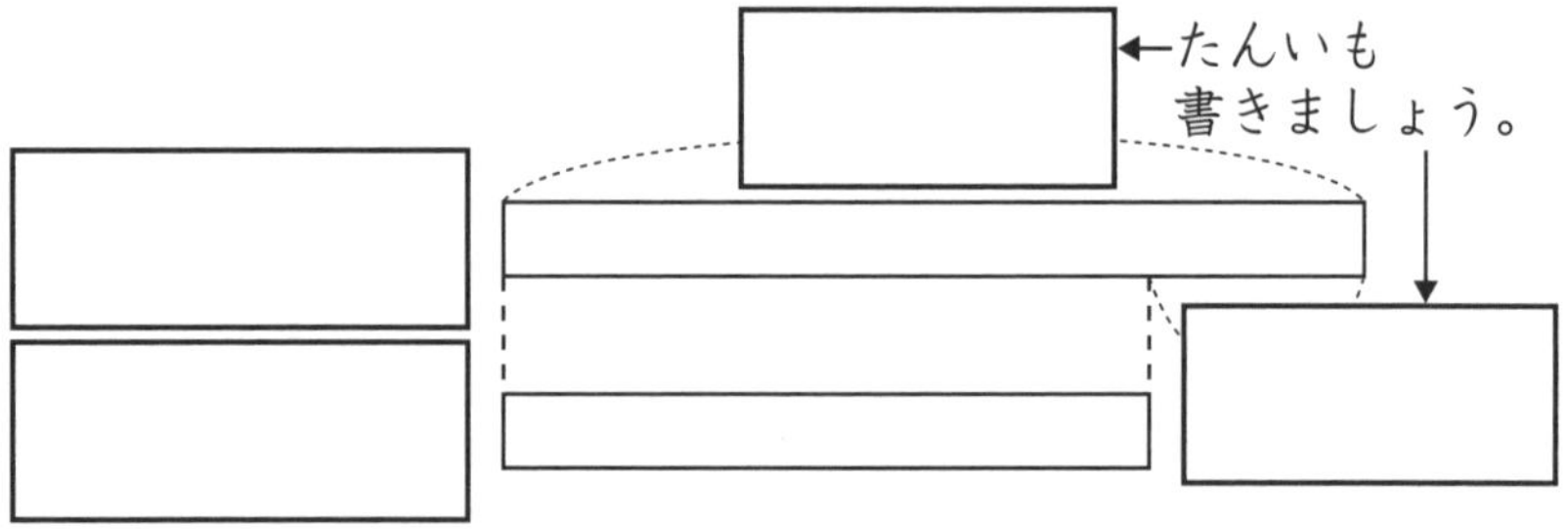

(2) しきを　書いて　もとめましょう。（ぜんぶできて20点）

(しき)

答え

図《ず》を　つかって　考《かんが》える⑤

目ひょう時間 20分

学しゅうした日　月　日

名前

とく点　／100点

2044 解説→239ページ

らくらくマルつけ

❶ 赤い　花と　白い　花が　あります。赤い　花は　白い　花より　10本　少《すく》ないそうです。赤い　花は　15本です。白い　花は　何《なん》本ですか。【ぜんぶできて20点】

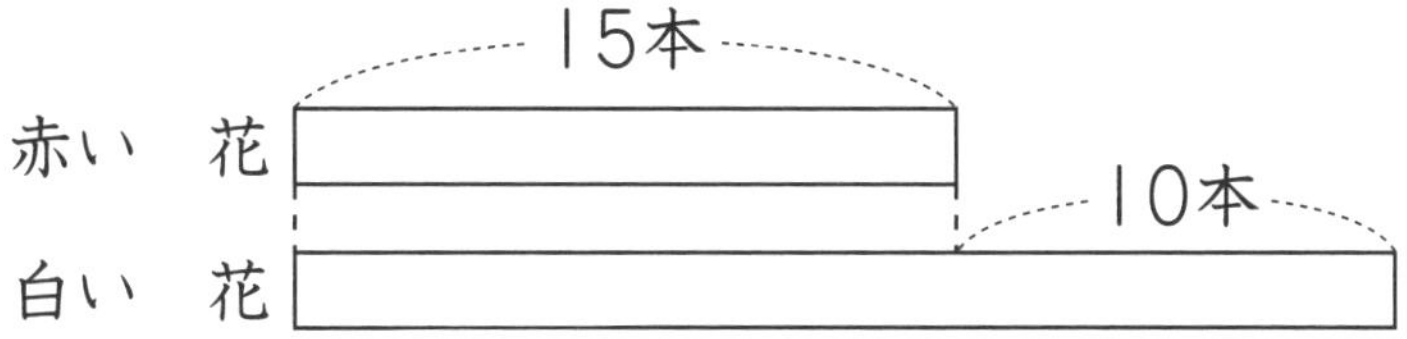

(しき)

答《こた》え

❷ あめと　グミが　あります。あめは　グミより　8こ　少ないそうです。あめは　23こです。グミは　何こですか。【40点】

(1) 図《ず》に　書《か》きましょう。（ぜんぶできて20点）

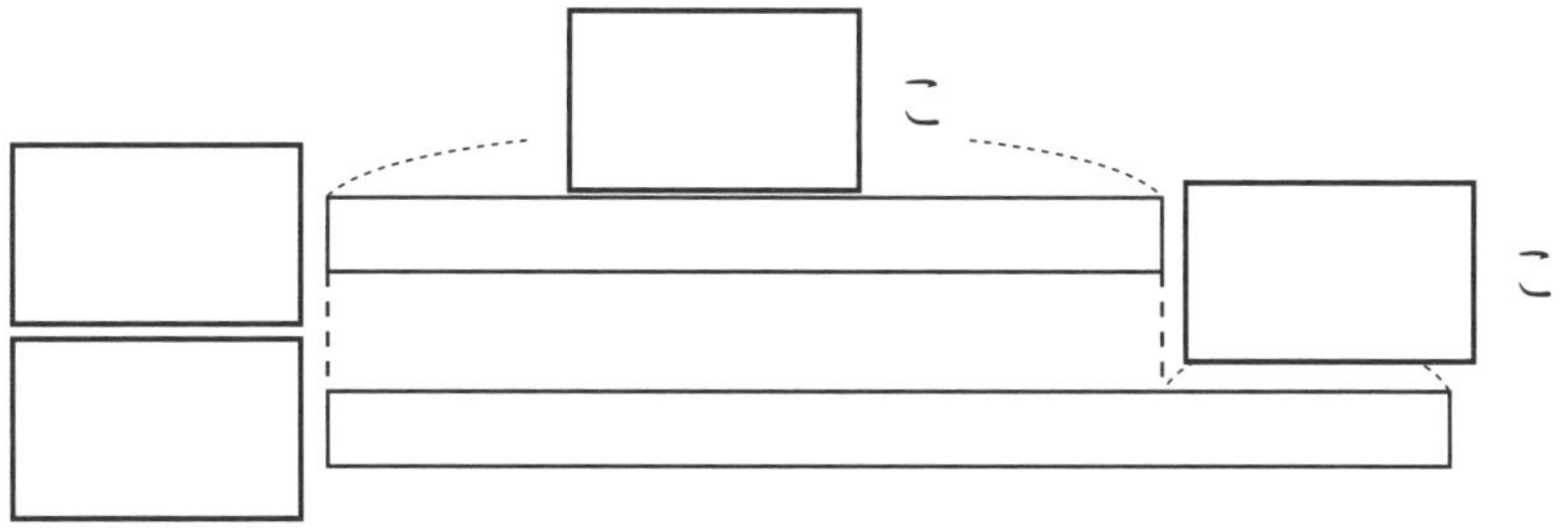

(2) しきを　書いて　もとめましょう。（ぜんぶできて20点）

(しき)

答え

❸ 白組《しろぐみ》と　赤組で　玉入れを　しました。白組は　赤組より　25こ　少なかったそうです。白組は　65こでした。赤組は　何こでしたか。【40点】

(1) 図に　書きましょう。（ぜんぶできて20点）

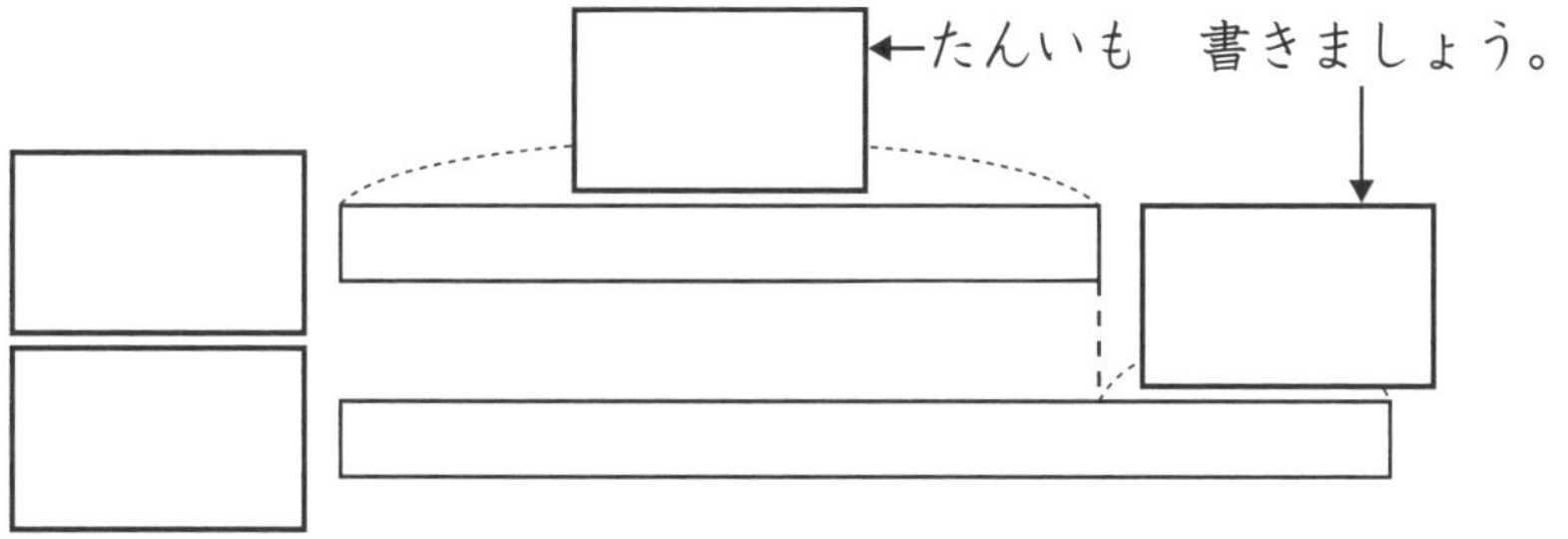

(2) しきを　書いて　もとめましょう。（ぜんぶできて20点）

(しき)

答え

44 図《ず》を　つかって　考《かんが》える⑤

目ひょう時間 20分

学しゅうした日　月　日

名前

とく点

／100点

らくらくマルつけ

2044
解説→239ページ

❶ 赤い　花と　白い　花が　あります。赤い　花は　白い　花より　10本　少《すく》ないそうです。赤い　花は　15本です。白い　花は　何《なん》本ですか。【ぜんぶできて20点】

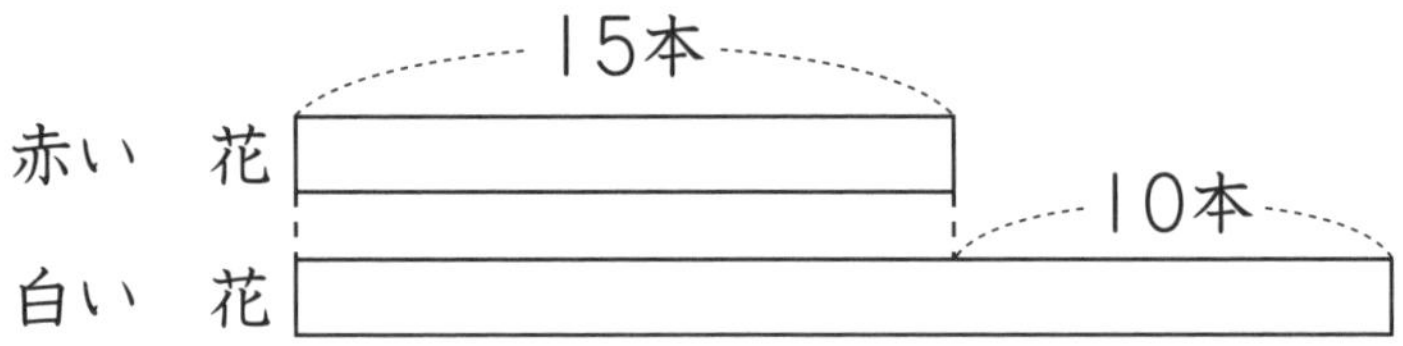

(しき)

答《こた》え

❷ あめと　グミが　あります。あめは　グミより　8こ　少ないそうです。あめは　23こです。グミは　何こですか。【40点】

(1) 図《ず》に　書《か》きましょう。（ぜんぶできて20点）

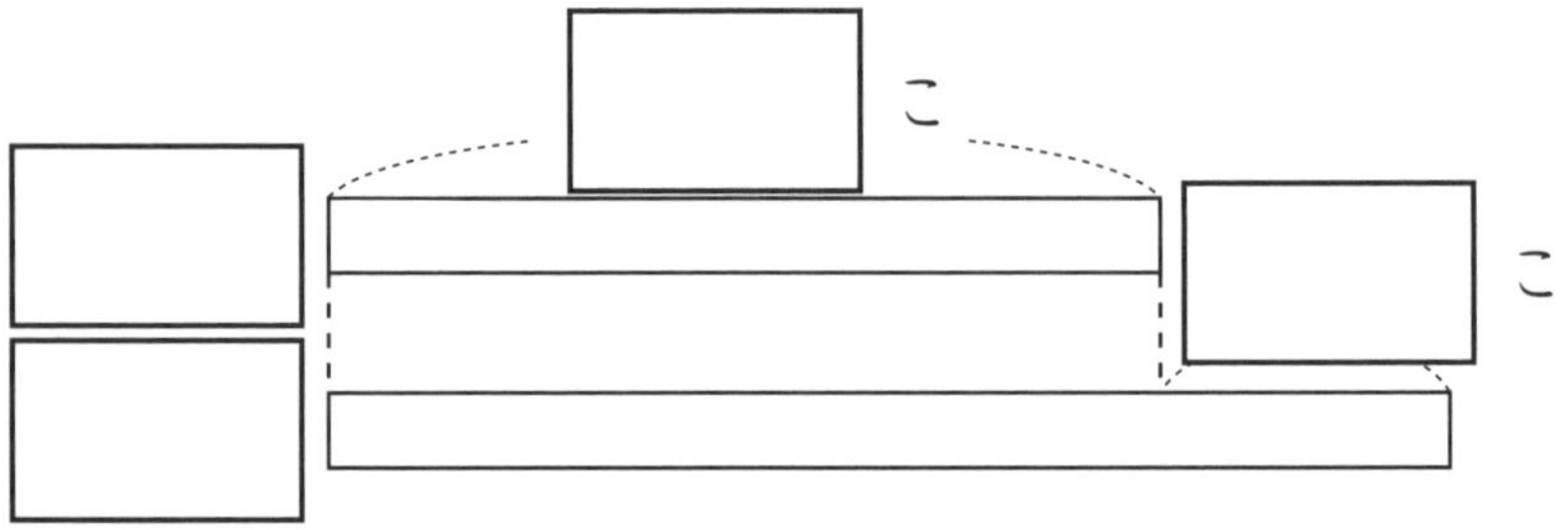

(2) しきを　書いて　もとめましょう。（ぜんぶできて20点）

(しき)

答え

❸ 白組《しろぐみ》と　赤組で　玉入れを　しました。白組は　赤組より　25こ　少なかったそうです。白組は　65こでした。赤組は　何こでしたか。【40点】

(1) 図に　書きましょう。（ぜんぶできて20点）

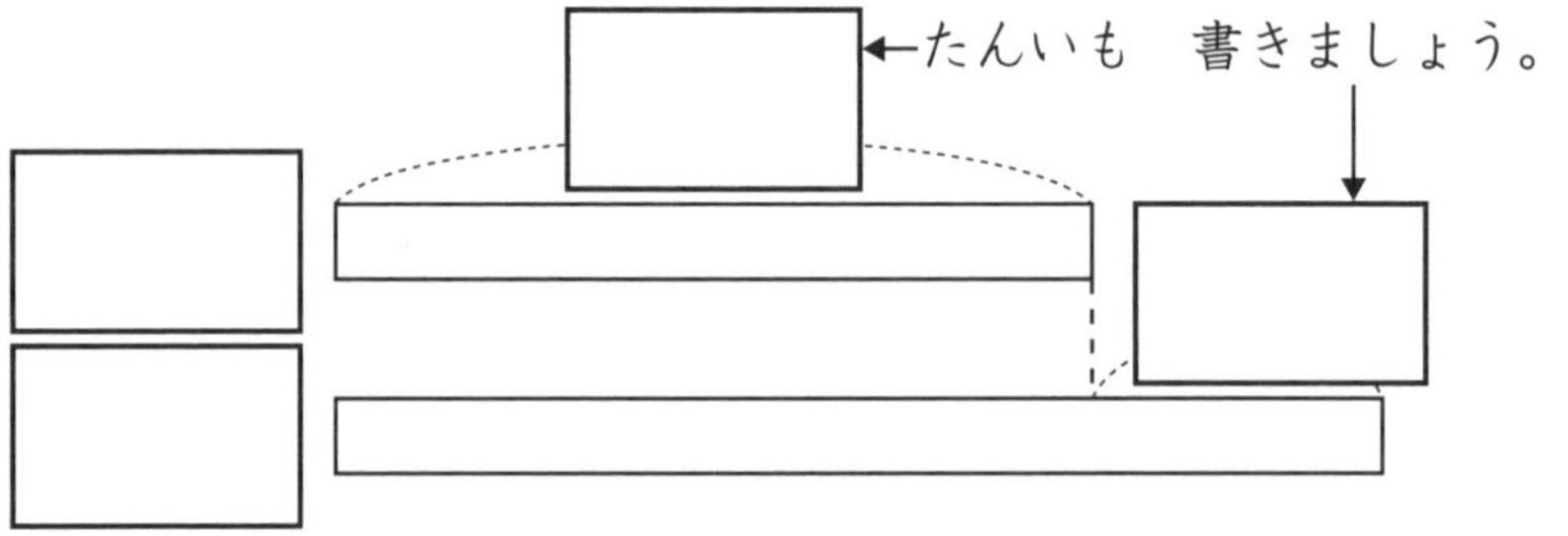

(2) しきを　書いて　もとめましょう。（ぜんぶできて20点）

(しき)

答え

45 まとめの　テスト①

目ひょう時間 20分

学しゅうした日　　月　　日	とく点
名前	／100点

2045
解説→240ページ

① おかしの　数《かず》を　しらべました。

1つ10点【20点】

(1) いちばん　数が　多《おお》い　おかしは　どれですか。

(2) ガムと　ラムネは　何《なん》こ　ちがいますか。

おかしの　数

		○	
	○	○	
○	○	○	
○	○	○	○
○	○	○	○
あめ	ガム	グミ	ラムネ

② 今《いま》の　時《じ》こくは　7時15分《ふん》です。つぎの　時こくを　答《こた》えましょう。

1つ10点【20点】

(1) 今から　1時間前《じかんまえ》

(2) 今から　30分《ぷん》あと

③ 計算《けいさん》を　しましょう。

1つ5点【30点】

(1) 21 ＋ 32

(2) 56 ＋ 18

(3) 13 ＋ 67

(4) 69 － 52

(5) 74 － 54

(6) 82 － 8

④ 貝がらを，めいさんは　43こ，れんさんは　36こ　ひろいました。

【30点】

(1) あわせて　何こですか。　（ぜんぶできて15点）

(しき)

答え

(2) ちがいは　何こですか。　（ぜんぶできて15点）

(しき)

答え

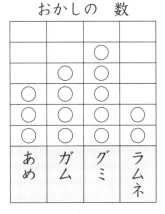

45 まとめの　テスト❶

目ひょう時間 20分

学しゅうした日　　月　　日

名前

とく点

／100点

らくらくマルつけ

2045
解説→240ページ

❶ **おかしの　数《かず》を　しらべました。** 1つ10点【20点】

(1) いちばん　数が　多《おお》い　おかしは　どれですか。

(2) ガムと　ラムネは　何《なん》こ　ちがいますか。

おかしの　数

		○	
	○	○	
○	○	○	
○	○	○	○
○	○	○	○
あめ	ガム	グミ	ラムネ

❷ **今《いま》の　時《じ》こくは　7時15分《ふん》です。つぎの　時こくを　答《こた》えましょう。** 1つ10点【20点】

(1) 今から　1時《じ》間前《かんまえ》

(2) 今から　30分《ぷん》あと

❸ **計算《けいさん》を　しましょう。** 1つ5点【30点】

(1)
　21
＋32

(2)
　56
＋18

(3)
　13
＋67

(4)
　69
－52

(5)
　74
－54

(6)
　82
－　8

❹ **貝がらを，めいさんは　43こ，れんさんは　36こ　ひろいました。** 【30点】

(1) あわせて　何こですか。 （ぜんぶできて15点）

(しき)

答え

(2) ちがいは　何こですか。 （ぜんぶできて15点）

(しき)

答え

46 まとめの　テスト❷

目ひょう時間 20分

学しゅうした日　　月　　日

名前

とく点　　／100点

2046
解説→240ページ

❶ テープの　長《なが》さは　何《なん》cm何mmですか。【5点】

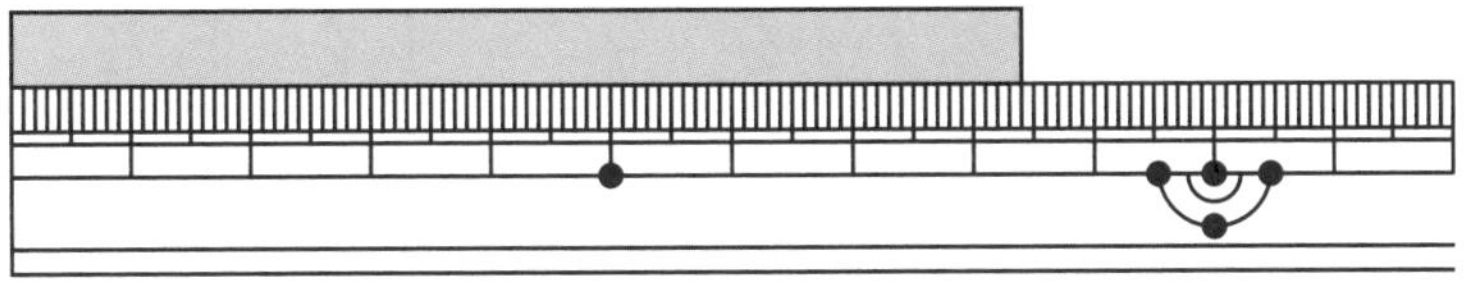

[　　　]

❷ かさは　何L何dLですか。【5点】

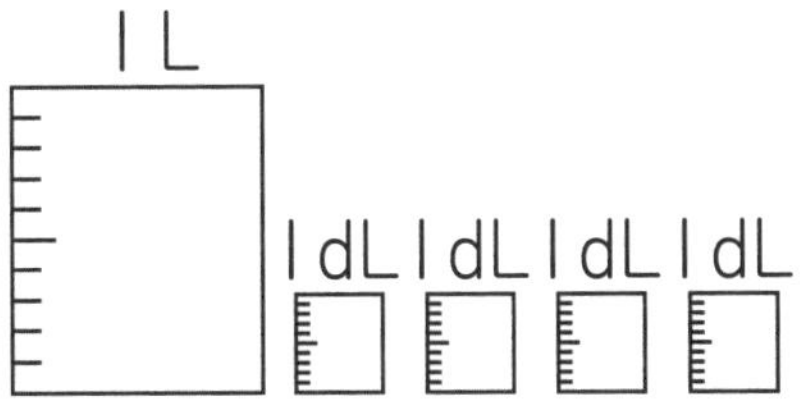

[　　　]

❸ [　　] に　入る　数《かず》を　書《か》きましょう。1つ10点【30点】

(1) 1cm＝[　　　]mm

(2) 1L＝[　　　]dL

(3) 1dL＝[　　　]mL

❹ つぎの　数を　書きましょう。1つ10点【40点】

(1) 100を　4こ，10を　9こ，1を　5こ　あわせた　数　[　　　]

(2) 10を　72こ　あつめた　数　[　　　]

(3)

㋐…[　　　]　　㋑…[　　　]

❺ 計算《けいさん》を　しましょう。1つ5点【10点】

(1) 200＋700＝

(2) 1000－100＝

❻ 計算を　しましょう。1つ5点【10点】

(1)
$$\begin{array}{r} 72 \\ +\,85 \\ \hline \end{array}$$

(2)
$$\begin{array}{r} 96 \\ +\,35 \\ \hline \end{array}$$

＼もう1回チャレンジ!!／

46 まとめの テスト②

目ひょう時間 20分

学しゅうした日　月　日

名前

とく点

／100点

らくらくマルつけ

2046

解説→240ページ

❶ テープの 長《なが》さは 何《なん》cm何mmですか。 【5点】

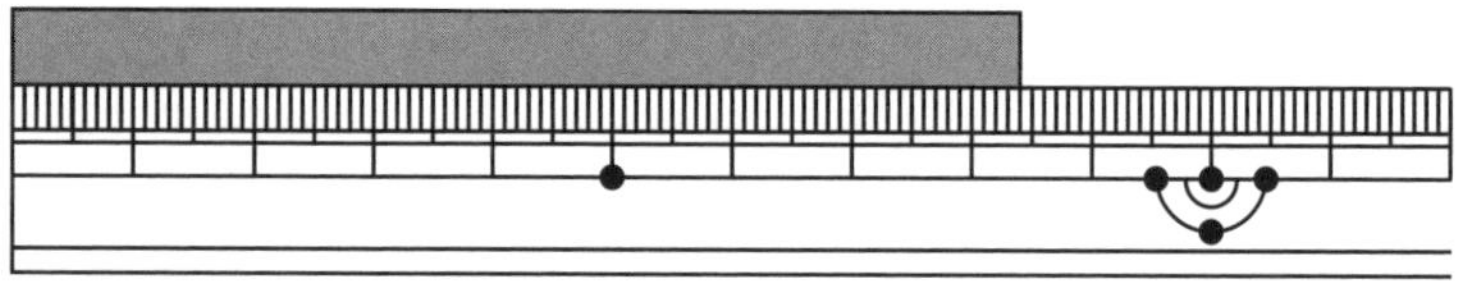

❷ かさは 何L何dLですか。 【5点】

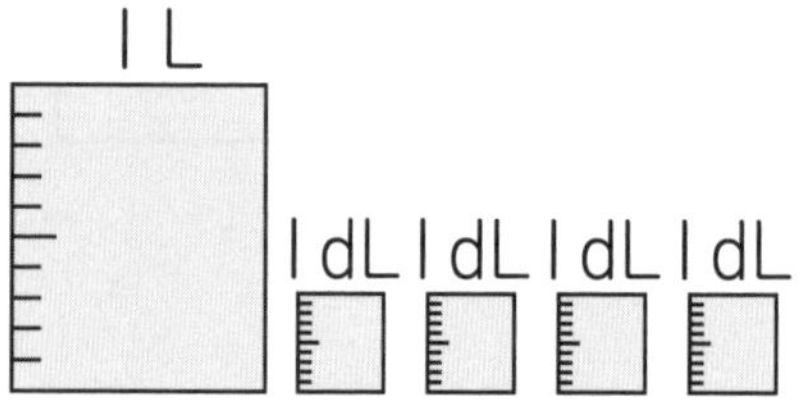

❸ □に 入る 数《かず》を 書《か》きましょう。 1つ10点【30点】

(1) 1cm＝□mm

(2) 1L＝□dL

(3) 1dL＝□mL

❹ つぎの 数を 書きましょう。 1つ10点【40点】

(1) 100を 4こ，10を 9こ，1を 5こ あわせた 数

(2) 10を 72こ あつめた 数

(3)

ア…□　　イ…□

❺ 計算《けいさん》を しましょう。 1つ5点【10点】

(1) 200＋700＝

(2) 1000－100＝

❻ 計算を しましょう。 1つ5点【10点】

(1)
$$\begin{array}{r} 72 \\ +\ 85 \\ \hline \end{array}$$

(2)
$$\begin{array}{r} 96 \\ +\ 35 \\ \hline \end{array}$$

47 まとめの　テスト❸

目ひょう時間 20分

学しゅうした日　　月　　日

名前

とく点

／100点

らくらくマルつけ

2047
解説→240ページ

算数

❶ 計算《けいさん》を　しましょう。

1つ6点【30点】

(1)
$$\begin{array}{r} 106 \\ -\quad 76 \\ \hline \end{array}$$

(2)
$$\begin{array}{r} 142 \\ -\quad 65 \\ \hline \end{array}$$

(3)
$$\begin{array}{r} 100 \\ -\quad 29 \\ \hline \end{array}$$

(4)
$$\begin{array}{r} 38 \\ +354 \\ \hline \end{array}$$

(5)
$$\begin{array}{r} 593 \\ -\quad 86 \\ \hline \end{array}$$

❷ つぎの　四角形《しかくけい》や　三角形《さんかくけい》の　名前《なまえ》を　書《か》きましょう。

【ぜんぶできて12点】

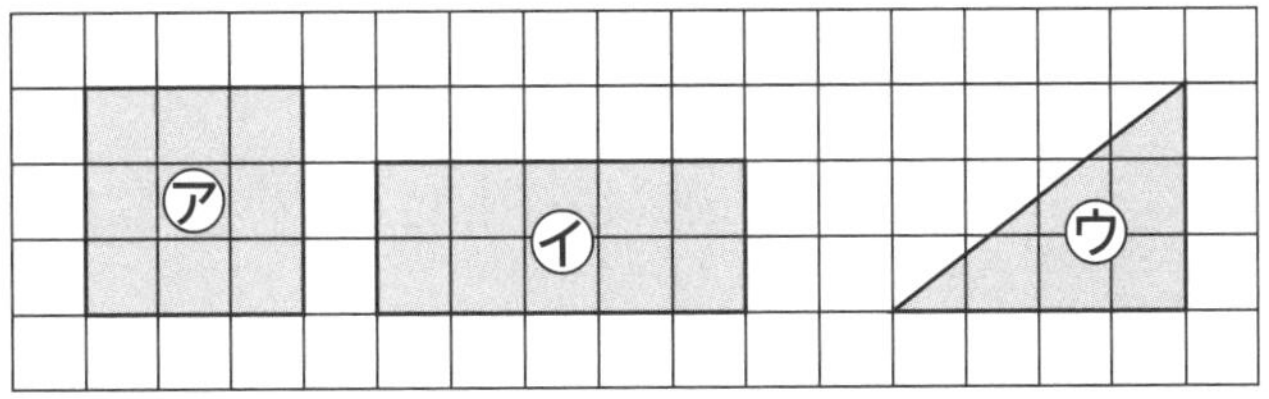

㋐…

㋑…

㋒…

❸ 計算を　しましょう。

1つ4点【48点】

(1) $3\times6=$

(2) $5\times9=$

(3) $2\times7=$

(4) $4\times8=$

(5) $7\times5=$

(6) $8\times3=$

(7) $9\times4=$

(8) $3\times7=$

(9) $7\times7=$

(10) $9\times8=$

(11) $8\times6=$

(12) $7\times4=$

❹ クッキーが　6まいずつ　入って　いる　ふくろが　7つ　あります。クッキーは　ぜんぶで　何《なん》まい　ありますか。

【ぜんぶできて10点】

(しき)

答《こた》え

47 まとめの　テスト③

目ひょう時間 20分

学しゅうした日　　月　　日

名前

とく点

／100点

らくらくマルつけ

2047
解説→240ページ

❶ 計算《けいさん》を　しましょう。

1つ6点【30点】

(1) $\begin{array}{r} 106 \\ -\quad 76 \\ \hline \end{array}$　(2) $\begin{array}{r} 142 \\ -\quad 65 \\ \hline \end{array}$　(3) $\begin{array}{r} 100 \\ -\quad 29 \\ \hline \end{array}$

(4) $\begin{array}{r} 38 \\ +354 \\ \hline \end{array}$　(5) $\begin{array}{r} 593 \\ -\quad 86 \\ \hline \end{array}$

❷ つぎの　四角形《しかくけい》や　三角形《さんかくけい》の　名前《なまえ》を　書《か》きましょう。

【ぜんぶできて12点】

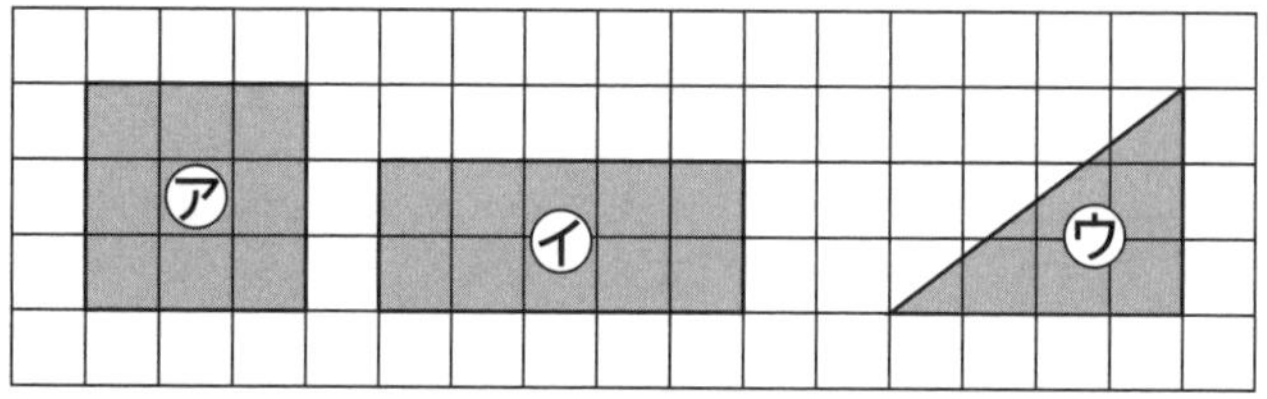

㋐…

㋑…

㋒…

❸ 計算を　しましょう。

1つ4点【48点】

(1) 3×6＝　　(2) 5×9＝

(3) 2×7＝　　(4) 4×8＝

(5) 7×5＝　　(6) 8×3＝

(7) 9×4＝　　(8) 3×7＝

(9) 7×7＝　　(10) 9×8＝

(11) 8×6＝　　(12) 7×4＝

❹ クッキーが　6まいずつ　入って　いる　ふくろが　7つ　あります。クッキーは　ぜんぶで　何《なん》まい　ありますか。

【ぜんぶできて10点】

(しき)

答《こた》え

48 まとめの　テスト④

目ひょう時間 20分

学しゅうした日　　月　　日

名前

とく点　　／100点

2048 解説→240ページ

らくらくマルつけ

1 □に　入る　数《かず》を　書《か》きましょう。【20点】

(1) 140cm＝□m□cm（ぜんぶできて10点）

(2) 3m5cm＝□cm（10点）

2 □に　入る　数を　書きましょう。1つ10点【40点】

(1) 1000を　8こ，10を　7こ　あわせた　数は
□。

(2) 5700は　100を　□こ　あつめた　数。

(3) 1000を　10こ　あつめた　数は
□。

(4)

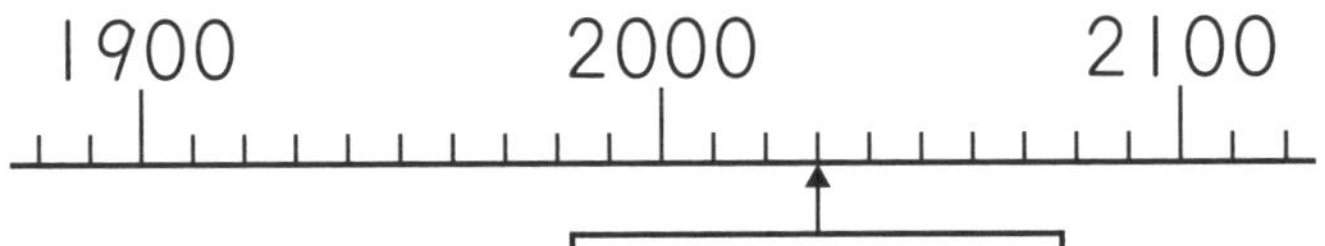

□

3 □に　入る　数を　書きましょう。【ぜんぶできて10点】

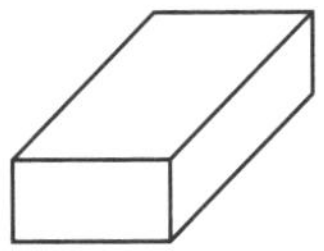

はこの　形《かたち》には，
面《めん》が　□つ，ちょう点《てん》が
□つ，辺《へん》が　□本　あります。

4 はがきが　28まい　ありました。何《なん》まいか　つかったら，のこりが　10まいに　なりました。何まい　つかいましたか。□に　入る　数と　たんいを　書いて　考《かんが》えましょう。【ぜんぶできて30点】

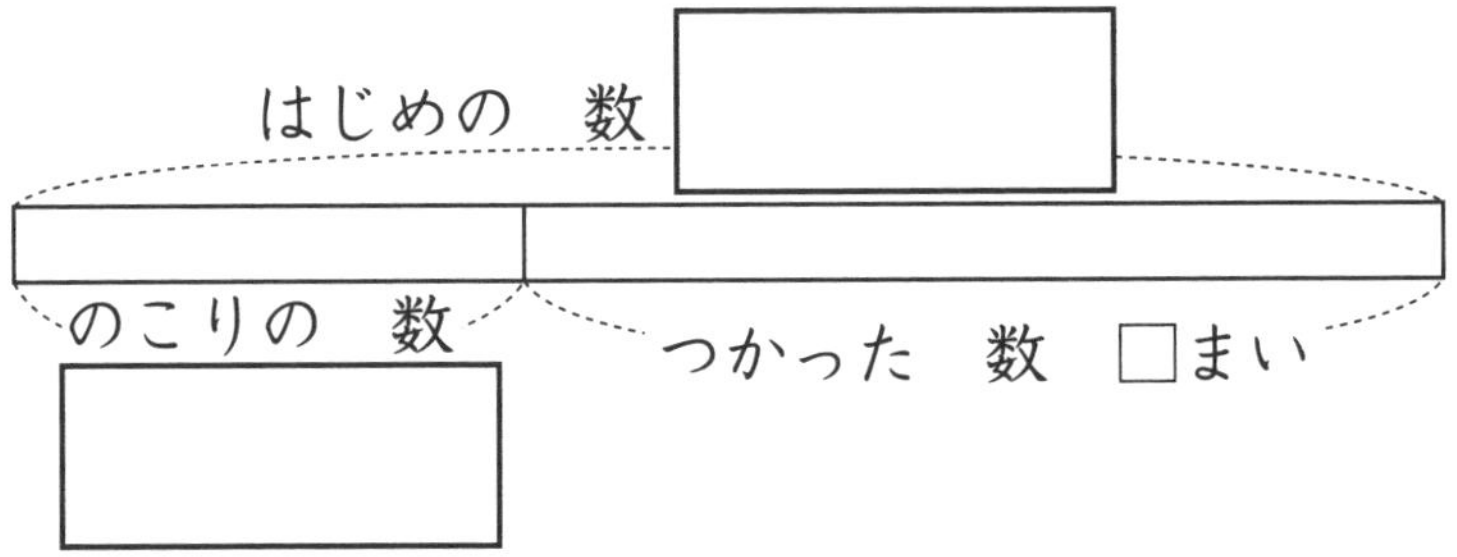

（しき）

答《こた》え　□

48 まとめの テスト❹

目ひょう時間 20分

学しゅうした日　月　日

名前

とく点　／100点

らくらくマルつけ

2048 解説→240ページ

❶ □に 入る 数《かず》を 書《か》きましょう。【20点】

(1) 140cm＝□m□cm　(ぜんぶできて10点)

(2) 3m5cm＝□cm　(10点)

❷ □に 入る 数を 書きましょう。1つ10点【40点】

(1) 1000を 8こ，10を 7こ あわせた 数は □。

(2) 5700は 100を □こ あつめた 数。

(3) 1000を 10こ あつめた 数は □。

(4)

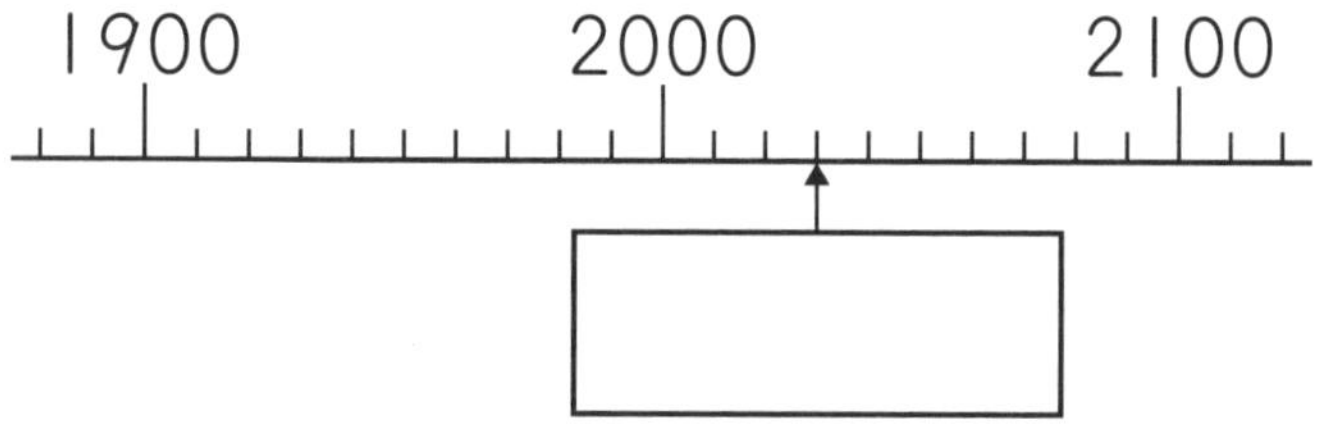

❸ □に 入る 数を 書きましょう。【ぜんぶできて10点】

はこの 形《かたち》には，

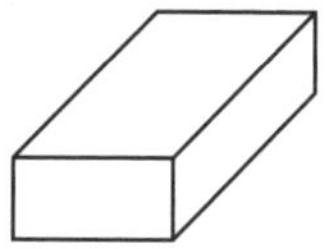

面《めん》が □つ，ちょう点《てん》が □つ，辺《へん》が □本 あります。

❹ はがきが 28まい ありました。何《なん》まいか つかったら，のこりが 10まいに なりました。何まい つかいましたか。□に 入る 数と たんいを 書いて 考《かんが》えましょう。【ぜんぶできて30点】

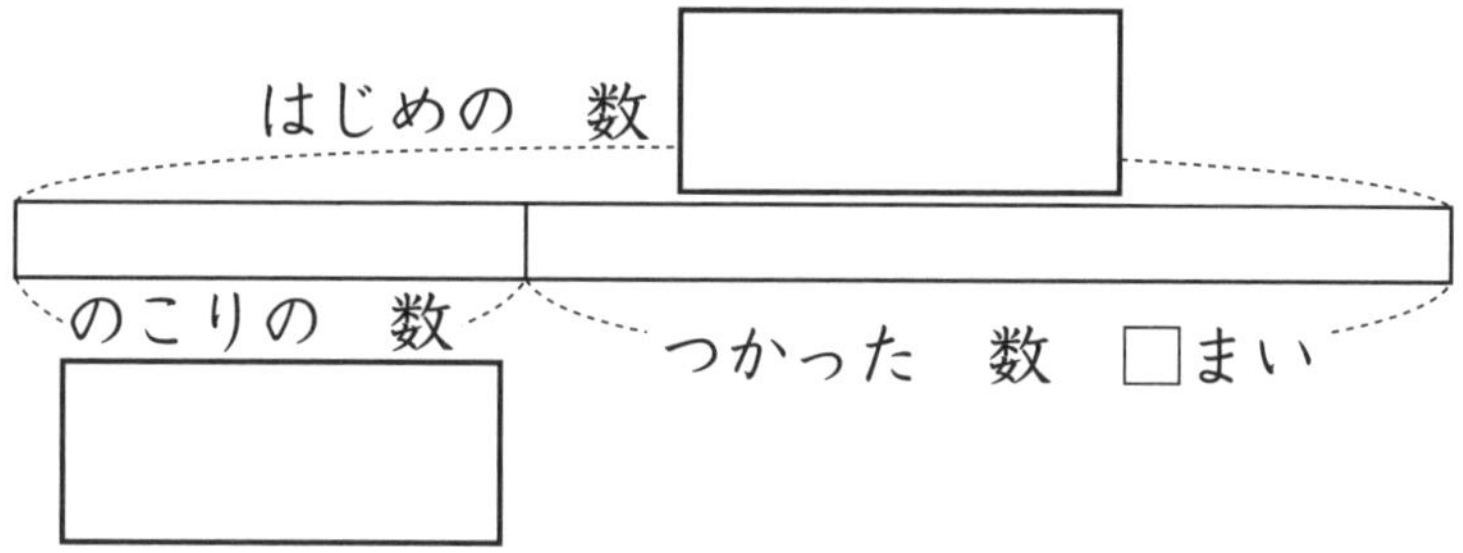

(しき)

答《こた》え □

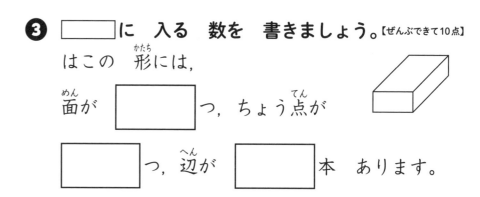

1 春《はる》が 来《き》た，2年生に なったよ

目ひょう時間 20分

学しゅうした日　月　日

名前

とく点　／100点

らくらくマルつけ

2049
解説→241ページ

1 春《はる》が　来《き》て，2年生に　なりました。冬《ふゆ》と　くらべて，気づいた　ことに　○を　つけましょう。

【ぜんぶできて40点】

㋐

あたたかく　なった　こと。
（　　　）

㋑

木に　新《あたら》しい　はが　生えた　こと。
（　　　）

㋒

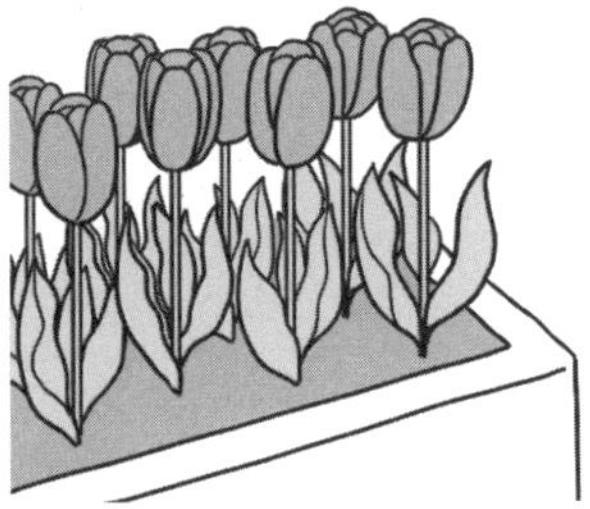

花が　たくさん　さいた　こと。
（　　　）

㋓

いろいろな　虫を　見かけた　こと。
（　　　）

2 つぎのような　とき，どう　すれば　よいですか。あとから　えらび，記《き》ごうで　書《か》きましょう。

1つ20点【60点】

(1) いっしょに　あそびたそうな　1年生を　見かけた　とき。
（　　　）

㋐ いっしょに　あそぶ。

㋑ 自分《じぶん》たちだけで　あそぶ。

(2) 1年生が　こまって　いる　とき。
（　　　）

㋐ 声《こえ》を　かけずに　遠《とお》くから　見て　いる。

㋑ 声を　かけ，話《はなし》を　聞《き》いて　あげる。

(3) 1年生に　話《はな》しかけられた　とき。
（　　　）

㋐ 知《し》らんぷりを　する。

㋑ えがおで　やさしく　話す。

1 春《はる》が 来《き》た，2年生に なったよ

目ひょう時間 20分

学しゅうした日　月　日

名前

とく点　／100点

らくらくマルつけ

2049

解説→241ページ

❶ 春《はる》が 来《き》て，2年生に なりました。冬《ふゆ》と くらべて，気づいた ことに ○を つけましょう。

【ぜんぶできて40点】

㋐

あたたかく なった こと。

(　　)

㋑

木に 新《あたら》しい はが 生えた こと。

(　　)

㋒

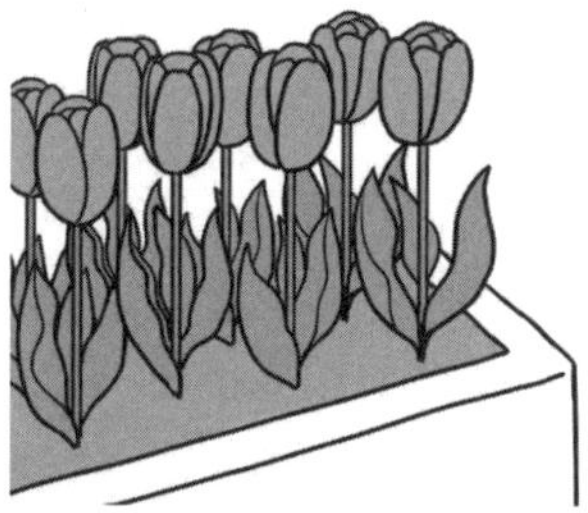

花が たくさん さいた こと。

(　　)

㋓

いろいろな 虫を 見かけた こと。

(　　)

❷ つぎのような とき，どう すれば よいですか。あとから えらび，記《き》ごうで 書《か》きましょう。

1つ20点【60点】

(1) いっしょに あそびたそうな 1年生を 見かけた とき。

(　　)

㋐ いっしょに あそぶ。

㋑ 自分《じぶん》たちだけで あそぶ。

(2) 1年生が こまって いる とき。　(　　)

㋐ 声《こえ》を かけずに 遠《とお》くから 見て いる。

㋑ 声を かけ，話《はなし》を 聞《き》いて あげる。

(3) 1年生に 話《はな》しかけられた とき。　(　　)

㋐ 知《し》らんぷりを する。

㋑ えがおで やさしく 話す。

2 野《や》さいを　そだてよう①

目ひょう時間 20分

学しゅうした日　月　日

名前

とく点

／100点

2050
解説→241ページ

1 野《や》さいの　名前《なまえ》を　あとから　それぞれ　えらび，記《き》ごうで　書《か》きましょう。

1つ10点【60点】

(1)

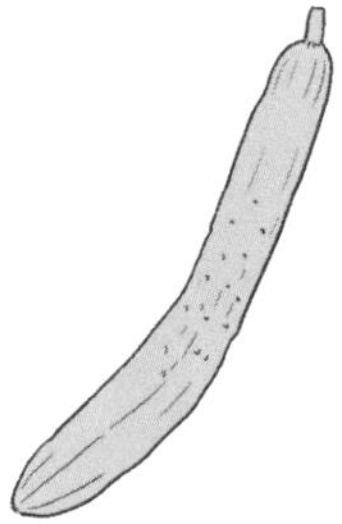

(　　　)

(2)

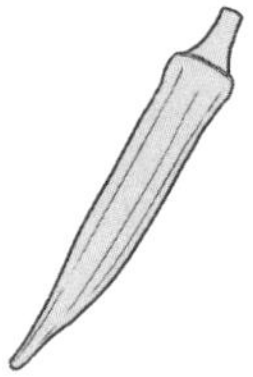

(　　　)

(3)

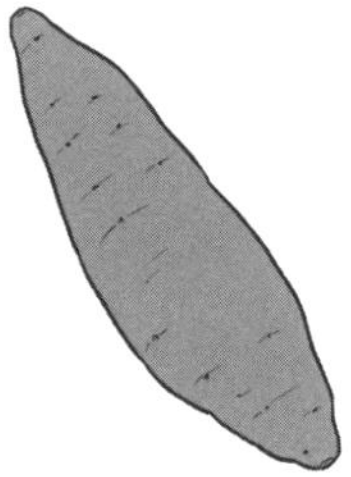

(　　　)

(4)

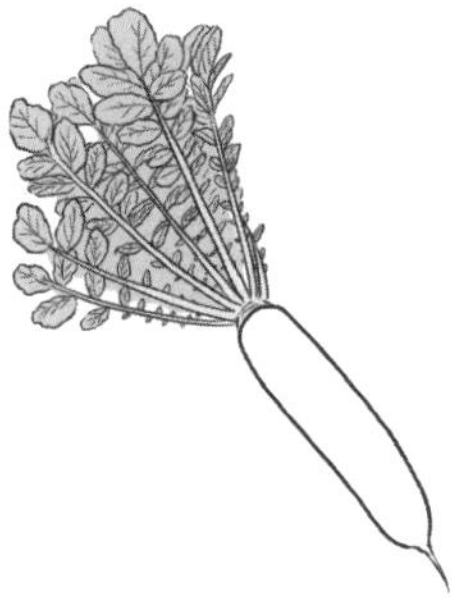

(　　　)

(5)

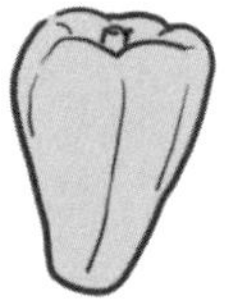

(　　　)

(6)

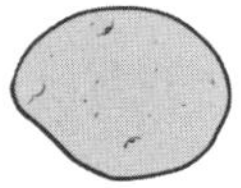

(　　　)

㋐　ダイコン　　㋑　キュウリ
㋒　ジャガイモ　　㋓　サツマイモ
㋔　ピーマン　　㋕　オクラ

2 つぎの　野さいの　なえが　そだつと，どう　なりますか。線《せん》で　むすびましょう。

1つ10点【40点】

(1)

(2)

(3)

(4)

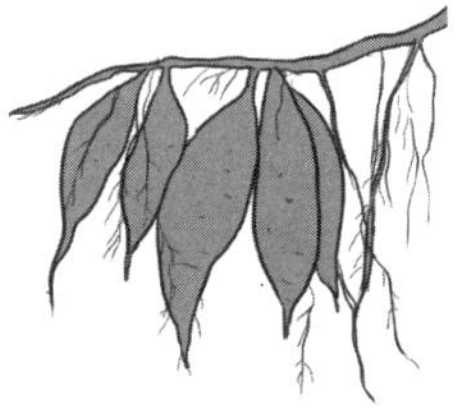

2　野《や》さいを　そだてよう①

目ひょう時間 20分

学しゅうした日　　月　　日

名前

とく点

／100点

2050
解説→241ページ

らくらくマルつけ

❶ 野《や》さいの　名前《なまえ》を　あとから　それぞれ　えらび，記《き》ごうで　書《か》きましょう。　1つ10点【60点】

(1)
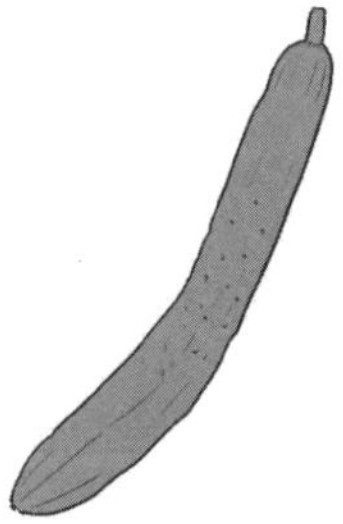
(　　　)

(2)
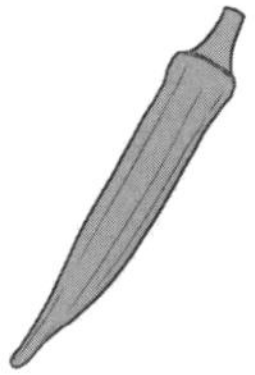
(　　　)

(3)
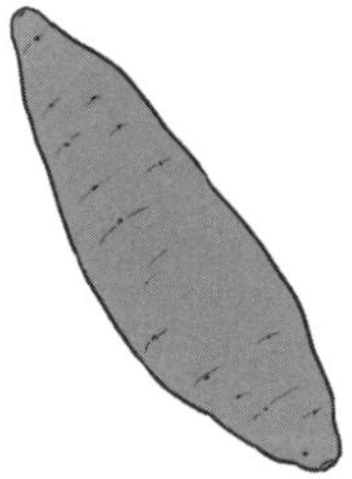
(　　　)

(4)
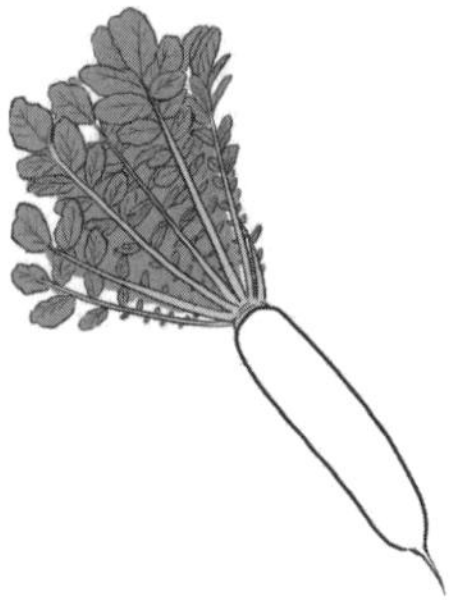
(　　　)

(5)
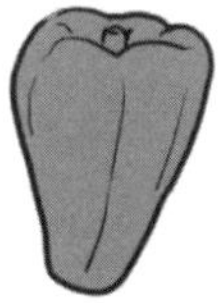
(　　　)

(6)
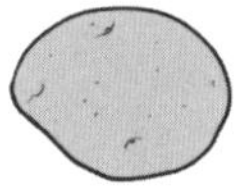
(　　　)

㋐　ダイコン　　㋑　キュウリ
㋒　ジャガイモ　　㋓　サツマイモ
㋔　ピーマン　　㋕　オクラ

❷ つぎの　野さいの　なえが　そだつと，どう　なりますか。線《せん》で　むすびましょう。　1つ10点【40点】

(1)

・　　　・

(2)

・　　　・

(3)

・　　　・

(4)

・　　　・
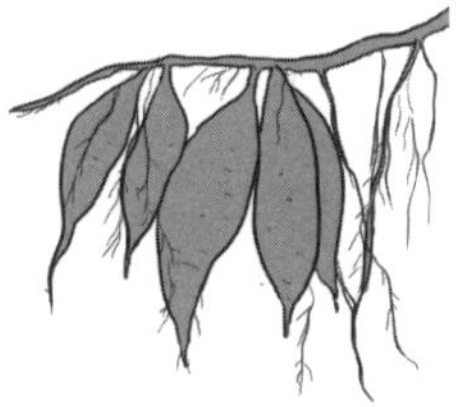

3 野《や》さいを　そだてよう②

目ひょう時間 20分

学しゅうした日　　月　　日

名前

とく点

／100点

2051
解説→241ページ

らくらくマルつけ

1 なえの　うえ方《かた》です。（　　）に　入る　ほうを　あとから　えらび，記《き》ごうで　書《か》きましょう。

1つ10点【30点】

(1) （　　　）　あなを　ほる。

㋐　なえが　入るくらいの　大きさの

㋑　できるだけ　ふかく　大きい

(2) なえは，（　　　）　あなに　うえる。

㋐　そっと　やさしく

㋑　力を　こめて

(3) なえを　うえた　あと，土を　かけ，（　　　）。

㋐　しっかり　かためる

㋑　かるく　おさえる

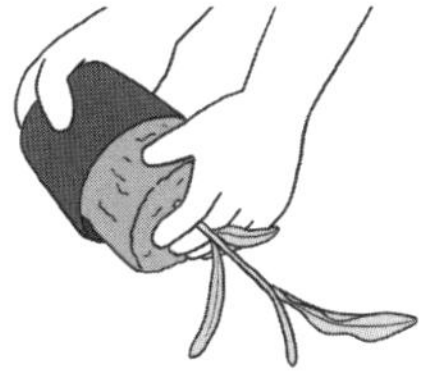

2 野《や》さいの　そだて方として　正しければ　○，まちがって　いれば　×を　書きましょう。

1つ10点【50点】

(1) 土には　何《なに》も　まぜては　いけない。（　　　）

(2) はが　大きく　そだたない　ときは，土に　ひりょうを　やる。（　　　）

(3) いらない　草を　とる　ときは，ねも　いっしょに　とる。（　　　）

(4) はたけで　なければ　そだてる　ことは　できない。（　　　）

(5) どんな　野さいでも，春《はる》に　なえを　うえる。（　　　）

3 つぎのような　とき，どんな　せわを　しますか。あとから　えらび，記ごうで　書きましょう。

1つ10点【20点】

(1) わきめが　出て　きた　とき。（　　　）

㋐　ほうって　おく。

㋑　つんで　おく。

㋒　ぬので　おおう。

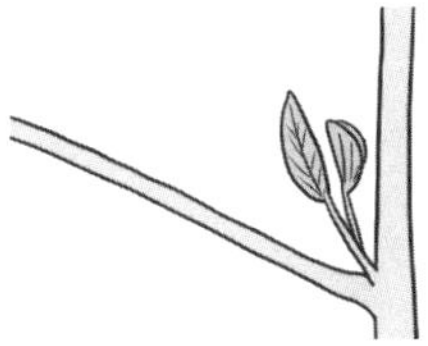

(2) 土が　かわいて　いる　とき。（　　　）

㋐　土を　ほりかえす。

㋑　ひりょうを　足す。

㋒　水を　やる。

生活

らくらくマルつけ

3 野《や》さいを　そだてよう②

目ひょう時間 20分

学しゅうした日　月　日

名前

とく点　／100点

2051
解説→241ページ

❶ なえの　うえ方《かた》です。（　　）に　入る　ほうを　あとから　えらび，記《き》ごうで　書《か》きましょう。

1つ10点【30点】

(1)（　　）あなを　ほる。

㋐ なえが　入るくらいの　大きさの

㋑ できるだけ　ふかく　大きい

(2) なえは，（　　）あなに　うえる。

㋐ そっと　やさしく

㋑ 力を　こめて

(3) なえを　うえた　あと，土を　かけ，（　　）。

㋐ しっかり　かためる

㋑ かるく　おさえる

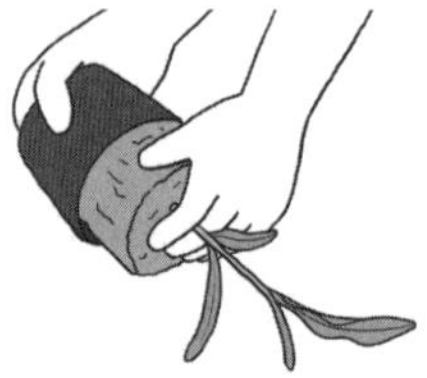

❷ 野《や》さいの　そだて方として　正しければ　○，まちがって　いれば　×を　書きましょう。

1つ10点【50点】

(1) 土には　何《なに》も　まぜては　いけない。（　　）

(2) はが　大きく　そだたない　ときは，土に　ひりょうを　やる。（　　）

(3) いらない　草を　とる　ときは，ねも　いっしょに　とる。（　　）

(4) はたけで　なければ　そだてる　ことは　できない。（　　）

(5) どんな　野さいでも，春《はる》に　なえを　うえる。（　　）

❸ つぎのような　とき，どんな　せわを　しますか。あとから　えらび，記ごうで　書きましょう。

1つ10点【20点】

(1) わきめが　出て　きた　とき。（　　）

㋐ ほうって　おく。

㋑ つんで　おく。

㋒ ぬので　おおう。

(2) 土が　かわいて　いる　とき。（　　）

㋐ 土を　ほりかえす。

㋑ ひりょうを　足す。

㋒ 水を　やる。

4 野《や》さいを　そだてよう③

目ひょう時間 20分

学しゅうした日　月　日

名前

とく点

／100点

らくらくマルつけ
2052
解説→241ページ

1 ミニトマトの　しちゅうの　立て方《かた》として　正しい　ほうを　えらび，○を　つけましょう。【10点】

㋐ たくさんの　くきを　まとめて　しちゅうに　むすぶ。

㋑ くきを　1本ずつ　しちゅうに　かるく　むすぶ。

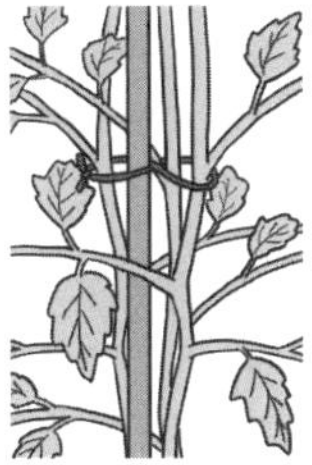
（　　）

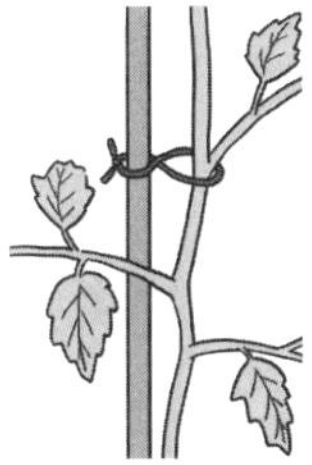
（　　）

2 野《や》さいの　しゅうかくに　ついて　正しければ　○，まちがって　いれば　×を　書《か》きましょう。

1つ10点【40点】

(1) ナスは，花が　さいたら　つんで　おき，みが　つくまで　まつ。（　　）

(2) ミニトマトは，みどり色《いろ》で　かたい　みを　しゅうかくすると，すぐに　食《た》べられる。（　　）

(3) ピーマンは，1つの　花に　いくつかの　みが　つくので，大きい　ものだけを　とる。（　　）

(4) サツマイモは，むりやり　引《ひ》っぱらず，ぜん体《たい》が　見えるように　なるまで　土を　ほる。（　　）

3 キュウリが　そだつ　じゅんに　2〜6の　数字《すうじ》を　書きましょう。

1つ10点【50点】

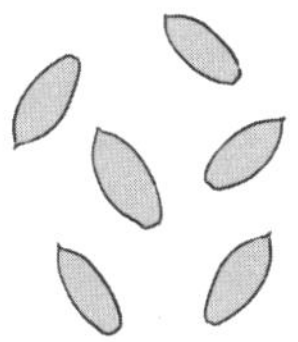
（　1　）

㋐
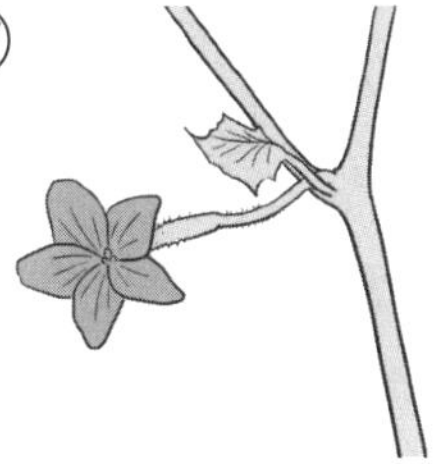
（　　）

㋑
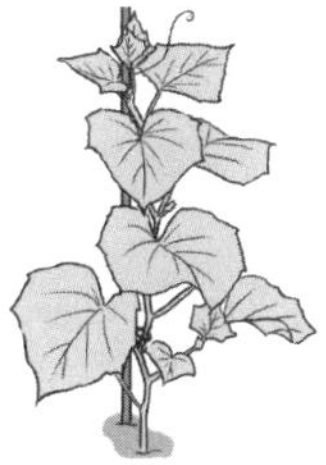
（　　）

㋒
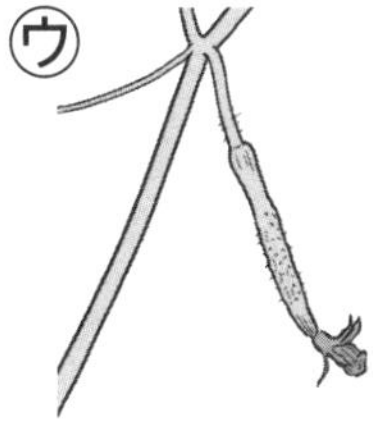
（　　）

㋓

（　　）

㋔
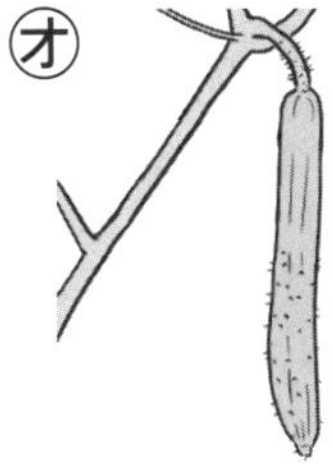
（　　）

4　野《や》さいを　そだてよう③

目ひょう時間 20分

学しゅうした日　　月　　日

名前

とく点　　／100点

2052
解説→241ページ

らくらくマルつけ

❶ ミニトマトの　しちゅうの　立て方《かた》として　正しい　ほうを　えらび，○を　つけましょう。【10点】

㋐ たくさんの　くきを　まとめて　しちゅうに　むすぶ。

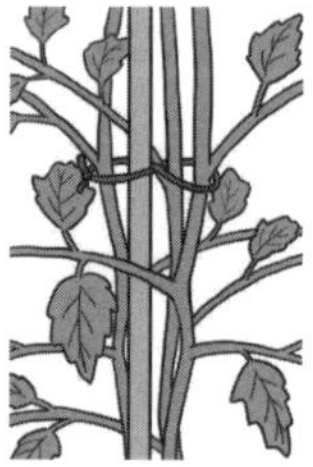

(　　　)

㋑ くきを　1本ずつ　しちゅうに　かるく　むすぶ。

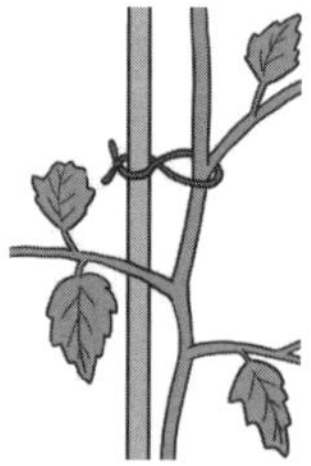

(　　　)

❷ 野《や》さいの　しゅうかくに　ついて　正しければ　○，まちがって　いれば　×を　書《か》きましょう。

1つ10点【40点】

(1) ナスは，花が　さいたら　つんで　おき，みが　つくまで　まつ。　(　　　)

(2) ミニトマトは，みどり色《いろ》で　かたい　みを　しゅうかくすると，すぐに　食《た》べられる。　(　　　)

(3) ピーマンは，1つの　花に　いくつかの　みが　つくので，大きい　ものだけを　とる。　(　　　)

(4) サツマイモは，むりやり　引《ひ》っぱらず，ぜん体《たい》が　見えるように　なるまで　土を　ほる。　(　　　)

❸ キュウリが　そだつ　じゅんに　2〜6の　数字《すうじ》を　書きましょう。

1つ10点【50点】

(　1　)

㋐

(　　　)

㋑

(　　　)

㋒

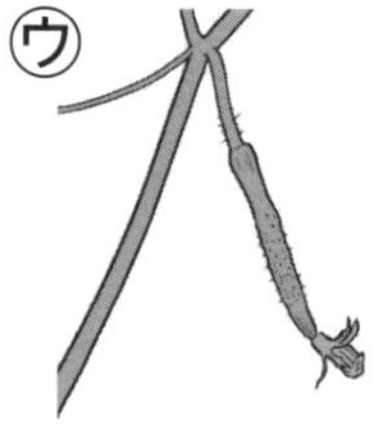

(　　　)

㋓

(　　　)

㋔

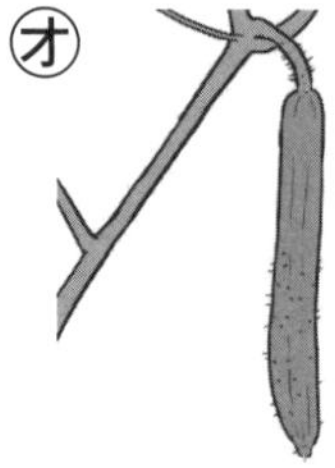

(　　　)

5 町たんけんを　しよう①

目ひょう時間 20分

学しゅうした日　　月　　日

名前

とく点

／100点

らくらくマルつけ

2053
解説→242ページ

生活

1 町たんけんに　もって　いく　ものを　6つ　えらび，〇を　つけましょう。

1つ10点【60点】

㋐

（　　　）

㋑

（　　　）

㋒

（　　　）

㋓
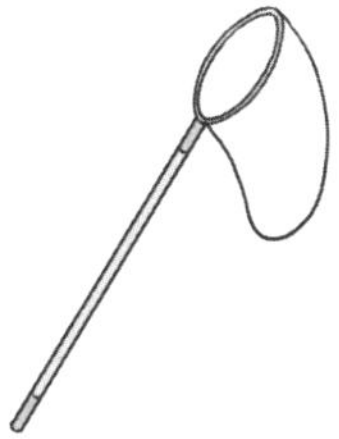
（　　　）

㋔
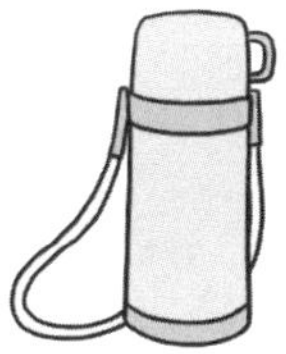
（　　　）

㋕
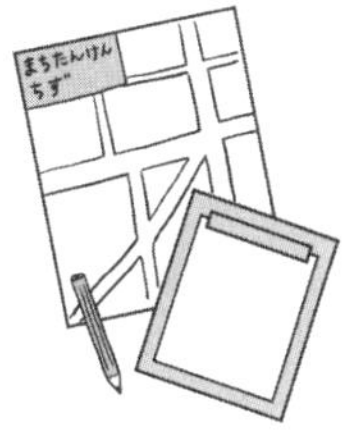
（　　　）

㋖

（　　　）

㋗
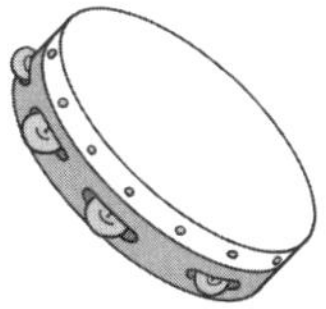
（　　　）

㋘

（　　　）

2 つぎの　人は　どこで　はたらいて　いますか。線《せん》で　むすびましょう。

1つ10点【40点】

(1)

・　　・ しょうぼうしょ

(2)

・　　・ びょういん

(3)

・　　・ 交番《こうばん》

(4)

・　　・ レストラン

5 町たんけんを　しよう①

目ひょう時間 20分

学しゅうした日　　月　　日

名前

とく点　　／100点

2053
解説→242ページ

らくらくマルつけ

❶ 町たんけんに　もって　いく　ものを　6つ えらび，○を　つけましょう。　1つ10点【60点】

㋐  (　　)

㋑  (　　)

㋒  (　　)

㋓ 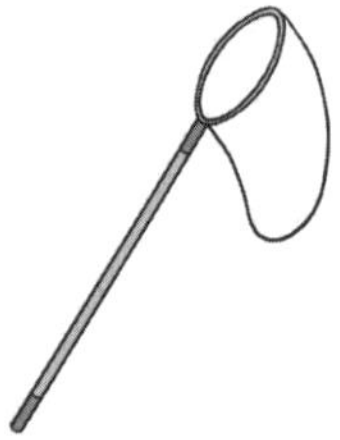 (　　)

㋔ 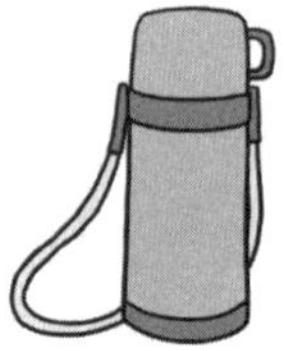 (　　)

㋕ 

(　　)

㋖  (　　)

㋗ 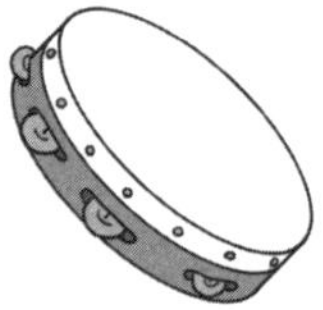 (　　)

㋘  (　　)

❷ つぎの　人は　どこで　はたらいて　いますか。 線《せん》で　むすびましょう。　1つ10点【40点】

(1)  ・　　・ しょうぼうしょ

(2)  ・　　・ びょういん

(3)  ・　　・ 交番《こうばん》

(4)  ・　　・ レストラン

6 町たんけんを　しよう②

目ひょう時間 20分

学しゅうした日　　月　　日

名前

とく点

／100点

らくらくマルつけ

2054
解説→242ページ

1 町たんけんで　しては　いけない　ことを　2つ　えらび，記《き》ごうで　書《か》きましょう。　1つ25点【50点】

(　　　)(　　　)

ア

メモを　とりながら　話《はなし》を　聞《き》く。

イ

お店《みせ》の　ものを　かっ手に　さわる。

ウ

お店で　走《はし》ったり　さわいだり　する。

エ

お店の　人に　あいさつを　する。

2 町たんけんで　つぎのような　とき，どう　すれば　よいですか。正しい　ほうを　あとから　えらび，記ごうで　書きましょう。　1つ25点【50点】

(1) しゃしんを　とりたい　とき。　(　　　)

ア お店の　人に　しゃしんを　とって　よいか，たずねる。

イ だれにも　気づかれないように，こっそり　とる。

(2) 話を　聞きに　いったが，そこに　おきゃくさんが　いる　とき。　(　　　)

ア わりこんで，おきゃくさんより　先に　話を　聞く。

イ じゃまに　ならない　ところで，おきゃくさんが　帰《かえ》るまで　まつ。

6 町たんけんを　しよう②

目ひょう時間 20分

学しゅうした日　　月　　日

名前

とく点　　／100点

らくらくマルつけ

2054
解説→242ページ

❶ 町たんけんで　しては　いけない　ことを　2つ　えらび，記《き》ごうで　書《か》きましょう。 1つ25点【50点】

(　　　)(　　　)

㋐

メモを　とりながら　話《はなし》を　聞《き》く。

㋑

お店《みせ》の　ものを　かっ手に　さわる。

㋒

お店で　走《はし》ったり　さわいだり　する。

㋓

お店の　人に　あいさつを　する。

❷ 町たんけんで　つぎのような　とき，どう　すれば　よいですか。正しい　ほうを　あとから　えらび，記ごうで　書きましょう。 1つ25点【50点】

(1) しゃしんを　とりたい　とき。　(　　　)

㋐ お店の　人に　しゃしんを　とって　よいか，たずねる。

㋑ だれにも　気づかれないように，こっそり　とる。

(2) 話を　聞きに　いったが，そこに　おきゃくさんが　いる　とき。　(　　　)

㋐ わりこんで，おきゃくさんより　先に　話を　聞く。

㋑ じゃまに　ならない　ところで，おきゃくさんが　帰《かえ》るまで　まつ。

7 生きものと　ふれ合《あ》おう①

目ひょう時間 20分

学しゅうした日　月　日	とく点
名前	／100点

らくらくマルつけ
2055
解説→242ページ

生活

1 生きものの　名前《なまえ》を　あとから　えらび，記《き》ごうで　書《か》きましょう。　1つ10点【60点】

(1) 
(　　　)

(2) 
(　　　)

(3) 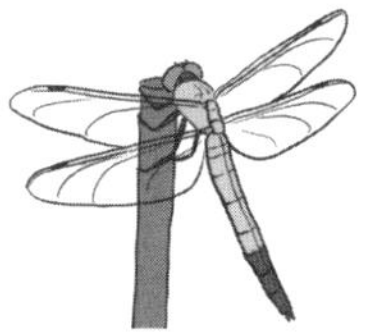
(　　　)

(4) 
(　　　)

(5) 
(　　　)

(6) 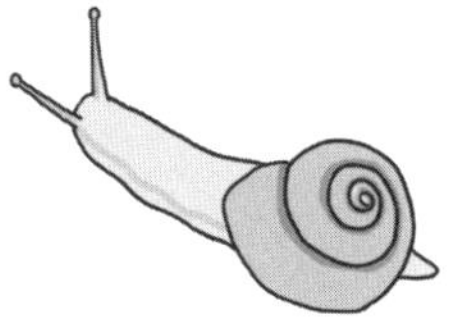
(　　　)

㋐　ミツバチ　　㋑　ナナホシテントウ
㋒　カタツムリ　　㋓　シオカラトンボ
㋔　ダンゴムシ　　㋕　クワガタムシ

2 水の　中を　すみかに　する　生きものを　2つ　えらび，記ごうで　書きましょう。　1つ20点【40点】

(　　　)(　　　)

㋐　ハナアブ

㋑　ミンミンゼミ
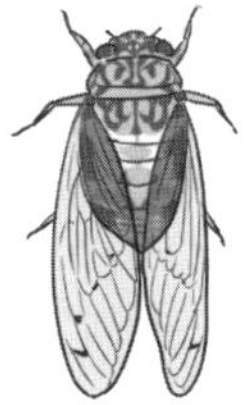

㋒　メダカ

㋓　モンシロチョウ
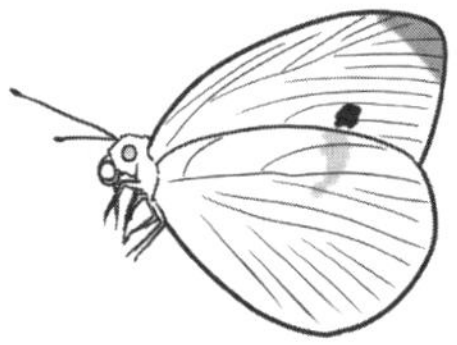

㋔　アリ

㋕　アメリカザリガニ

＼もう１回チャレンジ!!／

7 生きものと　ふれ合《あ》おう①

目ひょう時間 20分

学しゅうした日　　月　　日

名前

とく点

／100点

らくらくマルつけ

2055

解説→242ページ

❶ 生きものの　名前《なまえ》を　あとから　えらび，記《き》ごうで　書《か》きましょう。　1つ10点【60点】

(1)

(　　　)

(2)

(　　　)

(3)

(　　　)

(4)

(　　　)

(5)

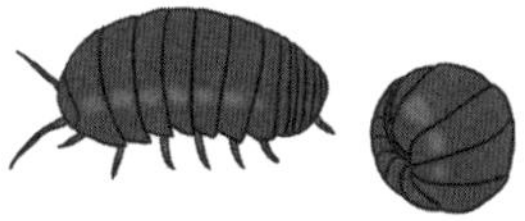

(　　　)

(6)

(　　　)

㋐　ミツバチ　　㋑　ナナホシテントウ

㋒　カタツムリ　　㋓　シオカラトンボ

㋔　ダンゴムシ　　㋕　クワガタムシ

❷ 水の　中を　すみかに　する　生きものを　2つ　えらび，記ごうで　書きましょう。　1つ20点【40点】

(　　　)(　　　)

㋐　ハナアブ

㋑　ミンミンゼミ

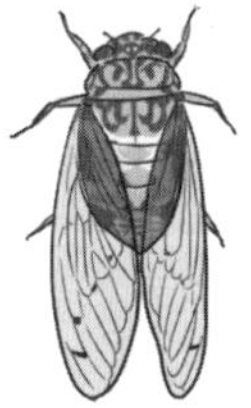

㋒　メダカ

㋓　モンシロチョウ

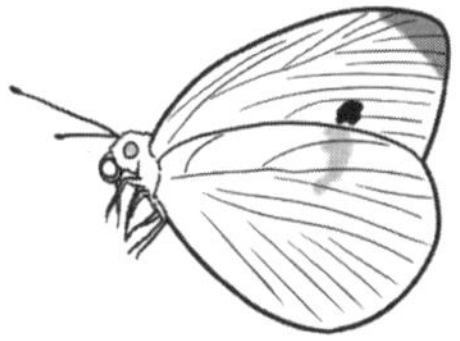

㋔　アリ

㋕　アメリカザリガニ

8 生きものと　ふれ合《あ》おう ②

目ひょう時間 20分

学しゅうした日　　月　　日

名前

とく点

／100点

2056
解説→242ページ

らくらくマルつけ

1 つぎの　生きものが　せい長《ちょう》した　すがたは　どれですか。線《せん》で　むすびましょう。

1つ15点【45点】

(1) 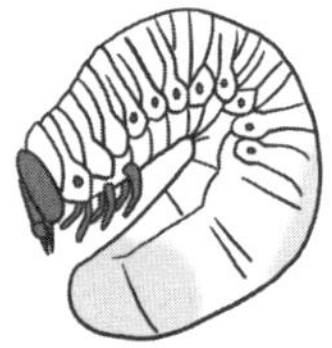 ・　　　・ 

シオカラトンボ

(2)  ・　　　・ 

カブトムシ

(3) 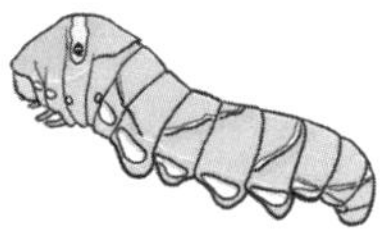 ・　　　・ 

アゲハ

2 生きものを　さがしに　いく　とき，もって　いくと　よい　ものを　3つ　えらび，記《き》ごうで　書《か》きましょう。

1つ15点【45点】

(　　　)(　　　)(　　　)

ア 

イ 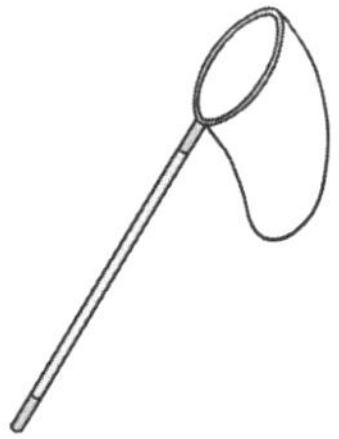

ウ 

エ 

オ 

カ 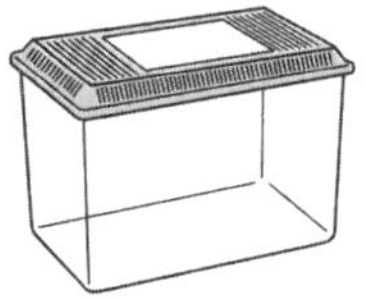

3 カブトムシの　えさに　すると　よい　ほうを　えらび，記ごうで　書きましょう。

【10点】

(　　　)

ア　バナナ

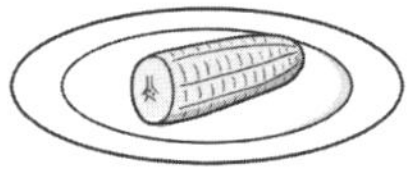

イ　しお

\ もう1回チャレンジ!! /

らくらくマルつけ

8 生きものと　ふれ合《あ》おう②

目ひょう時間 20分

✎学しゅうした日　　月　　日

名前

とく点

／100点

2056
解説→242ページ

❶ つぎの　生きものが　せい長《ちょう》した　すがたは　どれですか。線《せん》で　むすびましょう。

1つ15点【45点】

(1)

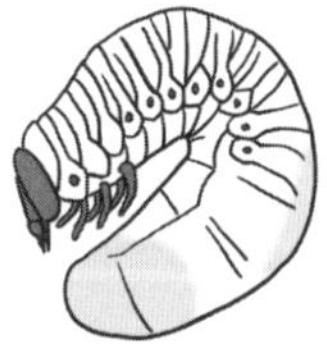

・　　　　・

シオカラトンボ

(2)

・　　　　・

カブトムシ

(3)

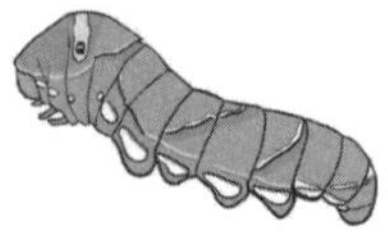

・　　　　・

アゲハ

❷ 生きものを　さがしに　いく　とき，もって　いくと　よい　ものを　3つ　えらび，記《き》ごうで　書《か》きましょう。

1つ15点【45点】

(　　　　)(　　　　)(　　　　)

㋐

㋑

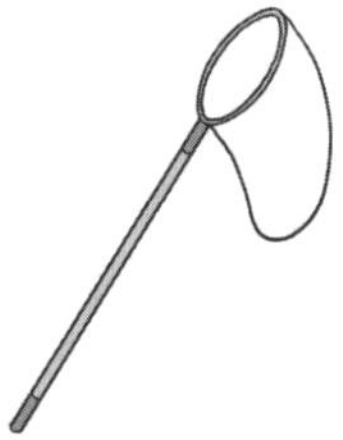

㋒

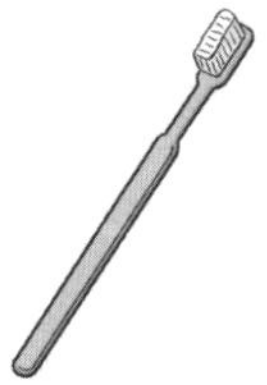

㋓

㋔

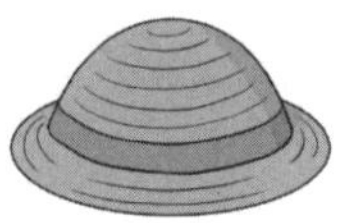

㋕

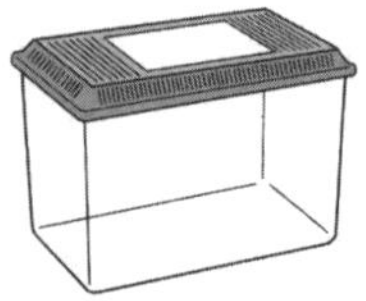

❸ カブトムシの　えさに　すると　よい　ほうを　えらび，記ごうで　書きましょう。

【10点】

(　　　　)

㋐　バナナ

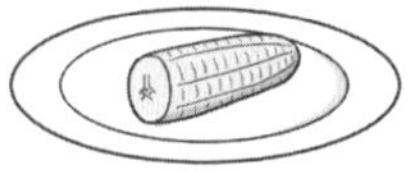

㋑　しお

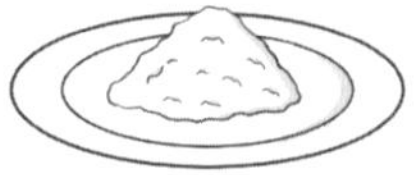

9 生きものと　ふれ合《あ》おう③

目ひょう時間 20分

学しゅうした日　月　日

名前

とく点　／100点

らくらくマルつけ

2057

解説→242ページ

1 つぎの　生きものの　かい方《かた》として　正しい　ほうを　あとから　えらび，記《き》ごうで　書《か》きましょう。

1つ20点【60点】

(1) アゲハ（よう虫）　(　　　)

㋐

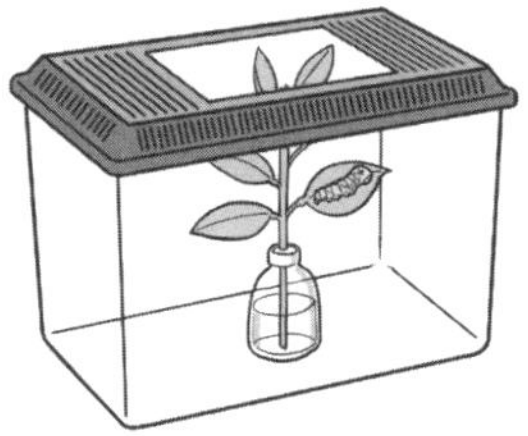

ミカンの　はを，水が　入った　びんに　さして　おく。

㋑

えさと　なる　にぼしを　さらの　上に　おいて　おく。

(2) カエル（おたまじゃくし）　(　　　)

㋐

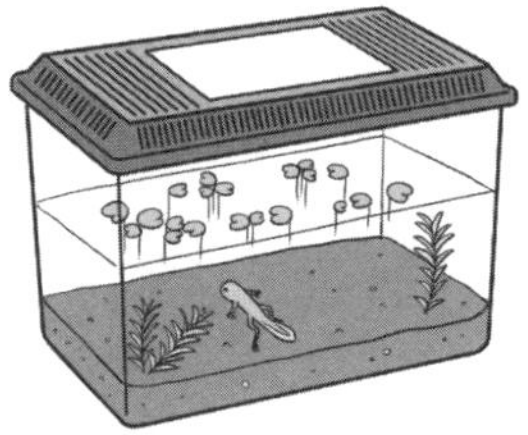

あしが　生えて　きたら，たくさんの　水を　入れて　おく。

㋑

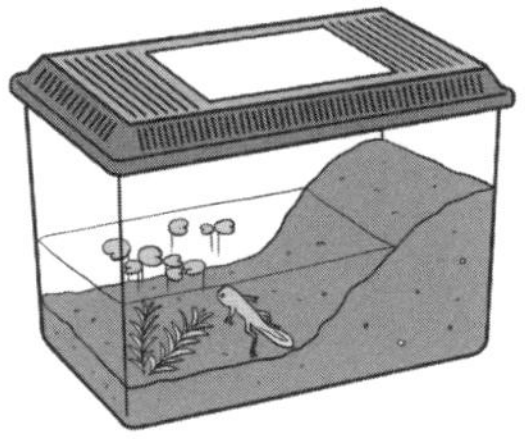

あしが　生えて　きたら，りく地《ち》を　つくる。

(3) ダンゴムシ　(　　　)

㋐

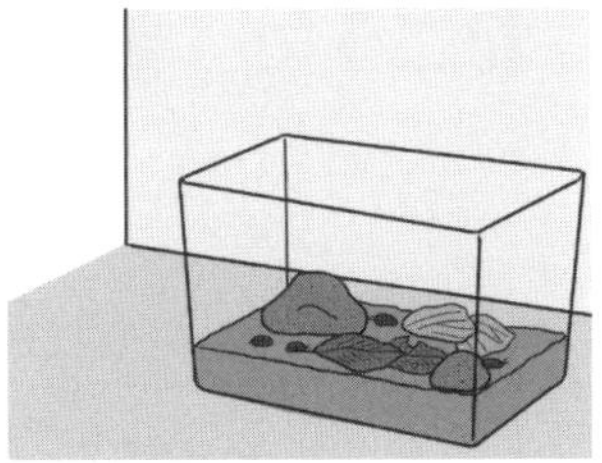

日かげに　おき，土を　しめらせて　おく。

㋑

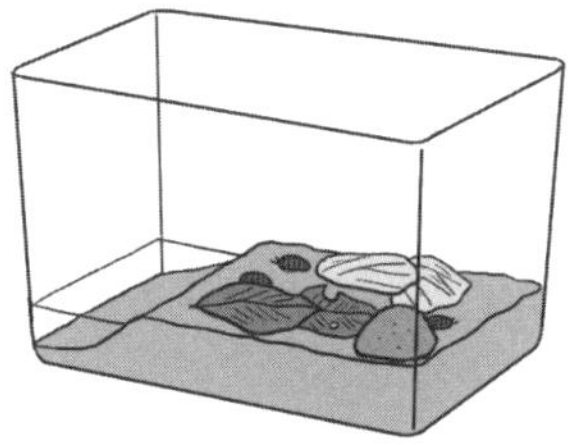

およげるように　大きな　水たまりを　つくる。

2 クワガタムシの　かい方として　正しい　ほうを　えらび，記ごうで　書きましょう。【10点】(　　　)

㋐ 1つの　ケースに　1とうだけ　入れる。

㋑ 1つの　ケースに　2～3とう　入れる。

3 アメリカザリガニの　かい方として　正しければ　○，まちがって　いれば　×を　書きましょう。

1つ15点【30点】

(1) ふやさないように，おすと　めすを　分《わ》けて　かう。　(　　　)

(2) かえなく　なった　ときは，にがす。　(　　　)

＼もう1回チャレンジ!!／

9 生きものと　ふれ合《あ》おう③

目ひょう時間 20分

学しゅうした日　月　日

名前

とく点　／100点

らくらくマルつけ

2057

解説→242ページ

❶ つぎの　生きものの　かい方《かた》として　正しい　ほうを　あとから　えらび，記《き》ごうで　書《か》きましょう。

1つ20点【60点】

(1) アゲハ（よう虫）　（　　　）

㋐

ミカンの　はを，水が　入った　びんに　さして　おく。

㋑

えさと　なる　にぼしを　さらの　上に　おいて　おく。

(2) カエル（おたまじゃくし）　（　　　）

㋐

あしが　生えて　きたら，たくさんの　水を　入れて　おく。

㋑

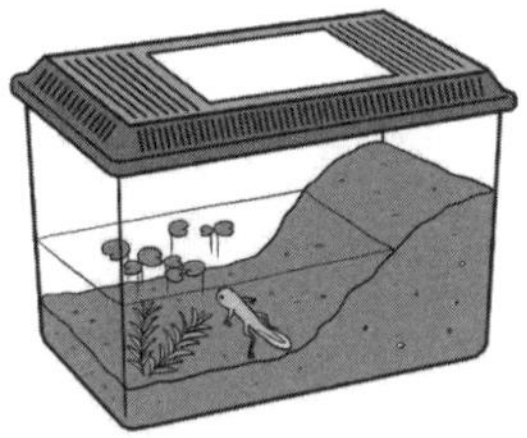

あしが　生えて　きたら，りく地《ち》を　つくる。

(3) ダンゴムシ　（　　　）

㋐

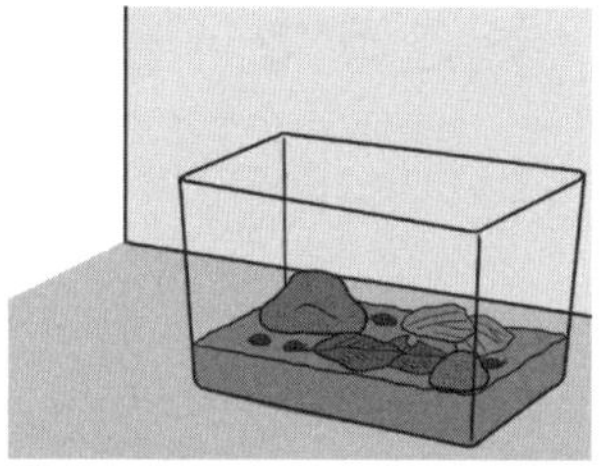

日かげに　おき，土を　しめらせて　おく。

㋑

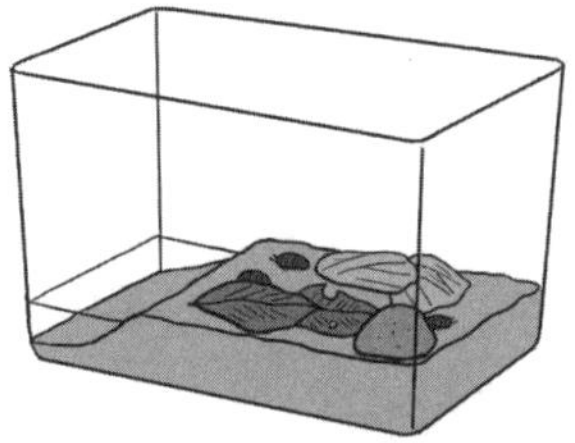

およげるように　大きな　水たまりを　つくる。

❷ クワガタムシの　かい方として　正しい　ほうを　えらび，記ごうで　書きましょう。【10点】（　　　）

㋐ 1つの　ケースに　1とうだけ　入れる。

㋑ 1つの　ケースに　2～3とう　入れる。

❸ アメリカザリガニの　かい方として　正しければ　○，まちがって　いれば　×を　書きましょう。

1つ15点【30点】

(1) ふやさないように，おすと　めすを　分《わ》けて　かう。　（　　　）

(2) かえなく　なった　ときは，にがす。　（　　　）

10 おもちゃを　つくろう①

目ひょう時間 20分

学しゅうした日　月　日
名前
とく点
／100点

2058
解説→243ページ

❶ 絵《え》の　おもちゃに　合《あ》う　せつ明《めい》を　あとから　えらび，記《き》ごうで　書《か》きましょう。

1つ10点【40点】

(1)

（　　　）

(2)

（　　　）

(3)

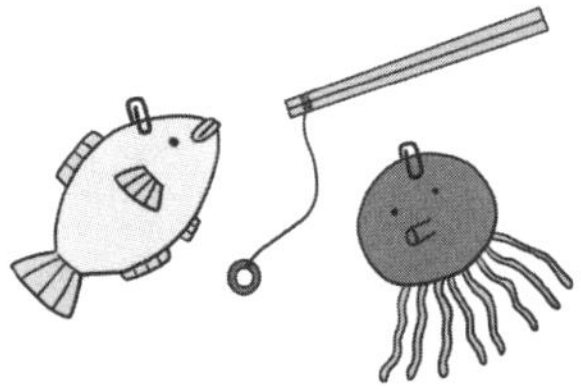

（　　　）

(4)

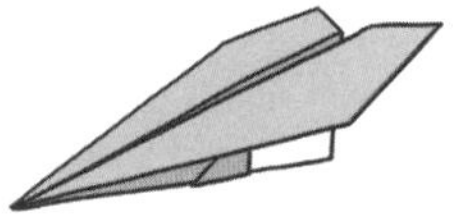

（　　　）

㋐ 中に　空気を　入れ，なげて　とばす。
㋑ おった　紙《かみ》を　なげて　とばす。
㋒ ねじった　ゴムが　もとに　もどる　ときに　すすむ。
㋓ クリップに　じ石を　くっつけて　もち上げる。

❷ よく　うごく　ほうの　おもちゃを　あとから　えらび，記ごうで　書きましょう。

1つ20点【60点】

(1) 上の　コップを　とばす　おもちゃ。（　　　）

㋐

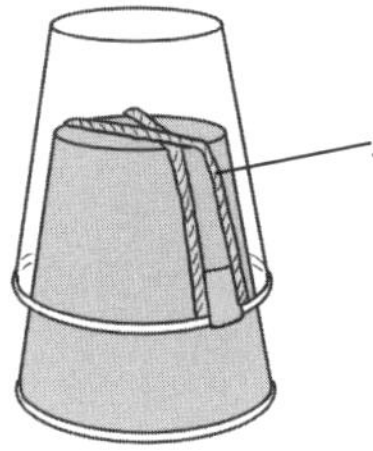

㋑

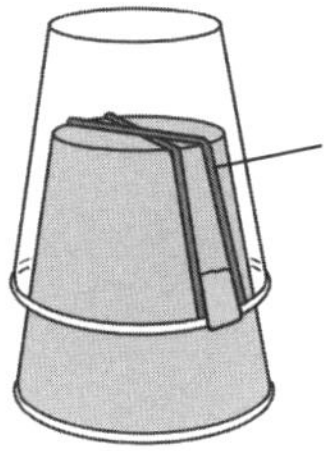

(2) トレイに　風《かぜ》を　うけて　走《はし》る　おもちゃ。

（　　　）

㋐

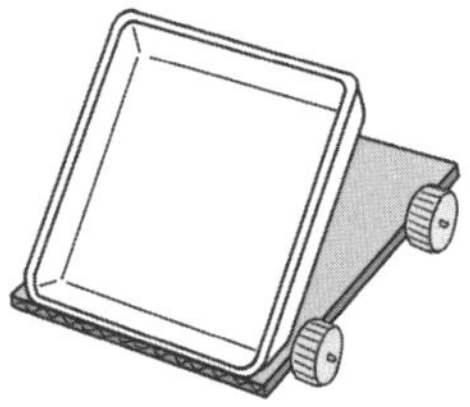

㋑

(3) おもりの　力で　うごく　おもちゃ。（　　　）

㋐

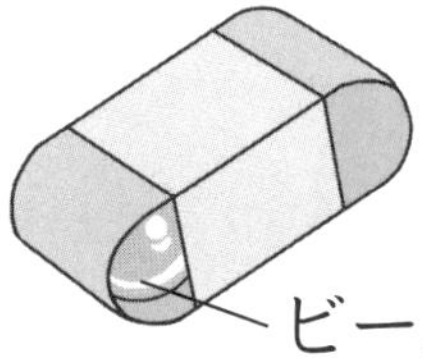

㋑

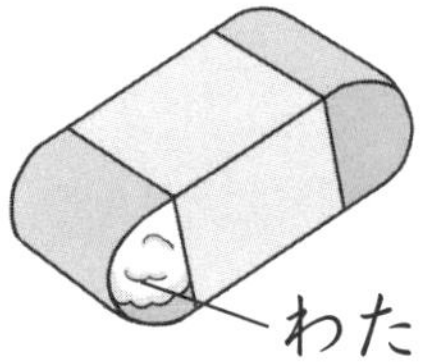

＼もう1回チャレンジ!!／

10 おもちゃを　つくろう①

目ひょう時間 20分

学しゅうした日　月　日

名前

とく点　／100点

らくらくマルつけ

2058

解説→243ページ

❶ 絵《え》の　おもちゃに　合《あ》う　せつ明《めい》を　あとから　えらび，記《き》ごうで　書《か》きましょう。　1つ10点【40点】

(1)

(　　　)

(2)

(　　　)

(3)

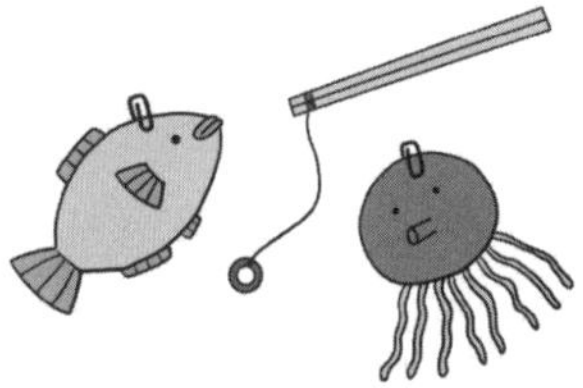

(　　　)

(4)

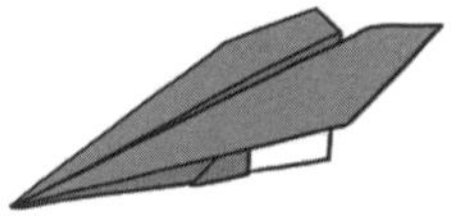

(　　　)

㋐　中に　空気を　入れ，なげて　とばす。

㋑　おった　紙《かみ》を　なげて　とばす。

㋒　ねじった　ゴムが　もとに　もどる　ときに　すすむ。

㋓　クリップに　じ石を　くっつけて　もち上げる。

❷ よく　うごく　ほうの　おもちゃを　あとから　えらび，記ごうで　書きましょう。　1つ20点【60点】

(1)　上の　コップを　とばす　おもちゃ。　(　　　)

㋐

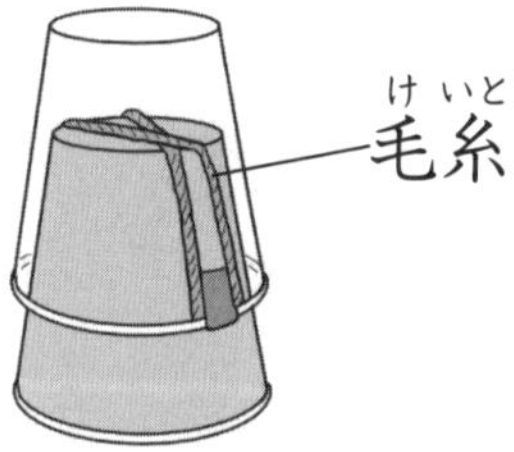

㋑

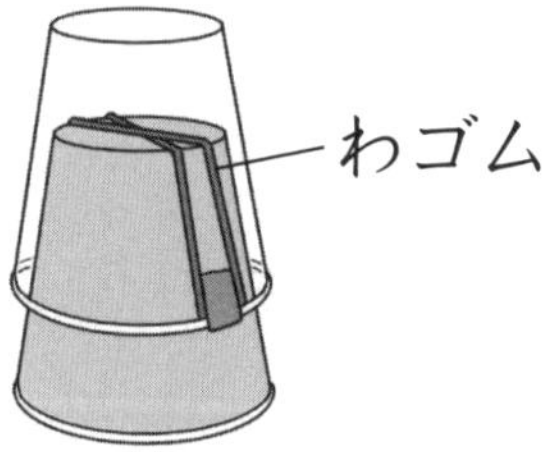

(2)　トレイに　風《かぜ》を　うけて　走《はし》る　おもちゃ。

(　　　)

㋐

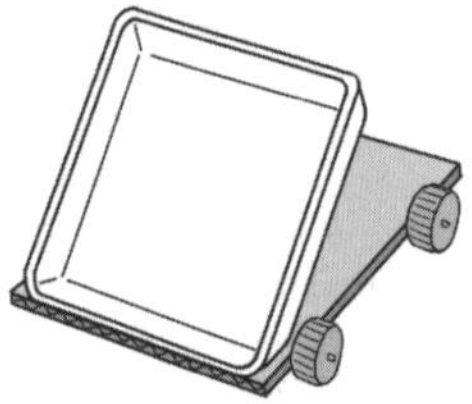

㋑

(3)　おもりの　力で　うごく　おもちゃ。　(　　　)

㋐

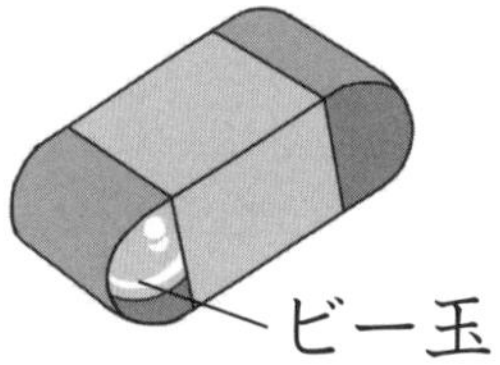

㋑

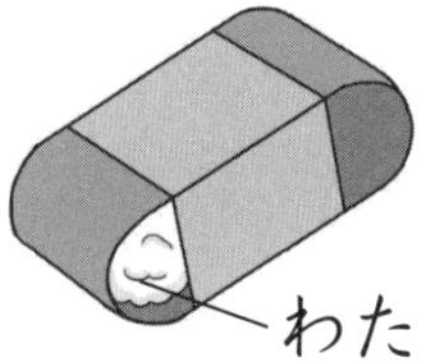

11 おもちゃを　つくろう②

目ひょう時間 20分

学しゅうした日　　月　　日

名前

とく点

／100点

2059
解説→243ページ

らくらくマルつけ

❶ 絵《え》の　おもちゃを　つくる　ための　ざいりょうは　どれですか。線《せん》で　むすびましょう。 1つ15点【60点】

(1) ゴムでっぽう

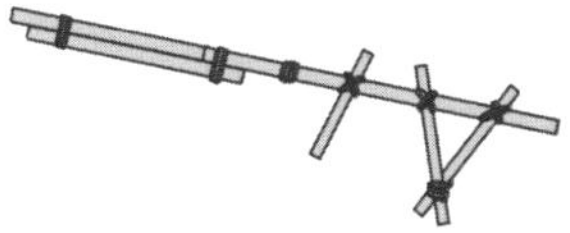

・紙《かみ》コップ
・たこ糸
・丸《まる》めた　紙
・テープ

(2) 糸でん話《わ》

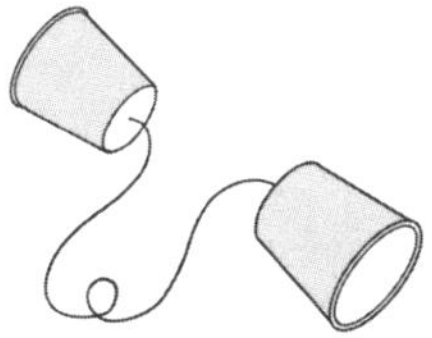

・だんボール
・つまようじ
・テープ

(3) けん玉

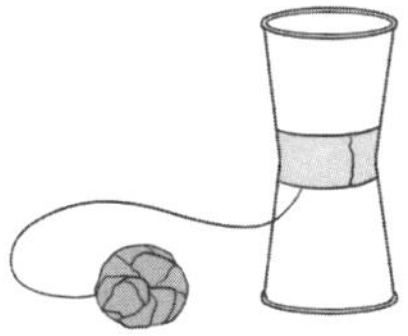

・紙コップ
・たこ糸

(4) こま

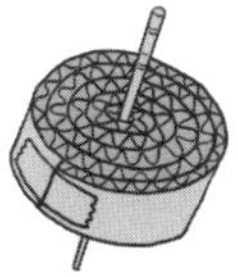

・わゴム
・わりばし

❷ つぎの　ときに　つかう　道《どう》ぐを　あとから　えらび，記《き》ごうで　書《か》きましょう。記ごうは　1回《かい》ずつ　つかいます。 1つ10点【40点】

(1) 

何《なん》まいかの　紙を　かさねて　とじる　とき。

（　　　）

(2) 

だんボールの　ふたを　とじる　とき。

（　　　）

(3) 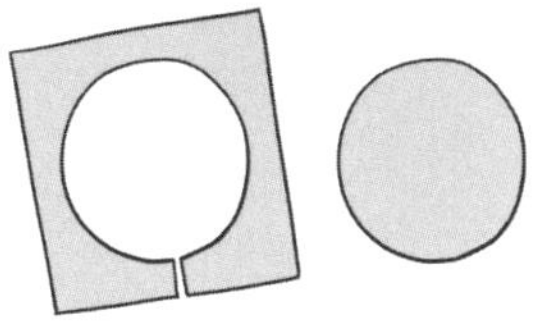

おり紙を　まるく　切《き》る　とき。

（　　　）

(4) 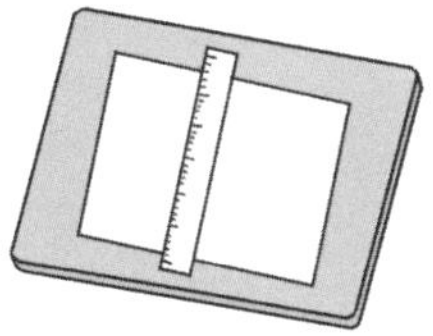

画用紙《がようし》に　じょうぎを　あてて，まっすぐ　切る　とき。

（　　　）

㋐ はさみ
㋑ ねんちゃくテープ
㋒ カッターナイフ
㋓ ステープラ（ホチキス）

\ もう1回チャレンジ!! /

11 おもちゃを　つくろう②

目ひょう時間 20分

学しゅうした日　　月　　日

名前

とく点

／100点

2059
解説→243ページ

らくらくマルつけ

❶ 絵《え》の　おもちゃを　つくる　ための　ざいりょうは　どれですか。線《せん》で　むすびましょう。 1つ15点【60点】

(1)　ゴムでっぽう

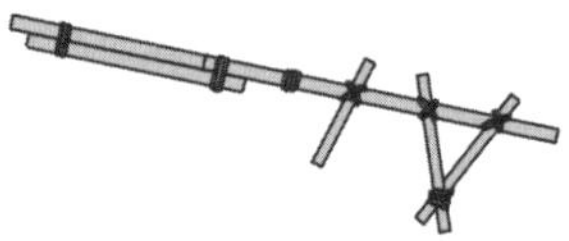

・紙《かみ》コップ
・たこ糸
・丸《まる》めた　紙
・テープ

(2)　糸でん話《わ》

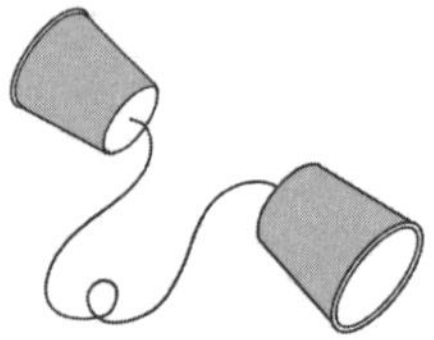

・だんボール
・つまようじ
・テープ

(3)　けん玉

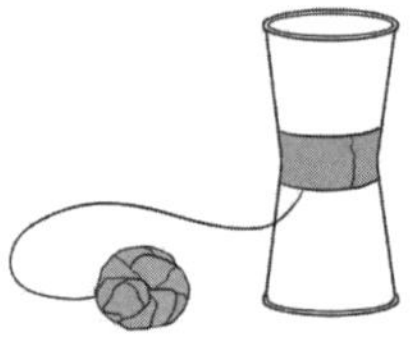

・紙コップ
・たこ糸

(4)　こま

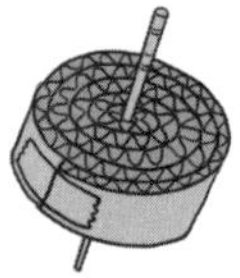

・わゴム
・わりばし

❷ つぎの　ときに　つかう　道《どう》ぐを　あとから　えらび，記《き》ごうで　書《か》きましょう。記ごうは　1回《かい》ずつ　つかいます。 1つ10点【40点】

(1)

何《なん》まいかの　紙を　かさねて　とじる　とき。
(　　　)

(2)

だんボールの　ふたを　とじる　とき。
(　　　)

(3)

おり紙を　まるく　切《き》る　とき。
(　　　)

(4)

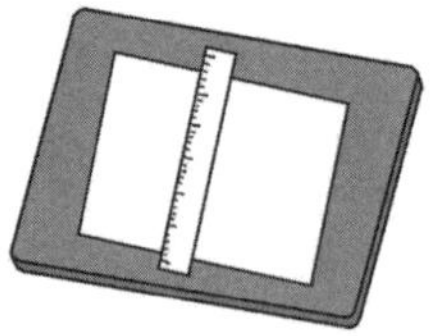

画用紙《がようし》に　じょうぎを　あてて，まっすぐ　切る　とき。
(　　　)

㋐　はさみ
㋑　ねんちゃくテープ
㋒　カッターナイフ
㋓　ステープラ（ホチキス）

12 おもちゃを　つくろう③

目ひょう時間 20分

学しゅうした日　月　日
名前
とく点　／100点

2060
解説→243ページ
らくらくマルつけ

生活

1 カッターナイフを　つかう　ときの　やくそくと　して　正しければ　○，まちがって　いれば　×を　書《か》きましょう。　1つ15点【60点】

(1)

よく　切《き》れるように，はを　長《なが》く　出す。　(　　　)

(2)

人に　わたす　ときは，はを　出した　まま　わたす。　(　　　)

(3)

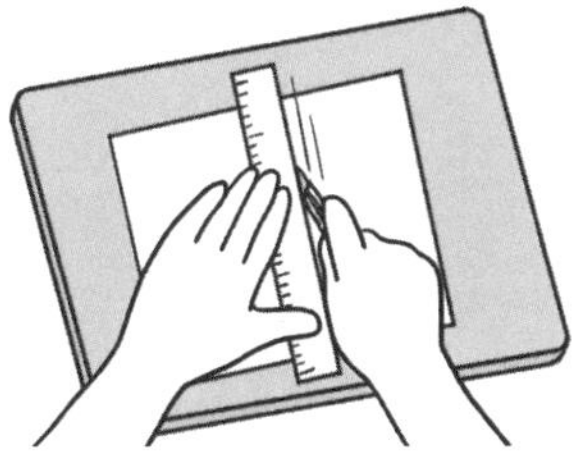

はの　すすむ　先に　手を　おかないように　する。　(　　　)

(4)

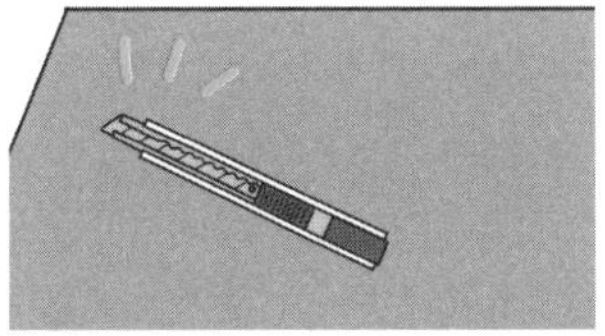

つかいおわったら，はを　出した　まま　おいて　おく。　(　　　)

2 のりの　つかい方《かた》として　正しい　ほうを　えらび，記《き》ごうで　書きましょう。　【10点】(　　　)

㋐

㋑

3 道《どう》ぐの　つかい方に　ついて　せつ明《めい》した　文の，(　　)に　入る　ことばを　あとから　えらび，記ごうで　書きましょう。　1つ10点【30点】

(1) 道ぐを　つかう　ときは，(　　　)。
㋐　あんぜんに　気を　つける
㋑　らんぼうに　あつかっても　よい

(2) 道ぐが　よごれて　いたら，(　　　)。
㋐　しばらく　水に　つけて　おく
㋑　きれいに　ふきとる

(3) つかいおわった　道ぐは，(　　　)。
㋐　もとの　ところに　もどす
㋑　つくえの　上に　おいて　おく

12 おもちゃを　つくろう③

目ひょう時間 20分

学しゅうした日　　月　　日

名前

とく点

／100点

2060

解説→243ページ

らくらくマルつけ

❶ カッターナイフを　つかう　ときの　やくそくとして　正しければ　○，まちがって　いれば　×を　書《か》きましょう。　1つ15点【60点】

(1)

よく　切《き》れるように，はを　長《なが》く　出す。
（　　　）

(2)

人に　わたす　ときは，はを　出した　まま　わたす。　（　　　）

(3)

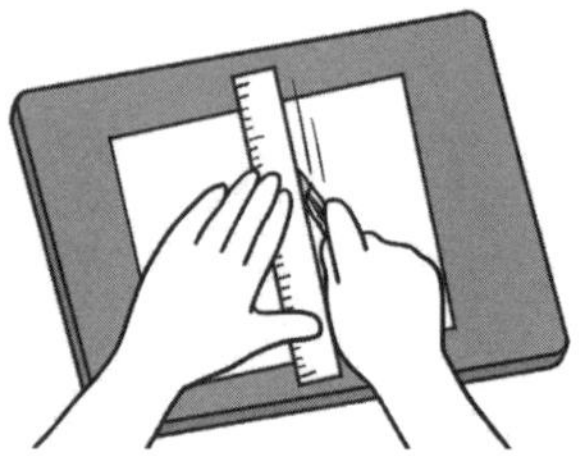

はの　すすむ　先に　手を　おかないように　する。　（　　　）

(4)

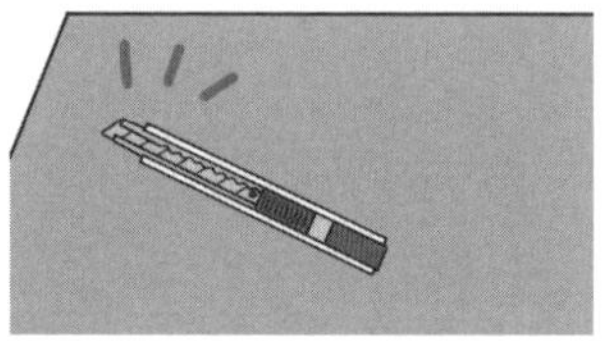

つかいおわったら，はを　出した　まま　おいて　おく。　（　　　）

❷ のりの　つかい方《かた》として　正しい　ほうを　えらび，記《き》ごうで　書きましょう。　【10点】（　　　）

㋐

㋑

❸ 道《どう》ぐの　つかい方に　ついて　せつ明《めい》した　文の，（　　）に　入る　ことばを　あとから　えらび，記ごうで　書きましょう。　1つ10点【30点】

(1) 道ぐを　つかう　ときは，（　　　）。
㋐　あんぜんに　気を　つける
㋑　らんぼうに　あつかっても　よい

(2) 道ぐが　よごれて　いたら，（　　　）。
㋐　しばらく　水に　つけて　おく
㋑　きれいに　ふきとる

(3) つかいおわった　道ぐは，（　　　）。
㋐　もとの　ところに　もどす
㋑　つくえの　上に　おいて　おく

13 町の　しせつや　くふう①

目ひょう時間 20分

学しゅうした日　月　日

名前

とく点　／100点

2061
解説→244ページ

1 図書《としょ》かんに　ついての　せつ明《めい》として　正しい　ものを　4つ　えらび，記《き》ごうで　書《か》きましょう。

1つ15点【60点】

（　　　）（　　　）（　　　）（　　　）

㋐ 図書かんの　中で　本を　読《よ》めるように，いすや　つくえが　ある。

㋑ かりたい　本が　かし出し中か　どうか，自《じ》分《ぶん》で　かくにんする　ことは　できない。

㋒ 子どもは　本を　かりる　ことが　できない。

㋓ 一どに　かりられる　本の　数《かず》は　きまって　いる。

㋔ どの　本だなに　どんな　本が　おいて　あるか，とくに　きめられて　いない。

㋕ しらべたい　ことを　つたえたら，し書《しょ》の　人が　本を　えらんで　くれる。

㋖ いつまでに　本を　かえさなければ　ならないか，きまって　いる。

2 図書かんで　しては　いけない　ことを　して　いる　人を　絵《え》の　中から　4人　見つけ，○で　かこみましょう。

1つ10点【40点】

13 町の　しせつや　くふう①

目ひょう時間 20分

学しゅうした日　　月　　日

名前

とく点

/100点

らくらくマルつけ

2061

解説→244ページ

❶ 図書《としょ》かんに　ついての　せつ明《めい》として　正しい　ものを　4つ　えらび，記《き》ごうで　書《か》きましょう。

1つ15点【60点】

(　　　)(　　　)(　　　)(　　　)

㋐ 図書かんの　中で　本を　読《よ》めるように，いすや　つくえが　ある。

㋑ かりたい　本が　かし出し中か　どうか，自《じ》分《ぶん》で　かくにんする　ことは　できない。

㋒ 子どもは　本を　かりる　ことが　できない。

㋓ 一どに　かりられる　本の　数《かず》は　きまって　いる。

㋔ どの　本だなに　どんな　本が　おいて　あるか，とくに　きめられて　いない。

㋕ しらべたい　ことを　つたえたら，し書《しょ》の　人が　本を　えらんで　くれる。

㋖ いつまでに　本を　かえさなければ　ならないか，きまって　いる。

❷ 図書かんで　しては　いけない　ことを　して　いる　人を　絵《え》の　中から　4人　見つけ，○で　かこみましょう。

1つ10点【40点】

14 町の　しせつや　くふう②

目ひょう時間 20分

学しゅうした日　　月　　日

名前

とく点　　／100点

2062
解説→244ページ

1 絵《え》の　しせつの　せつ明《めい》は　どれですか。線《せん》で　むすびましょう。

1つ15点【60点】

(1) じどうかん

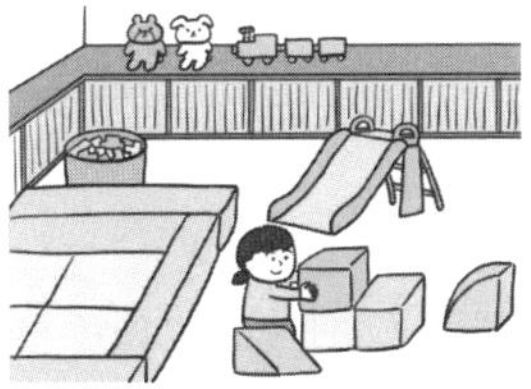

(2) はくぶつかん

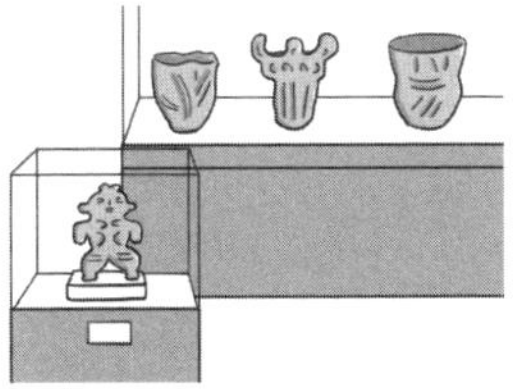

(3) えき

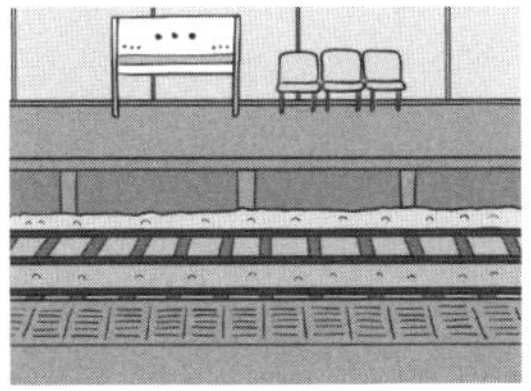

(4) 公《こう》みんかん

・地《ち》いきの　人びとが　あつまって　活《かつ》どうする　しせつ。

・しりょうを　あつめて　かん理《り》し，みんなに　見て　もらう　ための　しせつ。

・電車《でんしゃ》が　止《と》まり，人が　のりおり　できる　しせつ。

・地いきの　子どもが　自《じ》ゆうに　つかえる　しせつ。

2 町の　くふうに　ついての　せつ明に　合《あ》う　絵を　あとから　えらび，記《き》ごうで　書《か》きましょう。

1つ10点【40点】

(1) 目の　ふ自ゆうな　人の　ための　道《みち》しるべ。　（　　　）

(2) 体《からだ》が　ふ自ゆうな　人などが　り用《よう》できる　トイレ。　（　　　）

(3) 車いすの　人や　お年よりでも　のりおりしやすい　バス。　（　　　）

(4) 外国《がいこく》の　人にも　読《よ》めるように　書かれた　かんばん。　（　　　）

㋐

㋑

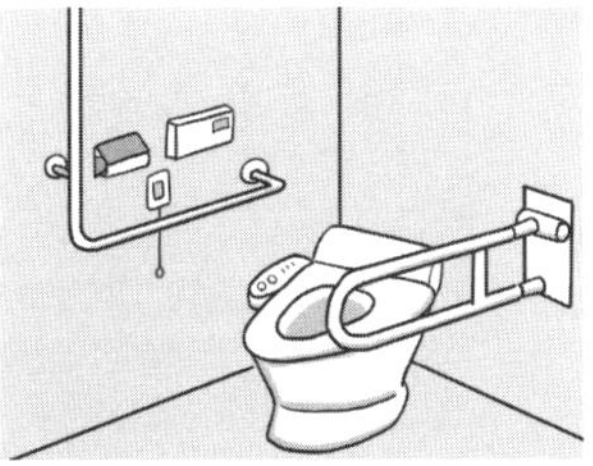

㋒

㋓

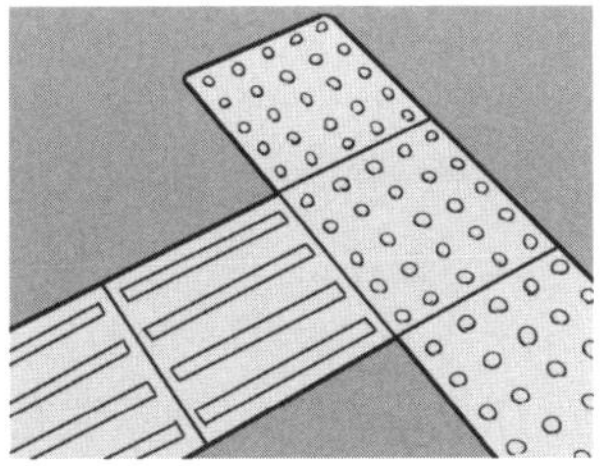

14 町の　しせつや　くふう②

目ひょう時間 20分

学しゅうした日　月　日

名前

とく点　／100点

2062 解説→244ページ

らくらくマルつけ

❶ 絵《え》の　しせつの　せつ明《めい》は　どれですか。線《せん》で　むすびましょう。

1つ15点【60点】

(1) じどうかん

・　・ 地《ち》いきの　人びとが　あつまって　活《かつ》どうする　しせつ。

(2) はくぶつかん

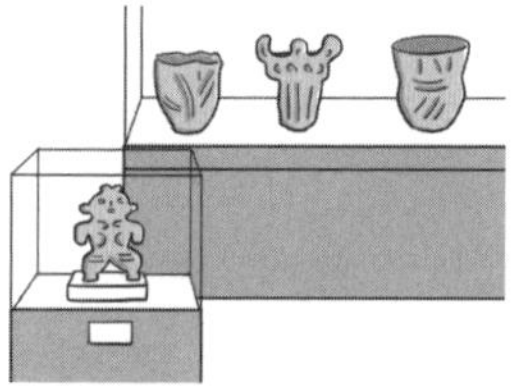

・　・ しりょうを　あつめて　かん理《り》し，みんなに　見て　もらう　ための　しせつ。

(3) えき

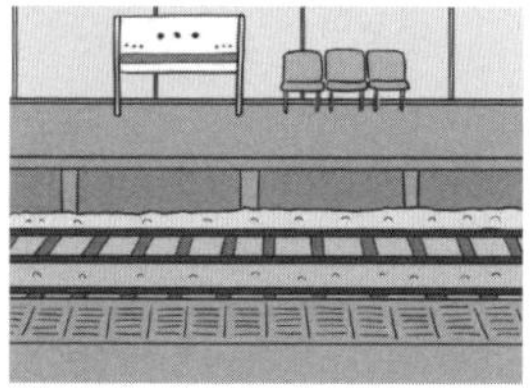

・　・ 電車《でんしゃ》が　止《と》まり，人が　のりおり　できる　しせつ。

(4) 公《こう》みんかん

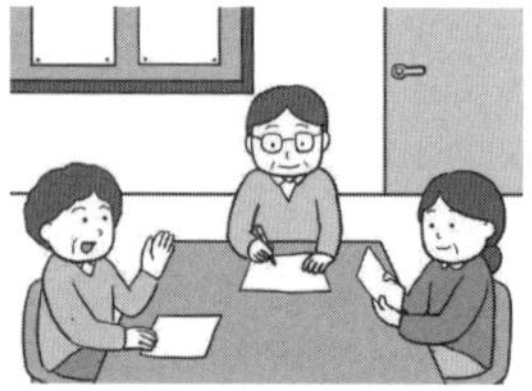

・　・ 地いきの　子どもが　自《じ》ゆうに　つかえる　しせつ。

❷ 町の　くふうに　ついての　せつ明に　合《あ》う　絵を　あとから　えらび，記《き》ごうで　書《か》きましょう。

1つ10点【40点】

(1) 目の　ふ自ゆうな　人の　ための　道《みち》しるべ。　(　　)

(2) 体《からだ》が　ふ自ゆうな　人などが　り用《よう》できる　トイレ。　(　　)

(3) 車いすの　人や　お年よりでも　のりおりしやすい　バス。　(　　)

(4) 外国《がいこく》の　人にも　読《よ》めるように　書かれた　かんばん。　(　　)

㋐

㋑

㋒

㋓

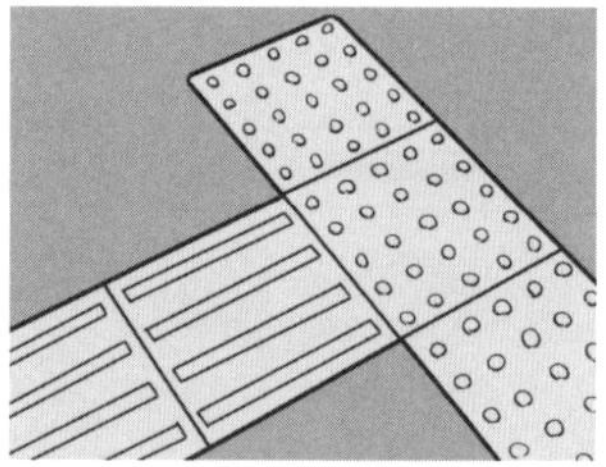

15 秋《あき》を　見つけよう

目ひょう時間 20分

学しゅうした日　　月　　日	とく点	2063
名前	／100点	解説→244ページ

1 秋《あき》の　行《ぎょう》じや　風《ふう》けいを　4つ　えらび，記《き》ごうで　書《か》きましょう。　1つ15点【60点】

(　　　)(　　　)(　　　)(　　　)

㋐

㋑

㋒

㋓

㋔

㋕

㋖

㋗

㋘

2 田うえから　いねかりまでの　じゅんに　記ごうで　書きましょう。　【ぜんぶできて25点】

(　　→　　→　　→　　)

㋐

㋑

㋒

㋓

3 秋に　鳴《な》く　虫を　えらび，記ごうで　書きましょう。　【15点】(　　　)

㋐　オンブバッタ
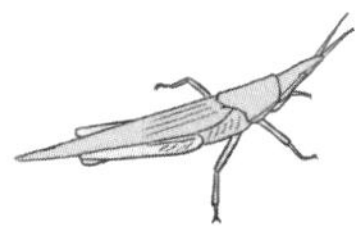

㋑　スズムシ
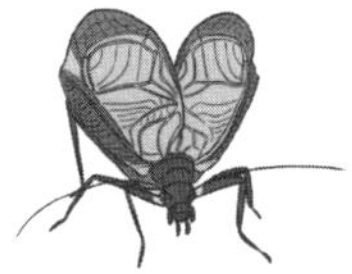

㋒　シオカラトンボ

㋓　クワガタムシ

15 秋《あき》を　見つけよう

目ひょう時間 20分

学しゅうした日　　月　　日

名前

とく点　　／100点

らくらくマルつけ

2063
解説→244ページ

❶ 秋《あき》の　行《ぎょう》じや　風《ふう》けいを　4つ　えらび，記《き》ごうで　書《か》きましょう。　1つ15点【60点】

(　　　)(　　　)(　　　)(　　　)

㋐

㋑

㋒

㋓

㋔

㋕

㋖

㋗

㋘

❷ 田うえから　いねかりまでの　じゅんに　記ごうで　書きましょう。　【ぜんぶできて25点】

(　　→　　→　　→　　)

㋐

㋑

㋒

㋓

❸ 秋に　鳴《な》く　虫を　えらび，記ごうで　書きましょう。　【15点】(　　　)

㋐　オンブバッタ
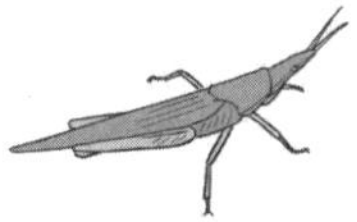

㋑　スズムシ
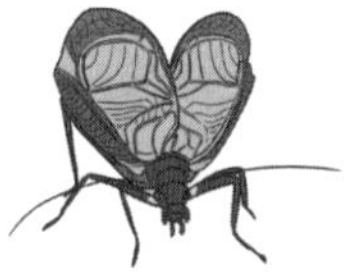

㋒　シオカラトンボ

㋓　クワガタムシ

16 のりものに　のろう

目ひょう時間 20分

学しゅうした日　　月　　日

名前

とく点　　／100点

2064
解説→244ページ

1 電車《でんしゃ》の　のり方《かた》に　ついて　せつ明《めい》した　文の，（　　）に　入る　ことばを　あとから　えらび，記《き》ごうで　書《か》きましょう。　1つ10点【40点】

(1) きっぷを　かう　ときは，はじめに（　　　）。

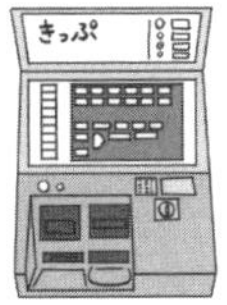

㋐ 子どもボタンを　おす

㋑ りょう金の　ボタンを　おす

(2) かいさつ口を（　　　），きっぷを　入れる。

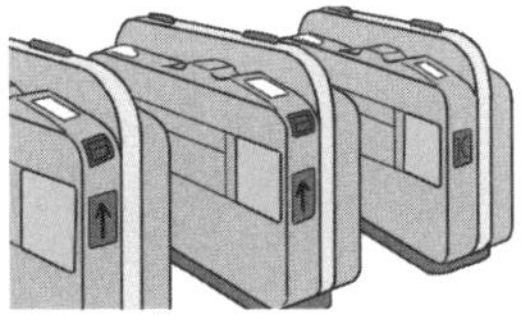

㋐ 通《とお》ってから

㋑ 通る　前《まえ》に

(3) 電車が　来《く》るまで（　　　）まつ。

㋐ 線《せん》ろの　近《ちか》くで

㋑ 線の　後《うし》ろに　ならんで

(4) 電車に　のる　ときは，（　　　）のる。

㋐ おりる　人を　まってから

㋑ おりる　人よりも　先に

2 電車に　のる　ときの　やくそくを　まもって　いれば　○，まもって　いなければ　×を　書きましょう。　1つ10点【60点】

(1)

（　　　）

(2)

（　　　）

(3)

（　　　）

(4)

（　　　）

(5)

（　　　）

(6)

（　　　）

＼もう1回チャレンジ!!／

16 のりものに　のろう

目ひょう時間 20分

✎学しゅうした日　　月　　日

名前

とく点　　／100点

らくらくマルつけ

2064
解説→244ページ

❶ 電車《でんしゃ》の　のり方《かた》に　ついて　せつ明《めい》した　文の，（　　）に　入る　ことばを　あとから　えらび，記《き》ごうで　書《か》きましょう。　1つ10点【40点】

(1) きっぷを　かう　ときは，はじめに（　　　）。

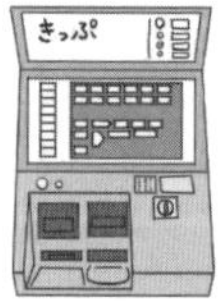

㋐ 子どもボタンを　おす

㋑ りょう金の　ボタンを　おす

(2) かいさつ口を（　　　），きっぷを　入れる。

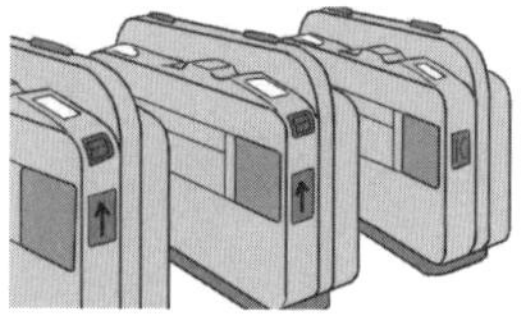

㋐ 通《とお》ってから

㋑ 通る　前《まえ》に

(3) 電車が　来《く》るまで（　　　）まつ。

㋐ 線《せん》ろの　近《ちか》くで

㋑ 線の　後《うし》ろに　ならんで

(4) 電車に　のる　ときは，（　　　）のる。

㋐ おりる　人を　まってから

㋑ おりる　人よりも　先に

❷ 電車に　のる　ときの　やくそくを　まもって　いれば　○，まもって　いなければ　×を　書きましょう。　1つ10点【60点】

(1)

（　　　）

(2)

（　　　）

(3)

（　　　）

(4)

（　　　）

(5)

（　　　）

(6)

（　　　）

らくらくマルつけ

17 しらべよう　つたえよう①

目ひょう時間 20分

学しゅうした日　月　日	とく点	
名前	／100点	2065 解説→245ページ

解説→245ページ

1 町たんけんの　計画《けいかく》を　立てる　ときに　する　ことを　4つ　えらび，記《き》ごうで　書《か》きましょう。

1つ10点【40点】

(　　　)(　　　)(　　　)(　　　)

㋐ どこに　行《い》き，何《なに》を　しらべたいのかを　考《かんが》える。

㋑ だれが　何を　するか，やくわりを　きめる。

㋒ 町たんけんに　行く　日を　グループごとに　ばらばらに　きめる。

㋓ 先生に　ぜんぶの　計画を　立てて　もらう。

㋔ もって　いく　ものを　考えて，じゅんびする。

㋕ あんぜんマップを　見て，気を　つける　ことや　あんぜんな　道《みち》じゅんを　考える。

2 インタビューに　ついて　合《あ》う　ものを　あとから　えらび，記ごうで　書きましょう。

1つ15点【60点】

(1) 話《はなし》を　聞《き》く　人に　会《あ》ったら，はじめに　する　こと。(　　　)

(2) しつもんを　する　ときに　気を　つける　こと。(　　　)

(3) 話を　聞く　ときに　大切《たいせつ》な　こと。(　　　)

(4) 話を　聞きおわった　ときに　する　こと。(　　　)

㋐

あいさつと　自《じ》こしょうかい。

㋑

あいさつと　おれい。

㋒

あい手の　顔《かお》を　見て，さい後《ご》まで　話を　聞く。

㋓

はっきりと　した　声《こえ》で　ていねいに　話《はな》す。

生活

17 しらべよう　つたえよう①

目ひょう時間 20分

学しゅうした日　　月　　日

名前

とく点　　／100点

らくらくマルつけ

2065
解説→245ページ

❶ 町たんけんの　計画《けいかく》を　立てる　ときに　する　ことを　4つ　えらび，記《き》ごうで　書《か》きましょう。

1つ10点【40点】

(　　　)(　　　)(　　　)(　　　)

㋐ どこに　行《い》き，何《なに》を　しらべたいのかを　考《かんが》える。

㋑ だれが　何を　するか，やくわりを　きめる。

㋒ 町たんけんに　行く　日を　グループごとに　ばらばらに　きめる。

㋓ 先生に　ぜんぶの　計画を　立てて　もらう。

㋔ もって　いく　ものを　考えて，じゅんびする。

㋕ あんぜんマップを　見て，気を　つける　ことや　あんぜんな　道《みち》じゅんを　考える。

❷ インタビューに　ついて　合《あ》う　ものを　あとから　えらび，記ごうで　書きましょう。

1つ15点【60点】

(1) 話《はなし》を　聞《き》く　人に　会《あ》ったら，はじめに　する　こと。　(　　　)

(2) しつもんを　する　ときに　気を　つける　こと。　(　　　)

(3) 話を　聞く　ときに　大切《たいせつ》な　こと。　(　　　)

(4) 話を　聞きおわった　ときに　する　こと。　(　　　)

㋐

あいさつと　自《じ》こしょうかい。

㋑

あいさつと　おれい。

㋒

あい手の　顔《かお》を　見て，さい後《ご》まで　話を　聞く。

㋓

はっきりと　した　声《こえ》で　ていねいに　話《はな》す。

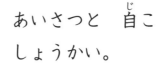

18 しらべよう　つたえよう②

目ひょう時間 20分

✎学しゅうした日　月　日

名前

とく点　／100点

2066
解説→245ページ

1 しらべた　ことを　だれかに　つたえる　ための　つぎの　方《ほう》ほうを　何《なん》と　いいますか。線《せん》で　むすびましょう。　1つ15点【60点】

(1)

•　•　紙《かみ》しばい

(2)

•　•　げき

(3)

•　•　パンフレット

(4)

•　•　かべ新聞《しんぶん》

2 はっぴょうする　ときに　気を　つける　ことに　ついて，（　　）に　入る　ことばを　あとから　えらび，記《き》ごうで　書《か》きましょう。　1つ20点【40点】

(1) はっぴょうする　人は，みんなの　ほうを　見て，（　　　）話《はな》す。

㋐ 小さい　声《こえ》で　のんびりと

㋑ 大声で　どなるように

㋒ 早口で　元《げん》気《き》に

㋓ はっきりと　した　声で　ゆっくりと

(2) はっぴょうを　聞《き》く　人は，はっぴょうする　人の　ほうを　むいて，（　　　）聞く。

㋐ 声を　出して　おうえんしながら

㋑ と中で　しつもんしながら

㋒ はっぴょうが　おわるまで　しずかに

㋓ となりの　人と　そうだんしながら

18 しらべよう　つたえよう②

目ひょう時間 20分

学しゅうした日　　月　　日

名前

とく点　　／100点

2066
解説→245ページ

らくらくマルつけ

❶ しらべた　ことを　だれかに　つたえる　ための　つぎの　方《ほう》ほうを　何《なん》と　いいますか。線《せん》で　むすびましょう。　1つ15点【60点】

(1)

・　　・ 紙《かみ》しばい

(2)

・　　・ げき

(3)

・　　・ パンフレット

(4)

・　　・ かべ新聞《しんぶん》

❷ はっぴょうする　ときに　気を　つける　ことに　ついて，（　　）に　入る　ことばを　あとから　えらび，記《き》ごうで　書《か》きましょう。　1つ20点【40点】

(1) はっぴょうする　人は，みんなの　ほうを　見て，（　　　）話《はな》す。

㋐ 小さい　声《こえ》で　のんびりと

㋑ 大声で　どなるように

㋒ 早口で　元気《げんき》に

㋓ はっきりと　した　声で　ゆっくりと

(2) はっぴょうを　聞《き》く　人は，はっぴょうする　人の　ほうを　むいて，（　　　）聞く。

㋐ 声を　出して　おうえんしながら

㋑ と中で　しつもんしながら

㋒ はっぴょうが　おわるまで　しずかに

㋓ となりの　人と　そうだんしながら

19 冬《ふゆ》の くらし

目ひょう時間 20分

学しゅうした日　　月　　日

名前

とく点　　／100点

2067
解説→245ページ

1 お正月に かんけいの ある ものを 5つ えらび，○を つけましょう。　1つ10点【50点】

ア  (　　)

イ  (　　)

ウ 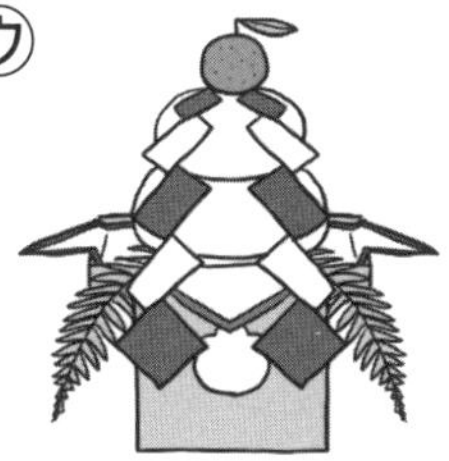 (　　)

エ 

(　　)

オ 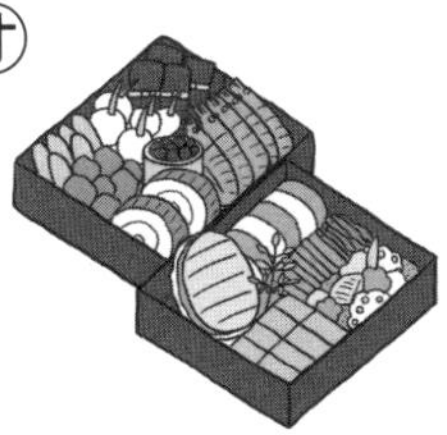 (　　)

カ  (　　)

キ  (　　)

ク  (　　)

ケ  (　　)

2 せつ明《めい》に 合《あ》う 絵《え》を あとから えらび，記《き》ごうで 書《か》きましょう。　1つ10点【30点】

(1) 雪《ゆき》を かためたり くりぬいたり して つくった，小さな 家《いえ》のような もの。(　　)

(2) 1年の はじめの あいさつを する ために 書く，はがきや カード。(　　)

(3) 道《どう》ろなどに ふりつもった 雪を かいて どける こと。(　　)

ア 

イ 

ウ 

3 体《からだ》を あたためる ために つかう ものを 2つ えらび，記ごうで 書きましょう。　1つ10点【20点】

(　　)(　　)

ア 

イ 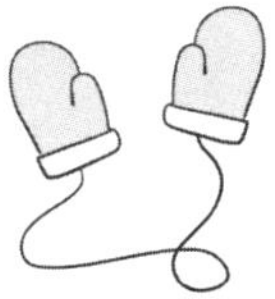

ウ 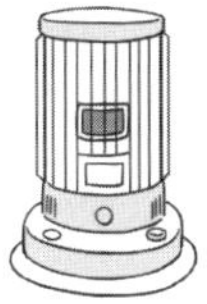

エ 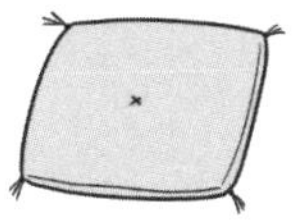

19　冬《ふゆ》の　くらし

目ひょう時間　20分

学しゅうした日　　月　　日

名前

とく点　　／100点

らくらくマルつけ

2067
解説→245ページ

❶ お正月に　かんけいの　ある　ものを　5つ　えらび，○を　つけましょう。

1つ10点【50点】

ア

(　　　)

イ

(　　　)

ウ

(　　　)

エ

(　　　)

オ
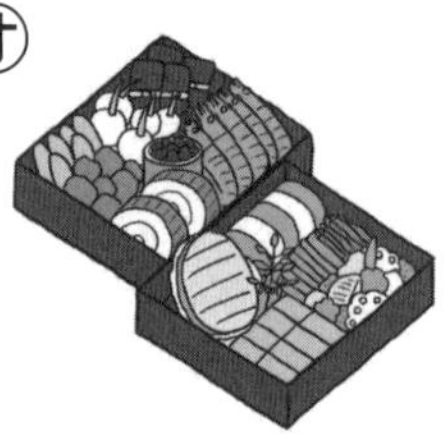
(　　　)

カ

(　　　)

キ

(　　　)

ク

(　　　)

ケ

(　　　)

❷ せつ明《めい》に　合《あ》う　絵《え》を　あとから　えらび，記《き》ごうで　書《か》きましょう。

1つ10点【30点】

(1) 雪《ゆき》を　かためたり　くりぬいたり　して　つくった，小さな　家《いえ》のような　もの。(　　　)

(2) 1年の　はじめの　あいさつを　する　ために　書く，はがきや　カード。(　　　)

(3) 道《どう》ろなどに　ふりつもった　雪を　かいて　どける　こと。(　　　)

ア

イ

ウ

❸ 体《からだ》を　あたためる　ために　つかう　ものを　2つ　えらび，記ごうで　書きましょう。

1つ10点【20点】

(　　　)(　　　)

ア

イ

ウ
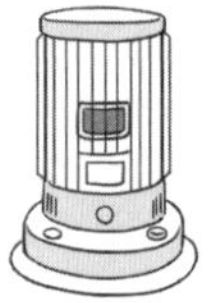

エ

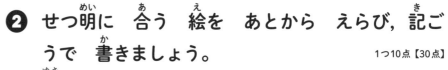

20 大きく　なったよ

目ひょう時間 20分

学しゅうした日　月　日	とく点	2068
名前	／100点	解説→245ページ

1 絵《え》を　見て，あとの　といに　答《こた》えましょう。

【50点】

㋐

㋑

㋒

(1) せつ明《めい》に　合《あ》う　絵を　えらび，記《き》ごうで　書《か》きましょう。　1つ10点（30点）

① 自《じ》てん車《しゃ》に　じょうずに　のれるように　なった。　（　　）

② おすわりを　して，あそべるように　なった。　（　　）

③ 歩《ある》けるように　なり，さん歩《ぽ》が　楽《たの》しみに　なった。　（　　）

(2) ㋐，㋑，㋒を　せい長《ちょう》の　じゅんに　記ごうで　書きましょう。　（ぜんぶできて20点）

（　　→　　→　　）

2 自分《じぶん》に　ついて　しらべます。つぎの　といに　答えましょう。

【50点】

(1) 小さかった　ころの　自分に　ついて　しらべる　とき，どんな　方《ほう》ほうが　ありますか。3つ　えらび，記ごうで　書きましょう。　1つ10点（30点）

（　　）（　　）（　　）

㋐ おうちの　人に　話《はなし》を　聞《き》く。

㋑ しゃしんや　どう画《が》を　見る。

㋒ 図書《としょ》かんで　しらべる。

㋓ 自分より　ずっと　年下の　友《とも》だちに　話を　聞く。

㋔ ようち園《えん》や　ほいく園の　先生に　話を　聞く。

(2) どんな　ことを　しらべたいですか。自ゆうに　書きましょう。　（20点）

（　　）

20 大きく　なったよ

目ひょう時間 20分

学しゅうした日　　月　　日

名前

とく点　　／100点

らくらくマルつけ

2068
解説→245ページ

❶ 絵《え》を　見て，あとの　といに　答《こた》えましょう。　【50点】

㋐　　　㋑　　　㋒

(1) せつ明《めい》に　合《あ》う　絵を　えらび，記《き》ごうで　書《か》きましょう。　1つ10点（30点）

① 自《じ》てん車《しゃ》に　じょうずに　のれるように　なった。（　　　）

② おすわりを　して，あそべるように　なった。（　　　）

③ 歩《ある》けるように　なり，さん歩《ぽ》が　楽《たの》しみに　なった。（　　　）

(2) ㋐，㋑，㋒を　せい長《ちょう》の　じゅんに　記ごうで　書きましょう。　（ぜんぶできて20点）

（　　→　　→　　）

❷ 自分《じぶん》に　ついて　しらべます。つぎの　といに　答えましょう。　【50点】

(1) 小さかった　ころの　自分に　ついて　しらべる　とき，どんな　方《ほう》ほうが　ありますか。3つ　えらび，記ごうで　書きましょう。　1つ10点（30点）

（　　）（　　）（　　）

㋐ おうちの　人に　話《はなし》を　聞《き》く。

㋑ しゃしんや　どう画《が》を　見る。

㋒ 図書《としょ》かんで　しらべる。

㋓ 自分より　ずっと　年下の　友《とも》だちに　話を　聞く。

㋔ ようち園《えん》や　ほいく園の　先生に　話を　聞く。

(2) どんな　ことを　しらべたいですか。自ゆうに　書きましょう。　（20点）

（　　　　　　　　）

目ひょう時間 20分

学しゅうした日　　月　　日

名前

とく点

／100点

2069
解説→245ページ

らくらくマルつけ

1 春《はる》に　なると　見られる　生きものや　花を　2つ　えらび，記《き》ごうで　書《か》きましょう。 1つ15点【30点】

(　　　)(　　　)

㋐
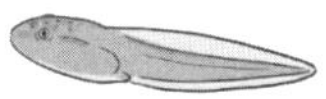

㋑
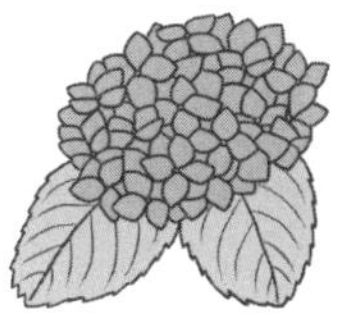

㋒
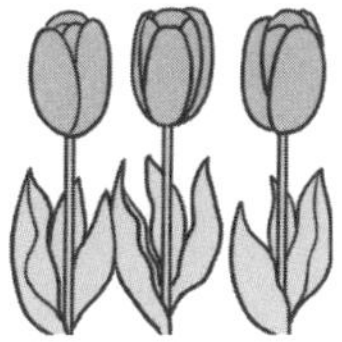

㋓

2 サツマイモを　そだてます。つぎの　といに　答《こた》えましょう。 1つ20点【40点】

(1) なえの　うえ方《かた》として　正しい　ものを　えらび，記ごうで　書きましょう。　(　　　)

㋐
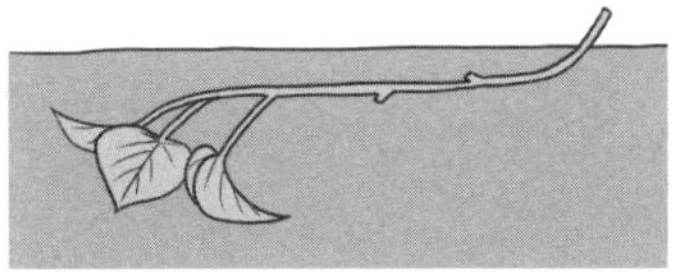

㋑
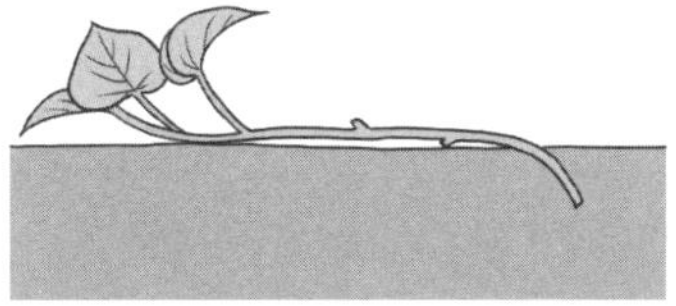

㋒

㋓
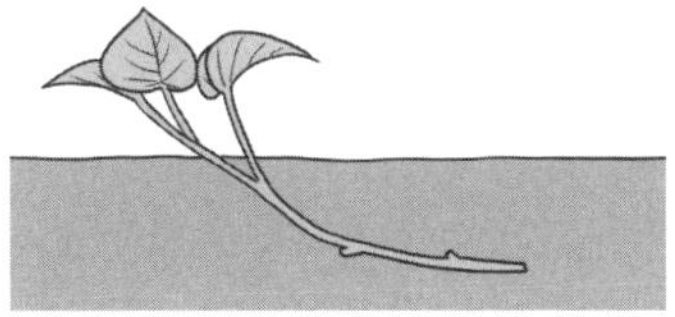

(2) サツマイモの　そだち方として　正しい　ものを　えらび，記ごうで　書きましょう。　(　　　)

㋐

㋑

㋒
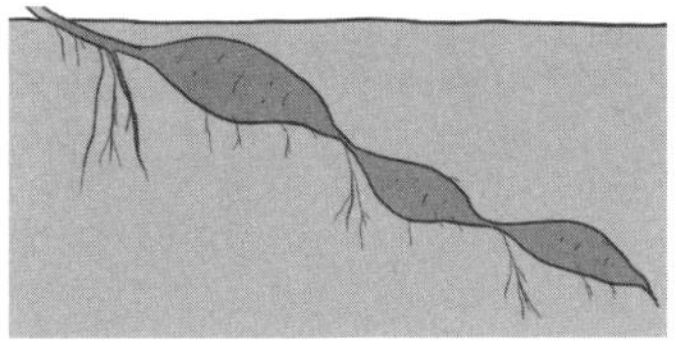

㋓

3 町たんけんの　やくそくに　ついて，(　　)に　入る　ことばを　あとから　えらび，記ごうで　書きましょう。 1つ10点【30点】

(1) (　　　)で　自《じ》ゆうに　行《こう》どうしない。

(2) 道《どう》ろを　よこ切《ぎ》る　ときは　(　　　)を　わたる。

(3) きめられた　(　　　)までに　かならず　もどる。

㋐ 一人《ひとり》　㋑ 時《じ》こく　㋒ おうだん歩道《ほどう》

21 まとめの　テスト❶

目ひょう時間 20分

学しゅうした日　　月　　日

名前

とく点　　／100点

らくらくマルつけ

2069 解説→245ページ

❶ 春《はる》に　なると　見られる　生きものや　花を　2つ　えらび，記《き》ごうで　書《か》きましょう。1つ15点【30点】

(　　　)(　　　)

㋐

㋑

㋒

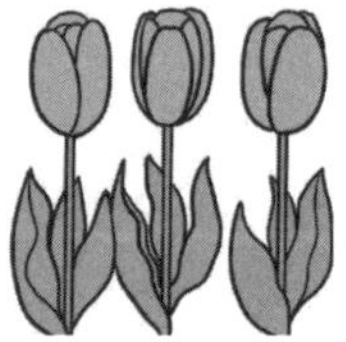

㋓

❷ サツマイモを　そだてます。つぎの　といに　答《こた》えましょう。1つ20点【40点】

(1) なえの　うえ方《かた》として　正しい　ものを　えらび，記ごうで　書きましょう。　(　　　)

㋐

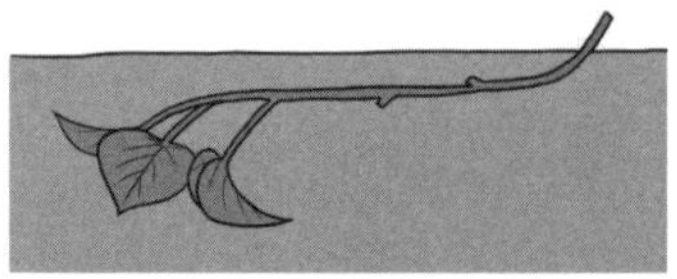

㋑

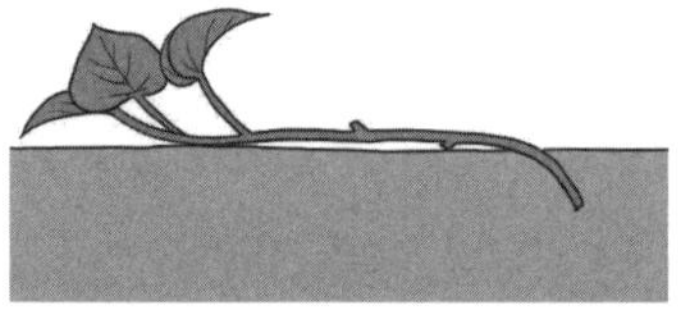

㋒

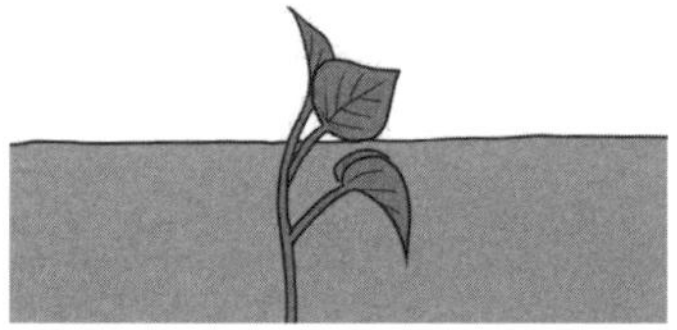

㋓

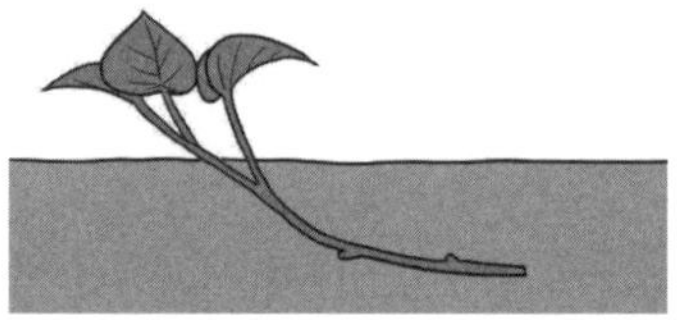

(2) サツマイモの　そだち方として　正しい　ものを　えらび，記ごうで　書きましょう。　(　　　)

㋐

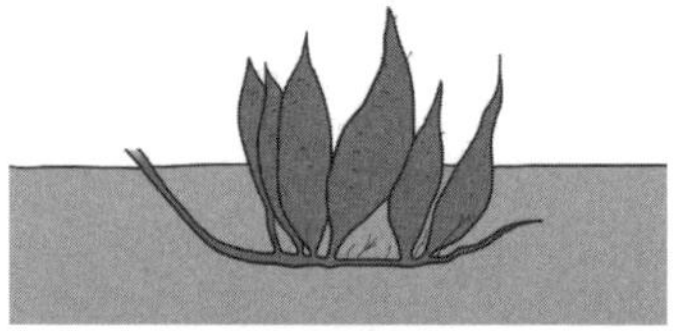

㋑

㋒

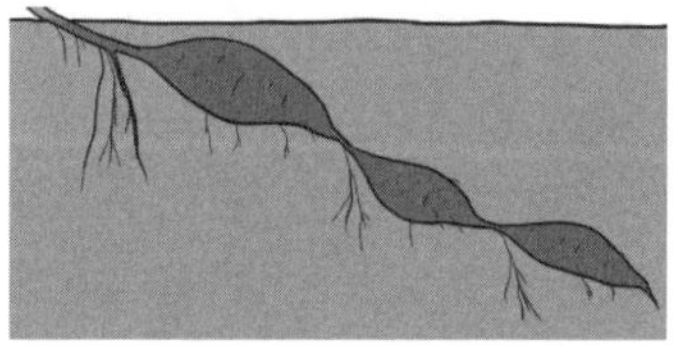

㋓

❸ 町たんけんの　やくそくに　ついて，(　　)に　入る　ことばを　あとから　えらび，記ごうで　書きましょう。1つ10点【30点】

(1) (　　　)で　自《じ》ゆうに　行《こう》どうしない。

(2) 道《どう》ろを　よこ切《ぎ》る　ときは　(　　　)を　わたる。

(3) きめられた　(　　　)までに　かならず　もどる。

㋐ 一人《ひとり》　㋑ 時《じ》こく　㋒ おうだん歩道《ほどう》

1 生きものが　たまごから　そだつ　じゅんに　記《き》ごうで　書《か》きましょう。【40点】

(1) アゲハ　（ぜんぶできて 20点）

（　　→　　→　　→　　）

㋐ 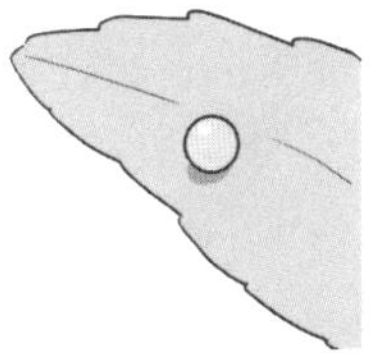

㋑ 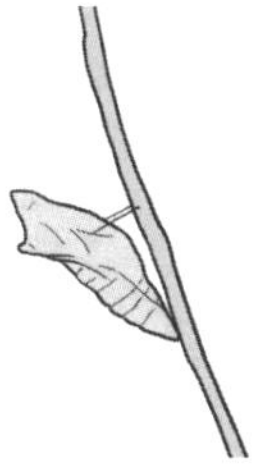

㋒ 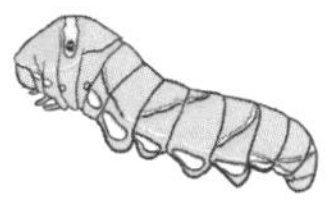

㋓ 

(2) カエル　（ぜんぶできて 20点）

（　　→　　→　　→　　）

㋐ 

㋑ 

㋒ 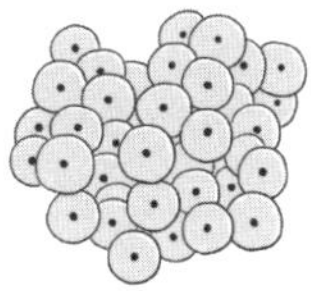

㋓ 

2 何《なに》を　する　ときに　つかう　道《どう》ぐですか。あとから　えらび，記ごうで　書きましょう。

1つ15点【60点】

(1)

（　　）

(2)

（　　）

(3)
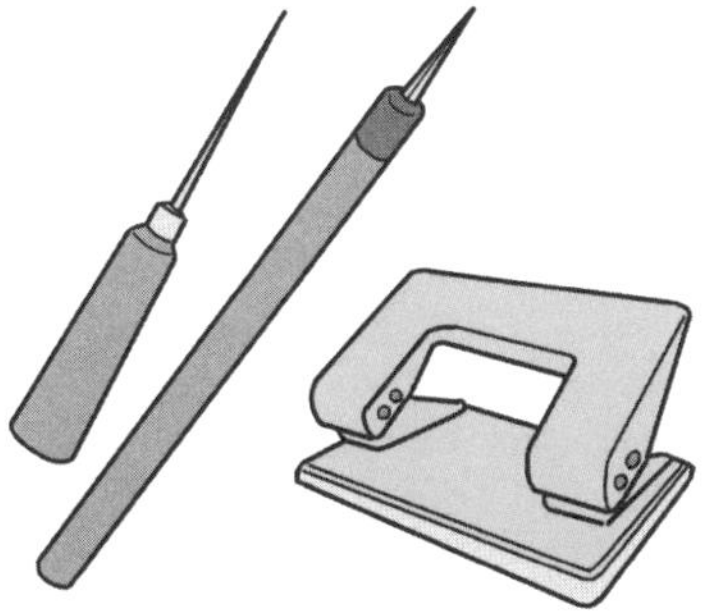
（　　）

(4)
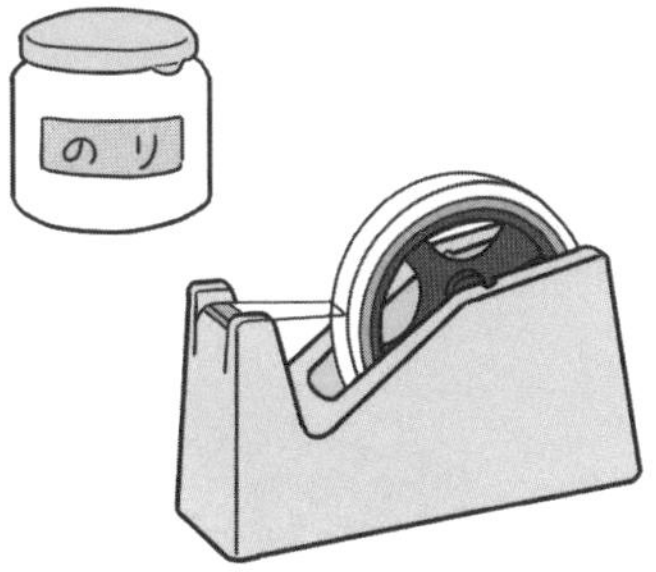

（　　）

㋐ かく　とき　　㋑ くっつける　とき

㋒ 切《き》る　とき　　㋓ あなを　あける　とき

22 まとめの　テスト❷

目ひょう時間 20分

学しゅうした日　　月　　日

名前

とく点　　／100点

らくらくマルつけ

2070
解説→246ページ

❶ 生きものが　たまごから　そだつ　じゅんに　記《き》ごうで　書《か》きましょう。【40点】

(1) アゲハ （ぜんぶできて 20点）

（　　→　　→　　→　　）

㋐　㋑　㋒　㋓

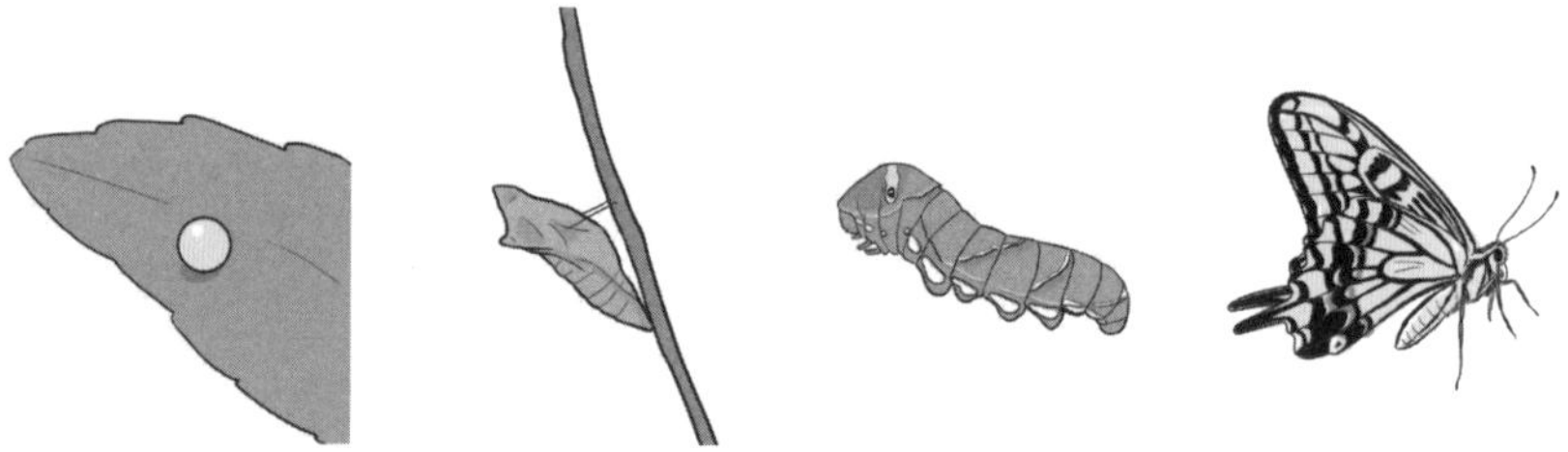

(2) カエル （ぜんぶできて 20点）

（　　→　　→　　→　　）

㋐　㋑　㋒　㋓

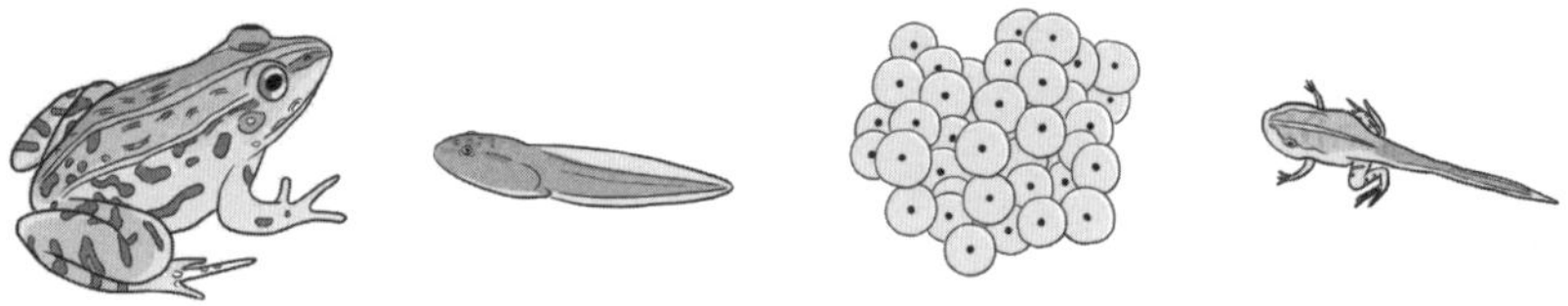

❷ 何《なに》を　する　ときに　つかう　道《どう》ぐですか。あとから　えらび，記ごうで　書きましょう。

1つ15点【60点】

(1)

（　　）

(2)

（　　）

(3)

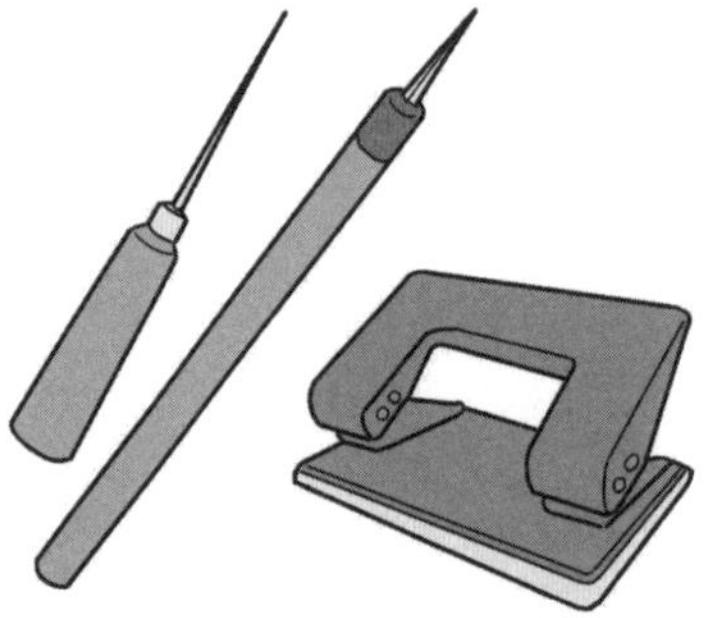

（　　）

(4)

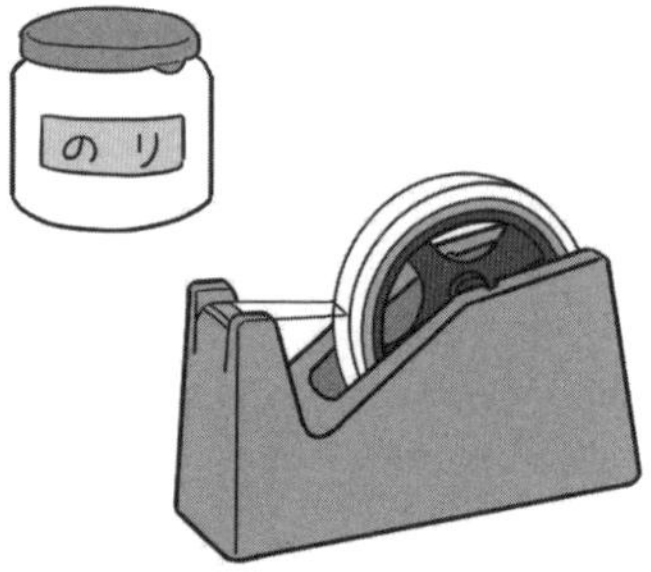

（　　）

㋐ かく　とき　　㋑ くっつける　とき

㋒ 切《き》る　とき　　㋓ あなを　あける　とき

23 まとめの　テスト③

目ひょう時間 20分

学しゅうした日　　月　　日
名前
とく点
／100点

2071
解説→246ページ

1 図書《としょ》かんで　さがして　いる　本が　見つからない　とき，どう　すれば　よいですか。（　　）に　入る　ことばを　あとから　えらび，記《き》ごうで　書《か》きましょう。

1つ5点【10点】

(1) （　　　）を　つかって，自分《じぶん》で　しらべる。

(2) 図書かんに　いる　（　　　）の　人に　聞《き》く。

㋐ し書　　㋑ コンピュータ

2 つぎの　ものと　かんけいの　ある　場《ば》しょは　どれですか。線《せん》で　むすびましょう。

1つ10点【30点】

(1) 

(2) 

(3) 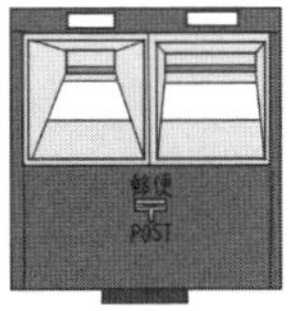

しょうぼうしょ	ゆうびんきょく	ふみ切《き》り

3 バスの　のり方《かた》として　正しければ　○，まちがって　いれば　×を　書きましょう。

1つ15点【60点】

(1) 

ドアの　すぐ　近《ちか》くに　立つ。

（　　　）

(2) 

おりる　ときは　ボタンを　おす。

（　　　）

(3) 

バスの　中で　お金を　はらう。

（　　　）

(4) 

どの　バスも　すきな　ところで　のりおりで　きる。

（　　　）

23 まとめの　テスト③

目ひょう時間 20分

学しゅうした日　　月　　日

名前

とく点

／100点

らくらくマルつけ

2071
解説→246ページ

❶ 図書《としょ》かんで　さがして　いる　本が　見つからない　とき，どう　すれば　よいですか。（　　）に入る　ことばを　あとから　えらび，記《き》ごうで書《か》きましょう。　1つ5点【10点】

(1)（　　　）を　つかって，自分《じぶん》で　しらべる。

(2) 図書かんに　いる　（　　　）の　人に　聞《き》く。

㋐ し書　　㋑ コンピュータ

❷ つぎの　ものと　かんけいの　ある　場《ば》しょは　どれですか。線《せん》で　むすびましょう。　1つ10点【30点】

(1)

(2)

(3)
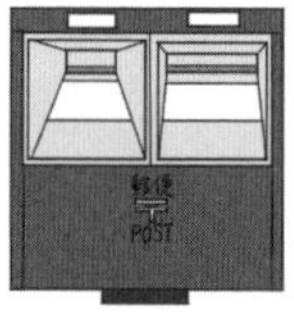

しょうぼう しょ	ゆうびん きょく	ふみ切《き》り

❸ バスの　のり方《かた》として　正しければ　○，まちがって　いれば　×を　書きましょう。　1つ15点【60点】

(1)

ドアの　すぐ　近《ちか》くに　立つ。

（　　　）

(2)

おりる　ときは　ボタンを　おす。

（　　　）

(3)

バスの　中で　お金を　はらう。

（　　　）

(4)

どの　バスも　すきな　ところで　のりおりで　きる。

（　　　）

24 まとめの　テスト④

目ひょう時間　20分

学しゅうした日　　月　　日

名前

とく点

／100点

2072
解説→246ページ

1 町の　くふうや　ひょうしきで，見た　ことの　ある　ものに　○を　つけましょう。【ぜんぶできて30点】

㋐ 

（　　　）

㋑ 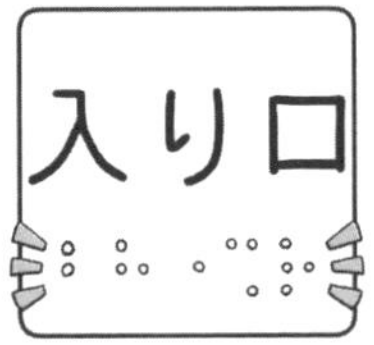

（　　　）

㋒ 

（　　　）

㋓ 

（　　　）

㋔ 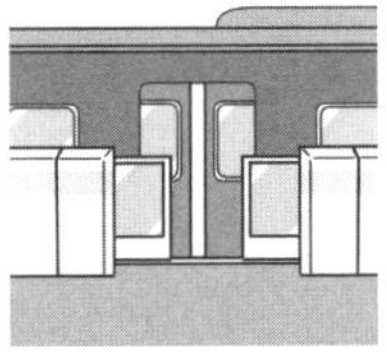

（　　　）

㋕ 

（　　　）

2 知《し》りたい　ことを　しらべる　方《ほう》ほうは，学校図《と》書《しょ》かんを　り用《よう》する　ほかに　何《なに》が　ありますか。（　）に　入る　ことばを　あとから　えらび，記《き》ごうで　書《か》きましょう。1つ15点【30点】

(1) 地《ち》いきの　図書かんで，（　　　）を　さがす。

(2) くわしい　人に　（　　　）を　聞《き》く。

㋐ しりょうや　本　　㋑ 話《はなし》

3 冬《ふゆ》に　する　あそびを　3つ　えらび，記ごうで　書きましょう。1つ10点【30点】

（　　　）（　　　）（　　　）

㋐ 

㋑ 

㋒ 

㋓ 

㋔ 

㋕ 

4 3年生に　なったら　がんばりたい　ことを　書きましょう。【10点】

（　　　　　　　　　　）

24 まとめの　テスト④

目ひょう時間 20分

学しゅうした日　　月　　日

名前

とく点

／100点

2072

解説→246ページ

らくらくマルつけ

❶ 町の　くふうや　ひょうしきで，見た　ことの　ある　ものに　○を　つけましょう。【ぜんぶできて30点】

㋐ 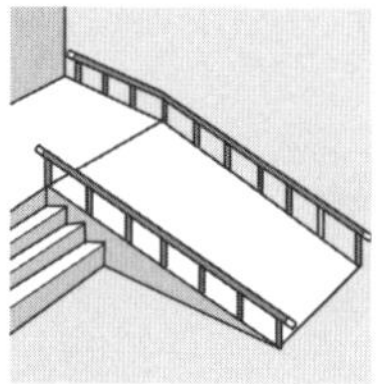

（　　　）

㋑ 

（　　　）

㋒ 

（　　　）

㋓ 

（　　　）

㋔ 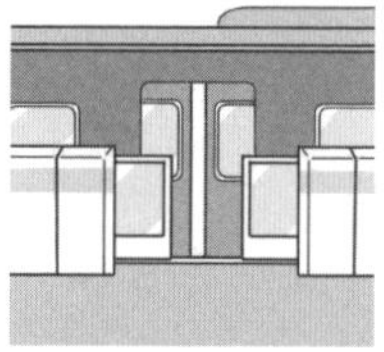

（　　　）

㋕ 

（　　　）

❷ 知《し》りたい　ことを　しらべる　方《ほう》ほうは，学校図《と》書《しょ》かんを　り用《よう》する　ほかに　何《なに》が　ありますか。（　　）に　入る　ことばを　あとから　えらび，記《き》ごうで　書《か》きましょう。1つ15点【30点】

(1) 地《ち》いきの　図書かんで，（　　　）を　さがす。

(2) くわしい　人に　（　　　）を　聞《き》く。

㋐ しりょうや　本　　㋑ 話《はなし》

❸ 冬《ふゆ》に　する　あそびを　3つ　えらび，記ごうで　書きましょう。1つ10点【30点】

（　　　）（　　　）（　　　）

㋐ 

㋑ 

㋒ 

㋓ 

㋔ 

㋕ 

❹ 3年生に　なったら　がんばりたい　ことを　書きましょう。【10点】

（　　　　　　　　　　　　　　　）

1 かん字①

✎学しゅうした日　月　日

名前

とく点

/100点

目ひょう時間 20分

らくらくマルつけ

2073

解説↓ 247ページ

国語

1 （　）に ──線《せん》の 読《よ》みがなを 書《か》きましょう。　1つ5点【50点】

(1) 日記を 書く。（　　）

(2) 北風が ふく。（　　）

(3) 校内の そうじ。（　　）

(4) 弟と あそぶ。（　　）

(5) 車が 通る。（　　）（　　）

(6) 竹馬に のる。（　　）

(7) 新しい 店。（　　）（　　）

(8) 友人に 会う。（　　）（　　）

2 □に かん字を 書きましょう。　1つ5点【50点】

(1) パンを □《た》べる。

(2) なぞなぞの □《こた》え。

(3) □《と》だなを あける。

(4) □《いもうと》が 生まれる。

(5) □□《ごご》に 出かける。

(6) □□《えんそく》の じゅんび。

(7) □《ひ》き □《ざん》を する。

(8) □《ほそ》い □《みち》。

＼もう1回チャレンジ!!／

1 かん字①

学しゅうした日　月　日

名前

とく点　／100点

目ひょう時間 20分

らくらくマルつけ

解説↓247ページ

2073

❶ （ ）に ――線《せん》の 読《よ》みがなを 書《か》きましょう。　1つ5点【50点】

(1) 日記を 書く。（ ）

(2) 北風が ふく。（ ）

(3) 校内の そうじ。（ ）

(4) 弟と あそぶ。（ ）

(5) 車が 通る。（ ）

(6) 竹馬に のる。（ ）

(7) 新しい 店。（ ）（ ）

(8) 友人に 会う。（ ）（ ）

❷ □に かん字を 書きましょう。　1つ5点【50点】

(1) パンを □《た》べる。

(2) なぞなぞの □《こた》え。

(3) □《と》だなを あける。

(4) □《いもうと》が 生まれる。

(5) □□《ごご》に 出かける。

(6) □□《えんそく》の じゅんび。

(7) □《ひ》き □《ざん》を する。

(8) □《ほそ》い □《みち》。

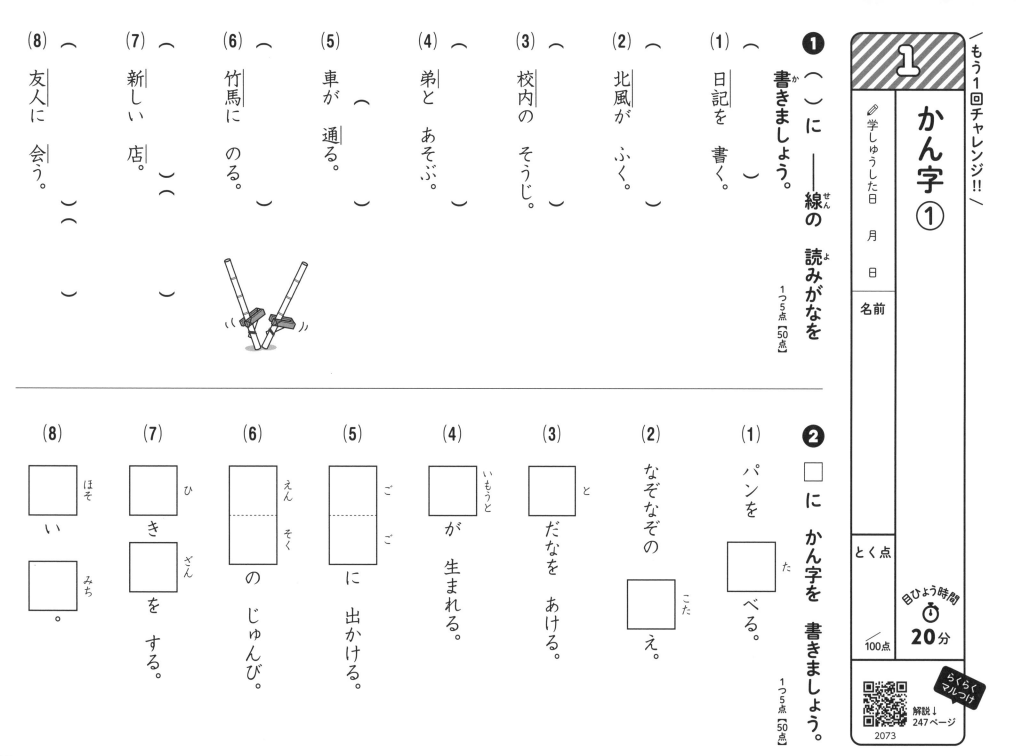

2 かん字②

学しゅうした日　月　日

名前

とく点　/100点

目ひょう時間 20分

らくらくマルつけ

解説↓ 247ページ

2074

国語

❶（　）に ――線《せん》の 読《よ》みがなを 書《か》きましょう。

1つ5点【50点】

(1) 汽車に のる。（　　）

(2) 科学の 本。（　　）

(3) なわとびを 何回も とぶ。（　　）

(4) 羽を たたむ。（　　）

(5) ごみ出しの 当番を する。（　　）

(6) 図書室の 本。（　　）

(7) りんごの 数を 数える。（　　）（　　）

(8) 雨雲が 広がる。（　　）（　　）

❷ □に かん字を 書きましょう。

1つ5点【50点】

(1) □《うし》の ちちしぼり。

(2) □《さかな》つりに 出かける。

(3) □《かお》を あらう。

(4) どうぶつ□《えん》の パンダ。

(5) □《さく》□《ぶん》の しゅくだい。

(6) □《おん》□《がく》の じゅぎょう。

(7) 先生の □《はなし》を □《き》く。

(8) □《いえ》に □《かえ》る。

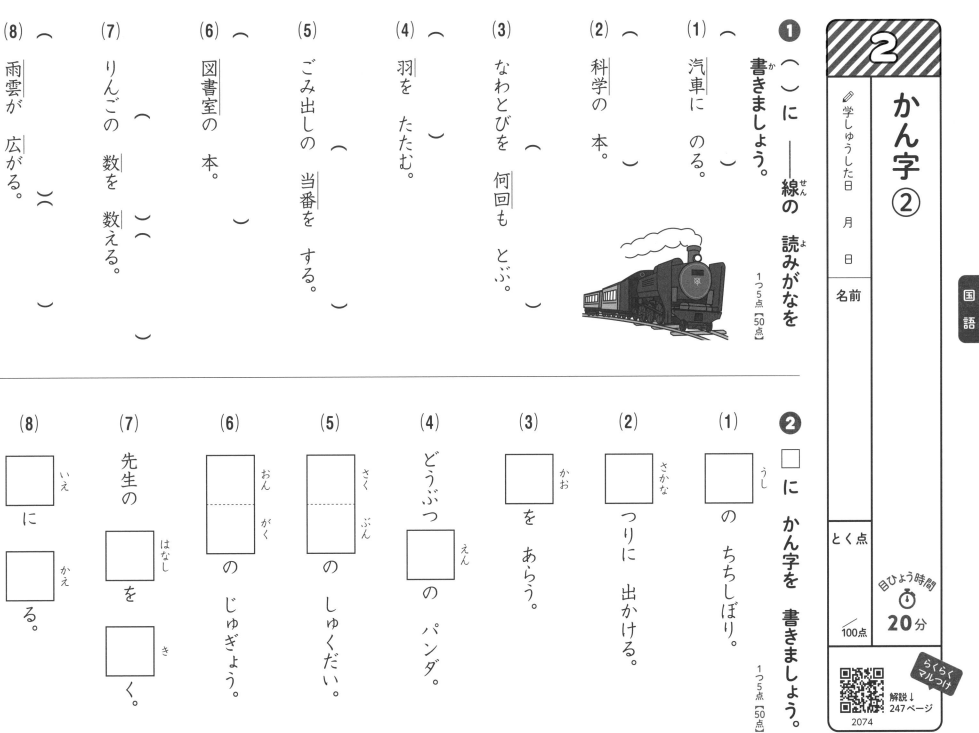

もう1回チャレンジ!!

2 かん字②

学しゅうした日　月　日

名前

とく点　/100点

目ひょう時間 20分

らくらくマルつけ

解説↓ 247ページ

2074

❶ （　）に ――線《せん》の 読《よ》みがなを 書《か》きましょう。

1つ5点【50点】

(1) 汽車に のる。（　）

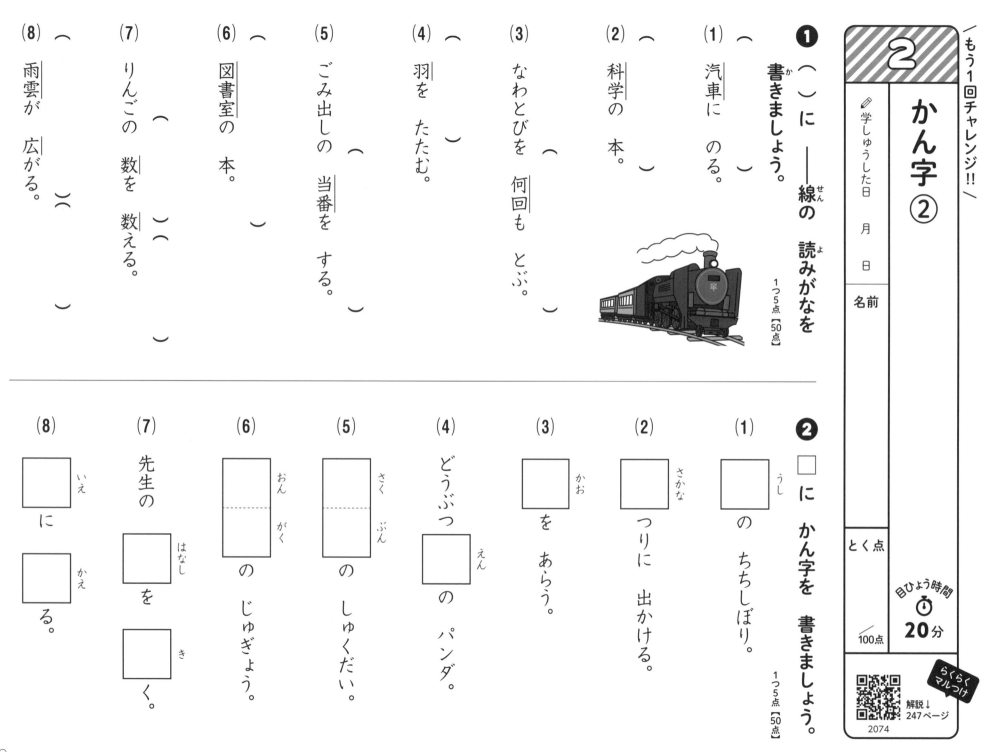

(2) 科学の 本。（　）

(3) なわとびを 何回も とぶ。（　）

(4) 羽を たたむ。（　）

(5) ごみ出しの 当番を する。（　）

(6) 図書室の 本。（　）

(7) りんごの 数を 数える。（　）（　）

(8) 雨雲が 広がる。（　）（　）

❷ □に かん字を 書きましょう。

1つ5点【50点】

(1) □《うし》の ちちしぼり。

(2) □《さかな》つりに 出かける。

(3) □《かお》を あらう。

(4) どうぶつ□《えん》の パンダ。

(5) □《さく》□《ぶん》の しゅくだい。

(6) □《おん》□《がく》の じゅぎょう。

(7) 先生の □《はなし》を □《き》く。

(8) □《いえ》に □《かえ》る。

3 日記《にっき》の 書《か》き方《かた》

学しゅうした日　月　日

名前

とく点　／100点

目ひょう時間 20分

らくらくマルつけ

解説↓ 247ページ

2075

国語

❶ つぎの 日記《にっき》を 読《よ》んで、もんだいに 答《こた》えましょう。

［　　　］ 晴《は》れ

おじいちゃんと 犬の クロの さんぽに 行《い》きました。

朝《あさ》 おきたら、おじいちゃんと クロの 声《こえ》が 聞《き》こえたので、ぼくも 行く ことに しました。

公園《こうえん》では、ぼくが リードを もって 歩《ある》きました。

ぼくが

「クロ、うちに 帰《かえ》るよ。」

と 言《い》っても、クロは また どこかに 行こうと しました。でも、おじいちゃんが

「帰るよ。」

と 言うと、ちゃんと ついて 来《き》ました。

クロは、おじいちゃんが すきなんだなあと 思《おも》いました。

(1) ［　　］には 何《なに》が 入《はい》りますか。つぎから えらび、記ごうで 書《か》きましょう。（20点）（　　）

㋐ 自分《じぶん》の 名前《なまえ》。

㋑ 日づけや 曜日《ようび》。

㋒ だい名《めい》。

(2) この 日に した ことは 何《なん》ですか。（30点）

クロの ［　　　　］。

(3) クロに ついて「ぼく」は どう 思いましたか。つぎから えらび、記ごうで 書きましょう。（20点）（　　）

㋐ リードが きらい。

㋑ いつも 早おき。

㋒ おじいちゃんが すき。

(4) 書かれて いる 内《ない》ようの じゅんに、（　）に 1～3の 番《ばん》ごうを 書きましょう。（ぜんぶできて30点）

（　）した こと。

（　）思った こと。

（　）言った こと。

／もう1回チャレンジ!!／

3 日記《にっき》の 書《か》き方《かた》

学しゅうした日　月　日

名前

とく点　／100点

目ひょう時間 20分

らくらくマルつけ

解説↓ 247ページ

2075

1 つぎの 日記《にっき》を 読《よ》んで、もんだいに 答《こた》えましょう。

□ 晴《は》れ

おじいちゃんと 犬の クロの さんぽに 行《い》きました。

朝《あさ》 おきたら、おじいちゃんと クロの 声《こえ》が 聞《き》こえたので、ぼくも 行く ことに しました。

公園《こうえん》では、ぼくが リードを もって 歩《ある》きました。

ぼくが 「クロ、うちに 帰《かえ》るよ。」と 言《い》っても、クロは また どこかに 行こうと しました。でも、おじいちゃんが 「帰るよ。」と 言うと、ちゃんと ついて 来《き》ました。

クロは、おじいちゃんが すきなんだなあと 思《おも》いました。

(1) □には 何《なに》が 入《はい》りますか。つぎから えらび、記ごうで 書《か》きましょう。(20点) （　　）

㋐ 自分《じぶん》の 名前《なまえ》。
㋑ 日づけや 曜日《ようび》。
㋒ だい名《めい》。

(2) この 日に した ことは 何《なん》ですか。(30点)

クロの □。

(3) クロに ついて「ぼく」は どう 思いましたか。つぎから えらび、記ごうで 書きましょう。(20点) （　　）

㋐ リードが きらい。
㋑ いつも 早おき。
㋒ おじいちゃんが すき。

(4) 書かれて いる 内《ない》ようの じゅんに、（　）に 1〜3の 番《ばん》ごうを 書きましょう。(ぜんぶできて30点)

（　）した こと。
（　）思った こと。
（　）言った こと。

国語

4 記《き》ろく文の 書《か》き方《かた》

✎学しゅうした日　月　日

名前

とく点　／100点

目ひょう時間 20分

らくらくマルつけ

解説↓ 247ページ

2076

1 **つぎの 記《き》ろく文を 読《よ》んで、もんだいに 答《こた》えましょう。**

七月 二日（月） 晴《は》れ

学校で うえた きゅうりの 花を かんさつしました。

花びらは 五まい。花の 色《いろ》は 黄《き》色です。花の 大きさは、ほとんどが 五百円玉ぐらいです。

花を さわって みたら、さらさらして いました。

においを かぐと、いい においが する 花と、しない 花が あることに 気が つきました。

においの しない 花には、つけねに 赤ちゃんきゅうりが ついて いる ものが ある ことにも 気が つきました。

こんどは、においが する 花と しない 花の ちがいを、しらべて みようと 思《おも》います。

(1) きゅうりの 花を かんさつして わかった ことを、線《せん》で むすびましょう。 1つ10点（40点）

① 花びらの 数《かず》 ・　　・黄色

② 色 ・　　・五まい

③ 大きさ ・　　・さらさら

④ 手ざわり ・　　・五百円玉ぐらい

(2) どんな ことに 気が つきましたか。 1つ15点（30点）

① いい [　　　] が する 花と しない 花が ある。

② [　　　　] きゅうりが ついて いる 花が ある。

(3) 書かれて いる 内《ない》ようの じゅんに、（　）に 1～3の 番《ばん》ごうを 書きましょう。 （ぜんぶできて30点）

（　）これから しらべる こと。

（　）においから 気が ついた こと。

（　）見た ことや さわった こと。

4 記《き》ろく文の 書《か》き方《かた》

学しゅうした日　月　日

名前

とく点　／100点

目ひょう時間 20分

らくらくマルつけ

解説↓247ページ

2076

1 つぎの 記《き》ろく文を 読《よ》んで、もんだいに 答《こた》えましょう。

七月 二日（月） 晴《は》れ

学校で うえた きゅうりの 花を かんさつしました。

花びらは 五まい。花の 色《いろ》は 黄《き》色です。花の 大きさは、ほとんどが 五百円玉ぐらいです。

花を さわって みたら、さらさらして いました。

においを かぐと、いい においが する 花と、しない 花が ある ことに 気が つきました。

においの しない 花には、つけねに 赤ちゃんきゅうりが ついて いる ものが ある ことにも 気が つきました。

こんどは、においが する 花と しない 花の ちがいを、しらべて みようと 思《おも》います。

(1) きゅうりの 花を かんさつして わかった ことを、線《せん》で むすびましょう。 1つ10点（40点）

①花びらの 数《かず》・　　・黄色

②色　・　　・五まい

③大きさ　・　　・さらさら

④手ざわり　・　　・五百円玉ぐらい

(2) どんな ことに 気が つきましたか。 1つ15点（30点）

①いい［　　　　］が する 花と しない 花が ある。

②［　　　　］きゅうりが ついて いる 花が ある。

(3) 書かれて いる 内《ない》ようの じゅんに、（　）に 1〜3の 番《ばん》ごうを 書きましょう。（ぜんぶできて30点）

（　）これから しらべる こと。

（　）においから 気が ついた こと。

（　）見た ことや さわった こと。

5 お話《はなし》を 読《よ》もう①

✎学しゅうした日　月　日

名前

とく点　/100点

目ひょう時間 20分

らくらくマルつけ
解説↓248ページ

2077

1 つぎの 文しょうを 読《よ》んで、もんだいに 答《こた》えましょう。

　春《はる》が めぐって きました。

　土の 中に、ねむって いた かえるたちは、せなかの 上の 土が あたたかく なって きたので、わかりました。

　さいしょに、みどりの かえるが、目を さましました。土の 上に、出て みました。まだ、ほかの かえるは、出て いません。

「おいおい、おきたまえ。もう 春だぞ。」

と、土の 中に むかって、よびました。

すると、黄色《きいろ》の かえるが、

「やれやれ、春に なったか。」

と 言《い》って、土から 出て きました。

「去年《きょねん》の けんか、わすれたか。」

と、みどりの かえるが 言いました。

「まて まて。からだの 土を あらいおとしてからに しようぜ。」

と、黄色の かえるが 言いました。

（新《にい》美《み》南《なん》吉《きち》「二ひきの かえる」より）

(1) せなかの 上の 土が あたたかく なって きた ことで、何《なに》が わかりましたか。つぎから えらび、記《き》ごうで 書《か》きましょう。（25点）

（　　）

ア みんなが おきた こと。

イ けんかして いる こと。

ウ 春が めぐって きた こと。

(2) さいしょに 目を さましたのは だれですか。（25点）

［　　　］の かえる。

(3) みどりの かえるに よばれて 出て きたのは だれですか。（25点）

［　　　］の かえる。

(4) 黄色の かえるは 何を してからに しようと 言いましたか。（25点）

からだの ［　　］を あらいおとしてからに しよう。

5 お話《はなし》を 読《よ》もう ①

学しゅうした日　　月　　日

名前

とく点　　／100点

目ひょう時間 20分

らくらくマルつけ

解説↓ 248ページ

2077

1 つぎの 文しょうを 読《よ》んで、もんだいに 答《こた》えましょう。

春《はる》が めぐって きました。

土の 中に、ねむって いた かえるたちは、せなかの 上の 土が あたたかく なって きたので、わかりました。

さいしょに、みどりの かえるが、目を さましました。土の 上に、出て みました。まだ、ほかの かえるは、出て いません。

「おいおい、おきたまえ。もう 春だぞ。」

と、土の 中に むかって、よびました。

すると、黄色《きいろ》の かえるが、

「やれやれ、春に なったか。」

と 言《い》って、土から 出て きました。

「去年《きょねん》の けんか、わすれたか。」

と、みどりの かえるが 言いました。

「まて まて。からだの 土を あらいおとしてからに しようぜ。」

と、黄色の かえるが 言いました。

（新美南吉《にいみなんきち》「二ひきの かえる」より）

(1) せなかの 上の 土が あたたかく なって きた ことで、何《なに》が わかりましたか。つぎから えらび、記《き》ごうで 書《か》きましょう。（25点）

（　　）

㋐ みんなが おきた こと。

㋑ けんかして いる こと。

㋒ 春が めぐって きたこと。

(2) さいしょに 目を さましたのは だれですか。（25点）

［　　　］の かえる。

(3) みどりの かえるに よばれて 出て きたのは だれですか。（25点）

［　　］の かえる。

(4) 黄色の かえるは 何を してからに しようと 言いましたか。（25点）

からだの ［　］を あらいおとしてからに しよう。

6 せつ明《めい》文を 読《よ》もう①

学しゅうした日　月　日

名前

とく点　/100点

目ひょう時間 20分

らくらくマルつけ

解説↓ 248ページ

2078

1 つぎの 文しょうを 読《よ》んで、もんだいに 答《こた》えましょう。

日本《にほん》で 見かける さくらの 多《おお》くが ソメイヨシノです。

春《はる》、ソメイヨシノは 花を いっせいに さかせます。そして、花びらが ちる ころに なると、かわって はが 出て きます。

夏《なつ》に なると、ソメイヨシノは みどりの はを しげらせます。

やがて、秋《あき》に なり 気おんが 下がって くると、はは しだいに 黄《き》色《いろ》や 赤に 色づきはじめます。

そして 冬《ふゆ》、ソメイヨシノは すべての はを おとし、ねむりに つきます。

近《ちか》づいて、えだの 先を よく 見て みましょう。小さな めが たくさん ついて います。あたたかく なると、この めが ふくらんで つぼみに なり、春に また、花を さかせるのです。

（書き下ろし）

(1) 日本で 見かける さくらの 多くは 何《なん》ですか。（20点）

(2) 花びらが ちると、何《なに》が 出て きますか。（20点）

□が 出て くる。

(3) えだの 先の 小さな めは あたたかく なると どう なりますか。（30点）

ふくらんで □に なる。

(4) 書《か》かれて いる 内《ない》ようの じゅんに、（　）に 1〜4の 番《ばん》ごうを 書きましょう。（ぜんぶできて30点）

（　）花を さかせる。

（　）はが おちる。

（　）はが 色づく。

（　）はが しげる。

6 せつ明《めい》文を 読《よ》もう ①

学しゅうした日　月　日

名前

とく点　／100点

目ひょう時間 20分

らくらくマルつけ

解説↓ 248ページ

2078

❶ つぎの 文しょうを 読《よ》んで、もんだいに 答《こた》えましょう。

　日本《にほん》で 見かける さくらの 多《おお》くが ソメイヨシノです。
　春《はる》、ソメイヨシノは 花を いっせいに さかせます。そして、花びらが ちる ころに なると、かわって はが 出て きます。
　夏《なつ》に なると、ソメイヨシノは みどりの はを しげらせます。
　やがて、秋《あき》に なり 気おんが 下がって くると、はは しだいに 黄《き》色《いろ》や 赤に 色づきはじめます。
　そして 冬《ふゆ》、ソメイヨシノは すべての はを おとし、ねむりに つきます。
　近《ちか》づいて、えだの 先を よく 見て みましょう。小さな めが たくさん ついています。あたたかく なると、この めが ふくらんで つぼみに なり、春に また、花を さかせるのです。

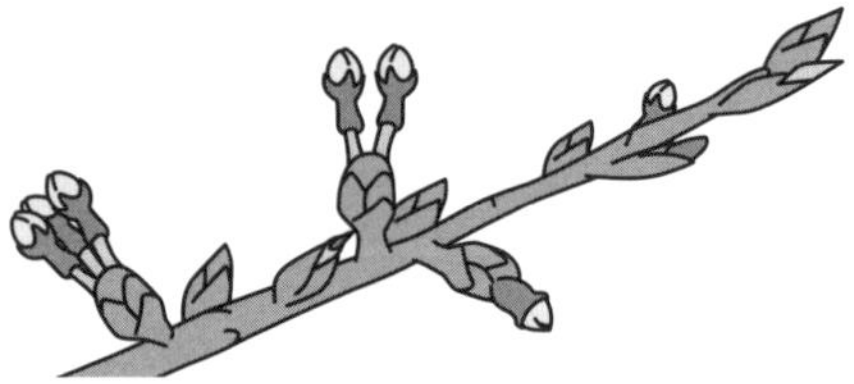

（書き下ろし）

(1) 日本で 見かける さくらの 多くは 何《なん》ですか。（20点）

□

(2) 花びらが ちると、何《なに》が 出て きますか。（20点）

□が 出て くる。

(3) えだの 先の 小さな めは あたたかく なると どう なりますか。（30点）

ふくらんで □に なる。

(4) 書《か》かれて いる 内《ない》ようの じゅんに、（　）に 1〜4の 番《ばん》ごうを 書きましょう。（ぜんぶできて30点）

（　）花を さかせる。
（　）はが おちる。
（　）はが 色づく。
（　）はが しげる。

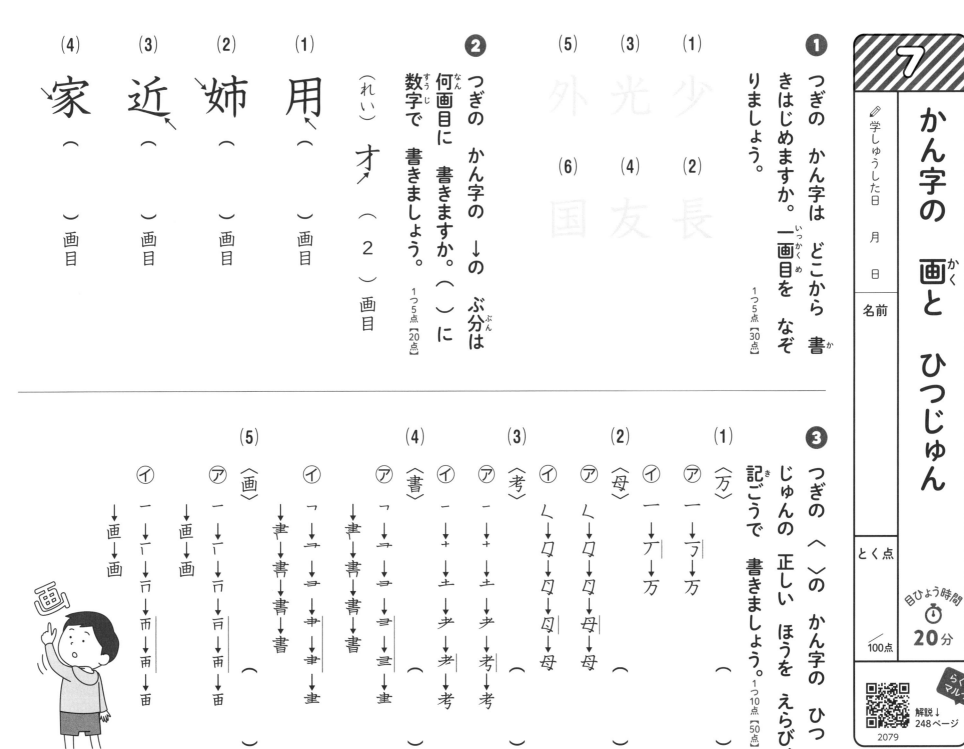

7 かん字の 画《かく》と ひつじゅん

学しゅうした日　月　日

名前

とく点　／100点

目ひょう時間　20分

らくらくマルつけ

解説↓ 248ページ

2079

国語

1 つぎの かん字は どこから 書《か》きはじめますか。一画目《いっかくめ》を なぞりましょう。　1つ5点【30点】

(1) 少　(2) 長

(3) 光　(4) 友

(5) 外　(6) 国

2 つぎの かん字の ↓の ぶ分《ぶん》は 何《なん》画目に 書きますか。（　）に 数字《すうじ》で 書きましょう。　1つ5点【20点】

（れい） 才　（ ２ ）画目

(1) 用　（　　）画目

(2) 姉　（　　）画目

(3) 近　（　　）画目

(4) 家　（　　）画目

3 つぎの 〈　〉の かん字の ひつじゅんの 正しい ほうを えらび、記《き》ごうで 書きましょう。　1つ10点【50点】

(1) 〈万〉　㋐ 一→丂→万　㋑ 一→丆→万　（　　）

(2) 〈母〉　㋐ ㄑ→口→母→母→母　㋑ ㄑ→口→母→母→母　（　　）

(3) 〈考〉　㋐ 一→十→土→耂→考→考　㋑ 一→十→土→耂→考→考　（　　）

(4) 〈書〉　㋐ ㇕→⺕→⺕→⺕→聿→書→書→書　㋑ ㇕→⺕→⺕→⺕→聿→書→書→書　（　　）

(5) 〈画〉　㋐ 一→丅→币→币→币→画→画　㋑ 一→丅→币→币→币→画→画　（　　）

もう1回チャレンジ!!

7 かん字の 画《かく》と ひつじゅん

学しゅうした日　月　日

名前

とく点　／100点

目ひょう時間 20分

らくらくマルつけ

解説↓248ページ

2079

1 つぎの かん字は どこから 書《か》きはじめますか。一画目《いっかくめ》を なぞりましょう。 1つ5点【30点】

(1) 少　(2) 長

(3) 光　(4) 友

(5) 外　(6) 国

2 つぎの かん字の ↓の ぶ分《ぶん》は 何《なん》画目に 書きますか。（ ）に 数字《すうじ》で 書きましょう。 1つ5点【20点】

（れい） 才（ 2 ）画目

(1) 用（　　）画目

(2) 姉（　　）画目

(3) 近（　　）画目

(4) 家（　　）画目

3 つぎの〈 〉の かん字の ひつじゅんの 正しい ほうを えらび、記《き》ごうで 書きましょう。 1つ10点【50点】

(1)〈万〉（　　）
- ㋐ 一→丂→万
- ㋑ 一→丆→万

(2)〈母〉（　　）
- ㋐ く→口→口→母→母
- ㋑ く→口→口→母→母

(3)〈考〉（　　）
- ㋐ 一→十→土→耂→考→考
- ㋑ 一→十→土→耂→耂→考

(4)〈書〉（　　）
- ㋐ ㇕→コ→ヨ→ヨ→三→聿→聿→書→書→書
- ㋑ ㇕→コ→ヨ→聿→聿→聿→聿→書→書→書

(5)〈画〉（　　）
- ㋐ 一→丅→冂→丙→両→亜→画→画
- ㋑ 一→丅→冂→丙→両→亜→画→画

国語

8 組《く》み合《あ》わせて できる かん字

学しゅうした日　月　日

名前

とく点　/100点

目ひょう時間 20分

解説↓ 249ページ

2080

らくらくマルつけ

1 □に かん字を 入れて、かん字の たし算《ざん》を かんせいさせましょう。　1つ8点【56点】

(1) 七 ＋ □ ＝ 切

(2) 日 ＋ □ ＝ 星

(3) 少 ＋ 止 ＝ □

(4) □ ＋ 日 ＝ 間

(5) 口 ＋ 口 ＝ □

(6) 十 ＋ 早 ＋ 月 ＝ □

(7) 立 ＋ 木 ＋ 見 ＝ □

2 カードを 二まい 組《く》み合《あ》わせて できた かん字を □に 書《か》きましょう。（同《おな》じ カードは 一どしか つかえません。）　1つ5点【20点】

心　日　山　口　玉　石　青　田

□
□
□
□

3 □に かん字を 入れて、かん字の 引《ひ》き算を かんせいさせましょう。　1つ8点【24点】

(1) 答 － 竹 ＝ □

(2) 理 － 王 ＝ □

(3) □ － 人 ＝ 内

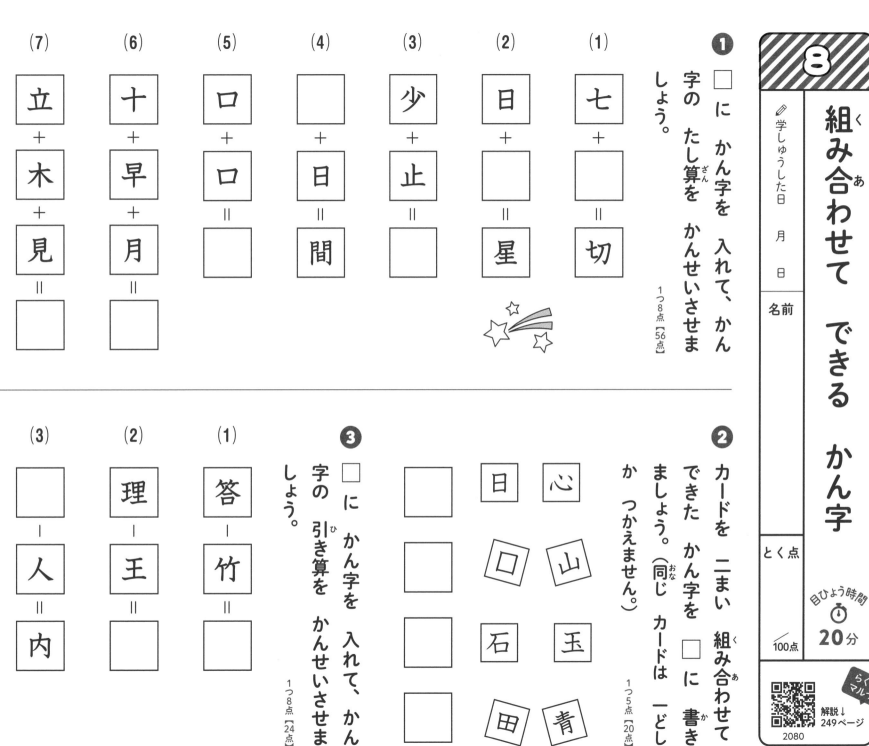

＼もう1回チャレンジ!!／

8 組《く》み合《あ》わせて できる かん字

学しゅうした日　月　日

名前

とく点　/100点

目ひょう時間 20分

らくらくマルつけ

解説↓ 249ページ

2080

❶ □に かん字を 入れて、かん字の たし算《ざん》を かんせいさせましょう。

1つ8点【56点】

(1) 七 ＋ □ ＝ 切

(2) 日 ＋ □ ＝ 星

(3) 少 ＋ 止 ＝ □

(4) □ ＋ 日 ＝ 間

(5) 口 ＋ 口 ＝ □

(6) 十 ＋ 早 ＋ 月 ＝ □

(7) 立 ＋ 木 ＋ 見 ＝ □

❷ カードを 二まい 組《く》み合《あ》わせて できた かん字を □に 書《か》きましょう。（同《おな》じ カードは 一どしか つかえません。）

1つ5点【20点】

心　山　玉　青

日　口　石　田

□

□

□

□

❸ □に かん字を 入れて、かん字の 引《ひ》き算を かんせいさせましょう。

1つ8点【24点】

(1) 答 − 竹 ＝ □

(2) 理 − 王 ＝ □

(3) □ − 人 ＝ 内

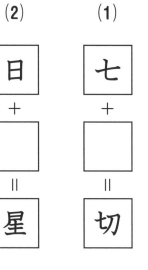

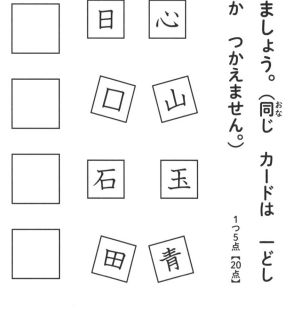

9 丸《まる》・点《てん》・かぎ

学しゅうした日　月　日

名前

とく点　　/100点

目ひょう時間 20分

らくらくマルつけ

解説↓ 249ページ

2081

国語

1 丸《まる》（。）、点《てん》（、）、かぎ（「　」）を、□の 正しい 場《ば》しょに 書《か》き ましょう。　1つ5点【40点】

休《やす》み時間《じかん》に (1)□ 友《とも》だちと
なわとびを しました (2)□
二じゅうとびが できた
とき (3)□ 友だちが (4)□
(5)□ すごい、すごい (6)□
と、ほめて くれたのが (7)□
とても うれしかったです (8)□

2 つぎの 文を 丸（。）と かぎ（「　」）を つかって、げんこう用《よう》紙《し》に 正しく 書き直《なお》しましょう。（話《はな》す ことばは、行《ぎょう》を かえて 書きます。）　【30点】

ぼくは、おやすみと言《い》いました
そして、へやに行《い》きました

ぼくは、

3 つぎの 文は くぎり方《かた》によって、二通《ふたとお》りの いみの 文に なります。点（、）を 一つ 入れて、絵《え》の ことばを つかった 二通りの 文を 書きましょう。　1つ15点【30点】

母《はは》にはきものをもらう。

もう1回チャレンジ!!

9

丸《まる》・点《てん》・かぎ

学しゅうした日　月　日

名前

とく点　/100点

目ひょう時間　20分

らくらくマルつけ

解説↓ 249ページ

2081

1 丸《まる》（。）、点《てん》（、）、かぎ（「　」）を、□の 正しい 場《ば》しょに 書《か》きましょう。

1つ5点【40点】

休《やす》み時《じ》間《かん》に(1)□友《とも》だちと
なわとびを しました(2)□
二じゅうとびが できた
とき(3)□友だちが(4)□
(5)□すごい、すごい(6)□
と、ほめて くれたのが(7)□
とても うれしかったです(8)□

2 つぎの 文を 丸（。）と かぎ（「　」）を つかって、げんこう用《よう》紙《し》に 正しく 書き直《なお》しましょう。（話《はな》す ことばは、行《ぎょう》を かえて 書きます。）

【30点】

ぼくは、おやすみと言《い》いました
そして、へやに行《い》きました

ぼくは、

3 つぎの 文は くぎり方《かた》によって、二通《ふたとお》りの いみの 文に なります。点（、）を 一つ 入れて、絵《え》の ことばを つかった 二通りの 文を 書きましょう。

1つ15点【30点】

母《はは》にはきものをもらう。

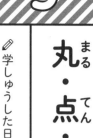

10

同《おな》じ ぶ分《ぶん》を もつ かん字

学しゅうした日　月　日

名前

とく点　/100点

目ひょう時間 20分

らくらくマルつけ

解説↓249ページ

2082

国語

❶ つぎの かん字の 同《おな》じ ぶ分《ぶん》を さがして、□に 書《か》きましょう。　1つ7点【28点】

(1) 道・近・遠　□

(2) 町・男・番　□

(3) 海・活・汽　□

(4) 国・園・図　□

❷ 同じ ぶ分を もつ かん字を □に 書きましょう。　1つ7点【42点】

(1) □《たい》力《りょく》□《づく》りに □《なに》か はじめよう。

(2) □《そと》で、□《おお》くの 人が □《よ》空を 見上げる。

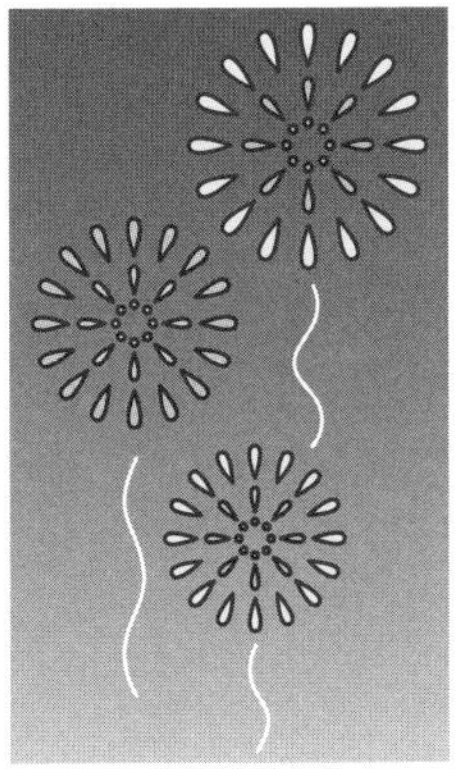

❸ □に あてはまる かん字を (れい)に ならって 書き入れ、かん字パズルを かんせいさせましょう。　1つ10点【30点】

(れい)「木」と 組《く》み合《あ》わせる ことで、①「村」②「林」③「校」④「森」の 四つ の かん字が できます。

	①寸	
④林	木	②木
	③交	

(1)

	青	
月		十
	寺	

(2)

	氏	
田		泉
	会	

(3)

	売	
舌		己
	十	

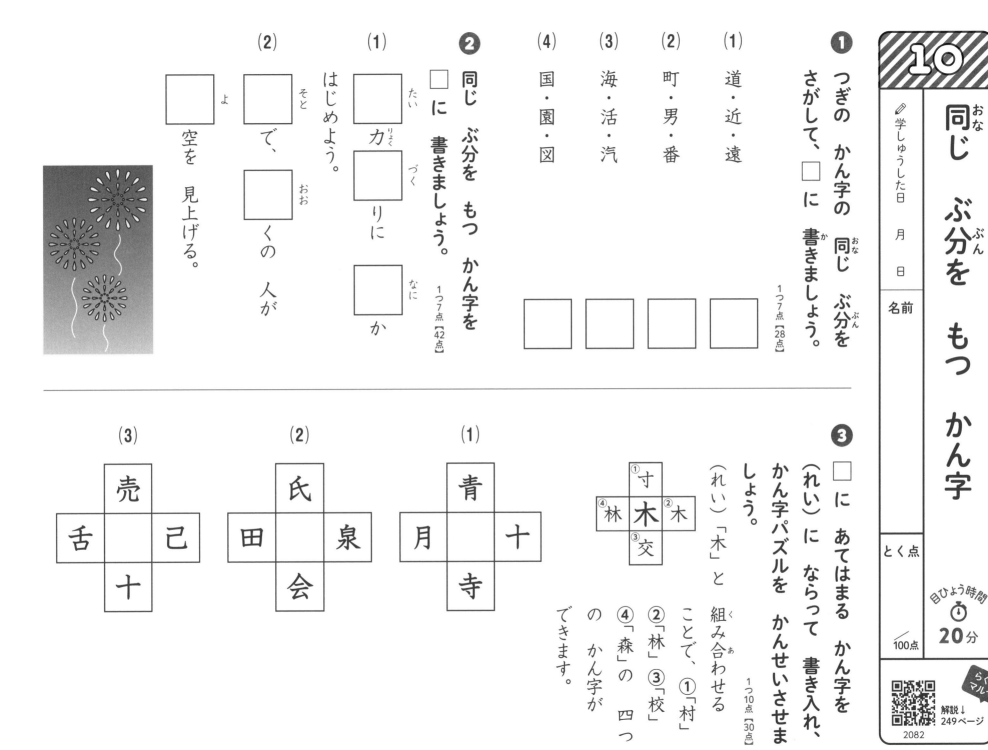

10 同《おな》じ ぶ分《ぶん》を もつ かん字

学しゅうした日　月　日

名前

とく点　/100点

目ひょう時間 20分

らくらくマルつけ

解説↓ 249ページ

2082

❶ つぎの かん字の 同《おな》じ ぶ分《ぶん》を さがして、□に 書《か》きましょう。 1つ7点【28点】

(1) 道・近・遠　□

(2) 町・男・番　□

(3) 海・活・汽　□

(4) 国・園・図　□

❷ 同じ ぶ分を もつ かん字を □に 書きましょう。 1つ7点【42点】

(1) □《たい》力《りょく》□《づく》りに □《なに》か はじめよう。

(2) □《そと》で、□《おお》くの 人が □《よ》空を 見上げる。

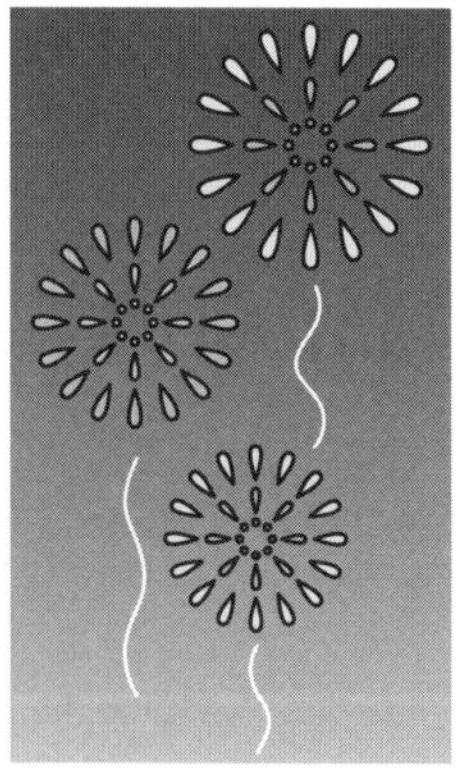

❸ □に あてはまる かん字を (れい)に ならって 書き入れ、かん字パズルを かんせいさせましょう。 1つ10点【30点】

	①寸	
④林	木	②木
	③交	

(れい)「木」と 組《く》み合《あ》わせる ことで、①「村」②「林」③「校」④「森」の 四つ の かん字が できます。

(1)

	青	
月	□	十
	寺	

(2)

	氏	
田	□	泉
	会	

(3)

	売	
舌	□	己
	十	

11 かん字③

学しゅうした日　月　日

名前

とく点　/100点

目ひょう時間　20分

らくらくマルつけ

解説↓250ページ

2083

国語

1 （　）に ——線《せん》の 読《よ》みがなを 書《か》きましょう。 1つ5点【50点】

(1) 毛糸の 手ぶくろ。（　　）

(2) 毎日 れんしゅうする。（　　）

(3) 夜空を 見上げる。（　　）

(4) 親しい 人。（　　）

(5) 夕方の けしき。（　　）

(6) 人間の れきし。（　　）

(7) 心を こめて 歌う。（　　）（　　）

(8) 父と 母。（　　）（　　）

2 □に かん字を 書きましょう。 1つ5点【50点】

(1) 月が □《あか》るい。

(2) ゆっくり □《ある》く。

(3) □《からだ》を 休める。

(4) 学校の □《もん》を くぐる。

(5) □《ひろ》□《ば》で あそぶ。

(6) 一□《まん》□《えん》さつを 出す。

(7) □《さと》いもの りょう□《り》。

(8) 虫の □《な》き□《ごえ》。

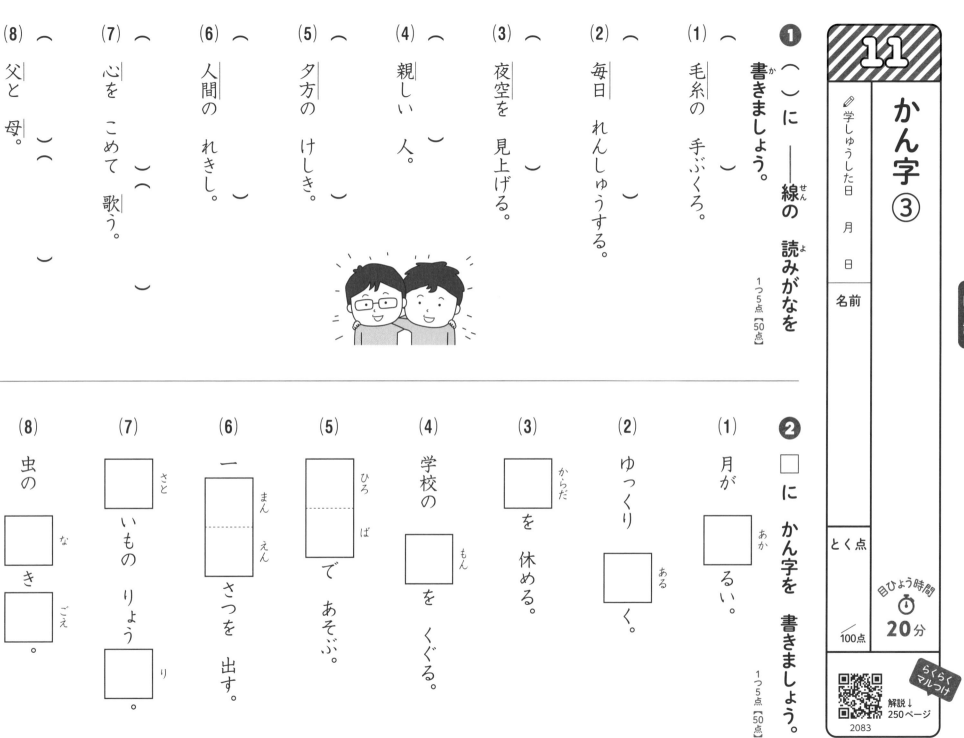

もう1回チャレンジ!!

11 かん字③

学しゅうした日　月　日

名前

とく点　/100点

目ひょう時間　20分

らくらくマルつけ

解説↓ 250ページ

2083

1 （　）に ——線《せん》の 読《よ》みがなを 書《か》きましょう。 1つ5点【50点】

(1) 毛糸の 手ぶくろ。（　　）

(2) 毎日 れんしゅうする。（　　）

(3) 夜空を 見上げる。（　　）

(4) 親しい 人。（　　）

(5) 夕方の けしき。（　　）

(6) 人間の れきし。（　　）

(7) 心を こめて 歌う。（　　）（　　）

(8) 父と 母。（　　）（　　）

2 □に かん字を 書きましょう。 1つ5点【50点】

(1) 月が □《あか》るい。

(2) ゆっくり □《ある》く。

(3) □《からだ》を 休める。

(4) 学校の □《もん》を くぐる。

(5) □□《ひろば》で あそぶ。

(6) 一□□《まんえん》さつを 出す。

(7) □《さと》いもの りょう□《り》。

(8) 虫の □《な》き□《ごえ》。

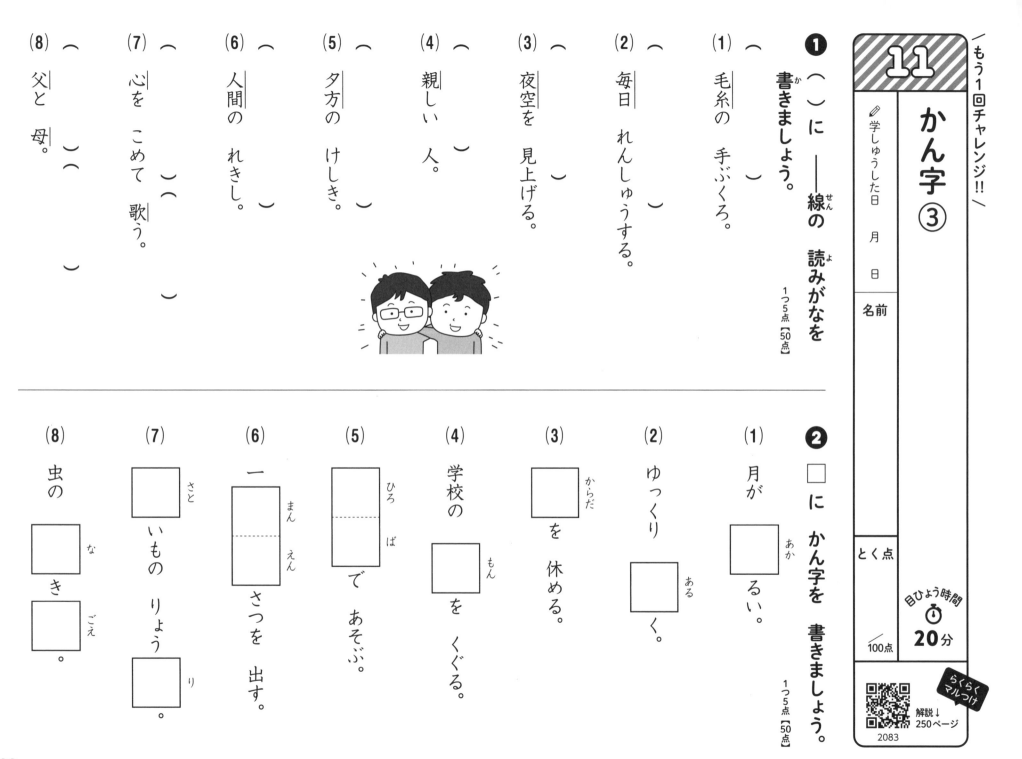

12 かん字④

学しゅうした日　月　日

なまえ

とく点　／100点

目ひょう時間 20分

らくらくマルつけ

解説↓250ページ

2084

❶ （　）に ――線《せん》の よみがなを かきましょう。

1つ5点【50点】

(1) 点線で つなぐ。（　）

(2) 電話を かける。（　）

(3) 画用紙を もらう。（　）

(4) 元気が 出る。（　）

(5) 計算を する。（　）

(6) 公園で あそぶ。（　）

(7) 作り方《かた》を 教える。（　）（　）

(8) 黒い 馬。（　）（　）

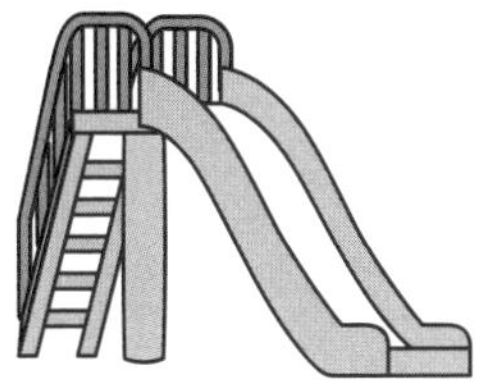

❷ □に かん字を かきましょう。

1つ5点【50点】

(1) 本を □《よ》む。

(2) すずしい □《かぜ》が ふく。

(3) □《ひる》休みを とる。

(4) □《いろ》えんぴつを つかう。

(5) 犬が □《はし》る。

(6) □《じ》□《かん》を つぶす。

(7) □《な》□《まえ》を □《か》く。

(8) □《なが》い すべり □《だい》。

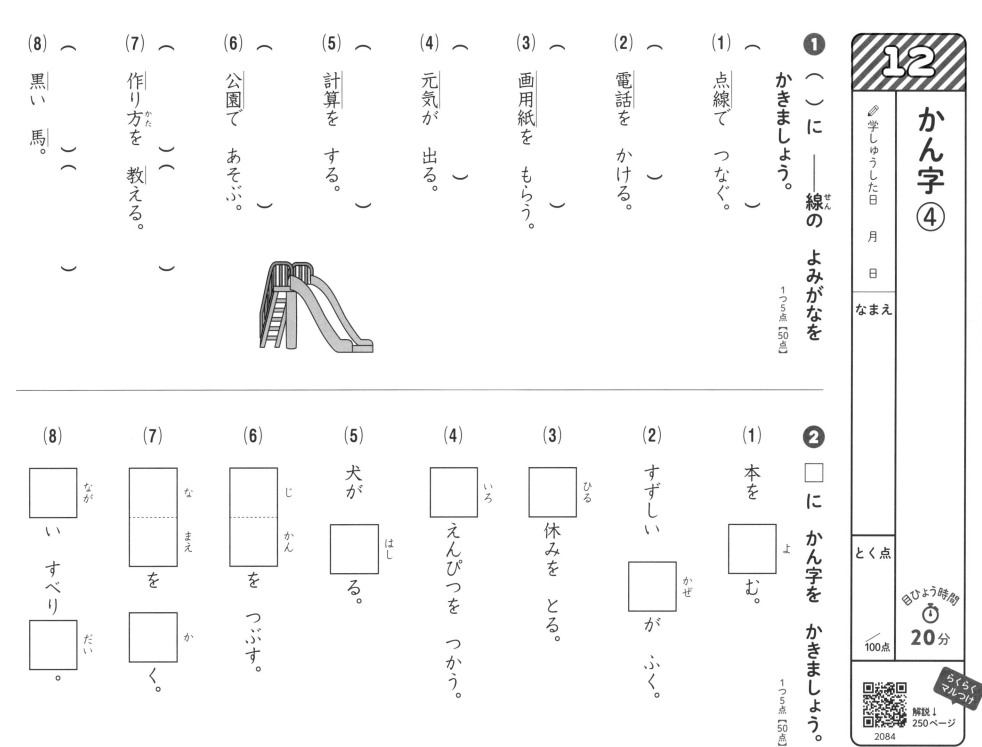

もう1回チャレンジ!!

12 かん字④

学しゅうした日　月　日

名前

とく点　/100点

目ひょう時間 20分

らくらくマルつけ

解説↓ 250ページ

2084

❶ （ ）に ——線《せん》の よみがなを かきましょう。　1つ5点【50点】

(1) 点線で つなぐ。（　）

(2) 電話を かける。（　）

(3) 画用紙を もらう。（　）

(4) 元気が 出る。（　）

(5) 計算を する。（　）

(6) 公園で あそぶ。（　）

(7) 作り方《かた》を 教える。（　）（　）

(8) 黒い 馬。（　）（　）

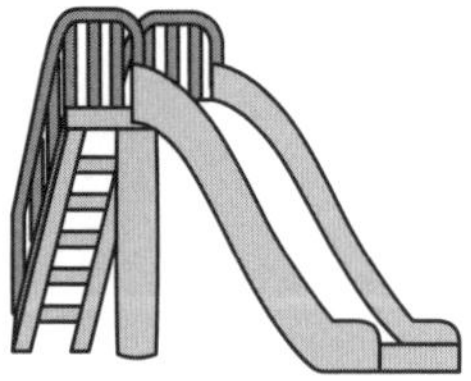

❷ □に かん字を かきましょう。　1つ5点【50点】

(1) 本を □《よ》む。

(2) すずしい □《かぜ》が ふく。

(3) □《ひる》休みを とる。

(4) □《いろ》えんぴつを つかう。

(5) 犬が □《はし》る。

(6) □《じ》□《かん》を つぶす。

(7) □《な》□《まえ》を □《か》く。

(8) □《なが》い すべり □《だい》。

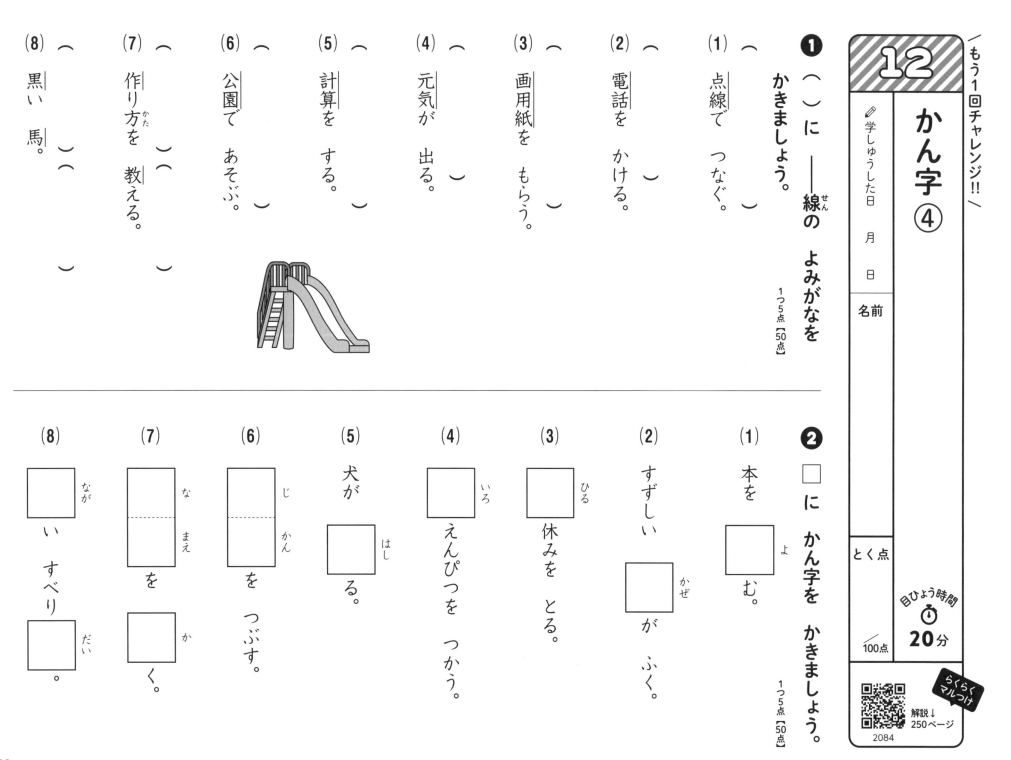

13 お話《はなし》を 読《よ》もう ②

学しゅうした日　月　日

名前

とく点　/100点

目ひょう時間 20分

らくらくマルつけ

解説↓ 250ページ

2085

1 つぎの 文しょうを 読《よ》んで、もんだいに 答《こた》えましょう。

［草とりを して いる じっさまの そばもちを さるどもが たべはじめた。］

　さるどもが あんまり うまそうに 食《た》べて おるので、なにも 言《い》わず、はたけの すみに 引《ひ》っくり かえって ねて おった。

　すると、さるどもは、じっさまを じぞうさまと まちがえて しもうた。

「あんりゃ、こんげな ところに じぞうさまが ころげて いなさる。もったいない。むこう山の おどうに おまつりして あげよ うじゃねえか。」

と 言うて、さるどもは、手と 手を 組《く》んで、手車《てぐるま》を 作《つく》り、その 上に じっさまを すわらせ、じょいやさ、じょいやさと、おみこしを かつぐみたいに して、はこんで いった。

　じっさまは みょうな ことに なったわいと 思《おも》うたが、だまって じっと 目を つぶって おった。

（西郷竹彦《さいごうたけひこ》「さるじぞう」より）

(1) さるどもは どのように そばもちを 食べて いましたか。（30点）

食べて いた。

(2) さるどもは、じっさまを 何《なに》と まちがえましたか。（20点）

(3) さるどもは、どんな ふうに じっさまを はこびましたか。（30点）

を かつぐ みたいに はこんだ。

(4) かつがれた じっさまは どうして いましたか。つぎから えらび、記《き》ごうで 書《か》きましょう。（20点）

（　　）

㋐ 心《こころ》から よろこんで いた。

㋑ だまって がまんして いた。

㋒ しずかに かなしんで いた。

13 お話《はなし》を 読《よ》もう ②

学しゅうした日　月　日

名前

とく点　/100点

目ひょう時間 20分

らくらくマルつけ

解説↓ 250ページ

2085

❶ つぎの 文しょうを 読《よ》んで、もんだいに 答《こた》えましょう。

［草とりを して いる じっさまの そばもちを さるどもが たべはじめた。］

さるどもが あんまり うまそうに 食《た》べて おるので、なにも 言《い》わず、はたけの すみに 引《ひ》っくり かえって ねて おった。

すると、さるどもは、じっさまを じぞうさまと まちがえて しもうた。

「あんりゃ、こんげな ところに じぞうさまが ころげて いなさる。もったいない。むこう山の おどうに おまつりして あげよ うじゃねえか。」

と 言うて、さるどもは、手と 手を 組《く》んで、手車《てぐるま》を 作《つく》り、その 上に じっさまを すわらせ、じょいやさ、じょいやさと、おみこしを かつぐみたいに して、はこんで いった。

じっさまは みょうな ことに なったわいと 思《おも》うたが、だまって じっと 目を つぶって おった。

（西郷竹彦《さいごうたけひこ》「さるじぞう」より）

(1) さるどもは どのように そばもちを 食べて いましたか。（30点）

［　　　　］食べて いた。

(2) さるどもは、じっさまを 何《なに》と まちがえましたか。（20点）

［　　　　］

(3) さるどもは、どんな ふうに じっさまを はこびましたか。（30点）

［　　　　］を かつぐ みたいに はこんだ。

(4) かつがれた じっさまは どう して いましたか。つぎから えらび、記《き》ごうで 書《か》きましょう。（20点）

（　　）

㋐ 心《こころ》から よろこんで いた。

㋑ だまって がまんして いた。

㋒ しずかに かなしんで いた。

14 せつ明《めい》文を　読《よ》もう②

学しゅうした日　月　日

名前

とく点　/100点

目ひょう時間　20分

らくらくマルつけ　解説↓250ページ　2086

国語

1 つぎの　文しょうを　読《よ》んで、もんだいに　答《こた》えましょう。

　セミの　羽化《うか》を　かんさつしましょう。

　夕方《ゆうがた》　くらく　なると、セミの　よう虫《ちゅう》は、地《じ》めんの　土から　出て、木に　のぼりはじめます。上へ　上へと　のぼって　いた　よう虫が　うごかなくなったら、羽化の　はじまりです。

　五分後《ごふんご》、せ中が　われはじめました。中から　セミの　体《からだ》が　少《すこ》しずつ　出て　きます。体が　ぜんぶ　出て　くるまで、四十分ほど　かかりました。

　羽《はね》は　まだ　くしゃくしゃです。

　ぬけがらに　ぶら下がり、羽を　のばしはじめてから　三十分後、いつもの　見なれた　セミの　形《かたち》に　なりました。まだ　体の　色《いろ》は、少し　みどりがかった　半《はん》とう明《めい》です。体の　色が　こく　なる　までには、さらに、三時間《さんじかん》ほど　かかります。

（書き下ろし）

(1) セミの　よう虫は　くらく　なると　どう　しますか。　1つ10点（20点）

□から　出て　□に　のぼりはじめる。

(2) 羽化は　いつ　はじまりますか。つぎから　えらび、記《き》ごうで　書《か》きましょう。（20点）（　　）

ア　うごきはじめたら。

イ　ねむったら。

ウ　うごきが　止《と》まったら。

(3) ぬけがらから　出た　ときの　セミは、どんな　色ですか。（30点）

みどりがかった　□　。

(4) 書かれて　いる　内《ない》ようの　じゅんに、（　）に　1〜3の　番《ばん》ごうを　書きましょう。（ぜんぶできて30点）

（　）体の　色が　こく　なる。

（　）見なれた　セミの　形に　なる。

（　）体が　ぜんぶ　出る。

もう1回チャレンジ!!

14

せつ明《めい》文を　読《よ》もう②

学しゅうした日　　月　　日

名前

とく点　　/100点

目ひょう時間　20分

らくらくマルつけ

解説↓ 250ページ

2086

1 **つぎの　文しょうを　読《よ》んで、もんだいに　答《こた》えましょう。**

セミの　羽《う》化《か》を　かんさつしましょう。

　夕方《ゆうがた》　くらく　なると、セミの　よう虫《ちゅう》は、地《じ》めんの　土から　出て、木に　のぼりはじめます。上へ　上へと　のぼって　いた　よう虫が　うごかなく　なったら、羽化の　はじまりです。

　五《ご》分《ふん》後《ご》、せ中が　われはじめました。中から　セミの　体《からだ》が　少《すこ》しずつ　出て　きます。体が　ぜんぶ　出て　くるまで、四十分ほど　かかりました。羽《はね》は　まだ　くしゃくしゃです。

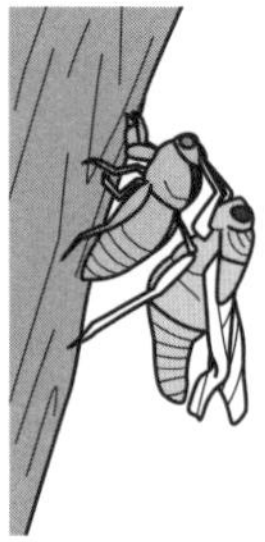

　ぬけがらに　ぶら下がり、羽を　のばしはじめてから　三十分後、いつもの　見なれた　セミの　形《かたち》に　なりました。まだ　体の　色《いろ》は、少し　みどりがかった　半《はん》とう明《めい》です。体の　色が　こく　なる　までには、さらに、三《さん》時《じ》間《かん》ほど　かかります。

（書き下ろし）

(1) セミの　よう虫は　くらく　なると　どう　しますか。　1つ10点（20点）

□から　出て　□に　のぼりはじめる。

(2) 羽化は　いつ　はじまりますか。つぎから　えらび、記《き》ごうで　書《か》きましょう。（20点）（　　　）

㋐ うごきはじめたら。

㋑ ねむったら。

㋒ うごきが　止《と》まったら。

(3) ぬけがらから　出た　ときの　セミは、どんな　色ですか。（30点）

みどりがかった　□。

(4) 書かれて　いる　内《ない》ようの　じゅんに、（　）に　1〜3の　番《ばん》ごうを　書きましょう。（ぜんぶできて30点）

（　）体の　色が　こく　なる。

（　）見なれた　セミの　形に　なる。

（　）体が　ぜんぶ　出る。

15

しを 読《よ》もう ①

学しゅうした日　月　日

名前

とく点
/100点

目ひょう時間 20分

らくらくマルつけ

解説↓ 251ページ

2087

国語

❶ つぎの しを 読《よ》んで、もんだいに 答《こた》えましょう。

ゆめみるいなご

いなごわたる

ぼくはいつも　ゆめみるいなご
たびにでたいと　ゆめみるいなご
みつめろ　ちへいせん
みあげろ　あおいそら
ぼくは　いつか　きっと
ひこうきに　なるぞ

ぼくはいつも　ゆめみるいなご
たびにでたいと　ゆめみるいなご
ふんばれ　6ぽんのあし
ひろげろ　4まいのはね
ぼくは　いつか　きっと
くもに　とびのるぞ

（工藤直子《くどうなおこ》「のはらうたⅠ」より）

(1) 「ぼく」とは、どんな 生きもので すか。（20点）

［　　　　］

(2) 「ぼく」は、地《ち》へい線《せん》や 青い 空を 見て、どう 思《おも》って いますか。（20点）

いつか ［　　　　］ に なろうと 思って いる。

(3) 「ぼく」は、雲《くも》に とびのる ために どう して いますか。（1つ20点）（40点）

［　　］ を ふんばり、
［　　］ を 広《ひろ》げて いる。

(4) 「ぼく」は 何《なに》を ゆめ見て いますか。つぎから えらび、記《き》ごうで 書《か》きましょう。（20点）

ア 大きく なる こと。
イ たびに 出る こと。
ウ 家《いえ》に 帰《かえ》る こと。

（　　）

15 しを 読《よ》もう①

学しゅうした日　月　日

名前

とく点　/100点

目ひょう時間 20分

らくらくマルつけ

解説↓ 251ページ

2087

❶ つぎの しを 読《よ》んで、もんだいに 答《こた》えましょう。

ゆめみるいなご

いなごわたる

ぼくはいつも　ゆめみるいなご
たびにでたいと　ゆめみるいなご
みつめろ　ちへいせん
みあげろ　あおいそら
ぼくは　いつか　きっと
ひこうきに　なるぞ

ぼくはいつも　ゆめみるいなご
たびにでたいと　ゆめみるいなご
ふんばれ　6ぽんのあし
ひろげろ　4まいのはね
ぼくは　いつか　きっと
くもに　とびのるぞ

（工藤直子《くどうなおこ》「のはらうたI」より）

(1) 「ぼく」とは、どんな 生きもので すか。 (20点)

[　　　]

(2) 「ぼく」は、地《ち》へい線《せん》や 青い 空を 見て、どう 思《おも》って いますか。 (20点)

いつか [　　　] に なろうと 思って いる。

(3) 「ぼく」は、雲《くも》に とびのる ために どう して いますか。 1つ20点(40点)

[　　　] を ふんばり、[　　　] を 広《ひろ》げて いる。

(4) 「ぼく」は 何《なに》を ゆめ見て いますか。つぎから えらび、記《き》ごうで 書《か》きましょう。 (20点)

㋐ 大きく なる こと。
㋑ たびに 出る こと。
㋒ 家《いえ》に 帰《かえ》る こと。

（　　）

16

かん字の 画数《かくすう》

学しゅうした日　月　日

名前

とく点　/100点

目ひょう時間　20分

らくらくマルつけ

解説↓ 251ページ

2088

国語

1 つぎの かん字の 画数《かくすう》を、(れい) に ならって ( ) に 数字で 書《か》きましょう。 1つ6点【60点】

(れい) 元 (4) 画

(1) 毎 (　　) 画

(2) 弓 (　　) 画

(3) 近 (　　) 画

(4) 公 (　　) 画

(5) 園 (　　) 画

(6) 直 (　　) 画

(7) 弟 (　　) 画

(8) 曜 (　　) 画

(9) 鳥 (　　) 画

(10) 歌 (　　) 画

---

2 つぎの かん字と 画数が 同《おな》じ かん字を、線《せん》で むすびましょう。 1つ5点【20点】

(1) 姉・	・麦
(2) 後・	・家
(3) 夏・	・国
(4) 図・	・食

3 つぎの かん字の 中から、ほかと 画数の ちがう ものを えらび、○で かこみましょう。 1つ5点【20点】

(1) 交・古・広

(2) 戸・今・冬

(3) 角・店・来

(4) 室・歩・風

16 かん字の 画数《かくすう》

学しゅうした日　月　日

名前

とく点　/100点

目ひょう時間 20分

らくらくマルつけ

解説↓ 251ページ

2088

1 つぎの かん字の 画数《かくすう》を、(れい) に ならって ( ) に 数字で 書《か》きましょう。　1つ6点【60点】

(れい) 元 (4) 画

(1) 毎 (　　) 画

(2) 弓 (　　) 画

(3) 近 (　　) 画

(4) 公 (　　) 画

(5) 園 (　　) 画

(6) 直 (　　) 画

(7) 弟 (　　) 画

(8) 曜 (　　) 画

(9) 鳥 (　　) 画

(10) 歌 (　　) 画

2 つぎの かん字と 画数が 同《おな》じ かん字を、線《せん》で むすびましょう。　1つ5点【20点】

(1) 姉・　　・麦

(2) 後・　　・家

(3) 夏・　　・国

(4) 図・　　・食

3 つぎの かん字の 中から、ほかと 画数の ちがう ものを えらび、○で かこみましょう。　1つ5点【20点】

(1) 交・古・広

(2) 戸・今・冬

(3) 角・店・来

(4) 室・歩・風

国語

17 カタカナで 書《か》く ことば

学しゅうした日　月　日

名前

とく点　/100点

目ひょう時間 20分

らくらくマルつけ
解説↓ 251ページ
2089

❶ つぎの せつ明《めい》に あてはまる ものを、あとから えらび、カタカナに 直《なお》して 書《か》きましょう。

1つ6点【30点】

(1) どうぶつの 鳴《な》き声《ごえ》。（　　）

(2) ものの 音。（　　）

(3) 外国《がいこく》から 来《き》た ものの ことば。（　　）

(4) 外国の 国《くに》や 土地《とち》の 名前《なまえ》。（　　）

(5) 外国の 人の 名前。（　　）

がちゃん　べえとうべん
あめりか　あいすくりいむ
にゃあにゃあ

❷ つぎの 文から カタカナで 書く ことばを さがし、カタカナに 直して 書きましょう。

1つ10点【70点】

(1) ぴかそは すぺいんで うまれた がかです。

（　　）（　　）

(2) ぺっとぼとるの なかに びいずを いれ、びにいるてえぷを はって、ふると しゃかしゃか なる まらかすを つくりました。

（　　）（　　）（　　）（　　）（　　）

17

カタカナで 書《か》く ことば

学しゅうした日　月　日

名前

とく点　／100点

目ひょう時間　20分

らくらくマルつけ

解説↓ 251ページ

2089

❶ つぎの せつ明《めい》に あてはまる ものを、あとから えらび、カタカナに 直《なお》して 書《か》きましょう。　1つ6点【30点】

(1) どうぶつの 鳴《な》き声《ごえ》。（　　）

(2) ものの 音。（　　）

(3) 外国《がいこく》から 来《き》た ものの ことば。（　　）

(4) 外国の 国《くに》や 土地《とち》の 名前《なまえ》。（　　）

(5) 外国の 人の 名前。（　　）

がちゃん	べえとうべん
あめりか	あいすくりいむ
にゃあにゃあ	

❷ つぎの 文から カタカナで 書く ことばを さがし、カタカナに 直して 書きましょう。　1つ10点【70点】

(1) ぴかそは すぺいんで うまれた がかです。

（　　）（　　）

(2) ぺっとぼとるの なかに びいずを いれ、びにいるてえぷを はって、ふると しゃかしゃか なる まらかすを つくりました。

（　　）（　　）（　　）（　　）（　　）

18

かん字の 読《よ》みと おくりがな

学しゅうした日　月　日

名前

とく点　／100点

目ひょう時間 20分

らくらく マルつけ

解説↓ 252ページ

2090

国語

1 つぎの ――線《せん》の 読《よ》みがなを 書《か》きましょう。 1つ3点【12点】

(1) 明

夜《よ》が 明ける。（　　）

明るい 人。（　　）

(2) 少

ものが 少ない。（　　）

少しずつ 入れる。（　　）

2 おくりがなの 正しい ほうを えらび、○を つけましょう。 1つ6点【18点】

(1) あたらしい

（　）新しい

（　）新らしい

(2) ひかる

（　）光かる

（　）光る

(3) こたえ

（　）答え

（　）答たえ

3 絵《え》を 見て、つぎの ことばを かん字と おくりがなで 書きましょう。 1つ10点【70点】

(1)

かんがえる

(2)
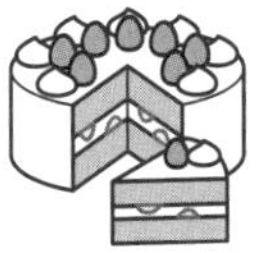
わける

(3)

あるく

(4)

かえる

(5)

おしえる

(6)

したしい

(7)

うしろ

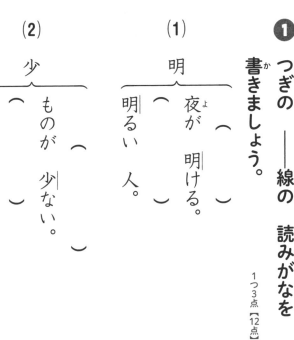

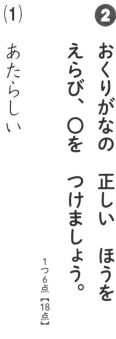

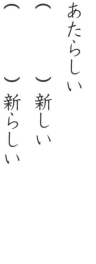

18 かん字の 読《よ》みと おくりがな

学しゅうした日　月　日

名前

とく点　/100点

目ひょう時間 20分

らくらくマルつけ

解説↓ 252ページ

2090

❶ つぎの ――線《せん》の 読《よ》みがなを 書《か》きましょう。 1つ3点【12点】

(1) 明

（　　）夜《よ》が 明ける。

（　　）明るい 人。

(2) 少

（　　）ものが 少ない。

（　　）少しずつ 入れる。

❷ おくりがなの 正しい ほうを えらび、〇を つけましょう。 1つ6点【18点】

(1) あたらしい
（　）新しい
（　）新らしい

(2) ひかる
（　）光かる
（　）光る

(3) こたえ
（　）答え
（　）答たえ

❸ 絵《え》を 見て、つぎの ことばを かん字と おくりがなで 書きましょう。 1つ10点【70点】

(1) 
かんがえる

(2) 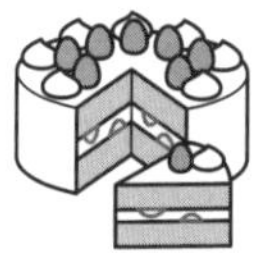
わける

(3) 
あるく

(4) 
かえる

(5) 
おしえる

(6) 
したしい

(7) 
うしろ

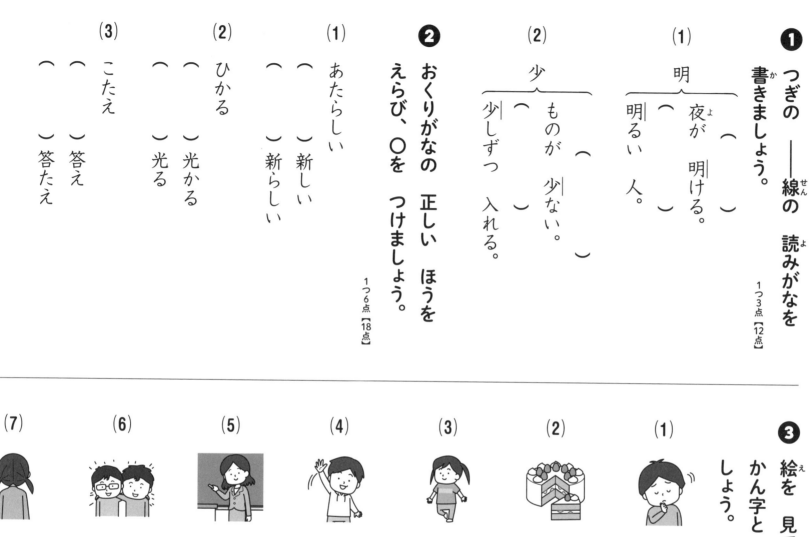

19 主語《しゅご》と 述語《じゅつご》①

学しゅうした日　月　日

名前

とく点　／100点

目ひょう時間 20分

らくらくマルつけ

解説↓ 252ページ

2091

国語

1 つぎの 文の 主語《しゅご》（「だれが（は）」「何《なに》が（は）」）に あたる ことばを 書《か》きましょう。　1つ10点【40点】

(1) 妹《いもうと》が わらう。

主語（　　　　）

(2) 雨が ふる。

主語（　　　　）

(3) この ゲームは 楽《たの》しい。

主語（　　　　）

(4) これは ぼくの ぼうしだ。

主語（　　　　）

2 つぎの 文の 述語《じゅつご》（「どうする」「どんなだ」「何《なん》だ」）に あたる ことばを 書きましょう。　1つ10点【30点】

(1) レモンは すっぱい。

述語（　　　　）

(2) この ひよこは オスだ。

述語（　　　　）

(3) わたしは 本を 読《よ》む。

述語（　　　　）

3 絵《え》に 合《あ》う 文に なるように、あとから 主語と 述語を それぞれ えらび、書きましょう。　1つ5点【30点】

(1)

主語（　　　　）

述語（　　　　）。

(2)

主語（　　　　）

述語（　　　　）。

(3)

主語（　　　　）

述語（　　　　）。

鳥《とり》は　にんじんも　ねこが
うさぎが　歌《うた》う　ねる
おどる　おいしい

もう1回チャレンジ!!

19 主語《しゅご》と 述語《じゅつご》 ①

学しゅうした日　月　日

名前

とく点　／100点

目ひょう時間 20分

らくらくマルつけ

解説↓ 252ページ

2091

❶ つぎの 文の 主語《しゅご》（「だれが（は）」「何《なに》が（は）」）に あたる ことばを 書《か》きましょう。

1つ10点【40点】

(1) 妹《いもうと》が わらう。

主語（　　　　）

(2) 雨が ふる。

主語（　　　　）

(3) この ゲームは 楽《たの》しい。

主語（　　　　）

(4) これは ぼくの ぼうしだ。

主語（　　　　）

❷ つぎの 文の 述語《じゅつご》（「どうする」「どんなだ」「何《なん》だ」）に あたる ことばを 書きましょう。

1つ10点【30点】

(1) レモンは すっぱい。

述語（　　　　）

(2) この ひよこは オスだ。

述語（　　　　）

(3) わたしは 本を 読《よ》む。

述語（　　　　）

❸ 絵《え》に 合《あ》う 文に なるように、あとから 主語と 述語を それぞれ えらび、書きましょう。

1つ5点【30点】

(1)

主語（　　　　）

述語（　　　　）。

(2)

主語（　　　　）

述語（　　　　）。

(3)

主語（　　　　）

述語（　　　　）。

鳥《とり》は　にんじんも　ねこが
うさぎが　歌《うた》う　ねる
おどる　おいしい

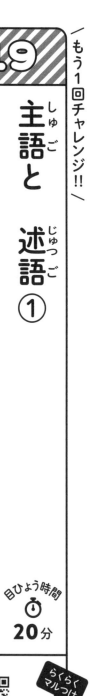

20 にた いみの ことば

学しゅうした日　月　日

名前

とく点　／100点

目ひょう時間 20分

らくらくマルつけ

解説↓252ページ

2092

国語

1 つぎの ことばと にた いみの ことばを、線《せん》で むすびましょう。 1つ5点【20点】

(1) あける ・　　・うるさい

(2) さわがしい ・　　・ひらく

(3) おわり ・　　・しゃべる

(4) 話《はな》す ・　　・おしまい

2 ――線の ことばと にた いみの ことばを あとから それぞれ えらび、書《か》きましょう。 1つ10点【30点】

(1) 話《はなし》に びっくりする。（　　　）

(2) おそろしい 目に あう。（　　　）

(3) のんびり 歩《ある》く。（　　　）

ゆっくり	うなずく	つらい
すたすた	おどろく	こわい

3 ――線の ことばと にた いみの ことばを えらび、○を つけましょう。 1つ5点【10点】

(1) サッカーが うまい。

（　）じょうずだ

（　）おいしい

(2) やさしい 友《とも》だち。

（　）かんたんな

（　）親切《しんせつ》な

4 つぎの ことばと にた いみの ことばを あとから それぞれ 二つ えらび、書きましょう。 1つ10点【40点】

(1) ぜんぶ（　　　）（　　　）

(2) すぐに（　　　）（　　　）

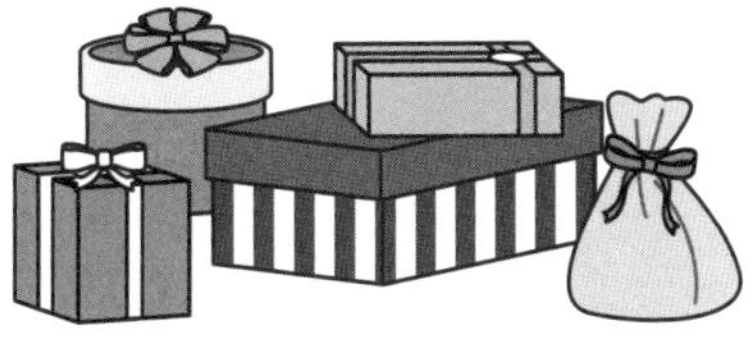

きっと	みんな	じきに
すべて	ただちに	いちぶ

もう1回チャレンジ!!

20

にた いみの ことば

学しゅうした日　月　日

名前

とく点　/100点

目ひょう時間 20分

らくらくマルつけ

解説↓ 252ページ

2092

1 つぎの ことばと にた いみの ことばを、線《せん》で むすびましょう。　1つ5点【20点】

(1) あける　・　　・うるさい

(2) さわがしい　・　　・ひらく

(3) おわり　・　　・しゃべる

(4) 話《はな》す　・　　・おしまい

2 ——線の ことばと にた いみの ことばを あとから それぞれ えらび、書《か》きましょう。　1つ10点【30点】

(1) 話《はなし》に びっくりする。　（　　　）

(2) おそろしい 目に あう。　（　　　）

(3) のんびり 歩《ある》く。　（　　　）

ゆっくり　うなずく　つらい
すたすた　おどろく　こわい

3 ——線の ことばと にた いみの ことばを えらび、○を つけましょう。　1つ5点【10点】

(1) サッカーが うまい。
（　）じょうずだ
（　）おいしい

(2) やさしい 友《とも》だち。
（　）かんたんな
（　）親切《しんせつ》な

4 つぎの ことばと にた いみの ことばを あとから 二つ えらび、書きましょう。　1つ10点【40点】

(1) ぜんぶ　（　　　）（　　　）

(2) すぐに　（　　　）（　　　）

きっと　みんな　じきに
すべて　ただちに　いちぶ

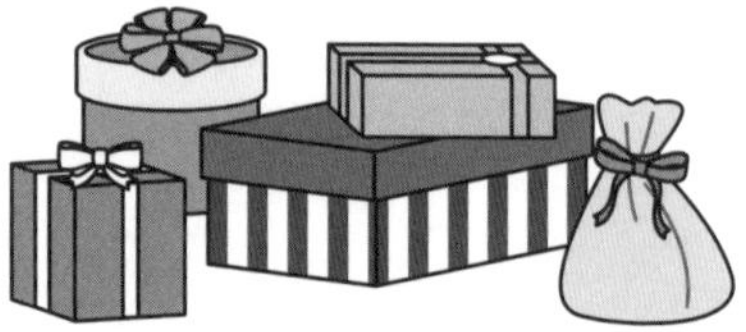

21 はんたいの いみの ことば

学しゅうした日　月　日

名前

とく点　／100点

目ひょう時間 20分

らくらくマルつけ
解説↓ 253ページ
2093

国語

1 つぎの ことばと はんたいの いみの ことばを、線《せん》で むすびましょう。 1つ5点【20点】

(1) あける・　・はじめ

(2) はやい・　・しめる

(3) おわり・　・ねる

(4) おきる・　・おそい

2 絵《え》に 合《あ》うように、——線の ことばと はんたいの いみの ことばを ひらがなで 書《か》きましょう。 1つ10点【20点】

(1)

高《たか》い ⟺ （　　　）

(2)

あつい ⟺ （　　　）

3 ——線の ことばと はんたいの いみの ことばを あとから それぞれ えらび、書きましょう。 1つ5点【10点】

(1) おもい にもつを もつ。（　　　）

(2) 本を 買《か》う。（　　　）

ふかい	売《う》る
かるい	読《よ》む

4 つぎの ことばと はんたいの いみの ことばを、かん字と おくりがなで 書きましょう。 1つ10点【50点】

(1) 遠《とお》い ⟺ □

(2) 太《ふと》い ⟺ □

(3) 多《おお》い ⟺ □

(4) 弱《よわ》い ⟺ □

(5) 古《ふる》い ⟺ □

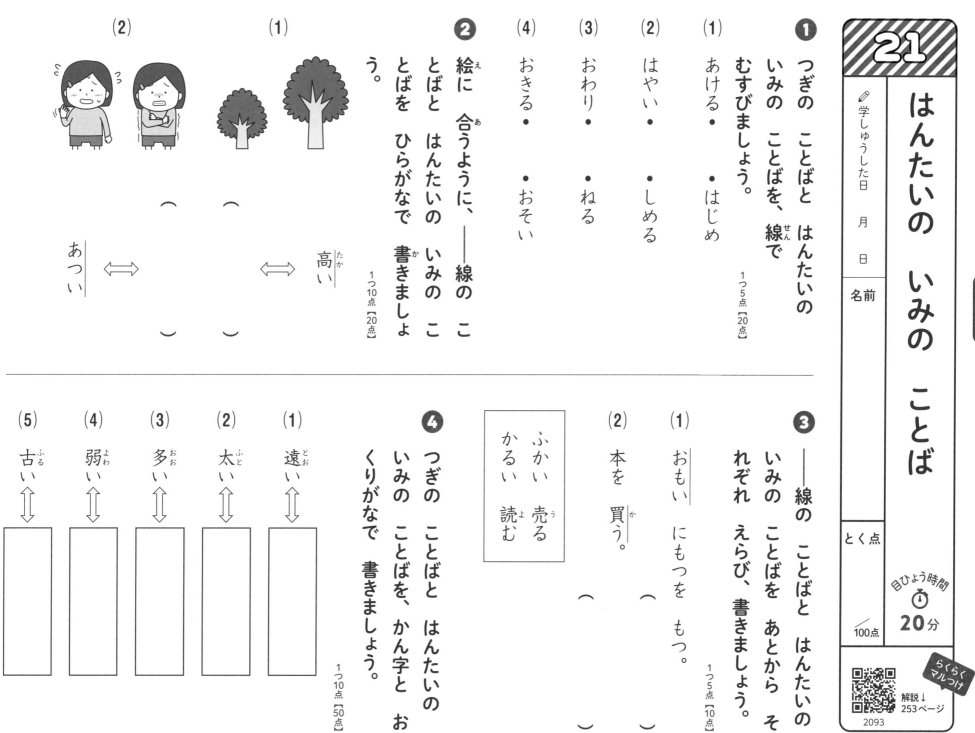

もう1回チャレンジ!!

21

はんたいの いみの ことば

学しゅうした日　月　日

名前

とく点　/100点

目ひょう時間　20分

らくらくマルつけ

解説↓253ページ

2093

❶ つぎの ことばと はんたいの いみの ことばを、線《せん》で むすびましょう。　1つ5点【20点】

(1) あける・　・はじめ

(2) はやい・　・しめる

(3) おわり・　・ねる

(4) おきる・　・おそい

❷ 絵《え》に 合《あ》うように、——線の ことばと はんたいの いみの ことばを ひらがなで 書《か》きましょう。　1つ10点【20点】

(1)

高《たか》い ⟺ （　　）

(2)

あつい ⟺ （　　）

❸ ——線の ことばと はんたいの いみの ことばを あとから それぞれ えらび、書きましょう。　1つ5点【10点】

(1) おもい にもつを もつ。（　　）

(2) 本を 買《か》う。（　　）

ふかい	売《う》る
かるい	読《よ》む

❹ つぎの ことばと はんたいの いみの ことばを、かん字と おくりがなで 書きましょう。　1つ10点【50点】

(1) 遠《とお》い ⟺ □

(2) 太《ふと》い ⟺ □

(3) 多《おお》い ⟺ □

(4) 弱《よわ》い ⟺ □

(5) 古《ふる》い ⟺ □

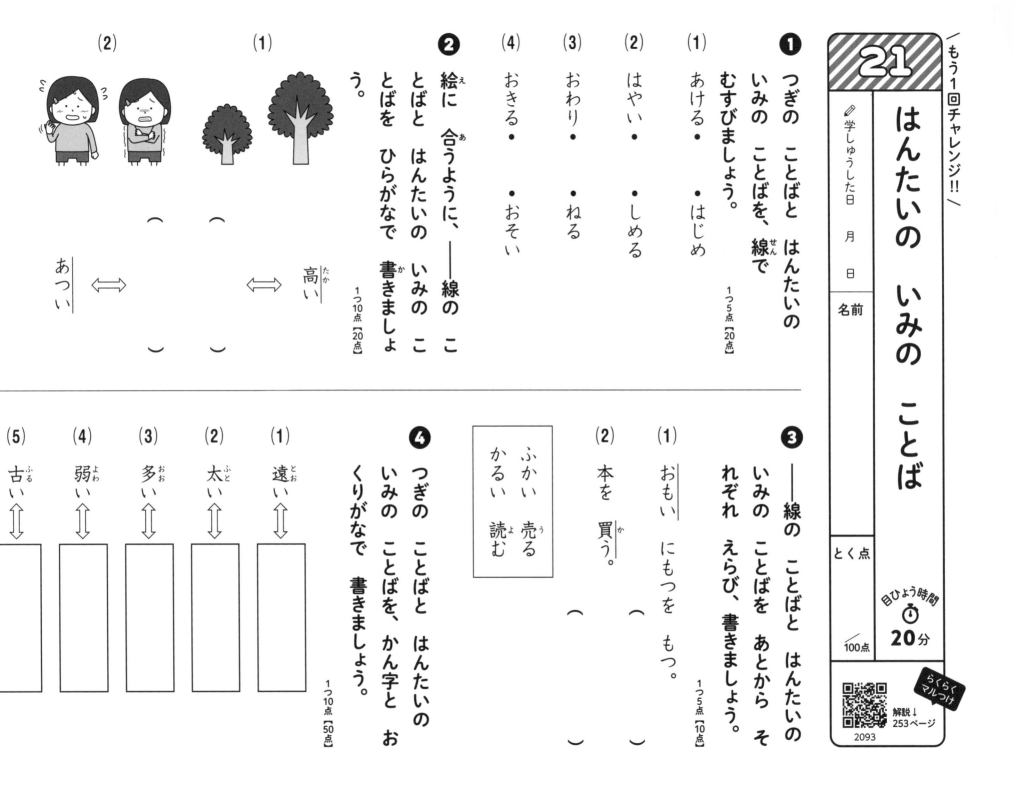

22

かん字⑤

学しゅうした日　月　日

名前

とく点

/100点

目ひょう時間 20分

解説↓ 253ページ

2094

らくらくマルつけ

こくご

❶ （　）に ——線《せん》の 読《よ》みがなを 書《か》きましょう。 1つ5点【50点】

(1) 黄色い かさ。（　）

(2) 岩山を のぼる。（　）

(3) 南むきの へや。（　）

(4) きげんが 直る。（　）

(5) 朝顔の かんさつ。（　）

(6) 市長の あいさつ。（　）

(7) 谷に 雪が つもる。（　）（　）

(8) 半分に 分ける。（　）（　）

❷ □に かん字を 書きましょう。 1つ5点【50点】

(1) □《そと》で あそぶ。

(2) ねだんが □《たか》い。

(3) えきが □《ちか》い。

(4) □《こめ》を とぐ。

(5) □《こく》□《ご》の ノート。

(6) □《ず》□《こう》の じゅぎょう。

(7) □《にし》がわの □《と》□《ち》。

(8) □《ふる》い □《てら》。

もう1回チャレンジ!!

22 かん字⑤

学しゅうした日　月　日

名前

とく点　／100点

目ひょう時間 20分

らくらくマルつけ

解説↓
253ページ

2094

❶（　）に ——線《せん》の 読《よ》みがなを 書《か》きましょう。

1つ5点【50点】

(1) 黄色（　）い かさ。

(2) 岩山（　）を のぼる。

(3) 南（　）むきの へや。

(4) きげんが 直（　）る。

(5) 朝顔（　）の かんさつ。

(6) 市長（　）の あいさつ。

(7) 谷（　）に 雪（　）が つもる。

(8) 半分（　）に 分（　）ける。

❷ □に かん字を 書きましょう。

1つ5点【50点】

(1) □《そと》で あそぶ。

(2) ねだんが □《たか》い。

(3) えきが □《ちか》い。

(4) □《こめ》を とぐ。

(5) □《こく》□《ご》の ノート。

(6) □《ず》□《こう》の じゅぎょう。

(7) □《にし》がわの □《と》□《ち》。

(8) □《ふる》い □《てら》。

23 かん字⑥

学しゅうした日　月　日

名前

とく点　/100点

目ひょう時間 20分

らくらくマルつけ

解説↓ 253ページ

2095

国語

❶（　）に ――線《せん》の 読《よ》みがなを 書《か》きましょう。 1つ5点【50点】

(1) （　　） 花を 売る。

(2) （　　） 力が 弱い。

(3) （　　） 三角じょうぎを つかう。

(4) （　　） 後ろを ふりむく。

(5) （　　） 野原の 草花。

(6) （　　） 小鳥が とぶ。

(7) （　　）（　　） 同い年の 友だち。

(8) （　　）（　　） 遠くの 国。

❷ □に かん字を 書《か》きましょう。 1つ5点【50点】

(1) □《はる》の 一日。

(2) □□《ゆみや》を かまえる。

(3) 休みが □《おお》い。

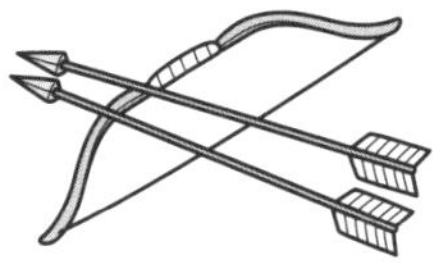

(4) □《くび》を ふる。

(5) □□《じぶん》の へや。

(6) □□《こんしゅう》の よてい。

(7) □□《かいしゃ》に □《い》く。

(8) □《なつ》の □《うみ》。

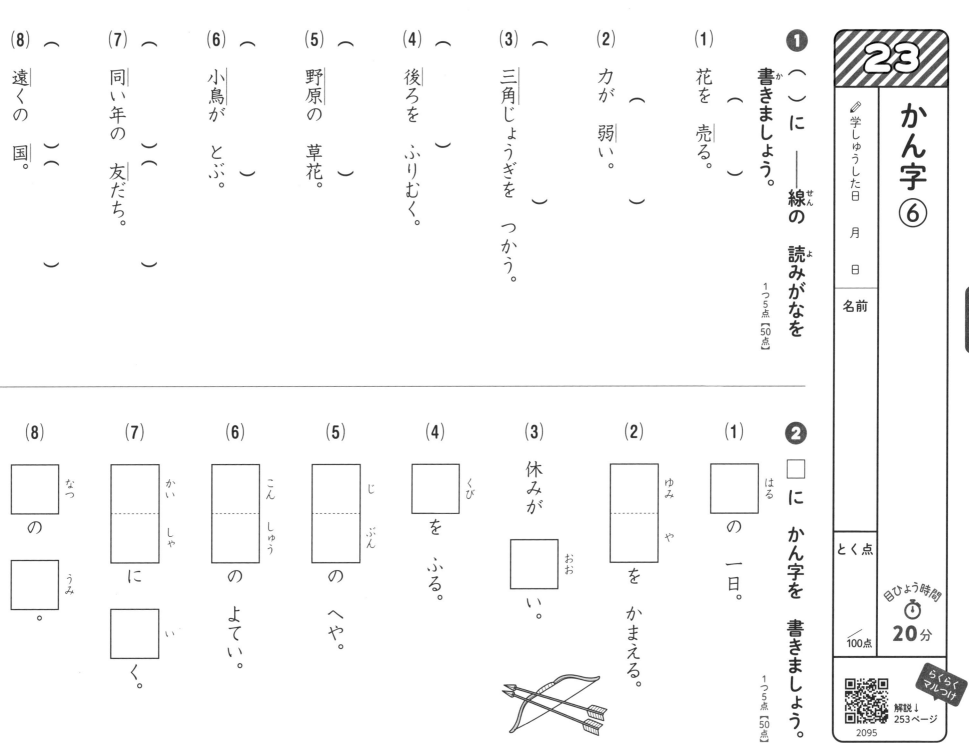

もう1回チャレンジ!!

23 かん字⑥

学しゅうした日　月　日

名前

とく点　/100点

目ひょう時間　20分

らくらくマルつけ

解説↓ 253ページ

2095

❶ （　）に ——線《せん》の 読《よ》みがなを 書《か》きましょう。 1つ5点【50点】

(1) 花を 売る。（　）（　）

(2) 力が 弱い。（　）

(3) 三角じょうぎを つかう。（　）

(4) 後ろを ふりむく。（　）

(5) 野原の 草花。（　）

(6) 小鳥が とぶ。（　）

(7) 同い年の 友だち。（　）（　）

(8) 遠くの 国。（　）（　）

❷ □に かん字を 書きましょう。 1つ5点【50点】

(1) □《はる》の 一日。

(2) □《ゆみ》□《や》を かまえる。

(3) 休みが □《おお》い。

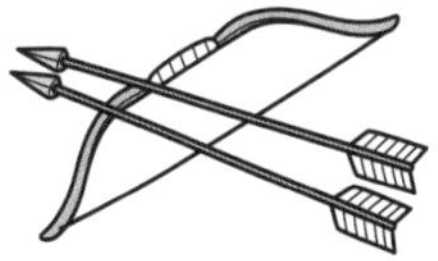

(4) □《くび》を ふる。

(5) □《じ》□《ぶん》の へや。

(6) □《こん》□《しゅう》の よてい。

(7) □《かい》□《しゃ》に □《い》く。

(8) □《なつ》の □《うみ》。

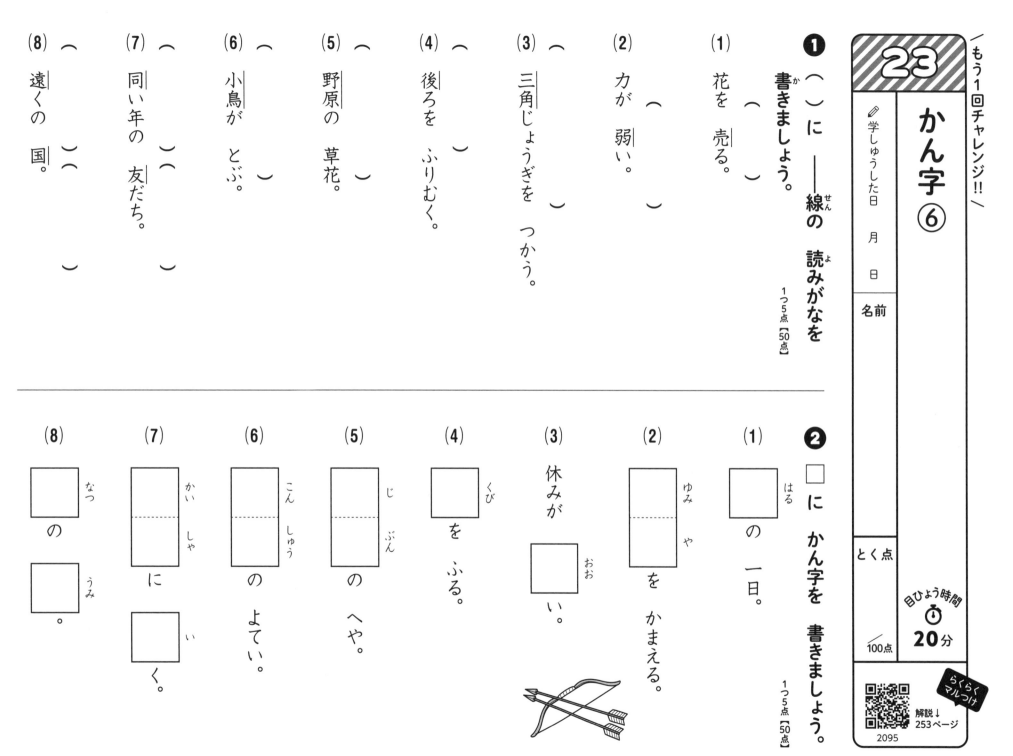

24

お話《はなし》を 読《よ》もう③

学しゅうした日　月　日

名前

とく点　/100点

目ひょう時間 20分

らくらくマルつけ

解説↓ 253ページ

2096

国語

❶ つぎの 文しょうを 読《よ》んで、もんだいに 答《こた》えましょう。

ある日、おばあさんが、はたけで いつものように えほんを よんで いると、うしろに なにか けはいを かんじました。

ふりかえると、ちかくの くさむらが がさがさと ゆれました。

「だれかが、わたしの はなしを きいて いたのかしら。」

おばあさんは ちょっとだけ はずかしく なりました。

その 日の 夜《よる》、おばあさんが、とじまりを しようと した とき、かきの 木の むこうに、小さな ひとかげを みつけました。

「だあれ？ なにか ごよう？」

こえを かけると、小さな こえが かえって きました。

「あのう、……、はこの、……、えほん、……、よんで ください……。」

なんと 月明《つきあ》かりに、男の子が たって いるでは ありませんか。

「へえ、えほんを？」

「さあ、ここに おすわり。」

（肥田美代子《ひだみよこ》「山のとしょかん」より）

(1) おばあさんは どこで 何《なに》を して いましたか。　1つ20点（40点）

［　　］で ［　　］を 読んで いた。

(2) おばあさんは けはいを かんじて どう 思《おも》いましたか。（20点）

自分《じぶん》の 話《はなし》を 聞《き》かれたと 思い、［　　　　　］なった。

(3) おばあさんが かきの 木の むこうに 人かげを 見つけたのは いつですか。（20点）

その 日の ［　］。

(4) 男の子は なぜ 立って いたのですか。つぎから えらび、記《き》ごうで 書《か》きましょう。（20点）

（　　）

㋐ えほんを なくしたから。

㋑ えほんを 読んで ほしいから。

㋒ 何か 話《はな》したかったから。

もう1回チャレンジ!!

24

お話《はなし》を 読《よ》もう③

学しゅうした日　月　日

名前

とく点　/100点

目ひょう時間 20分

解説↓253ページ

らくらくマルつけ

2096

❶ つぎの 文しょうを 読《よ》んで、もんだいに 答《こた》えましょう。

ある日、おばあさんが、はたけで いつものように えほんを よんで いると、うしろに なにか けはいを かんじました。

ふりかえると、ちかくの くさむらが がさがさと ゆれました。

「だれかが、わたしの はなしを きいて いたのかしら。」

おばあさんは ちょっとだけ はずかしく なりました。

その 日の 夜《よる》、おばあさんが、とじまりを しようと した とき、かきの 木の むこうに、小さな ひとかげを みつけました。

「だあれ？ なにか ごよう？」

こえを かけると、小さな こえが かえって きました。

「あのう、……、はこの、……、えほん、……、よんで ください……。」

なんと 月《つき》明《あ》かりに、男の子が たって いるでは ありませんか。

「へえ、えほんを？」

「さあ、ここに おすわり。」

（肥《ひ》田《だ》美《み》代子《よこ》「山のとしょかん」より）

(1) おばあさんは どこで 何《なに》を して いましたか。 1つ20点（40点）

［　　　　］で ［　　　　］を 読んで いた。

(2) おばあさんは けはいを かんじて どう 思《おも》いましたか。 （20点）

自分《じぶん》の 話《はなし》を 聞《き》かれたと 思い、［　　　　　］なった。

(3) おばあさんが かきの 木の むこうに 人かげを 見つけたのは いつですか。 （20点）

その 日の ［　］。

(4) 男の子は なぜ 立って いたのですか。つぎから えらび、記《き》ごうで 書《か》きましょう。 （20点）

（　　）

㋐ えほんを なくしたから。

㋑ えほんを 読んで ほしいから。

㋒ 何か 話《はな》したかったから。

25

せつ明《めい》文を 読《よ》もう③

学しゅうした日　　月　　日

名前

とく点　　／100点

目ひょう時間 20分

らくらくマルつけ

解説↓ 254ページ

2097

❶ つぎの 文しょうを 読《よ》んで、もんだいに 答《こた》えましょう。

紙《かみ》コップで けん玉を 作《つく》って あそびましょう。

ざいりょうを 用《よう》いします。紙コップ 二つに、新聞紙《しんぶんし》、二十センチメートルの 長《なが》さの タコ糸、ビニールテープです。

はじめに、新聞紙を 丸《まる》めて、けん玉の 玉を 作ります。手で 小さく ぎゅっと 丸めたら、その まわりを ビニールテープで まいて、玉が くずれないように します。

つぎに、タコ糸の はしを かたほうの 紙コップの そこに ビニールテープで はりつけます。

そして、二つの 紙コップの そこと そこを 合《あ》わせ、ビニールテープを まきつけて とめます。

さいごに、タコ糸の はしに 丸めた 玉を ビニールテープで はりつけたら かんせいです。

（書き下ろし）

(1) けん玉の 作り方《かた》を まとめた つぎの 文しょうを かんせいさせましょう。　1つ20点（60点）

① 玉を 作る。

② □ の はしを 紙コップの そこに はりつける。

③ 二つの □ の そこを 合わせて とめる。

④ □ を タコ糸の はしに はりつける。

(2) 玉の ざいりょうは 何《なん》ですか。（20点）

□ と ビニールテープ。

(3) ビニールテープで 玉の まわりを まく のは なぜですか。つぎから えらび、記《き》ごうで 書《か》きましょう。（20点）（　　）

㋐ はねるように する ため。

㋑ くずれないように する ため。

㋒ 大きく する ため。

もう1回チャレンジ!!

25 せつ明《めい》文を 読《よ》もう③

学しゅうした日　月　日

名前

とく点　　/100点

目ひょう時間 20分

らくらくマルつけ

解説↓254ページ

2097

❶ つぎの 文しょうを 読《よ》んで、もんだいに 答《こた》えましょう。

紙《かみ》コップで けん玉を 作《つく》って あそびましょう。

ざいりょうを 用《よう》いします。紙コップ 二つに、新聞紙《しんぶんし》、二十センチメートルの 長《なが》さの タコ糸、ビニールテープです。

はじめに、新聞紙を 丸《まる》めて、けん玉の 玉を 作ります。手で 小さく ぎゅっと 丸めたら、その まわりを ビニールテープで まいて、玉が くずれないように します。

つぎに、タコ糸の はしを かたほうの 紙コップの そこに ビニールテープで はりつけます。

そして、二つの 紙コップの そこと そこを 合《あ》わせ、ビニールテープを まきつけて とめます。

さいごに、タコ糸の はしに 丸めた 玉を ビニールテープで はりつけたら かんせいです。

（書き下ろし）

(1) けん玉の 作り方《かた》を まとめた つぎの 文しょうを かんせいさせましょう。 1つ20点（60点）

① 玉を 作る。

⬅

② [　　　] の はしを 紙コップの そこに はりつける。

⬅

③ 二つの [　　　　] の そこを 合わせて とめる。

⬅

④ [　] を タコ糸の はしに はりつける。

(2) 玉の ざいりょうは 何《なん》ですか。（20点）

[　　　] と ビニールテープ。

(3) ビニールテープで 玉の まわりを まく のは なぜですか。つぎから えらび、記《き》ごうで 書《か》きましょう。（20点）（　　）

ア はねるように する ため。

イ くずれないように する ため。

ウ 大きく する ため。

国語

26

つなぐ　はたらきの　ことば

学しゅうした日　月　日

名前

とく点　/100点

目ひょう時間 20分

らくらくマルつけ

解説↓ 254ページ

2098

1 ―線《せん》の　ことばが　正しく　つかわれて　いる　ほうを　えらび、記《き》ごうを　○で　かこみましょう。

1つ20点【40点】

(1)

ア　そして、おり紙《がみ》を　半分《はんぶん》に　おります。まず、もう　半分に　おります。

イ　まず、おり紙を　半分に　おります。つぎに、もう　半分に　おります。

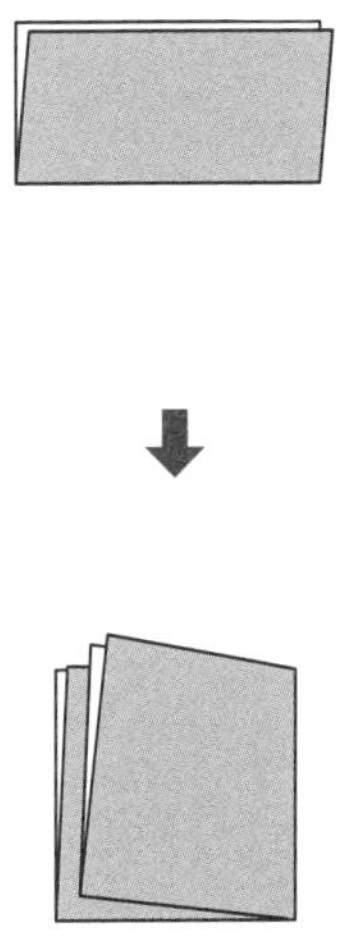

(2)

ア　おなかが　すいた。だから、おにぎりを　食《た》べた。

イ　おなかが　すいた。けれども、おにぎりを　食べた。

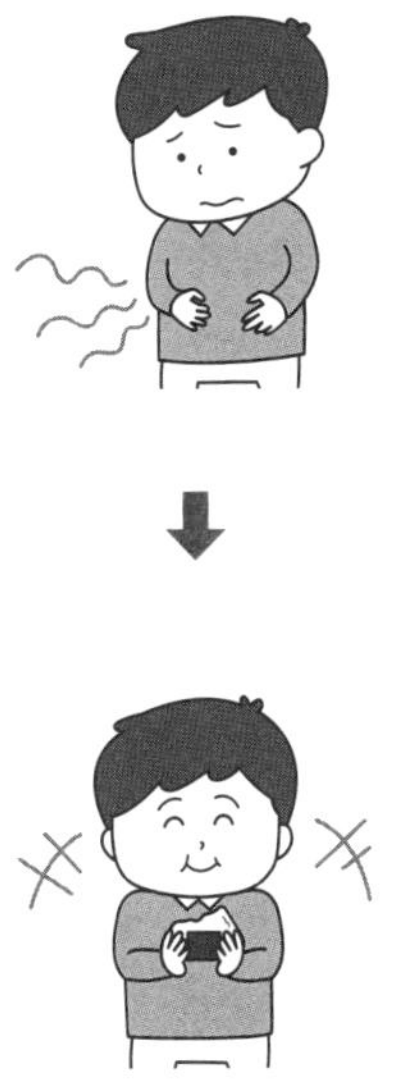

2 ―線の　ことばに　つづく　ほうを　えらび、記ごうを　○で　かこみましょう。

1つ15点【60点】

(1) 春休《はるやす》みが　おわった。そして、

ア　新学《しんがっ》きが　はじまった。

イ　冬《ふゆ》が　はじまった。

(2) ぼくは　あまい　ものが　すきだ。でも、

ア　チョコレートは　大すきだ。

イ　チョコレートは　きらいだ。

(3) 雨が　ふって　きた。そこで、

ア　かさを　さした。

イ　かさを　わすれた。

(4) 今日《きょう》は　学校を　休んだ。なぜなら、

ア　あそびに　出かけよう。

イ　ねつが　高《たか》かったからだ。

＼もう1回チャレンジ!!／

26 つなぐ はたらきの ことば

学しゅうした日　月　日

名前

とく点

/100点

目ひょう時間 20分

らくらくマルつけ

解説↓ 254ページ

2098

❶ ――線《せん》の ことばが 正しく つかわれて いる ほうを えらび、記《き》ごうを ○で かこみましょう。

1つ20点【40点】

(1)

㋐ そして、おり紙《がみ》を 半分《はんぶん》に おります。まず、もう 半分に おります。

㋑ まず、おり紙を 半分に おります。つぎに、もう 半分に おります。

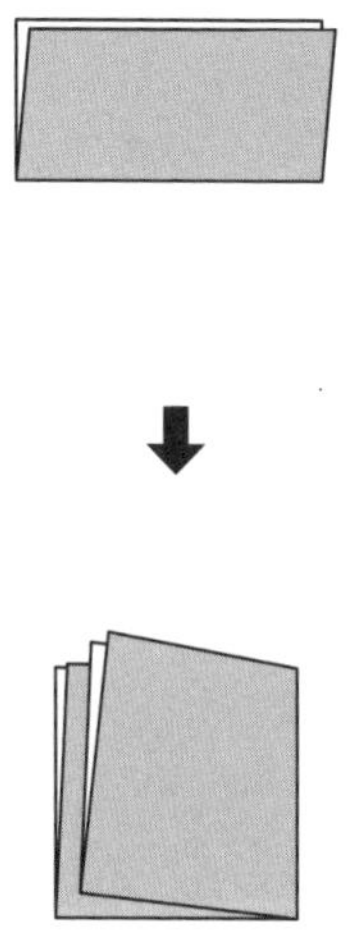

(2)

㋐ おなかが すいた。だから、おにぎりを 食《た》べた。

㋑ おなかが すいた。けれども、おにぎりを 食べた。

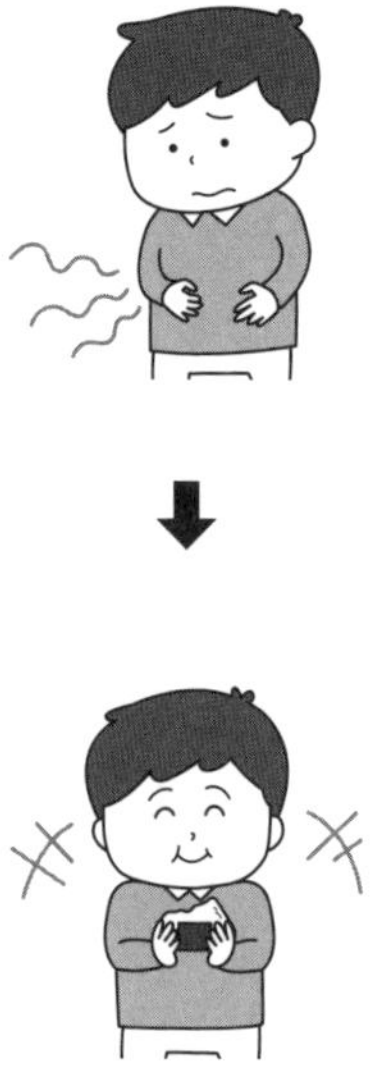

❷ ――線の ことばに つづく ほうを えらび、記ごうを ○で かこみましょう。

1つ15点【60点】

(1) 春休《はるやす》みが おわった。そして、

㋐ 新学《しんがっ》きが はじまった。

㋑ 冬《ふゆ》が はじまった。

(2) ぼくは あまい ものが すきだ。でも、

㋐ チョコレートは 大すきだ。

㋑ チョコレートは きらいだ。

(3) 雨が ふって きた。そこで、

㋐ かさを さした。

㋑ かさを わすれた。

(4) 今日《きょう》は 学校を 休んだ。なぜなら、

㋐ あそびに 出かけよう。

㋑ ねつが 高《たか》かったからだ。

27 手《て》紙《がみ》の 書《か》き方《かた》

学しゅうした日　月　日

名前

とく点　／100点

目ひょう時間 20分

らくらくマルつけ

解説↓ 254ページ

2099

1 つぎの 「手《て》紙《がみ》」を 読《よ》んで、もんだいに 答《こた》えましょう。

あすかさんへ

あすかさんに　つたえたい　ことがあります。あすかさんは、話《はな》す　ことがじょうずで　すてきだと　思《おも》います。

クラスでの　話し合《あ》いの　とき、あすかさんは、わかりやすい　ことばではきはきと　はつ言《げん》して　いました。わたしは、みんなの　前《まえ》に　立つと、きんちょうして　ことばが　出なくなって　しまうので、すてきだなと思いました。

わたしも、ことばを　たくさん　べん強《きょう》して、あすかさんのようにみんなの　前で　うまく　話せるようになりたいです。

ゆなより

(1) ゆなさんは、あすかさんの　どんな　ところが　すてきだと　思って　いますか。(30点)

［　　］ことが　じょうずな　ところ。

(2) あすかさんの、いつ、どんな　ことが　すてきだなと　かんじて　いましたか。1つ20点(40点)

① いつ…クラスでの［　　　　］の　とき。

② どんな　こと…わかりやすい　ことばで［　　　　　］はつ言して　いた　こと。

(3) 書《か》かれて　いる　内《ない》ようの　じゅん番《ばん》に、（　）に　1～3の　番ごうを　書きましょう。(ぜんぶできて30点)

（　）これからの　自分《じぶん》のこと。

（　）あすかさんに　つたえたい　こと。

（　）すてきだなと　思った　ときの　こと。

27 手紙《てがみ》の　書《か》き方《かた》

学しゅうした日　月　日

名前

とく点　／100点

目ひょう時間 20分

らくらくマルつけ

解説↓ 254ページ

2099

❶ つぎの 「手紙《てがみ》」を 読《よ》んで、もんだいに 答《こた》えましょう。

あすかさんへ

あすかさんに　つたえたい　ことがあります。あすかさんは、話《はな》す　ことが　じょうずで　すてきだと　思《おも》います。

クラスでの　話し合《あ》いの　とき、あすかさんは、わかりやすい　ことばではきはきと　はつ言《げん》して　いました。

わたしは、みんなの　前《まえ》に　立つと、きんちょうして　ことばが　出なくなって　しまうので、すてきだなと思いました。

わたしも、ことばを　たくさん　べん強《きょう》して、あすかさんのように　みんなの　前で　うまく　話せるようになりたいです。

ゆなより

(1) ゆなさんは、あすかさんの　どんな　ところが　すてきだと　思って　いますか。 (30点)

［　　］ことが　じょうずな　ところ。

(2) あすかさんの、いつ、どんな　ことが　すてきだなと　かんじて　いましたか。 1つ20点(40点)

①いつ…クラスでの　［　　　　］の　とき。

②どんな　こと…わかりやすい　ことばで　［　　　　］はつ言して　いた　こと。

(3) 書《か》かれて　いる　内《ない》ようの　じゅんに、(　)に　1~3の　番《ばん》ごうを　書きましょう。 (ぜんぶできて30点)

(　)これからの　自分《じぶん》のこと。

(　)あすかさんに　つたえたい　こと。

(　)すてきだなと　思った　ときの　こと。

しを 読《よ》もう ②

学しゅうした日　月　日

名前

とく点　／100点

目ひょう時間 20分

らくらくマルつけ

解説↓ 255ページ

2100

❶ つぎの しを 読《よ》んで、もんだいに 答《こた》えましょう。

どっさりの ぼく

小林純一《こばやしじゅんいち》

さんぱつに いったら
おもしろかった。
ぼくが どっさり
いたの。

★
ほら、
いすに こしかけた ぼくが、
ぼく。——
かがみの なかの ぼくも、
ぼく。——

それから、
ちょき ちょき ちょっきん、
おちていく かみの けも
ぼく。——
さんぱつ おわって ぼく、
ぼくに さよなら して かえった。

(1) さんぱつを して いる「ぼく」は、どんな 気もちですか。つぎから えらび、記《き》ごうで 書《か》きましょう。(25点)（　　）

㋐ はやく 帰《かえ》りたい。
㋑ 見られて はずかしい。
㋒ さんぱつは 楽《たの》しい。

(2) ★の ぶぶんの「ぼく」は、どう して いますか。(25点)

［　　］に こしかけて かがみの 前《まえ》に いる。

(3) かみの 毛《け》が 切《き》られて いる 音を あらわす 一行《いちぎょう》を、しから 書きぬきましょう。(25点)

（　　　　）

(4) 「ぼく」は 何《なに》に さよならしましたか。(25点)

おちた かみの 毛や ［　　　］に うつった 自分《じぶん》。

28 しを 読《よ》もう ②

学しゅうした日　月　日

名前

とく点　／100点

目ひょう時間 20分

らくらくマルつけ

解説↓ 255ページ

2100

❶ つぎの しを 読《よ》んで、もんだいに 答《こた》えましょう。

どっさりの ぼく

小林純一《こばやしじゅんいち》

さんぱつに いったら
おもしろかった。
ぼくが どっさり
いたの。

★
ほら、
いすに こしかけた ぼくが、
ぼく。——
かがみの なかの ぼくも、
ぼく。——

それから、
ちょき ちょき ちょっきん、
おちていく かみの けも
ぼく。——
さんぱつ おわって ぼく、
ぼくに さよなら して かえった。

(1) さんぱつを して いる「ぼく」は、どんな 気もちですか。つぎから えらび、記《き》ごうで 書《か》きましょう。(25点)（　　）

㋐ はやく 帰《かえ》りたい。
㋑ 見られて はずかしい。
㋒ さんぱつは 楽《たの》しい。

(2) ★の ぶぶんの「ぼく」は、どう して いますか。(25点)

［　　］に こしかけて かがみの 前《まえ》に いる。

(3) かみの 毛《け》が 切《き》られて いる 音を あらわす 一行《いちぎょう》を、しから 書きぬきましょう。(25点)

【　　】

(4)「ぼく」は 何《なに》に さよならしましたか。(25点)

おちた かみの 毛や ［　　］に うつった 自分《じぶん》。

29

主語《しゅご》と 述語《じゅつご》②

国語

学しゅうした日　月　日

名前

とく点　／100点

目ひょう時間 20分

らくらくマルつけ

解説↓255ページ

2101

❶ つぎの 文の 形《かたち》を あとから えらび、それぞれ 記《き》ごうで 書《か》きましょう。 1つ5点【25点】

(1) 父《ちち》は やさしい。（　　）

(2) 友《とも》だちが 話《はな》す。（　　）

(3) 母《はは》は いしゃだ。（　　）

(4) 姉《あね》が ねむる。（　　）

(5) ぼくは 二年生だ。（　　）

㋐ だれが(は) —どうする

㋑ だれが(は) —どんなだ

㋒ だれが(は) —何《なん》だ

❷ つぎの 文の 形を あとから えらび、それぞれ 記ごうで 書きましょう。 1つ5点【25点】

(1) バッタは 虫だ。（　　）

(2) 雪《ゆき》が つもる。（　　）

(3) 子犬は かわいい。（　　）

(4) 夜《よる》は しずかだ。（　　）

(5) ボールが ころがる。（　　）

㋐ 何《なに》が(は) —どうする

㋑ 何が(は) —どんなだ

㋒ 何が(は) —何だ

❸ つぎの 文の 主語《しゅご》と 述語《じゅつご》を 書きましょう。 1つ5点【50点】

(1) これは わたしの 本だ。

主語（　　）

述語（　　）

(2) この いちごも あまい。

主語（　　）

述語（　　）

(3) 白い 馬《うま》が 草原《そうげん》を 走《はし》る。

主語（　　）

述語（　　）

(4) 先生の 話《はなし》は いつも おもしろい。

主語（　　）

述語（　　）

(5) ぼくの こまは よく 回《まわ》る。

主語（　　）

述語（　　）

もう1回チャレンジ!!

29 主語《しゅご》と　述語《じゅつご》②

学しゅうした日　　月　　日

名前

とく点　　／100点

目ひょう時間　20分

らくらくマルつけ

解説↓ 255ページ

2101

❶ つぎの　文の　形《かたち》を　あとから　えらび、それぞれ　記《き》ごうで　書《か》きましょう。 1つ5点【25点】

(1) 父《ちち》は　やさしい。（　　）

(2) 友《とも》だちが　話《はな》す。（　　）

(3) 母《はは》は　いしゃだ。（　　）

(4) 姉《あね》が　ねむる。（　　）

(5) ぼくは　二年生だ。（　　）

㋐ だれが（は）―どうする

㋑ だれが（は）―どんなだ

㋒ だれが（は）―何《なん》だ

❷ つぎの　文の　形を　あとから　えらび、それぞれ　記ごうで　書きましょう。 1つ5点【25点】

(1) バッタは　虫だ。（　　）

(2) 雪《ゆき》が　つもる。（　　）

(3) 子犬は　かわいい。（　　）

(4) 夜《よる》は　しずかだ。（　　）

(5) ボールが　ころがる。（　　）

㋐ 何《なに》が（は）―どうする

㋑ 何が（は）―どんなだ

㋒ 何が（は）―何だ

❸ つぎの　文の　主語《しゅご》と　述語《じゅつご》を　書きましょう。 1つ5点【50点】

(1) これは　わたしの　本だ。

主語（　　）

述語（　　）

(2) この　いちごも　あまい。

主語（　　）

述語（　　）

(3) 白い　馬《うま》が　草原《そうげん》を　走《はし》る。

主語（　　）

述語（　　）

(4) 先生の　話《はなし》は　いつも　おもしろい。

主語（　　）

述語（　　）

(5) ぼくの　こまは　よく　回《まわ》る。

主語（　　）

述語（　　）

30 ようすを あらわす ことば

✎学しゅうした日　月　日

名前

とく点　／100点

目ひょう時間 20分

らくらくマルつけ

解説↓ 255ページ

2102

1 つぎの 文に 合《あ》う ことばを えらび、〇を つけましょう。　1つ10点【50点】

(1) 水を { (　)ごくごく ／ (　)ぺらぺら } のむ。

(2) 魚《さかな》が { (　)すいすい ／ (　)よろよろ } およぐ。

(3) つくえに { (　)しずかな ／ (　)きれいな } 花を おく。

(4) 赤ちゃんが { (　)あまい ／ (　)やわらかい } ふとんで ねむる。

(5) 手が { (　)こおりの ／ (　)おこって いる } ように つめたい。

2 つぎの 絵《え》の ようすに 合《あ》う ことばを、線《せん》で むすびましょう。　1つ10点【50点】

(1)

・げらげら
・むかむか

(2)

・ずきずき
・うきうき

(3)

・のんびり
・どきどき

(4)

・そよそよ
・ビュービュー

(5)

・のしのし
・とことこ

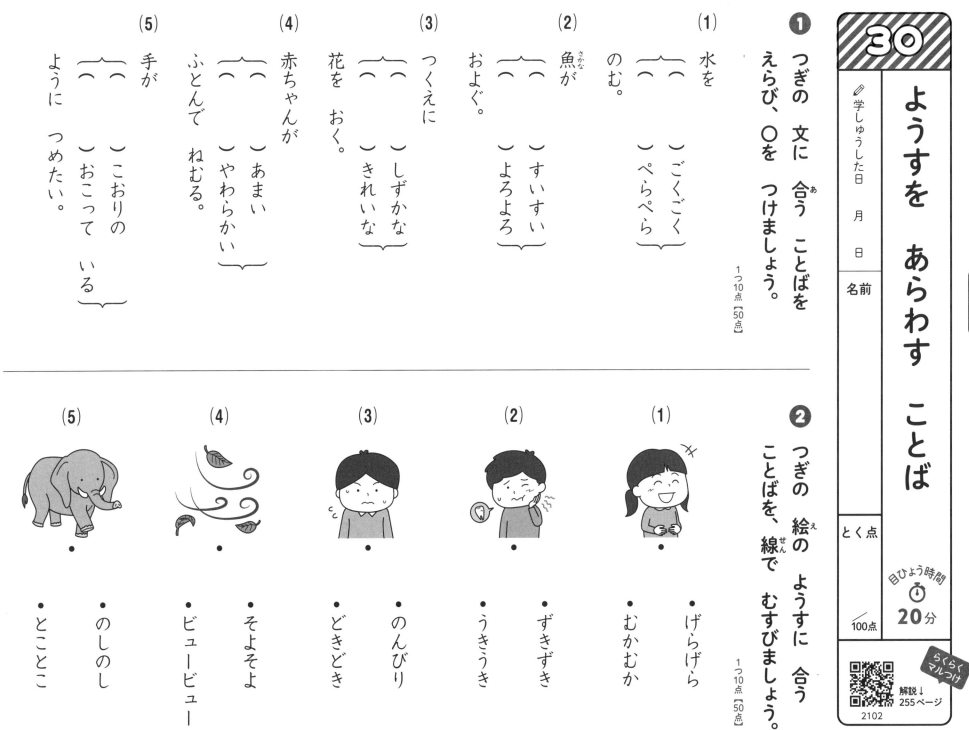

もう1回チャレンジ!!

30

ようすを あらわす ことば

学しゅうした日　月　日

名前

とく点　/100点

目ひょう時間 20分

らくらくマルつけ

解説↓ 255ページ

2102

❶ つぎの 文に 合《あ》う ことばを えらび、○を つけましょう。 1つ10点【50点】

(1) 水を
（　）ごくごく
（　）ぺらぺら
のむ。

(2) 魚《さかな》が
（　）すいすい
（　）よろよろ
およぐ。

(3) つくえに
（　）しずかな
（　）きれいな
花を おく。

(4) 赤ちゃんが
（　）あまい
（　）やわらかい
ふとんで ねむる。

(5) 手が
（　）こおりの
（　）おこって いる
ように つめたい。

❷ つぎの 絵《え》の ようすに 合う ことばを、線《せん》で むすびましょう。 1つ10点【50点】

(1)

・

(2)

・

(3)

・

(4)

・

(5)

・

・げらげら
・むかむか

・ずきずき
・うきうき

・のんびり
・どきどき

・そよそよ
・ビュービュー

・のしのし
・とことこ

31 組《く》み合《あ》わせた ことば

✎学しゅうした日　月　日

名前

とく点　/100点

目ひょう時間 20分

らくらくマルつけ

解説↓ 256ページ

2103

❶ つぎの ――線《せん》の 二つの ことばを、(れい)に ならって 組《く》み合《あ》わせて 書《か》きましょう。 1つ8点【48点】

(れい) (校《こう》ていを) 走《はし》る＋回《まわ》る
＝(走り回る)

(1) (にもつを) もつ＋上げる
＝(　　)

(2) (絵《え》を) 切《き》る＋とる
＝(　　)

(3) (はり金を) おる＋まげる
＝(　　)

(4) (さくを) とぶ＋こえる
＝(　　)

(5) (ふくを) 作《つく》る＋直《なお》す
＝(　　)

(6) (よごれを) あらう＋ながす
＝(　　)

❷ つぎの ことばと 組み合わせて 一つの ことばに なる ものを、線で むすびましょう。 1つ8点【32点】

(1) ねる・　　・ころぶ

(2) 見る・　　・さけぶ

(3) 作る・　　・のがす

(4) なく・　　・かえる

❸ つぎの ――線の ことばを、(れい)に ならって 二つに 分《わ》けて 書きましょう。 1つ5点【20点】

(れい) (クラスで) 話《はな》し合《あ》う
↓ (話す) (合う)

(1) (妹《いもうと》が) 歌《うた》い出す
↓(　　)(　　)

(2) (ごはんを) 食《た》べおわる
↓(　　)(　　)

31 組《く》み合《あ》わせた ことば

学しゅうした日　月　日

名前

とく点　/100点

目ひょう時間 20分

らくらくマルつけ

解説↓ 256ページ

2103

❶ つぎの ——線《せん》の 二つの ことばを、(れい)に ならって 組《く》み合《あ》わせて 書《か》きましょう。 1つ8点【48点】

(れい) (校《こう》ていを) 走《はし》る＋回《まわ》る ＝ (走り回る)

(1) (にもつを) もつ＋上げる ＝ (　　)

(2) (絵《え》を) 切《き》る＋とる ＝ (　　)

(3) (はり金を) おる＋まげる ＝ (　　)

(4) (さくを) とぶ＋こえる ＝ (　　)

(5) (ふくを) 作《つく》る＋直《なお》す ＝ (　　)

(6) (よごれを) あらう＋ながす ＝ (　　)

---

❷ つぎの ことばと 組み合わせて 一つの ことばに なる ものを、線で むすびましょう。 1つ8点【32点】

(1) ねる・　　・ころぶ

(2) 見る・　　・さけぶ

(3) 作る・　　・のがす

(4) なく・　　・かえる

❸ つぎの ——線の ことばを、(れい)に ならって 二つに 分《わ》けて 書きましょう。 1つ5点【20点】

(れい) (クラスで) 話《はな》し合《あ》う → (話す) (合う)

(1) (妹《いもうと》が) 歌《うた》い出す → (　　) (　　)

(2) (ごはんを) 食《た》べおわる → (　　) (　　)

32 かん字⑦

学しゅうした日　月　日

名前

とく点　/100点

目ひょう時間 20分

1 （　）に ――線《せん》の 読《よ》みがなを 書《か》きましょう。 1つ5点【50点】

(1) 秋晴れの 空。（　　）

(2) 東京へ 行《い》く。（　　）

(3) 学校生活を おくる。（　　）

(4) 少年を よぶ。（　　）

(5) 月の 光が さしこむ。（　　）

(6) 天才てきな はつ明《めい》。（　　）

(7) 思った ことを 言う。（　　）（　　）

(8) 丸い 形。（　　）（　　）

2 □に かん字を 書きましょう。 1つ5点【50点】

(1) 力が □《つよ》い。

(2) □《ふと》い 木。

(3) □《か》いものに 出かける。

(4) □《あたま》を 下げる。

(5) □《きょう》□《しつ》に 入る。

(6) アフリカの □《そう》□《げん》。

(7) □《こ》□《がたな》で □《き》る。

(8) □《あに》と □《あね》。

らくらくマルつけ

解説↓ 256ページ

2104

もう1回チャレンジ!!

32 かん字⑦

学しゅうした日　月　日

名前

とく点　／100点

目ひょう時間 20分

らくらくマルつけ

解説↓256ページ

2104

❶ （　）に ——線《せん》の 読《よ》みがなを 書《か》きましょう。

1つ5点【50点】

(1) 秋晴れの 空。（　　）

(2) 東京へ 行《い》く。（　　）

(3) 学校生活を おくる。（　　）

(4) 少年を よぶ。（　　）

(5) 月の 光が さしこむ。（　　）

(6) 天才てきな はつ明《めい》。（　　）

(7) 思った ことを 言う。（　　）（　　）

(8) 丸い 形。（　　）（　　）

❷ □に かん字を 書きましょう。

1つ5点【50点】

(1) 力が □《つよ》い。

(2) □《ふと》い 木。

(3) □《か》いものに 出かける。

(4) □《あたま》を 下げる。

(5) □《きょう》□《しつ》に 入る。

(6) アフリカの □《そう》□《げん》。

(7) □《こ》□《がたな》で □《き》る。

(8) □《あに》と □《あね》。

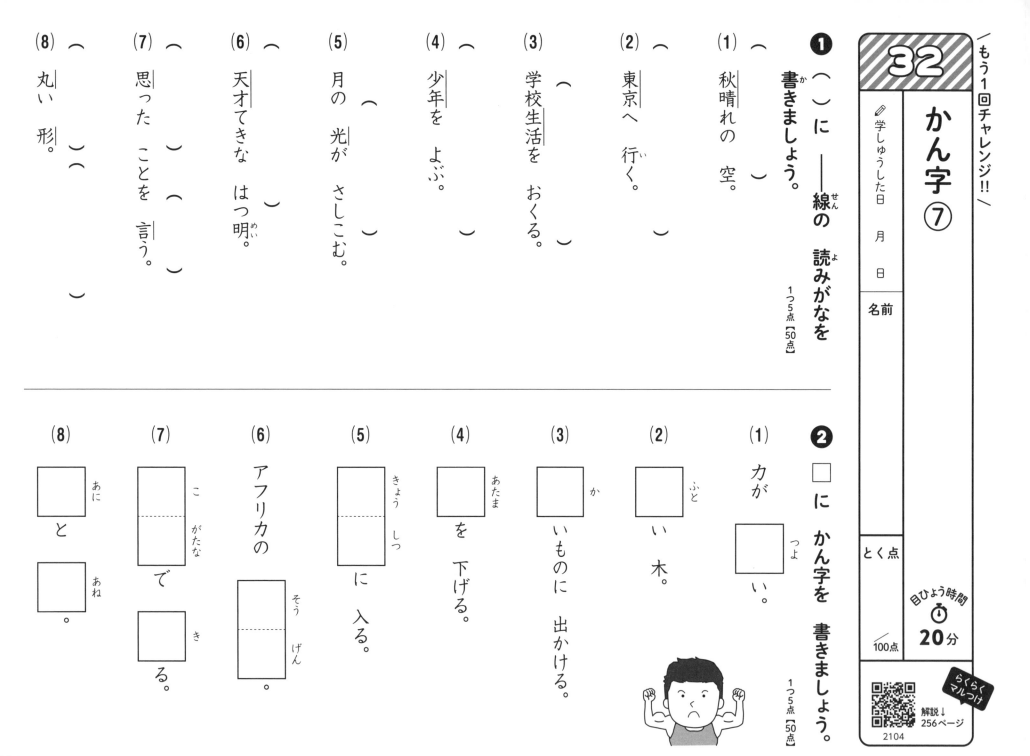

33

かん字⑧

学しゅうした日　月　日

名前

とく点

/100点

目ひょう時間 20分

らくらくマルつけ

解説↓ 256ページ

2105

❶ （　）に ——線《せん》の 読《よ》みがなを 書《か》きましょう。 1つ5点【50点】

(1) 本の 一行目。（　）

(2) 赤組が かつ。（　）

(3) 冬ものの ふく。（　）

(4) 肉体を きたえる。（　）

(5) 日曜日の 朝《あさ》。（　）

(6) ながれ星を さがす。（　）

(7) 楽しい 絵本。（　）（　）

(8) 考えを 出し合う。（　）（　）

❷ □に かん字を 書きましょう。 1つ5点【50点】

(1) 目が □《まわ》る。

(2) □《こう》□《ばん》に とどける。

(3) いきを □《と》める。

(4) どうぶつの □《おや》□《こ》。

(5) □《いけ》の コイ。

(6) □《むぎ》□《ちゃ》を のむ。

(7) □《し》って いる 人に □《あ》う。

(8) □《ふね》が □《く》る。

国語

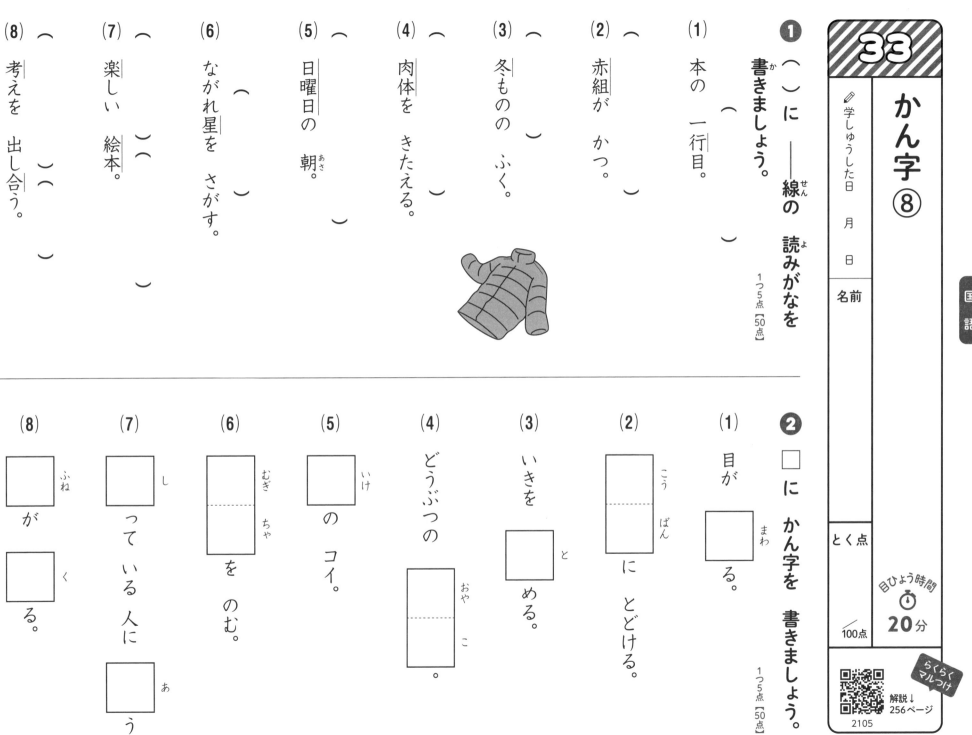

＼もう1回チャレンジ!!／

33 かん字⑧

学しゅうした日　月　日

名前

とく点　／100点

目ひょう時間 20分

らくらくマルつけ

解説↓ 256ページ

2105

❶ （　）に ——線《せん》の 読《よ》みがなを 書《か》きましょう。 1つ5点【50点】

(1) 本の 一行目。（　　）

(2) 赤組が かつ。（　　）

(3) 冬ものの ふく。（　　）

(4) 肉体を きたえる。（　　）

(5) 日曜日の 朝《あさ》。（　　）

(6) ながれ星を さがす。（　　）

(7) 楽しい 絵本。（　　）（　　）

(8) 考えを 出し合う。（　　）（　　）

❷ □に かん字を 書きましょう。 1つ5点【50点】

(1) 目が □《まわ》る。

(2) □□《こうばん》に とどける。

(3) いきを □《と》める。

(4) どうぶつの □□《おやこ》。

(5) □《いけ》の コイ。

(6) □□《むぎちゃ》を のむ。

(7) □《し》って いる 人に □《あ》う。

(8) □《ふね》が □《く》る。

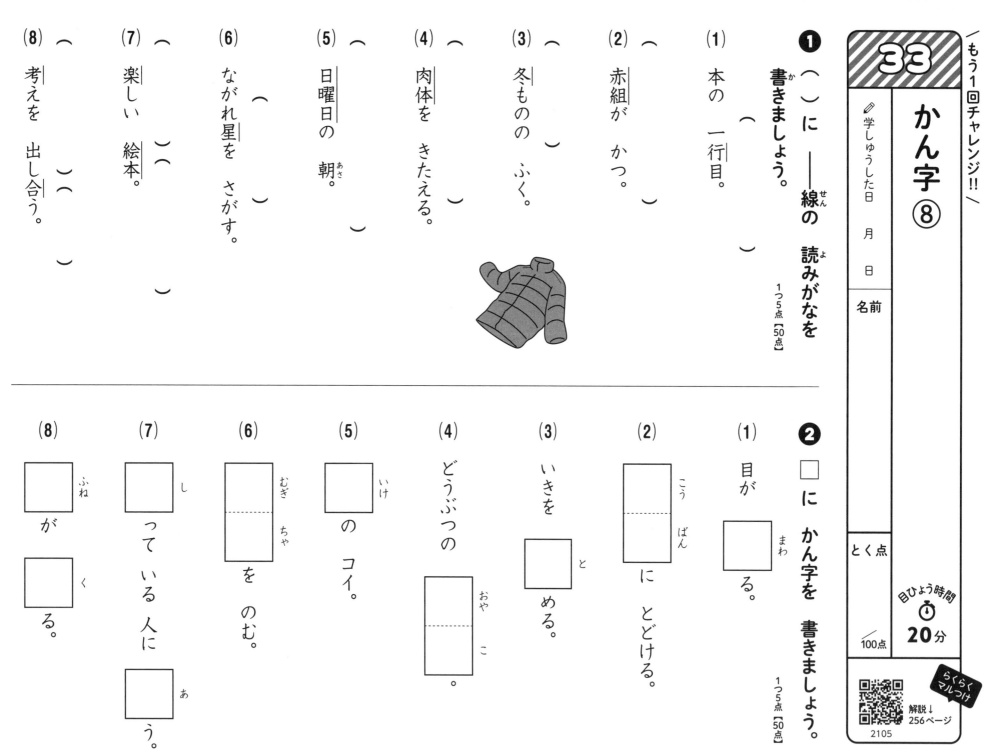

34 お話《はなし》を 読《よ》もう④

学しゅうした日　月　日

名前

とく点　/100点

目ひょう時間 20分

解説↓ 256ページ

2106

らくらくマルつけ

❶ つぎの 文しょうを 読《よ》んで、もんだいに 答《こた》えましょう。

「ぼくは、海《うみ》の むこうで 生まれた。」

きりんは、つぶやくように いった。

「かあさんと ならんで 見た 夕日も、こんなに きれいだった。なかまも、いっぱい、いた。」

ありは、なにか いいたいと 思《おも》ったが、なぜか ことばが 出なかった。

きりんも、それきり だまった。

海風《うみかぜ》が ふく。太陽《たいよう》が しずんで いく。

「こんどは、おろして あげようね。」

きりんは、首《くび》を さげて、ありを、やさしく 地《じ》めんに おろした。

そのとき、はっと、いきを のんだ。

「夕日の しずく？」

そこに、赤い 小さな 花が、ぽつんと さいて いた。

「きれいだなあ。」

きりんは、いった。

「こんなに きれいな 花を 見たのは、ぼく、生まれて はじめてだ。」

（あまんきみこ「夕日のしずく」より）

(1) きりんは、何《なに》を 思い出しましたか。（1つ10点（20点））

かあさんと 見た ［　　］ や いっぱい いた ［　　　］ の こと。

(2) きりんが 首を さげたのは、なぜですか。（25点）

ありを ［　　　］ に やさしく おろすため。

(3) 「はっと、いきを のんだ」のは なぜですか。（30点）

夕日の しずくのような （　　　　） が さいて いたから。

(4) 花を 見た きりんは どのような ようすですか。つぎから えらび、記《き》ごうで 書《か》きましょう。（25点） （　　）

㋐ おもしろく ない ようす。

㋑ いらいらして いる ようす。

㋒ かんどうして いる ようす。

もう1回チャレンジ!!

34 お話《はなし》を 読《よ》もう④

学しゅうした日 月 日

名前

とく点 /100点

目ひょう時間 20分

らくらくマルつけ

解説↓ 256ページ

2106

1 つぎの 文しょうを 読《よ》んで、もんだいに 答《こた》えましょう。

「ぼくは、海《うみ》の むこうで 生まれた。」

きりんは、つぶやくように いった。

「かあさんと ならんで 見た 夕日も、こんなに きれいだった。なかまも、いっぱい いた。」

ありは、なにか いいたいと 思《おも》ったが、なぜか ことばが 出なかった。

きりんも、それきり だまった。

海風《うみかぜ》が ふく。太陽《たいよう》が しずんで いく。

「こんどは、おろして あげようね。」

きりんは、首《くび》を さげて、ありを、やさしく 地《じ》めんに おろした。

そのとき、はっと、いきを のんだ。

「夕日の しずく?」

そこに、赤い 小さな 花が、ぽつんと さいて いた。

「きれいだなあ。」

きりんは、いった。

「こんなに きれいな 花を 見たのは、ぼく、生まれて はじめてだ。」

（あまんきみこ「夕日のしずく」より）

(1) きりんは、何《なに》を 思い出しましたか。 1つ10点（20点）

かあさんと 見た □ や いっぱい いた □ の こと。

(2) きりんが 首を さげたのは、なぜですか。 （25点）

ありを □ に やさしく おろすため。

(3) 「はっと、いきを のんだ」のは なぜですか。 （30点）

夕日の しずくのような （　　　） が さいて いたから。

(4) 花を 見た きりんは どのような ようすですか。つぎから えらび、記《き》ごうで 書《か》きましょう。 （25点）（　　）

ア おもしろく ない ようす。

イ いらいらして いる ようす。

ウ かんどうして いる ようす。

35 せつ明《めい》文を　読《よ》もう④

学しゅうした日　月　日

名前

とく点　/100点

目ひょう時間　20分

らくらくマルつけ

解説↓257ページ

2107

国語

① つぎの　文しょうを　読《よ》んで、もんだいに　答《こた》えましょう。

　うさぎの　とくちょうと　言《い》えば、長《なが》い　耳でしょう。その　耳には　どのような　やくわりが　あるのでしょうか。

　一つは　音《おと》を　聞《き》く　やくわりです。てんてきから　のがれる　ために、長い　耳を　ぴんと　立て、かすかな　もの音も　聞きのがさないように　して　いるのです。だから、あん心《しん》して　いる　とき、うさぎは　耳を　ねかせて　います。

　もう　一つは、体《たい》おんを　下げる　やくわりです。うさぎは　ほとんど　あせを　かきません。その　ため、長い　耳に　はりめぐらされた　けっかんに　風《かぜ》を　当《あ》て、中の　けつえきを　ひやして　体の　ねつを　外《そと》に　にがして　いるのです。だから、うさぎの　耳を　そっと　さわって　みると　つめたく　かんじます。

　このように、うさぎの　耳には、大じな　やくわりが　あるのです。

（書き下ろし）

(1) 何《なに》に　ついて　書《か》いて　ありますか。（25点）

うさぎの　耳の　【　】。

(2) うさぎが　耳を　立てて　いるのは　なぜですか。（25点）

音を　聞きのがさないように　して、【　】から　のがれる　ため。

(3) うさぎは、どのように　して　体の　ねつを　にがして　いますか。（25点）

耳の　けっかんに　風を　当て、【　】を　ひやす。

(4) うさぎの　せつ明《めい》として　あてはまる　ものを　つぎから　えらび、記《き》ごうで　書きましょう。（25点）

（　　）

㋐ 耳を　さわると　あたたかい。

㋑ あせを　よく　かく。

㋒ あん心すると　耳を　ねかせる。

35

せつ明《めい》文を　読《よ》もう④

学しゅうした日　　月　　日

名前

とく点　　/100点

目ひょう時間　20分

らくらくマルつけ

解説↓257ページ

2107

❶ つぎの　文しょうを　読《よ》んで、もんだいに　答《こた》えましょう。

うさぎの　とくちょうと　言《い》えば、長《なが》い　耳でしょう。その　耳には　どのような　やくわりが　あるのでしょうか。

一つは　音《おと》を　聞《き》く　やくわりです。てんてきから　のがれる　ために、長い　耳を　ぴんと　立て、かすかな　もの音も　聞きのがさないように　して　いるのです。だから、あん心《しん》して　いる　とき、うさぎは　耳を　ねかせて　います。

もう　一つは、体《たい》おんを　下げる　やくわりです。うさぎは　ほとんど　あせを　かきません。その　ため、長い　耳に　はりめぐらされた　けっかんに　風《かぜ》を　当《あ》て、中の　けつえきを　ひやして　体の　ねつを　外《そと》に　にがして　いるのです。だから、うさぎの　耳を　そっと　さわって　みると　つめたく　かんじます。

このように、うさぎの　耳には、大じな　やくわりが　あるのです。

（書き下ろし）

(1) 何《なに》に　ついて　書《か》いて　ありますか。（25点）

うさぎの　耳の　[　　　　]。

(2) うさぎが　耳を　立てて　いるのは　なぜですか。（25点）

音を　聞きのがさないように　して、[　　　　]から　のがれる　ため。

(3) うさぎは、どのように　して　体の　ねつを　にがして　いますか。（25点）

耳の　けっかんに　風を　当て、[　　　　]を　ひやす。

(4) うさぎの　せつ明《めい》として　あてはまる　ものを　つぎから　えらび、記《き》ごうで　書きましょう。（25点）

（　　）

㋐ 耳を　さわると　あたたかい。

㋑ あせを　よく　かく。

㋒ あん心すると　耳を　ねかせる。

国語

36 二つの かん字で できた ことば

学しゅうした日　月　日

名前

とく点　／100点

目ひょう時間 20分

らくらくマルつけ

解説↓257ページ

2108

1 つぎの ことばを、(れい)に ならって 二つに 分《わ》けて、あてはまる ことばを 書《か》きましょう。　1つ6点【30点】

(れい) 小石＝(小さい 石)

(1) 麦茶《むぎちゃ》＝(麦の □)

(2) 古本《ふるほん》＝(□ 本)

(3) 大木《たいぼく》＝(大きな □)

(4) 休日《きゅうじつ》＝(□ の 日)

(5) 強風《きょうふう》＝(□ 風《かぜ》)

2 つぎの ことばを、(れい)に ならって 組《く》み合《あ》わせ、二字の かん字で 書《か》きましょう。　1つ10点【70点】

(れい) 高《たか》い 山→高山《こうざん》

(1) 草と 花→□□

(2) 足の 音→□□

(3) 青い 空→□□

(4) 小さな 声《こえ》→□□

(5) 新《あたら》しい 年→□□

(6) 学校の 門《もん》→□□

(7) 子どもの 犬→□□

もう1回チャレンジ!!

36 二つの かん字で できた ことば

学しゅうした日　月　日

名前

とく点　/100点

目ひょう時間 20分

らくらくマルつけ

解説↓ 257ページ

2108

❶ つぎの ことばを、（れい）に ならって 二つに 分《わ》けて、あてはまる ことばを 書《か》きましょう。　1つ6点【30点】

（れい） 小石＝（小さい 石）

(1) 麦茶《むぎちゃ》＝（麦の □）

(2) 古本《ふるほん》＝（□ 本）

(3) 大木《たいぼく》＝（大きな □）

(4) 休日《きゅうじつ》＝（□ の 日）

(5) 強風《きょうふう》＝（□ 風《かぜ》）

❷ つぎの ことばを、（れい）に ならって 組《く》み合《あ》わせ、二字の かん字で 書《か》きましょう。　1つ10点【70点】

（れい） 高《たか》い 山→高山《こうざん》

(1) 草と 花→□

(2) 足の 音→□

(3) 青い 空→□

(4) 小さな 声《こえ》→□

(5) 新《あたら》しい 年→□

(6) 学校の 門《もん》→□

(7) 子どもの 犬→□

国語

37 まとめの テスト①

学しゅうした日　　月　　日

名前

とく点　　／100点

目ひょう時間 20分

らくらくマルつけ

解説↓ 257ページ

2109

①（　）に ——線《せん》の 読《よ》みがなを、□に かん字を 書《か》きましょう。

1つ5点【50点】

(1) 黄色い リボン。
（　　　）

(2) すんだ 夜空。
（　　　）

(3) 南へ むかう。
（　　　）

(4) 親しい 友だち。
（　　　）（　　　）

(5) □□《えんそく》の よてい。

(6) ラジオを □《き》く。

(7) おいしい □《ひる》 ごはん。

(8) ぼくの □《あに》と □《あね》。

② つぎの 文の 主語《しゅご》と 述語《じゅつご》を 書きましょう。

1つ5点【30点】

(1) あれは ぼくの ボールだ。

主語（　　　）

述語（　　　）

(2) この 花も うつくしい。

主語（　　　）

述語（　　　）

(3) 白い 魚《さかな》が 池《いけ》を およぐ。

主語（　　　）

述語（　　　）

③ つぎの 絵《え》の ようすに 合《あ》う ことばを、線で むすびましょう。

1つ10点【20点】

(1)

(2)

・のんびり

・どきどき

・げらげら

・むかむか

もう1回チャレンジ!!

37

まとめの テスト①

学しゅうした日　月　日

名前

とく点　/100点

目ひょう時間 20分

らくらくマルつけ

解説↓257ページ

2109

❶ （　）に ——線《せん》の 読《よ》みがなを、□に かん字を 書《か》きましょう。 1つ5点【50点】

(1) （　　）黄色い リボン。

(2) すんだ 夜空。（　　）

(3) （　　）南へ むかう。

(4) （　　）親しい 友だち。（　　）

(5) □《えんそく》の よてい。

(6) ラジオを □《き》く。

(7) おいしい □《ひる》ごはん。

(8) ぼくの □《あに》と □《あね》。

❷ つぎの 文の 主語《しゅご》と 述語《じゅつご》を 書きましょう。 1つ5点【30点】

(1) あれは ぼくの ボールだ。

主語（　　）

述語（　　）

(2) この 花も うつくしい。

主語（　　）

述語（　　）

(3) 白い 魚《さかな》が 池《いけ》を およぐ。

主語（　　）

述語（　　）

❸ つぎの 絵《え》の ようすに 合《あ》う ことばを、線で むすびましょう。 1つ10点【20点】

(1)  •

(2)  •

• のんびり

• どきどき

• げらげら

• むかむか

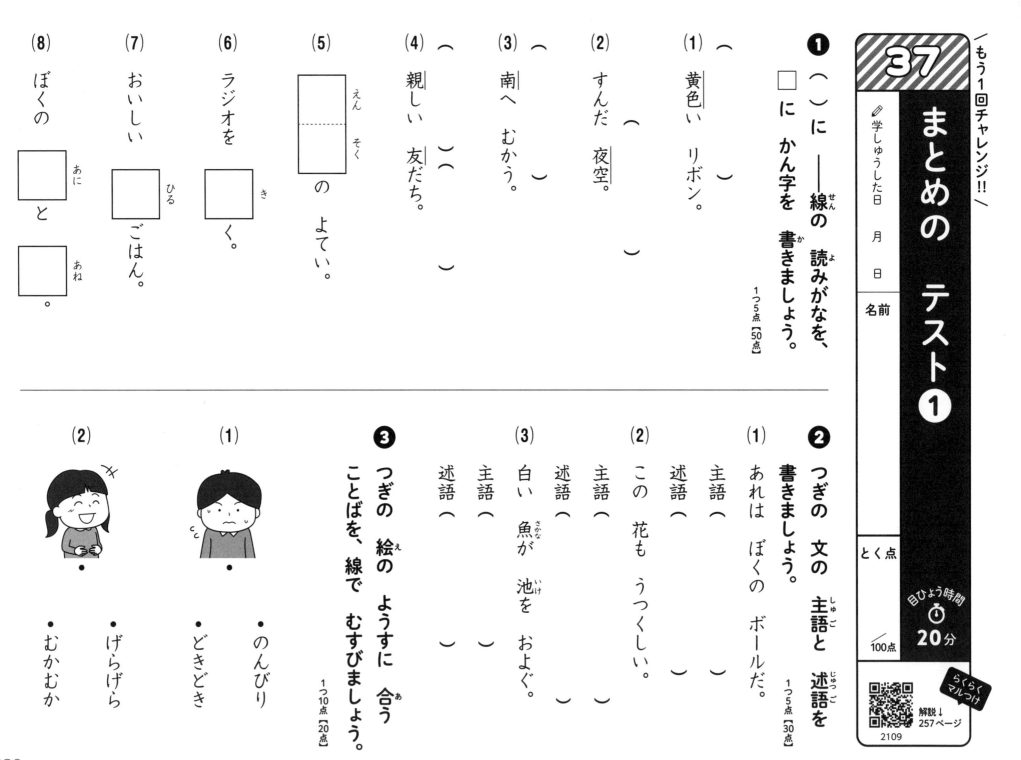

38 まとめの テスト②

学しゅうした日　月　日

名前

とく点　／100点

目ひょう時間 20分

らくらくマルつけ
解説↓ 258ページ
2110

❶ (　)に ――線《せん》の 読《よ》みがなを、□に かん字を 書《か》きましょう。 1つ5点【50点】

(1) バイクが 通る。(　　)

(2) 大きい 画用紙。(　　)

(3) 朝顔の 花。(　　)

(4) 数を 教える。(　　)(　　)

(5) □《ずこう》の じゅんび。

(6) □《こうばん》で はたらく。

(7) □《どくしょ》の 時間《じかん》。

(8) □《うみ》に うかぶ □《ふね》。

❷ つぎの ――線の 読みがなを 書きましょう。 1つ5点【20点】

(1) 少
- 少しずつ そそぐ。(　　)
- 人が 少ない。(　　)

(2) 明
- 明るい 色《いろ》。(　　)
- 夜《よ》を 明かす。(　　)

❸ つぎの ことばと はんたいの いみの ことばを、かん字と おくりがなで 書きましょう。 1つ10点【30点】

(1) 強《つよ》い ⇕ □

(2) 近《ちか》い ⇕ □

(3) 新《あたら》しい ⇕ □

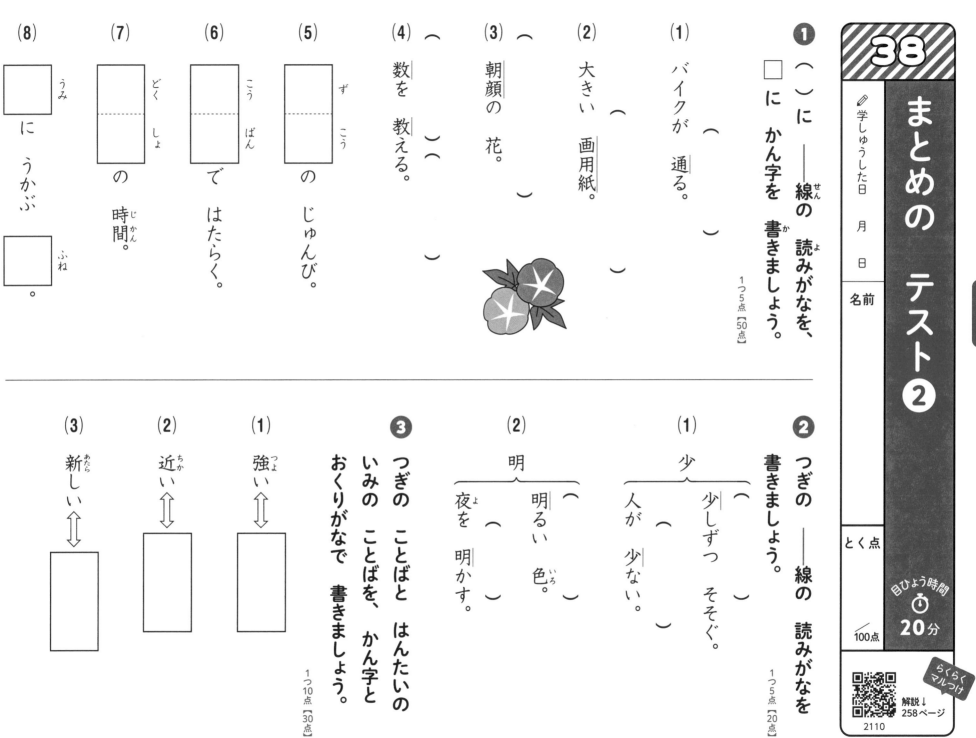

＼もう1回チャレンジ!!／

38

まとめの テスト②

学しゅうした日　月　日

名前

とく点　/100点

目ひょう時間　20分

らくらくマルつけ

解説↓258ページ

2110

❶ （　）に ――線《せん》の 読《よ》みがなを、□に かん字を 書《か》きましょう。　1つ5点【50点】

(1) バイクが 通る。（　　）

(2) 大きい 画用紙。（　　）

(3) 朝顔の 花。（　　）

(4) 数を 教える。（　　）（　　）

(5) □《ずこう》の じゅんび。

(6) □《こうばん》で はたらく。

(7) □《どくしょ》の 時間《じかん》。

(8) □《うみ》に うかぶ □《ふね》。

❷ つぎの ――線の 読みがなを 書きましょう。　1つ5点【20点】

(1) 少
- 少しずつ そそぐ。（　　）
- 人が 少ない。（　　）

(2) 明
- 明るい 色《いろ》。（　　）
- 夜《よ》を 明かす。（　　）

❸ つぎの ことばと はんたいの いみの ことばを、かん字と おくりがなで 書きましょう。　1つ10点【30点】

(1) 強《つよ》い ⇔ □

(2) 近《ちか》い ⇔ □

(3) 新《あたら》しい ⇔ □

39 まとめの テスト③

学しゅうした日　月　日

名前

とく点　/100点

目ひょう時間 20分

らくらくマルつけ

解説↓258ページ

2111

❶ つぎの 文しょうを 読《よ》んで、もんだいに 答《こた》えましょう。

〔教室《きょうしつ》の 前《まえ》で アヤコに 会《あ》った タカシは、もって いた コスモスを 見せました。〕

「ぼくが さかせたんだよ。夏休《なつやす》みの間《あいだ》、毎日《まいにち》 水を やったんだ」

「きれいね。先生、きっと よろこぶよ」

二人《ふたり》は、そろって 教室へ 入りましたが、とたんに 「あっ！」と 目を見はりました。

先生の つくえの 上に、色《いろ》とりどりの コスモスが、花びん いっぱいに 生けて あったのです。

タカシの コスモスより、花が 大きく、数《かず》も 三ばいは ありそうでした。

「すごいだろ。お父《とう》さんが さかせたんだ」

ジュンが □ 話《はな》しました。

タカシは、自分《じぶん》の コスモスを あわてて つくえの 下へ おしこみました。

（森山京《もりやまみやこ》「コスモス」より）

(1) 自分で コスモスを さかせたのは だれですか。（25点）

(2) 「『あっ！』と 目を 見はりました」と ありますが、何《なに》に 目を 見はったのですか。（25点）

□ いっぱいの コスモスが、先生の つくえの 上に あった こと。

(3) □に あてはまる ことばを つぎから えらび、記《き》ごうで 書《か》きましょう。（25点）（　　）

㋐ とくいそうに
㋑ ふきげんそうに
㋒ かなしそうに

(4) タカシは なぜ コスモスを つくえの 下に おしこんだのですか。つぎから えらび、記ごうで 書きましょう。（25点）（　　）

㋐ ジュンを おどろかすため。
㋑ アヤコに あげるため。
㋒ 見られないように かくすため。

39 まとめの テスト③

学しゅうした日　月　日

名前

とく点　　/100点

目ひょう時間 20分

らくらくマルつけ

解説↓258ページ

2111

❶ つぎの 文しょうを 読《よ》んで、もんだいに 答《こた》えましょう。

［教室《きょうしつ》の 前《まえ》で アヤコに 会《あ》った タカシは、もって いた コスモスを 見せました。］

「ぼくが さかせたんだよ。夏休《なつやす》みの 間《あいだ》、毎日《まいにち》 水を やったんだ」

「きれいね。先生、きっと よろこぶよ」

二人《ふたり》は、そろって 教室へ 入りましたが、とたんに 「あっ！」と 目を 見はりました。

先生の つくえの 上に、色《いろ》とりどりの コスモスが、花びん いっぱいに 生けて あったのです。

タカシの コスモスより、花が 大きく、数《かず》も 三ばいは ありそうでした。

「すごいだろ。お父《とう》さんが さかせたんだ」

ジュンが □ 話《はな》しました。

タカシは、自分《じぶん》の コスモスを あわてて つくえの 下へ おしこみました。

（森山京《もりやまみやこ》「コスモス」より）

(1) 自分で コスモスを さかせたのは だれですか。(25点)

(2) 「『あっ！』と 目を 見はりました」と ありますが、何《なに》に 目を 見はったのですか。(25点)

□ いっぱいの コスモスが、先生の つくえの 上に あった こと。

(3) □に あてはまる ことばを つぎから えらび、記《き》ごうで 書《か》きましょう。(25点)（　　）

㋐ とくいそうに
㋑ ふきげんそうに
㋒ かなしそうに

(4) タカシは なぜ コスモスを つくえの 下に おしこんだのですか。つぎから えらび、記ごうで 書きましょう。(25点)（　　）

㋐ ジュンを おどろかすため。
㋑ アヤコに あげるため。
㋒ 見られないように かくすため。

40

まとめのテスト④

学しゅうした日　月　日

名前

とく点　／100点

目ひょう時間　20分

らくらくマルつけ

解説↓258ページ

2112

国語

1 つぎの 文しょうを 読《よ》んで、もんだいに 答《こた》えましょう。

わたしは、ろ線《せん》バスの うんてん手です。わたしの しごとは、バスを うんてんする ことです。おきゃくさんを のせ、きめられた 道《みち》を 時間《じかん》通《どお》りに 走《はし》ります。

朝《あさ》の 五時、えいぎょうしょに 行《い》き、今日《きょう》 うんてんする 道と 時間を かくにんします。そして、これから のる バスの 点《てん》けんを します。こしょうなどの もんだいが なければ、六時に 出ぱつします。

お昼《ひる》の 休《きゅう》けいを はさみながら、うんてんを つづけます。走り出す ときや 左右に まがる ときは、ゆびさしかくにんを するなど、あんぜんを 心《こころ》がけて います。

午後《ごご》 六時を すぎると、えいぎょうしょへ むかいます。もどった 後《あと》、わすれものの かくにんや 車内《しゃない》の そうじを します。そして、七時に 今日の しごとが おわります。

（書き下ろし）

(1) ろ線バスの うんてん手の しごとは 何《なん》ですか。（25点）

バスを うんてんし、□□□□道を、時間通りに 走る こと。

(2) しごとは 何時に はじまり、何時に おわりますか。（1つ10点（20点））

朝 □時に はじまり、

午後 □時に おわる。

(3) うんてん中に 心がけて いる ことは 何ですか。（25点）

□□□□を 心がけて いる。

(4) 一日の しごとの じゅんに、（　）に 1〜3の 番《ばん》ごうを 書《か》きましょう。（ぜんぶできて30点）

（　）わすれものの かくにんと そうじ。

（　）道と 時間の かくにんと バスの 点けん。

（　）バスの うんてん。

40 まとめの テスト❹

学しゅうした日　月　日

名前

とく点　/100点

目ひょう時間 20分

らくらくマルつけ

解説↓258ページ

2112

❶ つぎの 文しょうを 読《よ》んで、もんだいに 答《こた》えましょう。

　わたしは、ろ線《せん》バスの うんてん手です。わたしの しごとは、バスを うんてんする ことです。おきゃくさんを のせ、きめられた 道《みち》を 時間《じかん》通《どお》りに 走《はし》ります。

　朝《あさ》の 五時、えいぎょうしょに 行《い》き、今日《きょう》 うんてんする 道と 時間を かくにんします。そして、これから のる バスの 点《てん》けんを します。こしょうなどの もんだいが なければ、六時に 出ぱつします。

　お昼《ひる》の 休《きゅう》けいを はさみながら、うんてんを つづけます。走り出す ときや 左右に まがる ときは、ゆびさしかくにんを するなど、あんぜんを 心《こころ》がけて います。

　午後《ごご》 六時を すぎると、えいぎょうしょへ むかいます。もどった 後《あと》、わすれものの かくにんや 車内《しゃない》の そうじを します。そして、七時に 今日の しごとが おわります。

（書き下ろし）

(1) ろ線バスの うんてん手の しごとは 何《なん》ですか。（25点）

バスを うんてんし、［　　　　］道を、時間通りに 走る こと。

(2) しごとは 何時に はじまり、何時に おわりますか。1つ10点（20点）

朝［　］時に はじまり、午後［　］時に おわる。

(3) うんてん中に 心がけて いる ことは 何ですか。（25点）

［　　　　］を 心がけて いる。

(4) 一日の しごとの じゅんに、（　）に 1～3の 番《ばん》ごうを 書《か》きましょう。（ぜんぶできて30点）

（　）わすれものの かくにんと そうじ。

（　）道と 時間の かくにんと バスの 点けん。

（　）バスの うんてん。

全科ギガドリル　小学２年

答え

わからなかった問題は，ポイントの解説をよく読んで，確認してください。

算数

1 ひょうと　グラフ　3ページ

❶ (1)**メロンパン**　(2)4人　(3)2人

❷ (1)

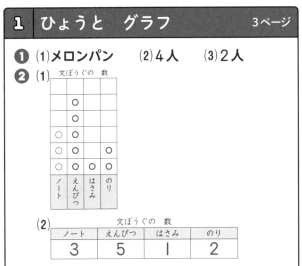

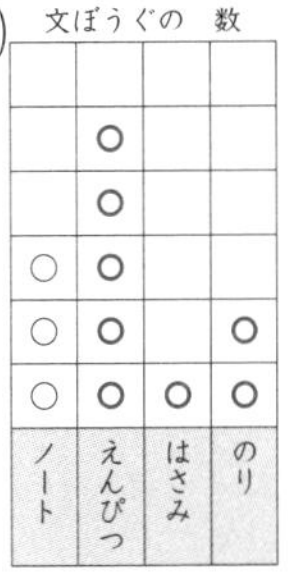

(2)

文ぼうぐの　数

ノート	えんぴつ	はさみ	のり
3	5	1	2

ポイント

❶表やグラフを読み取る問題です。

(1)数の多い少ないは，グラフにまとめるとわかりやすくなります。○がいちばん高い所まで書いてあるメロンパンが，いちばん多いです。

(2)表の「クリームパン」の文字の真下の数字を読みます。

(3)カレーパンは5人，あんパンは3人です。

❷種類ごとに分類して，グラフや表にまとめる問題です。

(1)各種類ごとの数だけ，下から○を書きます。重複やもれがないように印をつけながら数えます。

(2) (1)のグラフの○の数を数字で書きます。

2 時こくと　時間　5ページ

❶ 20分

❷ (1)11時35分　(2)9時35分
(3)10時55分　(4)10時5分

❸ (1)60
(2)90
(3)1，20
(4)24

❹ 6時間

ポイント

❶時刻と時刻の間を時間といいます。時計の長針が小さい目もり何個分進んだかに着目させます。

❷現在の時刻から「何分後」「何分前」といった時刻を求める問題です。慣れないうちは，実際に時計の針をまわしながら考えさせてもよいでしょう。

(1)長針を1回転進めます。短針が数字の「11」と「12」の間に移動したことに気づかせます。

(2) (1)とは逆，長針を1回転戻します。短針は，数字の「9」と「10」の間に移動します。

(3)長針を20目もり進めます。

(4)長針を30目もり戻します。

❸時間の単位換算の問題です。

(2)1時間は60分。60分と30分を合わせて90分。

(3)80分を60分と20分に分けて考えます。

❹午前と午後にまたがる時間は，正午で区切って考えましょう。午前8時から正午までは4時間。正午から午後2時までは2時間。4時間と2時間を合わせて6時間です。

3 たし算と　ひき算　7ページ

❶ (上から順に)2，2，1，21，21

❷ (1)22　(2)30　(3)41　(4)52

❸ (上から順に)21，23，23

❹ (1)19　(2)18　(3)26　(4)34

ポイント

❶繰り上がりのあるたし算のしかたをまとめます。18を20にするにはあと「2」なので，たす数を2と1に分けることがポイントになります。

❷繰り上がりのあるたし算です。どのように考えたか，説明させてみると，理解度がわかります。

❸繰り下がりのあるひき算のしかたをまとめます。理解がしづらいようでしたら，1年生で学習した11－9などの計算のしかたを確認してみましょう。

❹繰り下がりのあるひき算です。数え棒を操作させるなどして，考え方を定着させましょう。

4 たし算の　ひっ算①　9ページ

❶

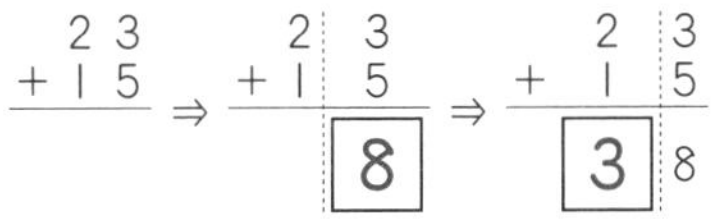

❷ (1)38　(2)29　(3)85　(4)96
(5)83　(6)79

❸ しき…35＋24＝59

ひっ算…
```
  35
+ 24
----
  59
```
答え…59円

❹ しき…12＋40＝52

ひっ算…
```
  12
+ 40
----
  52
```
答え…52こ

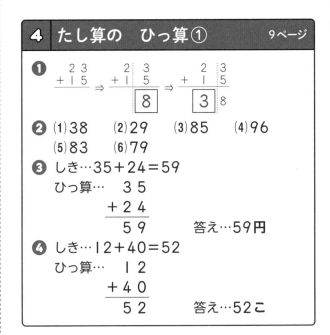

ポイント

❶2けた＋2けたの繰り上がりのないたし算の筆算の手順を確認します。①位を縦にそろえて書きます。②一の位の計算をします。③十の位の計算をします。

❷筆算の練習です。確実にできるようにしておきます。

❸35円と24円を合わせた金額を求めるので，たし算の式を書きます。筆算は，方眼のワクを利用して，位を縦にそろえて書くようにします。

❹合わせた数を求めるので，たし算です。40の一の位の0をしっかり書きます。0の計算にとまどっている様子なら，1年生で学習した「0の計算」を復習させましょう。

5 たし算の　ひっ算②　11ページ

❶

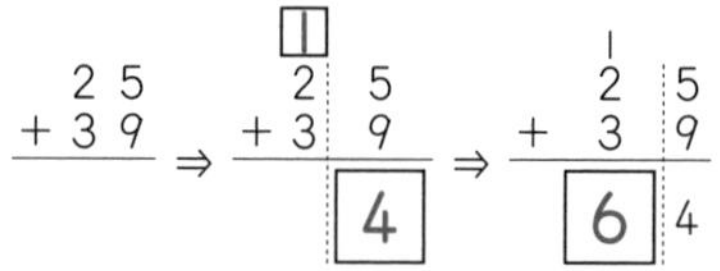

❷ (1)71　(2)93　(3)87　(4)60
(5)65　(6)90

❸ しき…18＋13＝31
ひっ算… $\begin{array}{r} 18 \\ +13 \\ \hline 31 \end{array}$　答え…31人

❹ しき…25＋15＝40
ひっ算… $\begin{array}{r} 25 \\ +15 \\ \hline 40 \end{array}$　答え…40まい

ポイント

❶繰り上がりのあるたし算の筆算の手順を確認します。一の位→十の位の順に計算します。繰り上げた1を，十の位の上に小さく書いておくとミスが防げます。

❷繰り上がりに注意します。速く，正確にできるようになるまで練習しましょう。

❸18人と13人を合わせた人数を求めるので，たし算をします。

❹増加の場面です。25枚と15枚を合わせた数を求めます。答えは単位までしっかり書きましょう。

6 たし算の　ひっ算③　13ページ

❶ (1) $\begin{array}{r} 14 \\ +25 \\ \hline 39 \end{array}$　(2) $\begin{array}{r} 27 \\ +54 \\ \hline 81 \end{array}$　(3) $\begin{array}{r} 20 \\ +47 \\ \hline 67 \end{array}$

(4) $\begin{array}{r} 38 \\ +29 \\ \hline 67 \end{array}$　(5) $\begin{array}{r} 42 \\ +36 \\ \hline 78 \end{array}$　(6) $\begin{array}{r} 19 \\ +61 \\ \hline 80 \end{array}$

(7) $\begin{array}{r} 49 \\ +\ 7 \\ \hline 56 \end{array}$　(8) $\begin{array}{r} 2 \\ +75 \\ \hline 77 \end{array}$　(9) $\begin{array}{r} 6 \\ +89 \\ \hline 95 \end{array}$

❷ しき…46＋12＝58　答え…58こ

❸ しき…55＋37＝92　答え…92まい

❹ しき…24＋6＝30　答え…30台

ポイント

❶筆算を自分で書いて計算します。繰り上がりのない計算と繰り上がりのある計算が混じっています。また，(7)は「2けた＋1けた」，(8)，(9)は「1けた＋2けた」なので，特に位を縦にそろえて書くことがポイントです。

❷合わせた数はたし算で求めます。繰り上がりはありません。

❸合わせた数はたし算で求めます。繰り上がりに気をつけます。

❹増加の場面なので，たし算の式に表します。

7 たし算の　きまり　15ページ

❶

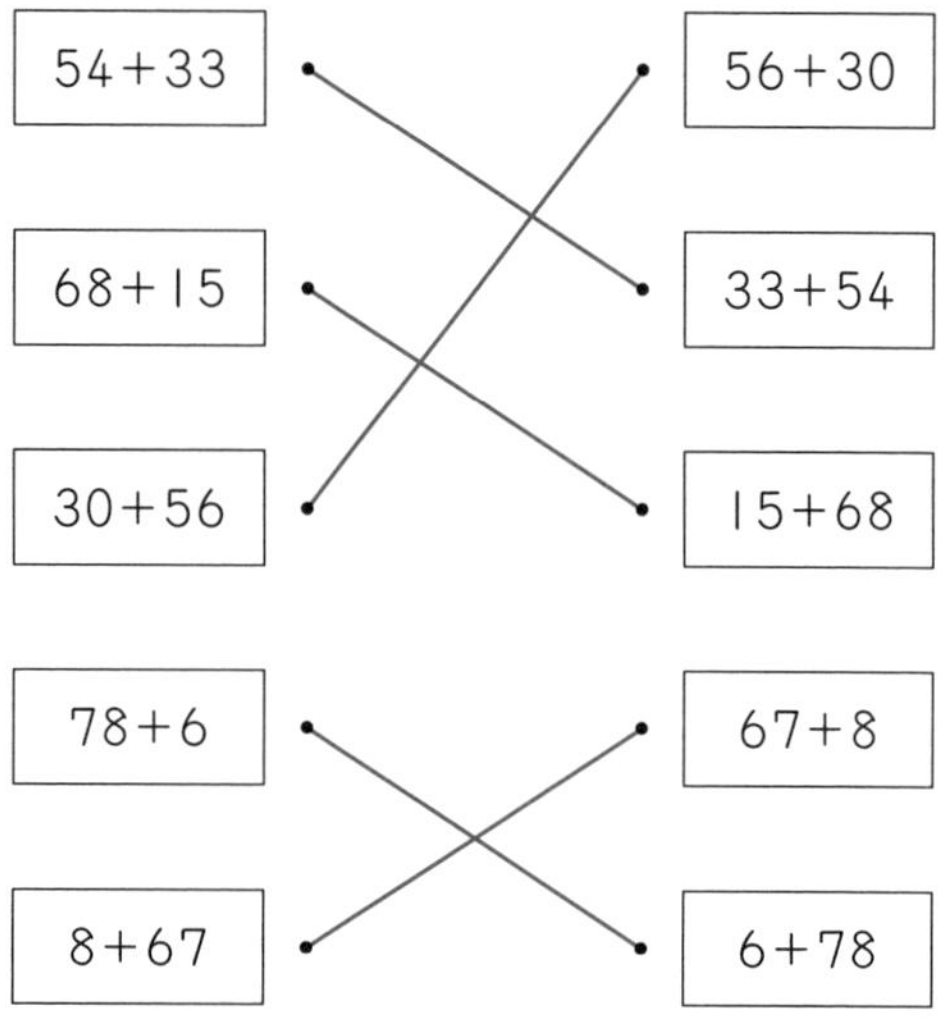

❷ (1)たしかめ… $\begin{array}{r} 37 \\ +28 \\ \hline 65 \end{array}$　(○)

(2)たしかめ… $\begin{array}{r} 26 \\ +42 \\ \hline 68 \end{array}$　(68)

ポイント

❶「たし算では，たされる数とたす数を入れかえても，答えは同じ」というきまりがあります。「＋」の記号の前後の数字が入れかわっている式を線で結びます。54＋33＝87
33＋54＝87　答えは同じ

答え

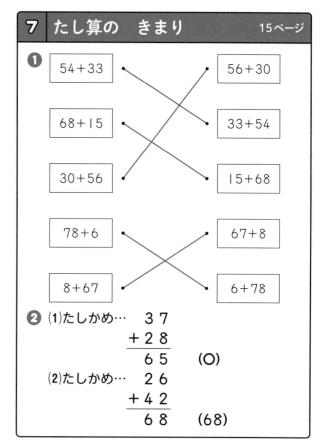

❷たし算のきまりを使って，答えを確かめます。(1)は，繰り上がりの1をたし忘れる間違いが多いです。確かめの式を間違えている場合には，間違いの原因は何かを考えて説明させると，さらに進んだ学習ができます。

8 ひき算の　ひっ算①　17ページ

❶
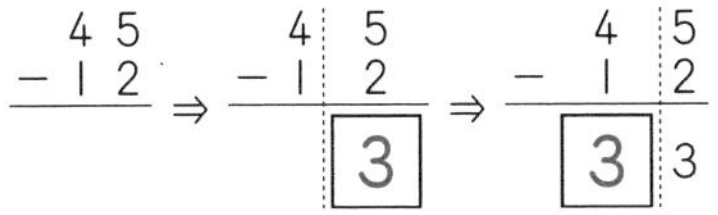

❷ (1)22　(2)30　(3)18　(4)6
(5)42　(6)70

❸ しき…54−32＝22
ひっ算…
　54
−32
　22
答え…22円

❹ しき…29−25＝4
ひっ算…
　29
−25
　　4
答え…4こ

ポイント

❶2けた−2けたの繰り下がりのないひき算の筆算の手順を確認します。①位を縦にそろえて書きます。②一の位の計算をします。③十の位の計算をします。

❷繰り下がりのないひき算の筆算です。
(4)一の位の計算は6−0＝6で「6」，十の位の計算は9−9＝0で「0」ですが，答えの十の位には何も書きません。
(5)十の位の計算は，4から何もひかないので，4をそのまま書きます。

❸残りの金額を求めるので，ひき算をします。

9 ひき算の　ひっ算②　19ページ

❶
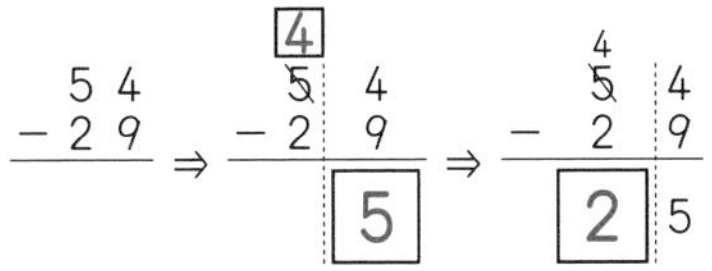

❷ (1)27　(2)38　(3)34　(4)5
(5)32　(6)63

❸ しき…82−67＝15
ひっ算…
　82
−67
　15
答え…15ページ

❹ しき…56−48＝8
ひっ算…
　56
−48
　　8
答え…8円

ポイント

❶繰り下がりのあるひき算の筆算の手順を確認します。一の位→十の位の順に計算します。一の位の計算は，4から9はひけないので，十の位から1繰り下げて，14−9＝5を計算します。繰り下げたので，十の位の5に＼を書き，上に小さく4を書いておきます。十の位の計算は，4−2＝2となります。

❷繰り下がりに注意して計算します。
(4)一の位の計算で繰り下げたので，十の位は2−2＝0です。答えの十の位には何も書きません。
(5)十の位の計算は，繰り下がりがあったので，3−0＝3。答えの十の位は3です。

❹違いの数はひき算の式に書きます。「−」の前に大きいほうの数，「−」のあとには小さいほうの数を書きます。48−56と書くのは間違いです。

10 ひき算の　ひっ算③　21ページ

❶

(1)	(2)	(3)
97 −72 ＝ 25	82 −68 ＝ 14	72 −32 ＝ 40

(4)	(5)	(6)
60 −36 ＝ 24	56 −5 ＝ 51	28 −19 ＝ 9

(7)	(8)	(9)
39 −30 ＝ 9	44 −7 ＝ 37	82 −76 ＝ 6

❷ しき…26−12＝14　答え…14人

❸ しき…40−16＝24　答え…24まい

❹ しき…31−25＝6　答え…6こ

ポイント

❶筆算を自分で書いて計算します。繰り下がりのない計算と繰り下がりのある計算が混じっています。(5)，(8)は，ひく数が1けたの数です。位をそろえて書くことがポイントです。

❷子ども全員の人数から男の子の人数をひいて求めます。

❹違いの数は，大きいほうの数から小さいほうの数をひいて求めます。

11 ひき算の　きまり　23ページ

❶

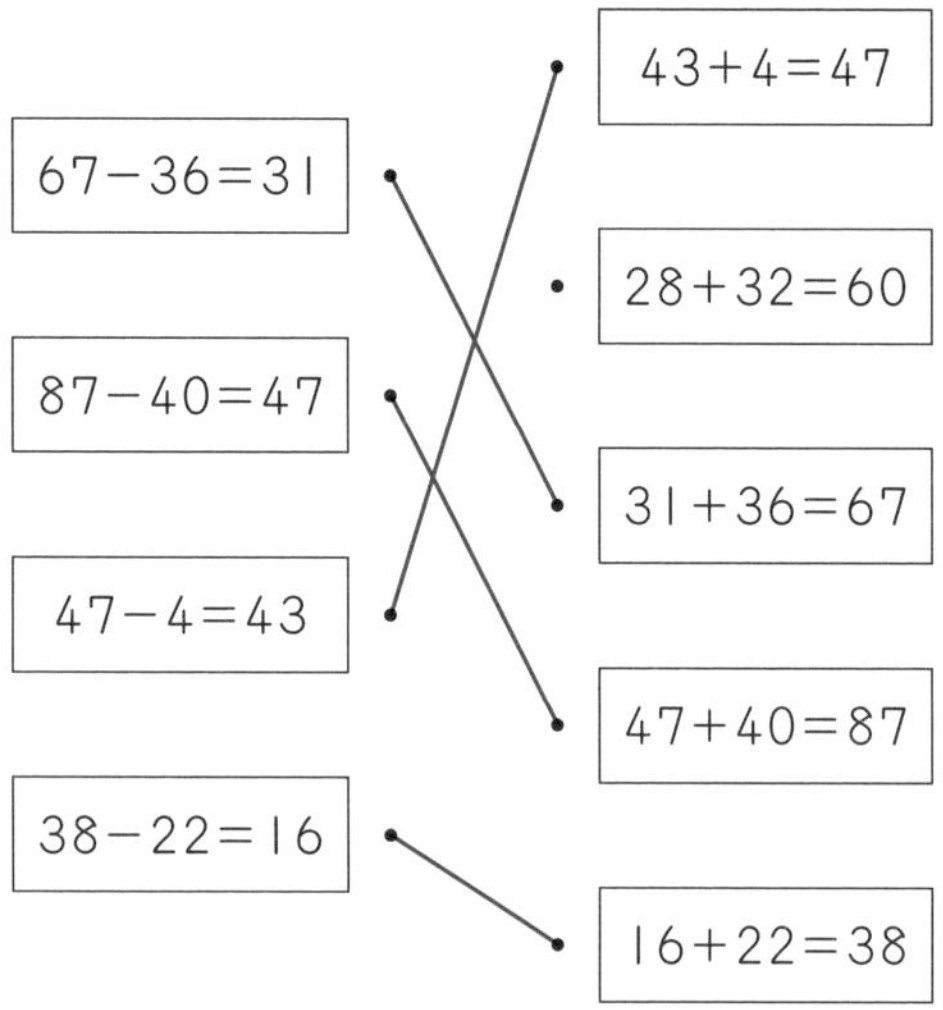

❷ (1)

	4	2
−	1	7
	2	5

(たしかめ)

	2	5
+	1	7
	4	2

42−17= 25

(2)

	8	2
−		5
	7	7

(たしかめ)

	7	7
+		5
	8	2

82−5= 77

ポイント

❶「ひき算では，答えにひく数をたすと，ひかれる数になる」というきまりがあります。

67−36の答えが31であることを，答えの31にひく数の36をたして，ひかれる数67になることで確かめられます。

$$\begin{array}{r} 67 \\ -36 \\ \hline 31 \end{array} \qquad \begin{array}{r} 31 \\ +36 \\ \hline 67 \end{array}$$

❷ひき算の筆算をします。そのあと，答えを確かめます。

(1)もし，42−17の計算を間違って35と求めていたら，確かめのたし算の答えがひかれる数42と一致しないことから，もとの計算が間違っていることに気がつくことができます。これを確かめ算といいます。答えを求めたあと，確認する習慣をつけましょう。

$$\begin{array}{r} 42 \\ -17 \\ \hline 35 \end{array} \qquad \begin{array}{r} 35 \\ +17 \\ \hline 52 \end{array}$$

12 長さ（cm，mm）①　25ページ

❶ ㋐8　㋑4　㋒7，5
❷ (1)3cm　(2)6cm5mm
❸ (1)30　(2)6
(3)54　(4)9，2
❹ 10cm5mm

ポイント

❶ものさしの目もりを読みます。大きい1目もりが1cm，小さい1目もりが1mmです。

ウは，大きい目もり7つ分と小さい目もり5つ分で，7cm5mmです。

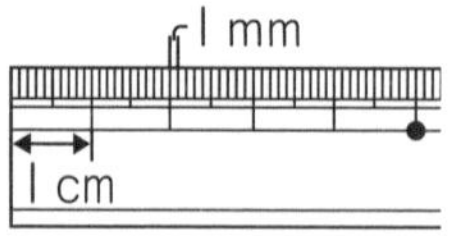

❷テープの左端から何目もり進むと右端に達するかを調べます。4cm−1cmのような長さの計算は，27ページで学習します。

❸長さの単位換算の問題です。1cm＝10mmをもとに考えます。

(1)3cmは1cmの3個分だから，10mmの3個分で30mmです。

(3)5cm4mmを5cmと4mmに分けます。5cmは50mmだから，5cm4mmは54mmです。

❹長さを実測します。ものさしを，図の直線に沿って左端を合わせて置き，直線の右端にあたる目もりを読みます。ものさしが正しく置けているかを見てあげましょう。

13 長さ（cm，mm）②　27ページ

❶ (1)7　(2)6，5
❷ 2，5
❸ (1)11cm　(2)9mm　(3)4cm9mm
(4)7cm　(5)1cm　(6)1cm4mm
(7)7cm4mm　(8)8cm

ポイント

❶合わせた長さを，長さのたし算の式に表して計算で求めます。

(2)同じ単位どうしの数をたします。

2cm5mm＋4cm＝6cm5mm

❷長さの違いを，長さのひき算の式に表して計算で求めます。同じ単位どうしの数をひきます。

❸長さの計算問題です。

(4)9mmと1mmをたして，10mm。10mmは1cmに繰り上げます。

6cm9mm＋1mm＝7cmと答えましょう。

(8)6mmから6mmをひくと，mmの単位の数は0になります。この場合，mmの単位は表記せず，8cm6mm−6mm＝8cmと答えます。

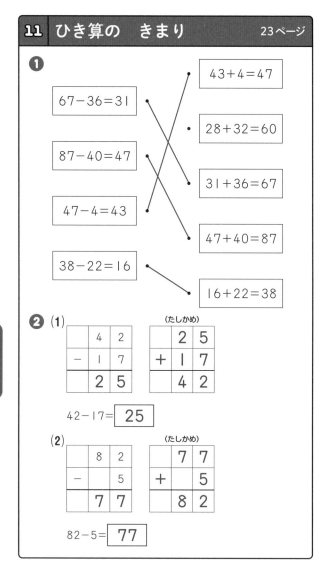

14 100より　大きい　数①　29ページ

❶ (1)235　(2)420
❷ (1)623　(2)579
(3)(上から順に)8，1，6
❸
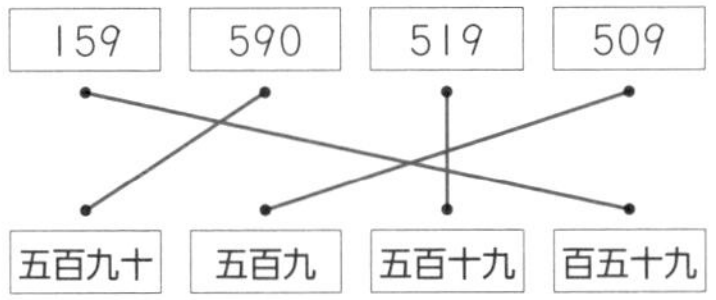

❹ (1)百のくらい…7　(2)百のくらい…3
十のくらい…1　十のくらい…0
一のくらい…6　一のくらい…2

ポイント

❶3けたの数を数えて数字で表します。100や10のまとまり，1が何個あるかに着目します。
(2)ばらの紙はないので，一の位の数字は「0」です。
❷3けたの数のしくみを理解できているか確認します。数字だけで，「100，10，1がそれぞれいくつあるか」の考え方ができるようにします。
❸3けたの数を読んだり書いたりできるようにします。「0」や「1」があるときは，注意が必要です。
❹慣れないうちは，右のような表を使って確認するとよいでしょう。

百の位	十の位	一の位

15 100より　大きい　数②　31ページ

❶ (1)350　(2)500　(3)24こ　(4)90こ
❷ ㋐…210　㋑…350　㋒…470
❸ (1)㋐…600　㋑…601
(2)㋐…970　㋑…1000
(3)㋐…850　㋑…1000
❹ (1)>　(2)<　(3)>　(4)>

ポイント

❶3けたの数を，10をもとにした数の見方で考えます。慣れないうちは，10円玉など，具体物を使ったほうが理解しやすいでしょう。1年生の学習「10が10個で100」を復習しておくと，学習がスムーズに始められます。
(1)
10が35個＜10が30個で300／10が　5個で　50
合わせて350
(3)240を200と40に分けます。
240＜200…10が20個／40…10が　4個
合わせて24個
❷数の直線の1目もりがいくつを表すかに着目して，読みます。小さい1目もりは，100を10個に区切っているので，1目もりは10を表していることを理解させます。また，数の直線では，右にあるほうが数が大きいことも大切な見方です。
❸数が2つ並んでいるところから，1目もりがいくつかを考えます。
(1)「598」，「599」と「602」，「603」の並び方から数が1ずつ大きくなっていることを見つけます。599の次の数は600，その次は601です。
(2)数は10ずつ大きくなっています。
(3)数は50ずつ大きくなっています。50とびの数の数え方に慣れておくと便利です。
❹数の大小を比較し，記号>，<を使って表します。記号の向きを間違わないように正しく覚えます。
大>小　小<大　です。
大きい位の数から比べていきます。
(1)百の位の数が3と2で，3のほうが大きいから342のほうが296より大きいです。
(2)百の位の数が同じなので，次の十の位の数で比べます。
(3)百の位，十の位の数が同じなので，一の位の数で比べます。
(4)3けたの数は2けたの数より大きいです。けた数にも注意しましょう。

16 100より　大きい　数③　33ページ

❶ (1)110　(2)120　(3)30　(4)80
❷ しき…90＋50＝140　答え…140まい
❸ しき…150－80＝70　答え…70円
❹ (1)500　(2)1000　(3)600
(4)500
❺ しき…300＋400＝700　答え…700円
❻ しき…800－500＝300　答え…300円

ポイント

❶10のまとまりがいくつ分の考え方で計算します。
(1)10のまとまりが，9個と2個で11個。10のまとまりが11個で110です。
(3)図に表すと，

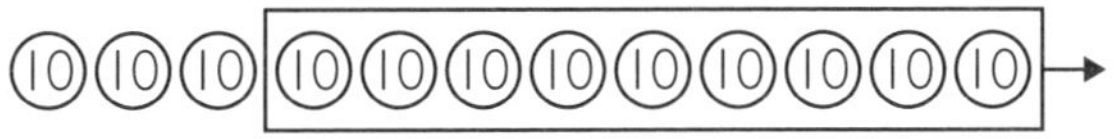

10のまとまりが3個残ります。
❹100のまとまりがいくつ分の考え方で計算します。
(2)100のまとまりが6個と4個で10個。100のまとまりが10個で1000です。
(4)1000は100のまとまりが10個です。

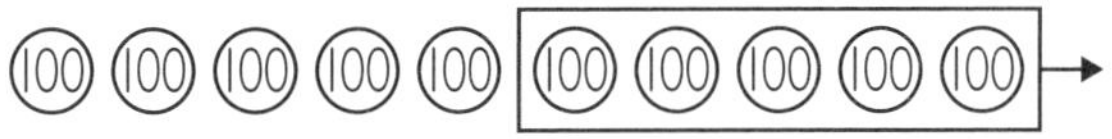

100のまとまりが5個残ります。

答え

17 水の　かさ①　35ページ

❶ (1)1，2
(2)4
(3)300
(4)60
❷ (1)20
(2)4
(3)5
(4)1
(5)35
❸ (1)dL
(2)mL

ポイント

❶水のかさを，LやdL，mLといった単位を使って表します。
(1)1Lます1つ分で1L。1dLます2つ分で2dL。1Lと2dLを合わせて1L2dLです。
(2)1Lますには，10個の目もりがあります。目もり1つ分まで入っている水のかさが1dLです。目もり4つ分のかさは4dLです。
(3)1dL＝100mLです。
(4)1dLますに10個の目もりがあります。目もり1つ分まで入っている水のかさが10mLです。目もり6つ分のかさだから60mLです。

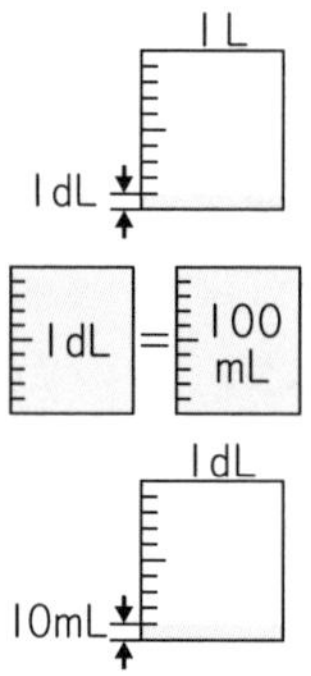

❷かさの単位換算の問題です。1L＝10dL，1dL＝100mL，1L＝1000mLの基本的な関係をしっかり覚えさせましょう。
(3)100mL＝1dLをもとに考えます。
(5)3L＝30dLです。3L5dLは30dLと5dLで35dLです。

18 水の　かさ②　37ページ

❶ (1)1L5dL　(2)7L5dL　(3)3L
(4)8L2dL　(5)3L3dL　(6)5L
(7)4L5dL　(8)4L4dL
❷ 20L
❸ (1)しき…4L3dL＋2L＝6L3dL
答え…6L3dL
(2)しき…4L3dL－2L＝2L3dL
答え…（上から順に）**やかん，**2L3dL

ポイント

❶かさの計算をします。同じ単位の数どうしを計算します。
(1)1L2dL＋3dL＝1L5dL
(3)8dLと2dLをたすと10dL。10dLは1Lに繰り上げます。2L8dL＋2dL＝3Lと答えます。
(6)

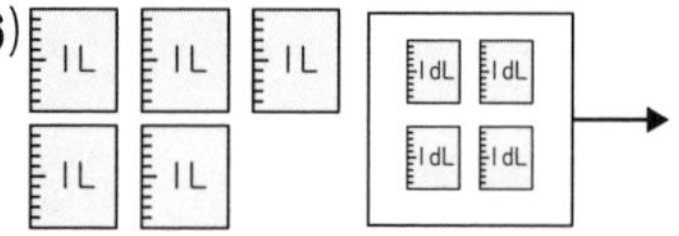

理解しづらい場合，図にかくとイメージしやすくなります。1Lます5つ分と1dLます4つ分から，1dLます4つ分をとると，残りは1Lます5つ分です。
5L4dL－4dL＝5Lと答えます。dLの単位は何も書きません。
❷10Lの2つ分で20Lです。
❸かさの計算も，「合わせたかさ」はたし算，「残りのかさ」や「かさの違い」はひき算で求めます。
(2)先に，どちらのかさが多いかを考えてから，ひき算の式に表します。

19 計算の　くふう　39ページ

❶ (1)しき…8＋13＋7＝28　答え…**28まい**
(2)しき…8＋(13＋7)＝28
答え…**28まい**
❷ (1)36　(2)40　(3)39　(4)67
(5)58
❸ (1)＜　(2)＞　(3)＝

ポイント

❶1つの場面を，2つの考え方で式に表します。考え方に合う式が書けるようにします。また，式からどのように考えたかも読み取れます。
(1)増えた順にたしていきます。
8＋13＝21　21＋7＝28
これを1つの式に書きます。
8＋13＋7＝28
(2)あとから増えた数を先に計算して，まとめてたします。増えた数は，お姉さんからの13枚とお兄さんからの7枚です。13＋7＝20
20枚を初めの8枚にたすから，8＋20＝28
これを1つの式に書きます。ひとまとまりの数は( )を使って表します。
8＋(13＋7)＝28
初めの数　増えた数
( )を使ってまとめて計算したほうが，計算しやすくなる場合があります。左から順に計算するのと，くふうして計算するのと，どちらで計算したほうが答えを求めやすいかが判断できるように，繰り返し練習しましょう。
❷( )のある式は，( )の中を先に計算します。
(1)(7＋3)＋26＝10＋26＝36
(3)(14＋6)＋19＝20＋19＝39
❸＞，＜は数の大，小を表す印です。
＝は，数の大きさが同じことを表す印です。

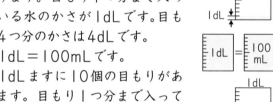

(1)30＋60の答えは90です。90は100より小さいから，30＋60<100と表します。
(2)130－50の答えは80です。100は80より大きいから，100>130－50と表します。
(3)100＋80の答えは180です。100＋80と180は大きさが同じだから，100＋80＝180と表します。

20 たし算の　ひっ算④　41ページ

❶
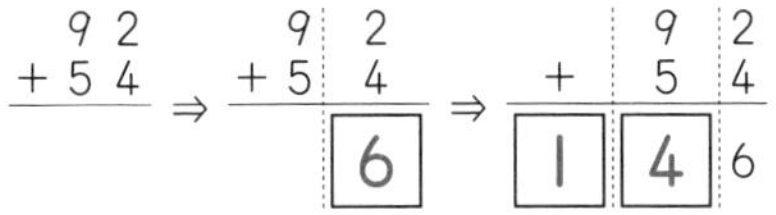

❷ (1)127　(2)117　(3)147
(4)108　(5)132　(6)170

❸ しき…57＋62＝119
ひっ算…
  57
＋62
119
答え…119人

❹ しき…90＋48＝138
ひっ算…
  90
＋48
138
答え…138円

ポイント

❶百の位に繰り上がりのあるたし算の筆算の手順を確認します。①位を縦にそろえて書きます。②一の位の計算をします。③十の位の計算をします。
❷筆算が速く正確にできるように練習しましょう。
(4)十の位の計算が，2＋8＝10だから，答えの十の位は0，百の位は1です。
(5)(6)3つの数のたし算です。2つの数の計算と同じように，一の位から順に計算しましょう。
❸合わせた人数は，たし算で求めます。
❹代金は，90円と48円を合わせた金額です。筆算は，位をそろえて書きましょう。

21 たし算の　ひっ算⑤　43ページ

❶
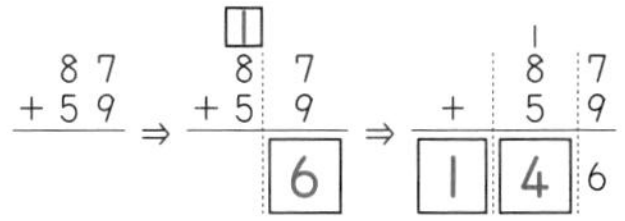

❷ (1)125　(2)142　(3)120
(4)101　(5)101　(6)100

❸ しき…78＋46＝124
ひっ算…
  78
＋46
124
答え…124こ

❹ しき…96＋6＝102
ひっ算…
  96
＋ 6
102
答え…102まい

ポイント

❶繰り上がりが2回あるたし算の筆算です。一の位の計算は，7＋9＝16。一の位に6を書き，十の位に1繰り上げます。このとき，繰り上げた1を十の位の上に小さく書いておくと，ミスが防げます。十の位の計算は，繰り上げた1と8と5で，1＋8＋5＝14。答えの十の位に4を，百の位に1を書きます。
❷繰り上がりが2回あるたし算の筆算の練習をします。
(3)十の位の計算は，繰り上げた1と9と2で，1＋9＋2＝12です。
(5)一の位の計算は，3＋8＝11で，十の位に1繰り上げます。十の位の計算は，繰り上げた1と9で1＋9＝10。答えの十の位は0，百の位は1になります。
❹増加の場面なので，たし算をします。2けた＋1けたの筆算を書くときは，特に，位をそろえることに注意しましょう。

22 たし算の　ひっ算⑥　45ページ

❶
(1)
  63
＋56
119

(2)
  47
＋89
136

(3)
  59
＋51
110

(4)
  45
＋60
105

(5)
  98
＋18
116

(6)
  72
＋28
100

(7)
  16
＋93
109

(8)
   5
＋95
100

(9)
  92
＋ 9
101

❷ しき…77＋49＝126　答え…126わ
❸ しき…54＋46＝100　答え…100こ
❹ しき…98＋9＝107　答え…107ページ

ポイント

❶筆算を自分で書いて計算します。繰り上がりが1回の計算と2回の計算が混じって出題されていますので，注意しましょう。速く正確に計算できるようになるまで練習しましょう。

(5)
  98
＋18
116

(6)
  72
＋28
100

(7)
  16
＋93
109

❷鳥が77羽いるところに49羽飛んでくるので，たし算で求めます。問題文を読んで，場面をイメージしながら式をつくりましょう。
❸いちごが54個あるところに46個もらうので，たし算で求めます。
❹98ページと9ページを合わせたページ数を求めるので，たし算をします。

答え

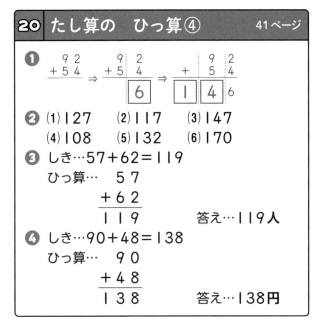

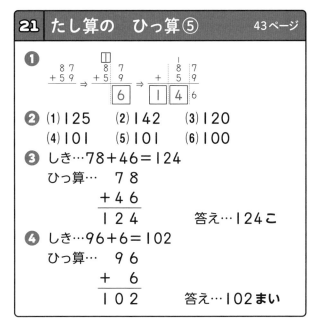

23 ひき算の　ひっ算④　47ページ

❶
137 − 52 ⇒ 137 − 52 = □5 ⇒ 137 − 52 = □8 5

❷ (1)93　(2)51　(3)81　(4)91
(5)50　(6)23

❸ しき…165−82=83
ひっ算…
　165
− 82
　83
答え…83まい

❹ しき…109−93=16
ひっ算…
　109
− 93
　16
答え…16人

ポイント

❶3けた－2けたの筆算です。まず，位をそろえて書くことがポイントです。
一の位の計算は，7−2=5。答えの一の位に5を書きます。
十の位の計算は，3から5はひけないので，百の位から1繰り下げて，13−5=8。
答えの確かめは，右のようなたし算でしましょう。
　137　　　85
− 52　↗ +52
　85　　　137
❷ミスが多いようでしたら，19ページの2けた−2けたの筆算に戻って復習させましょう。
❹違いの数を求めるので，ひき算をします。
大きい数から小さい数をひくことがポイントです。
93−109と書くのは間違いです。

24 ひき算の　ひっ算⑤　49ページ

❶
145 − 59 ⇒ 1 4（4に斜線，上に□3）5 − 59 = □6 ⇒ 1 4（4に斜線，上に3）5 − 59 = □8 6

❷ (1)66　(2)29　(3)99　(4)9
(5)24　(6)97

❸ しき…120−78=42
ひっ算…
　120
− 78
　42
答え…42円

❹ しき…100−8=92
ひっ算…
　100
−　8
　92
答え…92こ

ポイント

❶繰り下がりが2回ある筆算の手順を確認します。
一の位の計算は，5から9はひけないので，十の位から1繰り下げて，15−9=6。答えの一の位に6を書きます。十の位の4を斜線で消して，4より1小さい3を書いておきます。

十の位の計算は，13−5=8。答えの十の位は8です。
❷繰り下がったことがわかるように書いておきましょう。

(4)
　1 0 7（1と0に斜線，0の上に9）
− 　9 8
　　　9
9−9=0　17−8
十の位には何も書きません。

(6)
　1 0 1（1と0に斜線，0の上に9）
− 　　4
　　9 7
9−0=9　11−4

25 ひき算の　ひっ算⑥　51ページ

❶ (1)
　156
− 63
　93
(2)
　124
− 35
　89
(3)
　142
− 80
　62
(4)
　106
−　8
　98
(5)
　113
− 19
　94
(6)
　100
− 92
　　8

❷ しき…173−83=90　答え…90こ
❸ しき…100−55=45　答え…45円
❹ しき…110−99=11　答え…11人

ポイント

❶自分で筆算を書いて計算します。位を縦にそろえて書くことがポイントです。
(4)ひかれる数の十の位が0の計算です。一の位の計算で，6から8はひけません。十の位も0なので百の位から繰り下げます。
　1 0 6（1と0に斜線，0の上に9）
−　　8
　　9 8
9−0　16−8

(5)
　1 1 3（十の位の1に斜線，上に0）
− 　1 9
　　9 4
10−1　13−9

(6)
　1 0 0（1と0に斜線，0の上に9）
− 　9 2
　　　8
9−9　10−2
答えの十の位には何も書きません。

❷違いを求めるので，ひき算で計算します。数が多いほうから少ないほうをひいて求めます。
❸おつりを求めるので，ひき算で計算します。100円からおかしの代金55円をひくと，おつりが求められます。
❹子どもを帽子をかぶっているグループとかぶっていないグループに分けています。全体の人数から帽子をかぶっている人数をひくと，残りが帽子をかぶっていない人数になります。

26 大きい　数の　ひっ算　53ページ

❶ (1)568　(2)275　(3)810
(4)782　(5)615　(6)477
(7)308　(8)712

❷ (1) $\begin{array}{r} 356 \\ +\ 30 \\ \hline 386 \end{array}$　(2) $\begin{array}{r} 47 \\ +907 \\ \hline 954 \end{array}$　(3) $\begin{array}{r} 728 \\ +\ \ 8 \\ \hline 736 \end{array}$

(4) $\begin{array}{r} 596 \\ -\ 56 \\ \hline 540 \end{array}$　(5) $\begin{array}{r} 280 \\ -\ 75 \\ \hline 205 \end{array}$　(6) $\begin{array}{r} 316 \\ -\ \ 7 \\ \hline 309 \end{array}$

ポイント

❶3けた＋2けた，3けた＋1けたで，百の位に繰り上がりのない筆算と，3けた－2けた，3けた－1けたで，百の位からの繰り下がりのない筆算です。数が大きくなっても筆算のしかたは同じです。百の位はそのまま下におろして書きます。
❷自分で筆算を書きます。答えの確かめもしましょう。

27 三角形と　四角形①　55ページ

❶ (1)**三角形**　(2)**四角形**
(3)(上から順に)**ちょう点，辺**
❷ (上から順に)3，3，4，4
❸ 三角形…㋐，㋖(順不同)
四角形…㋑，㋔(順不同)
❹ (1)
例
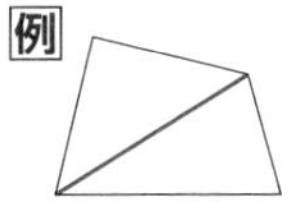
(2)
例
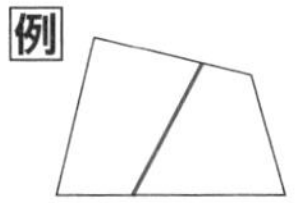

ポイント

❶❷三角形，四角形に関する用語，形の特徴を理解させます。
❸三角形，四角形の分類をします。
三角形…3本の直線で囲まれた形
四角形…4本の直線で囲まれた形
の観点で選びます。
㋒や㋕や㋗は曲線を含んでいます。㋓は直線でとじられていないことに着目させます。
❹直線の引き方は，ほかにも考えられます。2つの三角形，2つの四角形に分けられていれば正解とします。

28 三角形と　四角形②　57ページ

❶ 長方形…㋐，㋓(順不同)
正方形…㋑，㋔，㋖(順不同)
❷ ㋐，㋒，㋔(順不同)
❸ ㋐4cm　㋑6cm
❹ (1)(上から順に)**直角，長方形**
(2)(上から順に)**直角，同じ**
(3)**直角三角形**

ポイント

❶四角形を，長方形，正方形，それ以外に分類します。
長方形…4つのかどがすべて直角である四角形
正方形…4つのかどがすべて直角で，4つの辺の長さがすべて同じ四角形
の観点で選びます。かどが直角であるかどうかは，三角定規を当てて確認させます。
㋒，㋕は，直角でないかどがあります。
❷直角三角形は，直角のかどをもつ三角形です。方眼のかどを手がかりにして，直角かどうかを判断できるようにしましょう。
❸長方形の向かい合う辺の長さは同じです。
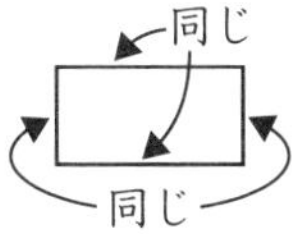

29 かけ算①　59ページ

❶ (上から順に)5，3，15，5，3，15
❷ (1)例
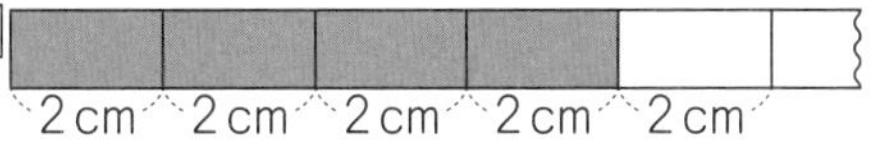

(2)しき…2×4＝8　答え…8cm
❸ (1)10　(2)30　(3)25　(4)35
(5)6　(6)18　(7)14　(8)16
❹ しき…2×6＝12　答え…12こ
❺ しき…5×4＝20　答え…20cm

ポイント

❶同じ数のまとまりがいくつかある場面で，全部の数を求めるとき，かけ算の式に表すことができます。1皿に5個ずつあるので，「1つ分の数」は5，3皿分あるので，「いくつ分」は3，ケーキは全部で15個あるので，全部の数は15です。
❷「何倍」は「いくつ分」と同じ意味です。
(1)2cmの区切り4つ分だけ色をぬります。
(2)何倍かの長さを求めるときも，かけ算の式に表せます。

2	× 4	＝ 8
↑	↑	↑
1つ分の長さ	何倍	全体の長さ

2×4の答えは，2＋2＋2＋2の答えと同じです。
❸5の段と2の段の九九を覚えましょう。
❹かけ算の場面の文章題です。「1つ分の数」，「いくつ分」にあたる数に着目させましょう。2個ずつ6箱分だから，「1つ分の数」は2，「いくつ分」は6です。
❺5cmの4倍，つまり5cmの4つ分の長さを求めます。

5	× 4	＝ 20
↑	↑	↑
1つ分の長さ	何倍	全体の長さ

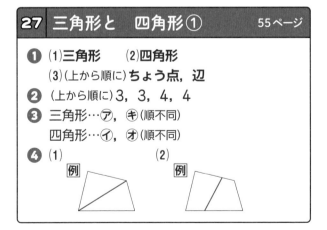

30 かけ算② 61ページ

❶ (1)6　(2)15　(3)18　(4)27
(5)12　(6)9　(7)21
❷ (1)20　(2)8　(3)24　(4)32
(5)16　(6)28　(7)4
❸ しき…3×8＝24　答え…24本
❹ しき…4×9＝36　答え…36こ
❺ しき…4×3＝12　答え…12人

ポイント

❶3の段の九九を覚えましょう。
❷4の段の九九を覚えましょう。
❸3本ずつ，8人に配るので，「1つ分の数」は3，「いくつ分」は8です。
❹4個ずつ，9つ分ある場面で，全部の数を求めるので，かけ算の式に表すことができます。「1つ分の数」は4，「いくつ分」は9です。
❺4人ずつ，3つの長いすに座った全体の人数を求めるので，かけ算の式に表すことができます。「1つ分の数」は4，「いくつ分」は3だから，式は4×3です。3×4とすると，3人ずつ4つの長いすに座る場面になるので，正しくありません。

31 かけ算③ 63ページ

❶ (1)18　(2)12　(3)30　(4)36
(5)24　(6)42　(7)54
❷ (1)7　(2)14　(3)42　(4)28
(5)63　(6)56　(7)49
❸ しき…6×8＝48　答え…48本
❹ しき…7×5＝35　答え…35人
❺ しき…7×3＝21　答え…21日間

ポイント

❶6の段の九九を覚えましょう。
❷7の段の九九を覚えましょう。7の段は唱えづらく，間違いも多い段です。すぐに答えられるようになるまで繰り返し練習しましょう。
❸「6本ずつ」，「8箱分」に着目します。「1つ分の数」は6，「いくつ分」は8だから，式は6×8です。
❺文章を読んで，「1つ分の数」が7であることを読み取ることがポイントです。カレンダーで確認しましょう。

32 かけ算④ 65ページ

❶ (1)40　(2)24　(3)48　(4)72
(5)64　(6)56
❷ (1)27　(2)18　(3)81　(4)45
(5)63　(6)72
❸ (1)4　(2)7
❹ しき…8×2＝16　答え…16こ
❺ しき…9×6＝54　答え…54円
❻ しき…8×4＝32　答え…32cm

ポイント

❶8の段の九九を覚えましょう。
❷9の段の九九を覚えましょう。
❸1の段の九九です。1の段の九九の答えは，かける数と同じです。
❺9円の6個分で，全部の金額を求めます。「1つ分の数」は9，「いくつ分」は6です。
❻正方形には辺が4つあります。8cmの4つ分の長さを求めます。

33 九九の　きまり 67ページ

❶ ㋐…6　㋑…24　㋒…54　㋓…28
㋔…48　㋕…63
❷ (1)5　(2)7　(3)8　(4)5
❸ (1)1×8，2×4，4×2，8×1(順不同)
(2)4×9，6×6，9×4(順不同)

ポイント

❶九九の表の見方を確認します。㋐…かけられる数が2，かける数が3だから，2×3。「二三が6」で6があてはまります。
❷かけ算のきまりを確認します。
・かける数が1増えると，答えはかけられる数だけ増えます。
・かけられる数とかける数を入れかえても，答えは同じになります。
(1)5の段だから，かけられる数は5です。

5＞　5，10，15，20，25，30，35，40，45

答えは5ずつ増えます。
(2)7の段で，かける数が1増えています。かけられる数の7だけ増えます。

7＞　7，14，21，28，35，42，49，56，63

(3)「＝」の左の式はかける数が3，「＝」の右の式はかけられる数が3であることに着目させます。
(4)9は4と5に分けられることに着目して，九九の表の4の段と5の段に注目します。

4＞	4	8	12	16	20	24	28	32	36
5＞	5	10	15	20	25	30	35	40	45
9＞	9	18	27	36	45	54	63	72	81

答え

❸答えが同じになるかけ算を，九九の表に印をつけて，きまりを見つけさせると，理解が深まります。

かける数（横）／かけられる数（縦）

	1	2	3	4	5	6	7	8	9
1								○	
2				○					
3									
4		○							△
5									
6						△			
7									
8	○								
9				△					

○…答えが8

△…答えが36

34 長い 長さ（cm，m）① 69ページ

❶ ㋐10 ㋑80
㋒1，10

❷ (1)3，10 (2)90
(3)㋒→㋐→㋑

❸ (1)100 (2)5 (3)230
(4)4，15 (5)609

❹ (1)cm (2)m

ポイント

❶1mを10個に等分した1つ分の目もりは10cmを表します。いちばん小さい1目もりは1cmです。

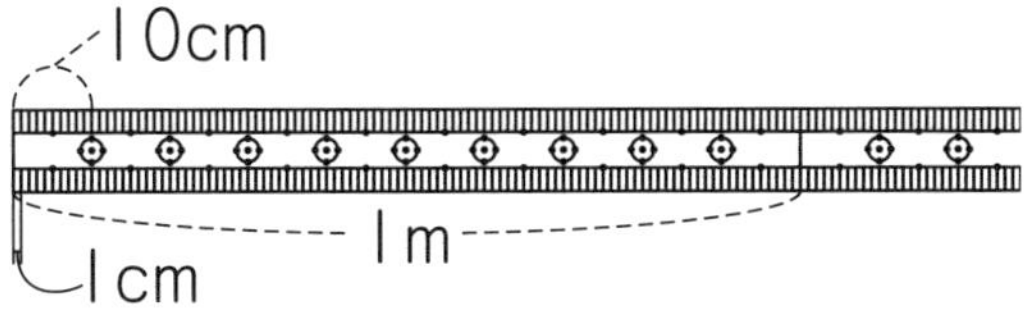

❷長さの単位m，cmについて理解します。

(1)1mが3つ分で3m。3mと10cmで3m10cmです。

(3)大まかな長さの比較をします。㋐1m30cmは，1mと2mの間，㋑は1mよりも短い，㋒は2mよりも長いです。

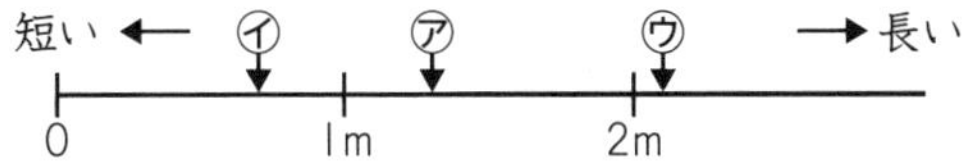

だから，長い順に㋒→㋐→㋑と並べます。

単位換算して，長さを比べることもできます。

❸で出題していますが，1m＝100cmを使って，単位をcmにそろえて表しても，長さを比べることができます。㋐130cm，㋑70cm，㋒210cmです。

❸1m＝100cmを使って単位換算します。

(3)2m30cm＝2m＋30cm＝200cm＋30cm＝230cm

(4)415cm＝400cm＋15cm＝4m＋15cm＝4m15cm

(5)6m9cm＝6m＋9cm＝600cm＋9cm＝609cm

❹身のまわりの物で，長さの量感を身につけましょう。

35 長い 長さ（cm，m）② 71ページ

❶ (1)1m60cm (2)5m60cm
(3)4m30cm (4)3m85cm
(5)1m80cm (6)2m5cm
(7)1m10cm (8)5m

❷ しき…1m20cm＋50cm＝1m70cm
答え…1m70cm

❸ しき…1m80cm－50cm＝1m30cm
答え…1m30cm

ポイント

❶長さのたし算，ひき算をします。同じ単位の数どうしを計算します。

(4)2m80cm＋1m5cm＝3m85cm

(8)cmの単位の計算は40cm－40cm＝0cmです。だから，5m40cm－40cm＝5mと答えます。答えのcmの単位には何も書きません。

❷合わせた長さを求めるので，たし算をします。

❸いつきさんの背の高さは，全体の高さから台の高さを除いた高さになります。

36 1000より 大きい 数① 73ページ

❶ (1)2341 (2)3014

❷

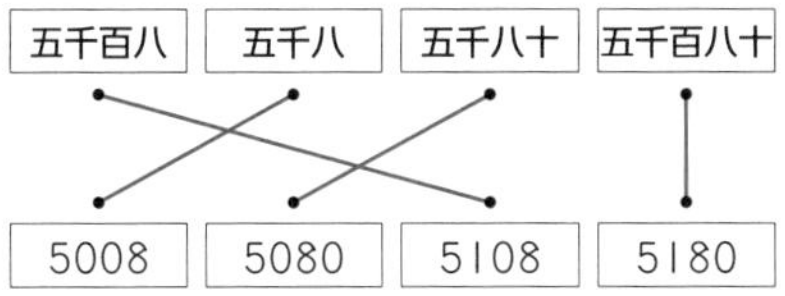

❸ (1)6530 (2)(上から順に)7，6
(3)9157 (4)8907

ポイント

❶4けたの数を数字で表します。1000のまとまりがいくつ，100のまとまりがいくつ…で考えます。

(2)100のまとまりがないことを，100のまとまりが「0個」と考えることがポイントです。

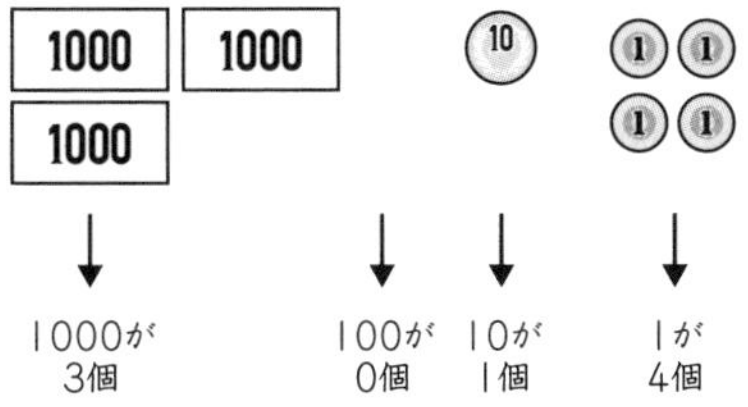

❷「0」や「1」を含む数は読み方を間違えやすいので，練習しておきましょう。

❸(4)十の位の「0」の書き忘れに注意しましょう。

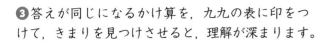

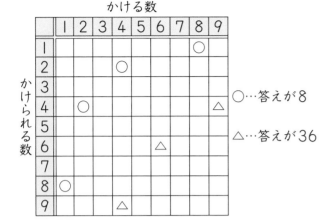

37 1000より　大きい　数②　75ページ

❶ (1)5000　(2)46こ　(3)10000
(4)100こ　(5)100
(6)

❷ (1)㋐4000　㋑4500
(2)㋐6990　㋑7000
❸ (1)＜　(2)＞
❹ (1)1100　(2)1300　(3)700

ポイント

❶4けたの数を100をもとにした見方で考えます。

(2)
4600　4000→　100が40個
　　　600→　　　　6個
　　　　　　合わせて46個

(3)(4)1000が10個で10000，100が100個で10000です。紙幣や硬貨を使うとイメージしやすいでしょう。

❷いくつずつ大きくなっているかに着目します。
(1)500ずつ大きくなっています。
(2)10ずつ大きくなっています。
1年生で学習した内容で復習すると，
90，91，92，93，94，95，96，97，98，99，100より，90より10大きい数は100です。
同様に，6990より10大きい数を考えます。
6990，6991，6992，6993，6994，6995，6996，6997，6998，6999，この次の数を7000と表します。

❸数の大小は，大きい位の数から順に比べます。
＞，＜の向きは，(小)＜(大)，(大)＞(小)となるように書きます。

❹100のまとまりがいくつ分になるかで考えます。
(1)100のまとまりが，5と6を合わせて11個になるので，500＋600＝1100

38 はこの　形　77ページ

❶ (1)㋐面　㋑ちょう点　㋒辺
(2)

面《めん》の　数《かず》	辺《へん》の　数	ちょう点《てん》の　数
6	12	8

(3)㋒

❷ (上から順に)㋐，2，㋑，2，㋓，2
(㋐，㋑，㋓は順不同)

❸ (1)8こ
(2)

長《なが》さ	3cm	4cm	6cm
本数《ほんすう》	4	4	4

ポイント

❶(3)すべて同じ大きさの正方形でできる箱の形はさいころの形です。

❷箱は，同じ形の面が2つずつでできています。同じ長さの辺どうしをはり合わせます。

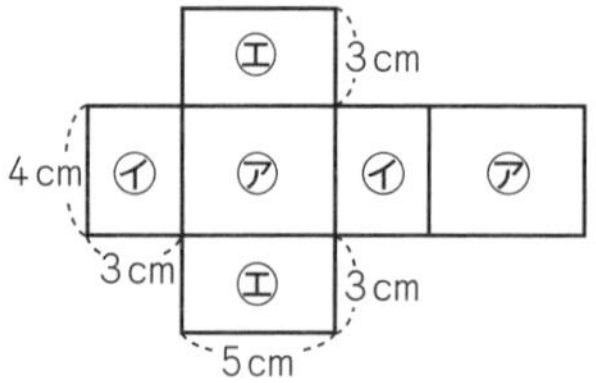

❸(1)粘土玉は頂点になります。頂点の数は8個です。
(2)箱の形は，同じ長さの辺が4本ずつ，3種類の長さでできています。

39 分数　79ページ

❶ (1)例 
(2)例 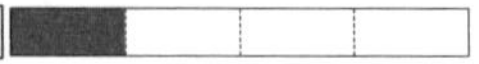

❷ ㋒

❸ (上から順に)$\frac{1}{3}$，3

❹ (1)2　(2)3 

ポイント

❶もとの大きさをいくつに分けた1つ分になるか考えます。
(1)$\frac{1}{2}$は，もとの大きさを2等分した1つ分の大きさです。色を塗るのは，左半分，右半分のどちらでも構いません。

❷㋐は，4等分した1つ分だから，もとの大きさの$\frac{1}{4}$です。㋑は，8つに分けていますが，同じ大きさに分けていないので，$\frac{1}{8}$とはいえません。

❸図で確認しましょう。

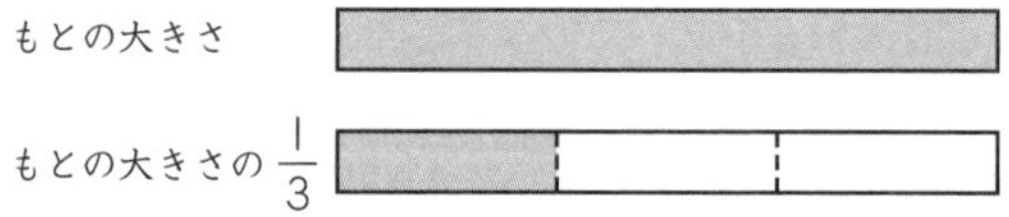

❹(2)9個を同じ数ずつ3つに分けた1つ分は3個です。
(1)と(2)では，もとの大きさが6個と9個で異なるので，$\frac{1}{3}$の大きさが異なることに気づかせましょう。

40 図を　つかって　考える①　81ページ

❶ しき…25－14＝11　答え…11わ
❷ ①…㋑　②…㋐
❸ しき…18－10＝8　答え…8人
❹ ①…㋐　②…㋑

ポイント

❶増加の場面で，増えた数がいくつかを求めます。場面をテープ図に表すと，どんな計算になるかが視覚的にわかりやすくなります。増えた分の数は，全体(増えたあと)の数から，初めの数をひくと求められます。

❷増加の場面をテープ図に表します。来た数は，全部の数15匹から初めの数9匹をひくと求められます。
❸減少の場面で，減った数がいくつかを求めます。減った分の数は，全体(初め)の数から残りの数をひくと求められます。
❹減少の場面をテープ図に表します。初めの数25台から残りの数15台をひくと，出た数が求められます。

41 図を　つかって　考える②　83ページ

❶ しき…30－10＝20　答え…20こ
❷ ①…㋐　②…㋑
❸ しき…28＋5＝33　答え…33こ
❹ ①…㋑　②…㋐

ポイント

❶増加の場面で，初めの数がいくつだったかを求めます。初めの数は，増えたあとの数から増えた分の数をひくと求められます。
❷初めの数は，全部の数24個からもらった数14個をひくと求められます。
❸減少の場面で，初めの数がいくつだったかを求めます。初めの数は，減ったあとの数に減った分の数をたすと求められます。
❹初めの数は，残りの数20枚にあげた数15枚をたすと求められます。

42 図を　つかって　考える③　85ページ

❶
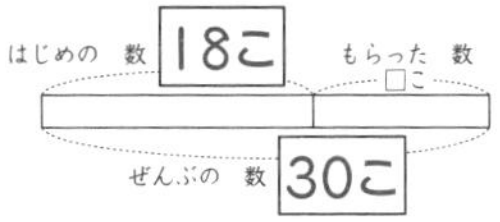

しき…30－18＝12　答え…12こ

❷
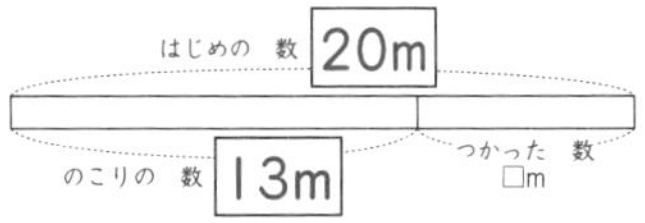

しき…20－13＝7　答え…7m

❸
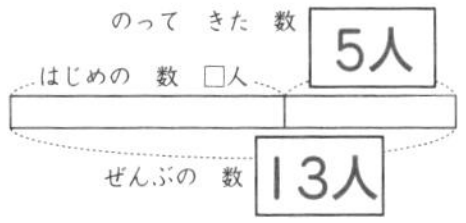

しき…13－5＝8　答え…8人

❹
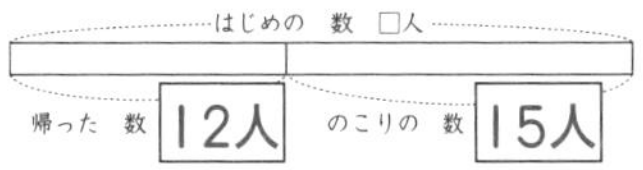

しき…12＋15＝27　答え…27人

ポイント

❶初めの数が18個で，もらったあとの全部の数が30個です。もらった数は，全部の数から初めの数をひいて求めます。
❷初めの数が20mで，使ったあとの残りの数が13mです。使った数は，初めの数から残りの数をひいて求めます。
❸初めの数に，乗ってきた数5人をたすと，全部の数13人になります。初めの数は，全部の数13人から，乗ってきた数5人をひくと求められます。
❹初めの数は，帰った数12人と残りの数15人をたすと求められます。

43 図を　つかって　考える④　87ページ

❶ しき…19－5＝14　答え…14人
❷ (1)
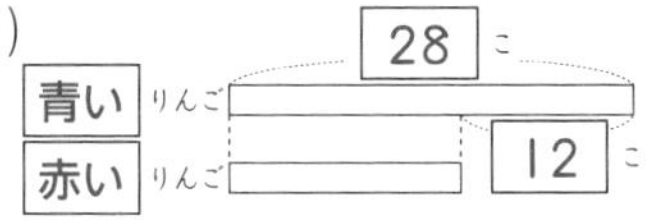

(2)しき…28－12＝16　答え…16こ
❸ (1)
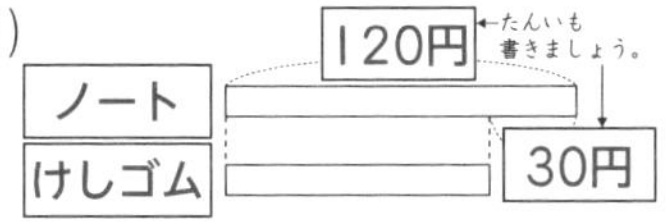

(2)しき…120－30＝90　答え…90円

ポイント

❶2つの数量の「多い」「少ない」の関係を2本のテープ図に表し，少ないほうの数を求めます。まず，問題文から，男の子のほうが多いことを読み取ります。違いは5人です。少ないほうの数は，多いほうの数から違いの数をひくと求められます。
❷ ❶と同様，青いりんごと赤いりんごで，どちらが多いかを読み取り，図に表しましょう。
❸ノートのほうが高いこと，ノートは120円であること，値段の違いは30円であることを読み取り，図に記入します。

44 図を　つかって　考える⑤　89ページ

❶ しき…15＋10＝25　答え…25本
❷ (1)
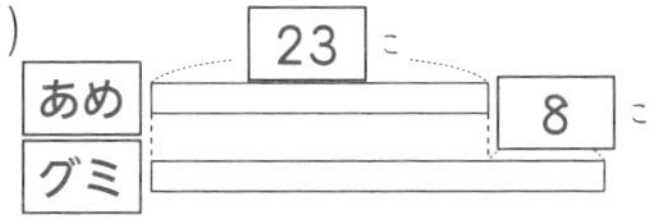

(2)しき…23＋8＝31　答え…31こ
❸ (1)
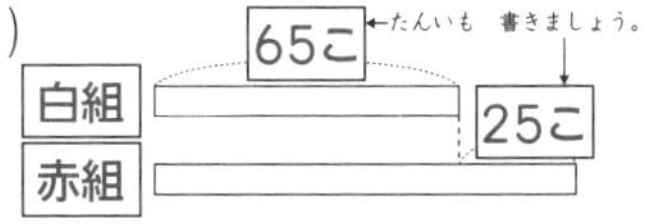

(2)しき…65＋25＝90　答え…90こ

答え

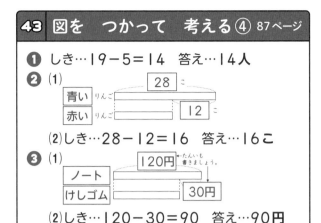

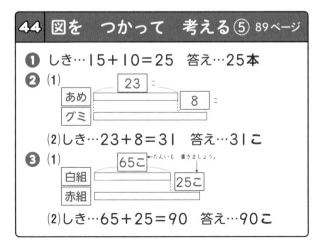

ポイント

❶2つの数量の「多い」「少ない」の関係で，多いほうの数を求めます。問題文から，白い花のほうが多いことを読み取ります。多いほうの数は，少ないほうの数に違いの数をたすと求められます。
❷あめのほうが少なく，グミのほうが多いことを読み取ります。
❸白組のほうが少なく，赤組のほうが多いです。上のテープ図を「白組」，下のテープ図を「赤組」とします。

45 まとめの　テスト❶　91ページ

❶ (1)**グミ**　(2)**2こ**
❷ (1)**6時15分**　(2)**7時45分**
❸ (1)53　(2)74　(3)80　(4)17
(5)20　(6)74
❹ (1)しき…43＋36＝79　答え…**79こ**
(2)しき…43－36＝7　答え…**7こ**

ポイント

❶「ひょうとグラフ」の単元のまとめです。
(2)ガムは4個，ラムネは2個です。
❷「時こくと時間」の単元のまとめです。
(1)1時間で，長針が1まわりするので，1時間前の時刻は，長針を1まわり戻して考えます。
(2)1分で，長針が1目もり進みます。30分あとの時刻は，長針を30目もり進めて考えます。
❸2けたの筆算のまとめです。(2)，(3)は繰り上がりのあるたし算，(6)は繰り下がりのあるひき算です。
❹2けたのたし算，ひき算の文章題です。合わせた数を求めるときはたし算，違いの数を求めるときはひき算をします。自分で筆算を書いて計算しましょう。

46 まとめの　テスト❷　93ページ

❶ 8cm4mm
❷ 1L4dL
❸ (1)10　(2)10　(3)100
❹ (1)495　(2)720
(3)㋐250　㋑1000
❺ (1)900　(2)900
❻ (1)157　(2)131

ポイント

❶1cmの目もり8つ分と，1mmの目もり4つ分で8cm4mmです。
❷1Lます1つ分と1dLます4つ分で，1L4dLと表します。
❸長さと，かさの基本となる関係を出題しています。覚えているか確認しましょう。
❹数の表し方，しくみ，数の直線の読み取り方を復習しましょう。
❺100のまとまりをもとに計算します。
❻百の位へ繰り上がりのあるたし算の筆算です。

(2)
```
  1
  96
+35
---
 131
```
繰り上がった1を書いておくと，計算ミスを防ぐことができます。

47 まとめの　テスト❸　95ページ

❶ (1)30　(2)77　(3)71　(4)392
(5)507
❷ ㋐**正方形**　㋑**長方形**　㋒**直角三角形**
❸ (1)18　(2)45　(3)14　(4)32
(5)35　(6)24　(7)36　(8)21
(9)49　(10)72　(11)48　(12)28
❹ しき…6×7＝42　答え…**42まい**

ポイント

❶23回～26回の内容のまとめです。

```
(2)  3       (3)  9       (4)  1      (5)  8
    1X2          XX0           38         5X3
  －  65       －  29       ＋354       －  86
  ------       ------       -----       ------
      77           71         392         507
```

❷長方形，正方形，直角三角形の特徴を復習しましょう。
❸九九を正確に答えられるようにしましょう。
❹同じ数のまとまりがいくつかあって，全部の数を求める場面は，かけ算の式に表せます。

48 まとめの　テスト❹　97ページ

❶ (1)1，40　(2)305
❷ (1)8070　(2)57　(3)10000
(4)2030
❸ (上から順に)6，8，12
❹

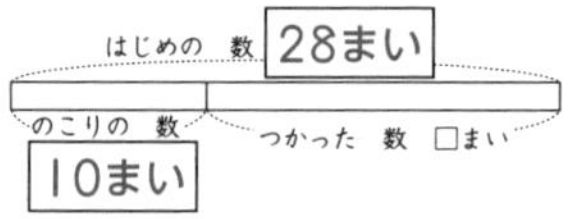

しき…28－10＝18　答え…**18まい**

ポイント

❶1m＝100cmをもとに考えます。
(2)3m5cm＝300cm＋5cm＝305cm
❷(4)小さい1目もりは100を10等分しているので，10を表します。2000より3目もり分大きいので2030です。
❸箱の形の構成を復習します。
❹減少の場面で，減った数がいくつかを求めるので，「42 図を　つかって　考える③」の②と同じ場面です。初めの数をテープ図全体とし，残りの数と使った数を部分とします。使った数がわからないので，使った数を□枚とします。初めの数から残りの数をひくと，使った数が求められます。

生活

1 春が 来た，2年生に なったよ　99ページ

❶ （お子様の体験をもとに答えられていたら正解）
❷ (1)㋐　(2)㋑　(3)㋑

ポイント

❶冬の終わりには徐々にあたたかい日が増えて春が訪れ，4月になると学年が1つ上がります。季節によって気温，見られる生物や風景がちがうことに気づき，1年で四季が巡ることを意識できればよいです。

❷1年生が入学して，今まで上級生にしてもらっていたことをしてあげる立場になります。上級生にしてもらってうれしかったことは何か，どんなことをしてあげられるかを考えてみるとよいです。

(1)遊んでいるとき，1年生の様子に気づいたら，積極的に声をかけてあげるようにしてください。

(2)(3)困っている1年生に気づいたときには，優しく接してあげるように教えてください。

2 野さいを　そだてよう①　101ページ

❶ (1)㋑　(2)㋕　(3)㋓
　(4)㋐　(5)㋔　(6)㋒
❷ (1)　(2)　(3)　(4)

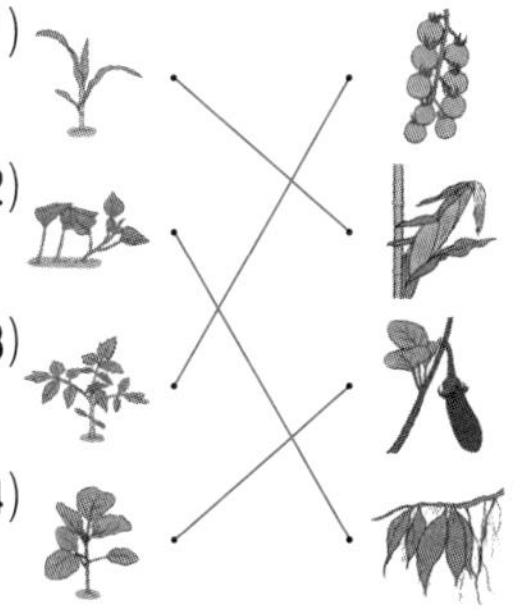

ポイント

❶キュウリやピーマン，オクラは夏，ジャガイモは春と秋，サツマイモは秋，ダイコンは冬が旬の野菜です。野菜そのままの形を見て，名前を言えるようにしておくとよいです。

❷(1)トウモロコシは，葉が細長い形をしています。

(2)サツマイモは，葉が数枚ついたつるで柔らかいため，しっかりと自立しづらいです。

(3)ミニトマトは，ギザギザとした葉が特徴です。

(4)ナスの苗は，茎や葉脈が実の皮と同じ紫色をしています。

3 野さいを　そだてよう②　103ページ

❶ (1)㋐　(2)㋐　(3)㋑
❷ (1)×　(2)○　(3)○
　(4)×　(5)×
❸ (1)㋑　(2)㋒

ポイント

❶(1)苗を植える穴は，葉が埋まってしまわないくらいの深さが適切です。

(2)苗を植えるときは，力を入れず，根や葉を傷つけないように，優しく持ちます。

(3)苗を植えたら土をふんわりとかけ，軽く押さえておきます。

❷(1)腐葉土や肥料を混ぜて栄養分をたくさんふくんだ土は，野菜を育てるのに適しています。

(2)葉が大きくならないときは，栄養や水，日光が足りていないことが考えられます。肥料のほか，水をあたえ，日当たりのよい場所に置いておくとよいです。

(3)草をとるときに根を残しておくと，また生えてきてしまうので，必ず根から抜くようにします。

(4)野菜は畑以外でも育てることができます。プランターや鉢，丈夫なふくろなどを使ってもよいです。

(5)野菜の種類によって，育てる季節はちがいます。夏に収穫するものは春ごろから育て始め，冬に収穫するものは秋ごろから育て始めるものが多いです。

❸(1)わき芽が出てきたら摘みとります。そのままにしておくと，わき芽の生長のために栄養を使われてしまい，実が大きく育ちません。

(2)土が乾いたら，水をたっぷりとあたえておくことが大切です。

4 野さいを　そだてよう③　105ページ

❶ （○をつけるところ）㋑
❷ (1)×　(2)×
　(3)×　(4)○
❸ ㋐4　㋑3　㋒5
　㋓2　㋔6

ポイント

❶支柱は，倒れないように茎を支えるためのものです。支柱と茎をひもなどで軽く結んでおきます。

❷(1)野菜の実は，花が咲いたあとにつきます。花を摘んでしまうと実はつきません。

(2)ミニトマトの実は，緑色から徐々にオレンジ色に色づいていきます。実が赤くなれば食べごろです。

(3)ピーマンに限らず，植物は1つの花に1つずつしか結実しません。花が咲いたら，どのように実がつくのか，よく観察させてください。

(4)サツマイモを収穫するときは，いきなりつるをつかんで引き抜こうとしてはいけません。サツマイモを傷つけないようにまわりの土を掘り，全体が見えたらそっととり出してください。

❸種をまき，しばらくすると芽が出ます。そして，つるが伸びて花を咲かせます。そのあとについた実が生長して，いつも食べているキュウリになります。

5 町たんけんを　しよう① 107ページ

❶ (〇をつけるところ)
㋐，㋒，㋔，㋕，㋖，㋘
❷

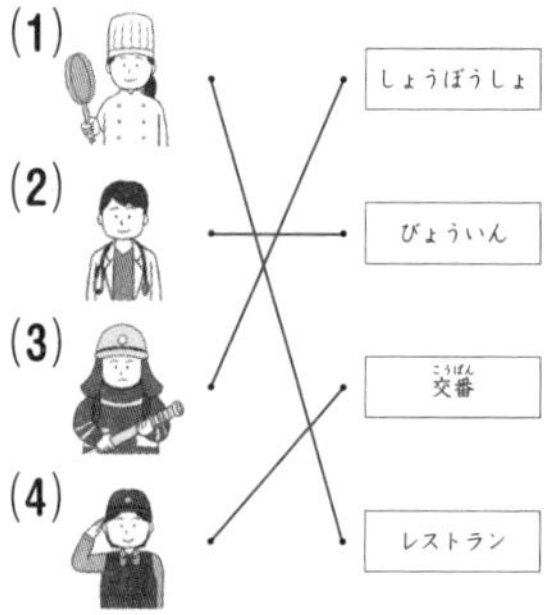

ポイント

❶町探検に行くときは，動きやすい服装がよいです。帽子をかぶり，水筒も用意しておきます。メモをしたり写真を撮ったりするため，筆記用具やカメラなどの撮影機材も必要です。前もって書きこみを入れた地図も持っていきます。安全のため，防犯ブザーも持っていくように教えてください。
❷(1)特徴的な帽子をかぶり，フライパンを持っていることから考えさせてみてください。
(2)これまでの通院や健診などの経験を思い出させ，首に聴診器をかけていることに注目し，どんな職業の人かを考えさせてみるとよいです。
(3)絵は消防士です。ヘルメットや消防ホースを持っていることに気づかせてください。
(4)絵は警察官です。外で困ったことがあったら，交番に行くように教えてください。

6 町たんけんを　しよう② 109ページ

❶ ㋑，㋒ (順不同)
❷ (1)㋐　(2)㋑

ポイント

❶お店などで話を聞くときは，お店の人やお客さんの迷惑にならないようにすることが大切です。
❷(1)写真を撮るときや品ものを触るときは，必ずお店の人に許可をもらうようにします。
(2)お客さんがいるときは，邪魔にならないところで静かに待つようにします。

7 生きものと ふれ合おう① 111ページ

❶ (1)㋑　(2)㋐　(3)㋓
(4)㋕　(5)㋔　(6)㋒
❷ ㋒，㋕ (順不同)

ポイント

❶(1)ナナホシテントウは，成虫で冬を越します。春ごろになると，餌を探して活動が活発になります。
(2)ミツバチは，春からさかんに育児を行い，花を訪れて蜜や花粉を集める姿が見られます。
(3)シオカラトンボは，幼虫で冬を越し，春ごろから秋にかけて羽化します。
(4)クワガタムシは，はさみのような部分(大あご)があるのが特徴です。
(5)ダンゴムシを飼うときは，日の当たらない場所に置き，湿気のある状態を保つようにします。
(6)カタツムリの殻は，外敵や乾燥，暑さや寒さから身を守るためにあるといわれています。
❷野生のメダカは，流れが穏やかな川や，池，田んぼの水路などに生息しています。アメリカザリガニは，流れが緩くて浅い水辺に生息しています。

8 生きものと ふれ合おう② 113ページ

❶

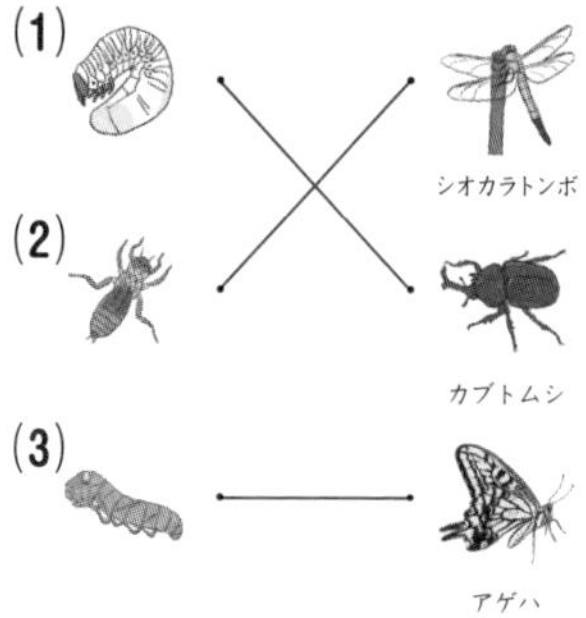

❷ ㋑，㋔，㋕ (順不同)
❸ ㋐

ポイント

❶(1)カブトムシは，卵から幼虫，さなぎ，成虫へと姿を変えます。幼虫としては，約8ヵ月ほどを過ごします。
(2)トンボの幼虫(やご)です。成虫とちがって，やごはほとんどが水中で過ごします。
(3)アゲハの幼虫です。幼虫は，脱皮をくり返して徐々に大きくなります。
❷生きものを探しにいくときには，網，虫かごや飼育ケースなどを持っていくとよいです。また，夏の暑い日には，帽子をかぶり，水筒などを忘れずに持っていくようにしてください。
❸カブトムシは，水分を適度にふくむ果物などをよく食べます。ペットショップなどで売られている昆虫用のゼリーを置いておくのもよいです。

9 生きものと ふれ合おう③ 115ページ

❶ (1)㋐　(2)㋑　(3)㋐
❷ ㋐
❸ (1)〇　(2)×

答え

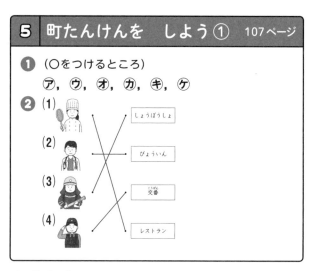

🔈 **ポイント**

❶(1)アゲハの幼虫はミカン，サンショウ，カラタチなどの葉をよく食べます。
(2)おたまじゃくし(カエル)の前あしが生えてきたら水の量を減らし，陸地をつくるようにしてください。
(3)ダンゴムシは湿ったところを好みますが，水にもぐって泳ぐことはありません。
❷クワガタムシは，2頭以上をケースに一緒に入れておくとけんかをしてしまいます。
❸(1)オスとメスを飼うときは，別々のケースで飼うようにし，繁殖しないように注意してください。
(2)アメリカザリガニは，日本古来の生態系に悪影響をあたえたり，農業被害をもたらしたりするといわれています。飼うときには最後まで責任をもつようにし，外に放さないようにしてください。

10 おもちゃを　つくろう① 117ページ

❶ (1)㋐　(2)㋒
(3)㋓　(4)㋑
❷ (1)㋑　(2)㋐　(3)㋐

🔈 **ポイント**

❶(1)ふくろに空気を入れて端をしばります。厚紙をつけて羽にし，ビニールテープを巻きつけたら完成です。ふくろの底を押すようにして投げて遊びます。
(2)容器の側面に穴を開け，輪ゴムを通します。次に，輪ゴムに乾電池を貼りつけます。容器を手前に引いてゴムを巻き，手を離すと進みます。
(3)魚などの絵を描いた紙にクリップをつけて床に置き，さおにつけた磁石で釣り上げます。
(4)折り紙などを折り，手で投げて飛ばす紙飛行機です。長い距離を飛ばせるものや長い時間飛ばせるものなど，さまざまな折り方があります。
❷(1)伸び縮みする輪ゴムの力を利用して飛ばします。毛糸はほとんど伸び縮みしません。
(2)トレイでつくった帆の部分に風を受けて進みます。㋐のほうが多くの風を受けることができるため，よく進みます。
(3)中に入れたおもりの力で動くおもちゃです。綿のように軽いものではうまく動きません。

11 おもちゃを　つくろう② 119ページ

❶
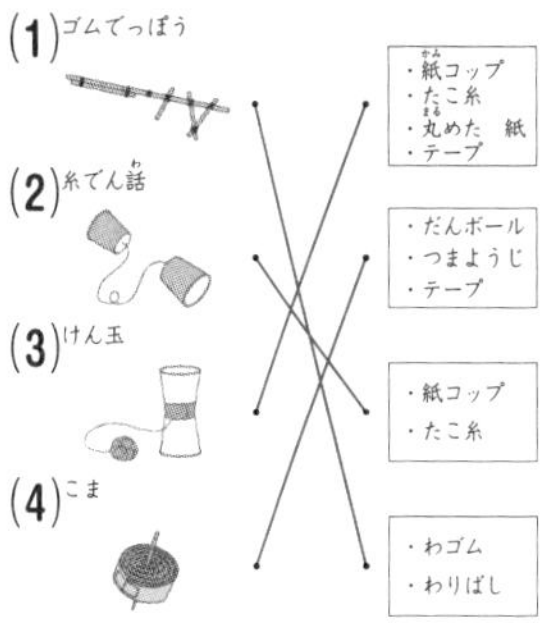

❷ (1)㋓　(2)㋑
(3)㋐　(4)㋒

🔈 **ポイント**

❶(1)割り箸と輪ゴムでつくったゴム鉄砲です。ものを飛ばすおもちゃは，人に向けてはいけません。
(2)糸電話は，紙コップの底に糸を通してつくります。コップや糸の種類が変わると聞こえ方が変わります。
(3)糸電話とよく似ていますが，糸の先に丸めた紙がついていることに注意します。
(4)段ボールを巻いてつくったこまです。巻く回数や段ボールの幅によって回り方が変化します。
❷(1)ステープラ（ホチキス）は重なっている紙をまとめてとじるときなどに使います。
(2)粘着テープは幅が広く粘着力も大きいので，大きいものをしっかり留めたいときに使います。
(3)(4)曲線を切るには，はさみが適しています。直線を切るときは，定規をあててカッターナイフを使うときれいに切れます。

12 おもちゃを　つくろう③ 121ページ

❶ (1)×　(2)×
(3)〇　(4)×
❷ ㋑
❸ (1)㋐　(2)㋑　(3)㋐

🔈 **ポイント**

❶(1)カッターナイフの刃は，出し過ぎると折れることがあります。また，折れた刃が飛んでいくこともあり，大変危険です。
(2)刃を人に向けないように注意してください。人に渡すときは刃をしまい，持つところを相手に向けて差し出します。
(3)刃の進む先に手を置くと，けがをする恐れがあるので，絶対に置かないようにしてください。
(4)使い終わったら，すぐに刃を戻しておきます。
❷のりを使うときは，下に紙を敷いておきます。必要な分だけ指にとり，薄く伸ばしてぬります。使ったあとはふたをし，乾かないようにします。
❸(1)道具の使い方を誤ると危険です。安全に気をつけて，正しく使うようにします。
(2)はさみやカッターナイフのような道具は，汚れたりぬれたりしたままにしておくと，切れにくくなってしまいます。すぐに拭きとるようにしてください。
(3)道具を出しっぱなしにしていて，落としたり踏んだりしたら危険です。使い終わったらすぐに片づけるように教えてください。

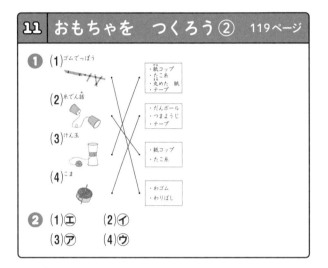

13 町の しせつや くふう① 123ページ

❶ ㋐，㋓，㋕，㋖（順不同）

❷ 

ポイント

❶検索用のコンピュータを使えば，本の場所や貸し出し中かどうかを調べられます。ジャンルやテーマなどを伝え，司書の人に探してもらうこともできます。子供も貸し出しカードをつくれるので積極的に利用し，本に親しむ機会をあたえてください。

❷図書館はみんなが利用する施設です。まわりの迷惑にならないようにします。飲食も禁止されています。また，本は大切に扱います。

14 町の しせつや くふう② 125ページ

❶ 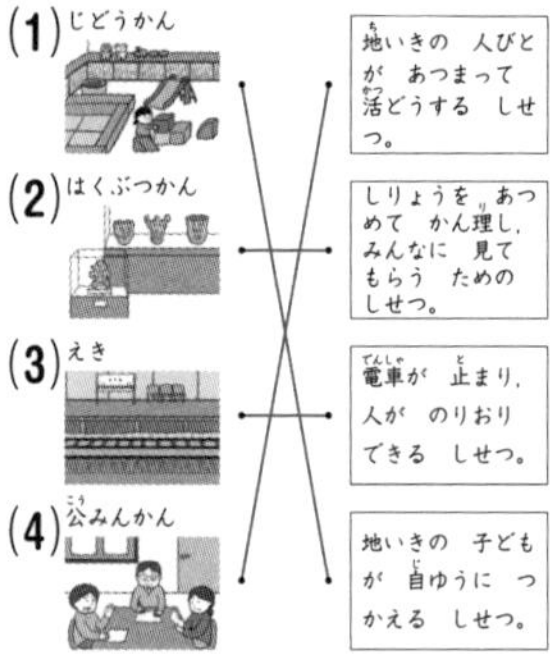

❷ (1)㋓　(2)㋑　(3)㋒　(4)㋐

ポイント

❶(1)児童館は，地域の子供が自由に使える福祉施設です。さまざまな遊びを通して，子供たちの健康増進，情操教育を支援しています。

(2)博物館では，歴史や芸術，科学技術，自然などの資料を扱っています。

(3)駅は，たくさんの人が利用します。駅のホームでは，マナーやルールを守るように教えてください。

(4)公民館は，多くの人が交流する施設です。

❷(1)点字ブロックは目の不自由な人のためのものです。この上では立ち止まらないようにします。

(2)多機能トイレは，車いすの人やお年寄り，小さな子供を連れた人が利用しやすいように，広い空間で手すりがついていて，乳幼児用のベッドが設置されているものもあります。

(3)ノンステップバスは，昇降口に段差のないバスです。お年寄りや小さな子供のほか，車いすやベビーカーも乗り降りしやすくなっています。

(4)英語や韓国語などの外国語が書かれている看板を，町でも見ることがあります。

15 秋を　見つけよう 127ページ

❶ ㋒，㋔，㋖，㋘（順不同）

❷ ㋒→㋑→㋓→㋐

❸ ㋑

ポイント

❶ひな祭りやタンポポは春，ヒマワリや七夕は夏，つららは冬に関係するものです。

❷春に田植えをすると，夏に稲が生長して穂ができ，秋になると実が熟して収穫をむかえます。

❸秋になると，スズムシのリーンリーンという鳴き声を聞くことができます。ほかに，コオロギなども，美しい音色で鳴きます。

16 のりものに　のろう 129ページ

❶ (1)㋐　(2)㋑　(3)㋑　(4)㋐

❷ (1)×　(2)○　(3)×　(4)○
(5)×　(6)×

ポイント

❶電車に乗るときは，事前に料金と発車時刻を確かめておくとよいです。切符を買って乗るほか，ICカードなども普及しています。

(1)小学生は小児区分の料金で乗ることができます。券売機で切符を買うときは，「こども」ボタンを押してから料金ボタンを選びます。

(2)自動改札機を通るときは，まず切符を機械に通します。切符のとり忘れに注意してください。自動改札機のない駅では，駅員に切符を渡して乗り降りするところもあります。

(3)ホームでは線路に近づかず，電車が来るまでは，点字ブロックや線の後ろに並んで待ちます。

(4)降りる人を優先し，降りる人がいなくなってから順番に乗ります。

❷(1)(2)電車やバスでは，席で寝転んではいけません。席に座る場合は前を向き，荷物をひざに置いて座ります。

(3)優先席は，体の不自由な人やお年寄り，小さな子供を連れている人，妊婦などが優先して座ることができる席です。

(4)車内で立つときは手すりなどを持つと，揺れたり急ブレーキがかかったりしたときにも安全です。

(5)車内では静かにします。走り回ったり床に座ったりすることも，まわりの人の迷惑になります。公共の乗りものを利用するときは，マナーを守ります。

(6)駆け込み乗車は大変危険です。大けがにつながる場合もありますので，絶対にしないでください。

17 しらべよう つたえよう ① 131ページ

❶ ㋐，㋑，㋔，㋕（順不同）
❷ (1)㋐　(2)㋓
(3)㋒　(4)㋑

ポイント

❶町探検ではグループで行動します。どこに行きたいか，誰に何を教えてもらうかなどを話し合い，自分たちで計画を立てます。ルールやマナーを確かめて，安全に行動できるように準備します。町探検を通して，自分の生活が町と大きなかかわりをもっていることに気づければよいです。
❷(1)学校名と学年，名前を伝えて挨拶をします。元気よくはっきりと言う練習をしておいてください。
(2)相手の人によく伝わるように，はっきりと丁寧に話すことを心がけるとよいです。
(3)途中で話を遮らず，最後までしっかり聞きます。大事なことはメモをとるようにします。
(4)最後に，お礼を言って挨拶をします。自分たちのために時間をとってくれたことに対しても，感謝の気持ちを伝えられるとよいです。

18 しらべよう つたえよう ② 133ページ

❶
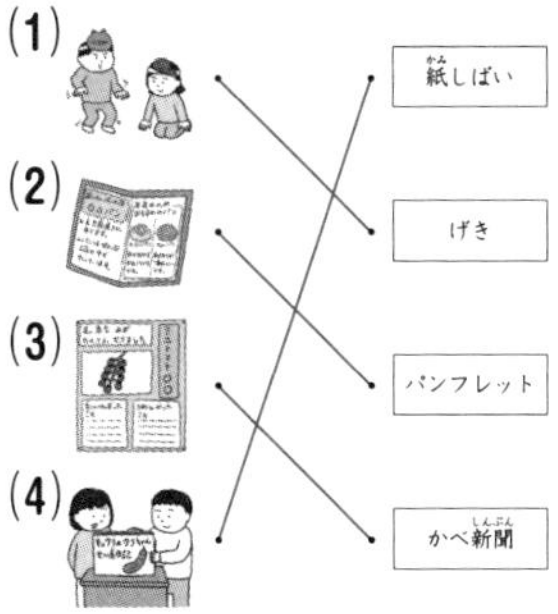

❷ (1)㋓　(2)㋒

ポイント

❶(1)(4)劇や紙芝居は，動物や植物の成長過程や，ものがつくられていく過程，人と出会ったときのできごとなど，ストーリー性のあるものをまとめるときに使うと伝わりやすいです。
(2)パンフレットは，手にとってじっくり読んでもらいたいときに適しています。コピーして配れば，たくさんの人に見てもらうことができます。
(3)壁新聞は教室や廊下に掲示し，一度に多くの人に伝えることを目的としたものです。1つのことに対してしっかり説明するときに効果的です。
❷(1)発表する人は，聞き手に伝わるように意識することが大切です。下を見ないようにして，はっきりと，ゆっくり話すようにするとよいです。
(2)発表を聞くときは，大事なことを落とさず聞こうとする姿勢が大切です。話を最後まで聞き，質問があればそのあとに尋ねるとよいです。

19 冬の　くらし 135ページ

❶（○をつけるところ）
㋐，㋒，㋔，㋗，㋘
❷ (1)㋑　(2)㋐　(3)㋒
❸ ㋑，㋒（順不同）

ポイント

❶お正月は，旧年が無事に終わったことと新年を祝う年始めの行事です。おせち料理や鏡餅にはなじみがある一方で，門松や羽子板，破魔矢などはあまり見かけなくなりました。ほかにもしめ縄など，お正月に関係するものはたくさんあります。
❷(1)雪国のとくに豪雪地域で見る機会のあるものです。
(2)年賀状は，親しい人やお世話になった人などに年始の挨拶をするためのはがきやカードです。
(3)雪国では，建物の倒壊を防いだり交通路を確保したりするために，屋根や道路の除雪が必要です。
❸防寒具にはマフラーやニット帽，暖房器具にはヒーターやこたつなどもあります。

20 大きく　なったよ 137ページ

❶ (1)①㋑　②㋒　③㋐
(2)㋒→㋐→㋑
❷ (1)㋐，㋑，㋔（順不同）
(2)[例]**わたしがはじめて言ったことば。**

ポイント

❶(1)説明の文をよく読んで，絵と見比べてみてください。「自てん車」「おすわり」「さん歩」など，キーワードになる語に気づければよいです。
(2)腰が座る→歩く→自転車に乗るという順で，絵の中の子供が成長しています。
❷(1)小さかったころのことは，身近な人に聞いたり，記録を見たりすることで，調べることができます。図書館に個人のアルバムなどは置いていません。自分の小さいときのことを，自分よりずっと年下の友達は知らないことが多いでしょう。
(2)小さいときのことは覚えていないことがたくさんあります。聞かれたこと以外にも，印象的なできごとなどを話してあげてください。

21 まとめの　テスト❶ 139ページ

❶ ㋐，㋒（順不同）
❷ (1)㋓　(2)㋑
❸ (1)㋐　(2)㋒　(3)㋑

ポイント

❶おたまじゃくしはおもに春に見られます。チューリップは春に咲く植物です。アジサイは初夏の梅雨時期，コオロギは秋に見られます。

❷(1)サツマイモの苗は，葉を土の上に出し，つるの部分は深さ5～10cm程度のところに水平になるように植えます。

(2)サツマイモは，土の中でいもが育ちます。土の上に出たり縦に連なったりすることはありません。

❸(1)町探検では必ずグループで行動します。一人で行動しないように，しっかりと教えてください。

(2)交通ルールを守って安全に町探検をします。横断歩道を渡るときは，車やバイクが来ていないか，よく確かめてから渡るようにしてください。

(3)何時までに戻ることになっているか，出発前にもう一度確認します。慌てず安全に戻るためにも，余裕をもって行動するようにします。

22 まとめの　テスト❷ 141ページ

❶ (1)㋐→㋒→㋑→㋓
(2)㋒→㋑→㋓→㋐

❷ (1)㋒　(2)㋐
(3)㋓　(4)㋑

ポイント

❶(1)卵から幼虫，さなぎ，成虫の順に成長します。

(2)卵からかえって成長すると，おたまじゃくしから後ろあし，前あしの順に出てきます。そして，呼吸器官が水中に適したえらと皮膚から，陸上に適した肺と皮膚に変わり，成体へと変化します。

❷(1)はさみとカッターナイフは切る道具です。どう使い分けるのか，復習しておいてください。

(2)かくときに使う道具にはほかに，ボールペンや色鉛筆などもあります。

(3)穴を開ける道具です。工作などで使用する際には，必ず使い方を確認するようにしてください。

(4)くっつける道具には，接着剤や両面テープ，ビニールテープなどもあります。

23 まとめの　テスト❸ 143ページ

❶ (1)㋑　(2)㋐

❷ 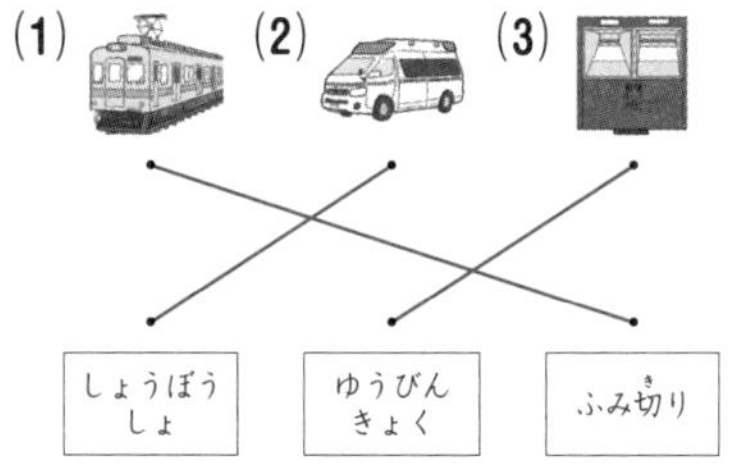

❸ (1)×　(2)○
(3)○　(4)×

ポイント

❶(1)(2)多くの図書館では，テーマや内容によって本をグループ分けしてラベルで番号を示し，本棚に並べています。本を探すときは，図書館内の案内図のほか，書名や著者名などから検索できるコンピュータを利用するとよいです。困ったときは図書館司書に聞いてみるのもよいです。

❷(1)線路と道路が交差するところに踏切があります。警報音が鳴り始めたら電車が来る合図です。

(2)消防署から出動した救急車は，病人やけが人を一刻も早く病院に運ぶため，遠くからでも存在がわかるようにサイレンを鳴らします。

(3)郵便ポストは，はがきや手紙などを投函《とうかん》するためのものです。

❸(1)出入り口付近に立つと，乗り降りする人の邪魔になるので，車内の奥へ進むようにします。

(2)降りるときは停留所（バス停）に着く前にボタンを押して，運転手に知らせます。

(3)バスの中にある運賃箱に，整理券とともに料金を入れます。ICカードの場合は，運賃箱付近の所定のところにタッチします。

(4)地域によってはフリー乗車ができるバスもありますが，多くのバスは停留所で乗り降りします。

24 まとめの　テスト❹ 145ページ

❶ (お子様の体験をもとに答えられていたら正解)

❷ (1)㋐　(2)㋑

❸ ㋑，㋒，㋔ (順不同)

❹ **例たくさんの本を読むこと。**

ポイント

❶お年寄りや小さな子供を連れた人，体が不自由な人，外国人など，町にはいろいろな人がいます。みんなが便利で快適に過ごせるように，町にはさまざまなくふうがあります。問題にあるもの以外に，どんなくふうを見つけたか，それはどんな人に対するくふうなのか，話し合ってみてください。

❷(1)地域の図書館には図鑑や事典，専門書など，いろいろなジャンルの本があります。子供向けの本もあるため，調べ学習にも積極的に利用してください。

(2)身近に詳しい人がいれば聞いてみるとよいです。いろいろな人と話す機会をもつこともできます。

❸丸めた雪を投げ合う雪合戦や雪面を滑るスキー，氷上を滑るスケートは，冬の遊びです。花火，虫とり，プール遊びは夏に外でする遊びです。

❹2年生のときにできるようになったことをさらに上達させたい，2年生のときにできなかったことをできるようになりたい，新たなことにチャレンジしたいなど，がんばりたいことが書けていれば正解です。

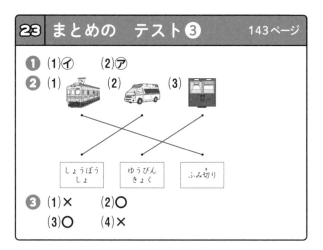

国語

1 かん字①　147ページ

❶ (1)**にっき**　(2)**きたかぜ**
(3)**こうない**　(4)**おとうと**
(5)**とお**　(6)**たけうま**
(7)**あたら，みせ**　(8)**ゆうじん，あ**

❷ (1)食　(2)答
(3)戸　(4)妹
(5)午後　(6)遠足
(7)引，算　(8)細，道

ポイント

❶(3)(4)「う」を「お」と書いていないか注意します。「コー」「トー」とオ段の伸ばす音はふつう，「こう」など，オ段の仮名に「う」を添えて表記します。
(5)「通る」は「とうる」ではなく「とおる」と，オ段の仮名に「お」を添えて表記します。
❷(1)三画目の点を書けているか，七画目ではねているかを確かめます。
(2)「合」の三画目の横画が抜けていないかどうかを確かめます。
(5)「午」を「牛」としないよう注意します。
(6)(8)「遠」や「道」の「辶（しんにょう）」は，三画で書きます。

2 かん字②　149ページ

❶ (1)**きしゃ**　(2)**かがく**
(3)**なんかい**　(4)**はね**
(5)**とうばん**　(6)**としょしつ**
(7)**かず，かぞ**　(8)**あまぐも，ひろ**

❷ (1)牛　(2)魚
(3)顔　(4)園
(5)作文　(6)音楽
(7)話，聞　(8)家，帰

ポイント

❶(3)「何」は「なに」と読みますが，数などが不定であることを表すときは「なん」と読むことが多いです。たとえば，「何色ですか。」は「なにいろ」と読めばどんな「色」かを，「なんしょく」と読めば，色の数がいくつかを尋ねています。
(6)「図」には「ズ」「ト」の二つの音読みがあります。
(8)「雨」は「あめ」以外にほかの語と組み合わさったとき，「あま」と読むことがあります。「雨戸」「雨具」なども「あま」と読みます。
❷(1)「牛」の最後の縦画に注意します。「午」と書いていないか確認します。
(2)「灬」は左はじの点だけ向きが異なります。
(3)「彦」の「彡」の向きに注意します。
(6)「楽」の左部分の「冫」を「氵」としていないか，つなげて一画で書いていないか注意します。

3 日記の　書き方　151ページ

❶ (1)㋑
(2)**さんぽ**
(3)㋒
(4)（右から順に）**1，3，2**

ポイント

❶(1)読み返すときに，いつのできごとかわかるように，日記の冒頭には，日付と曜日，天気を書きます。
(2)この日記のテーマです。「何をしたのか」を読み取ります。
(3)「思ったこと」を読み取ります。「思」という文字に注意して探すように伝えましょう。最後の一文に「クロは、おじいちゃんが　すきなんだなあと思いました」とあります。
(4)この日記の構成を読み取ります。まず，この日の日記のテーマ（したこと）が書かれています。次に，できごとのきっかけと様子（言ったこと），最後に感想（思ったこと）が書かれています。犬の散歩というできごとの中で，クロがおじいちゃんによくなついていることがわかります。

4 記ろく文の　書き方　153ページ

❶ (1)

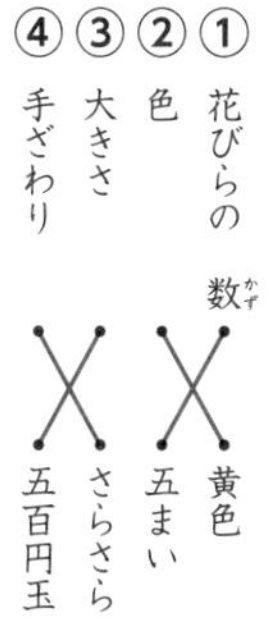

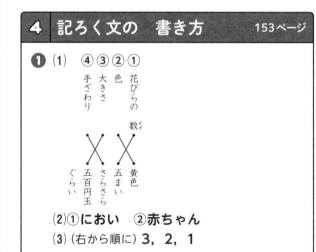

(2)①**におい**　②**赤ちゃん**
(3)（右から順に）**3，2，1**

答え

🔈 **ポイント**

❶(1)観点ごとに観察結果を読み取ります。「花びら」「色」「大きさ」などの言葉を手掛かりに，第二段落から①花びらの数，②花の色，③大きさを，第三段落から④花の手触りを読み取りましょう。

(2)「気が　つきました」という言葉は二回書かれています。気がついたことは，一つ目が，においの有無，二つ目が赤ちゃんきゅうりの存在の有無です。

(3)記録文の構成を読み取ります。観察したもの→見たことやさわったこと→においから気づいたこと→次の課題，の順に書かれています。

5 お話を　読もう①　155ページ

❶ (1)ウ

(2)**みどり**

(3)**黄色**

(4)**土**

🔈 **ポイント**

❶(1)場面を捉えさせます。冒頭に「春が　めぐって　きました」とあり，ねむっていたかえるたちは，「せなかの　上の　土が　あたたかく　なって　きた」ので，それがわかったのです。

(2)(3)誰が何をしているのかを捉えさせます。この文章では，みどりのかえると黄色のかえるが登場します。どちらが何をしているのか，何を言っているのかを押さえます。最初にみどりのかえるが目を覚まし，その呼びかけで黄色のかえるが土から出てきています。

(4)黄色のかえるのことばを探します。黄色のかえるのことばは「やれやれ、春に　なったか。」と「まて　まて。からだの　土を　あらいおとしてからに　しようぜ。」です。ここでは，後者のことばの内容が問われています。

6 せつ明文を　読もう①　157ページ

❶ (1)**ソメイヨシノ**

(2)**は**

(3)**つぼみ**

(4)（右から順に）**1，4，3，2**

🔈 **ポイント**

❶(1)冒頭に，文章で取り上げるものが述べられています。「日本で　見かける　さくらの　多くが　ソメイヨシノです」とあり，ソメイヨシノについて書かれた文章であることがわかります。

(2)「花びら」ということばが出てくる段落を探します。第二段落に「花びらが　ちる　ころに　なると、かわって　はが　出て　きます」とあります。

(3)「小さな　め」ということばは最後の段落に出てきます。「この　めが　ふくらんで　つぼみに」なるとあります。この段落では，冬のソメイヨシノのえだの先にはめがついており，春へとつながっていくことが述べられています。

(4)文章の順序のとおりに番号をふっていく問題です。この文章では，ソメイヨシノが，春夏秋冬と季節が移り変わる中で，どのように変化していくのかを読み取らせます。「花を　さかせる。」(春)→「はが　しげる。」(夏)→「はが　色づく。」(秋)→「はが　おちる。」(冬)となります。

7 かん字の 画と ひつじゅん　159ページ

❶ （濃いところが一画目）

(1)　(2)

(3)　(4)

(5)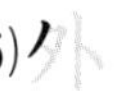　(6)

❷ (1)**5**　(2)**3**

(3)**7**　(4)**5**

❸ (1)㋐　(2)㋑　(3)㋑

(4)㋐　(5)㋑

🔈 **ポイント**

❶漢字の筆順は，①上から下へ，②左から右へという大原則があります。

(1)中→左→右の順に書く，という筆順の決まりがあり，「小」「水」などもこの原則にあたります。

(2)横画と縦画では，横画から書き始めるのが原則ですが，「長」は縦から書き始めます。

(3)中→左→右の順に書く原則どおりです。ただ，「学」など左→中→右の順に書く漢字もあります。

(4)横画と左はらいでは，「友」や「左」のように横画が短く左はらいが長い漢字は，横画を先に書きます。「右」のように左はらいが短い漢字は，左はらいから書きます。

(5)左から右への大原則通りの漢字です。

(6)外側から先に書くのが原則です。

❷(1)「用」のように，貫く縦画は最後に書きます。

(3)原則では，(2)の「姉」のように左から右へ書きますが，「しんにょう」は最後に書きます。

❸(4)「生」や「里」，「重」など，縦画を書いてから下に横二本を書き足す漢字が多いですが，「書」は，先に横画を二本書いてから縦画を書きます。まちがえやすいため，筆順の出題の多い漢字です。

答え

8 組み合わせて できる かん字 161ページ

❶ (1)刀　(2)生　(3)歩
(4)門　(5)回　(6)朝
(7)親
❷ 思，岩，国，晴（順不同）
❸ (1)合　(2)里　(3)肉

ポイント

❶(1)「刀」で「七」回「切」る，など語呂合わせで覚えると楽しく学習できます。
(2)漢字をそのまま上と下で組み合わせます。
(3)上と下を逆にして組み合わせます。
(5)「回」は，渦がぐるぐる回るさまをかたどった象形文字です。
(7)立つ木の横で見る人は「親」です。
❷漢字の組み合わせ方には，左と右のほか，上と下，内と外などがあります。漢字カードの組み合わせを考える中で理解します。
❸漢字のたし算の，逆の考え方です。かんむりやへんなどは，もとの漢字と少し形のちがうものもあるので注意しましょう。
(1)「答」から「竹」を取ると，「合」が残ります。
(3)最後に残った「内」に「人」を足すと，もとの漢字が「肉」であることがわかります。

9 丸・点・かぎ 163ページ

❶
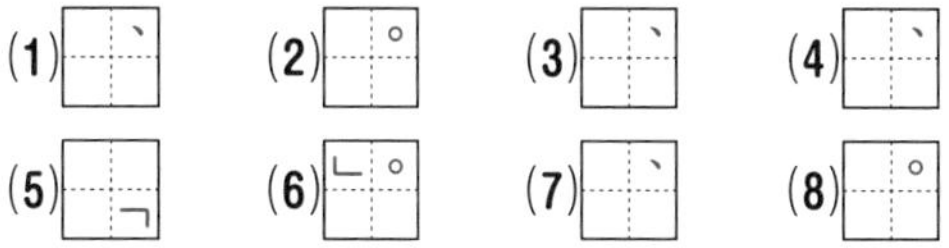

❷
ぼくは、

「おやすみ」。

と言いました。

そして、へやに
行きました。

❸ (右から順に)
母に、はきものをもらう。

母には、きものをもらう。

ポイント

❶(1)原稿用紙に書くときは，「、(読点)」と「。(句点)」は，マス目の右上に書きます。文のどこに「、」を入れるかにきまりはありませんが，文の内容の切れ目や読んだときに息つぎをするようなところに入れるようにするとよいです。また，主語のあとに入れることが多いです。
(5)(6)会話文は，改行してからかぎ「」でくくります。原稿用紙に書く場合，初めのかぎはマス目の右下，会話文の終わりは「。(句点)」ととじるかぎを同じマス内の上の部分に書きます。
❷「おやすみ。」の会話部分は改行してから「」でくくり，最後に「。」を入れます。
❸「、」を入れる場所で文の意味が変わることがあります。「、」がないと，「はきもの」「きもの」のどちらなのか，わかりません。こういった，文の区切り方によって文の意味がちがってくることを楽しむ「ぎなた読み」ということば遊びがあります。

10 同じ ぶ分を もつ かん字 165ページ

❶ (1)辶　(2)田　(3)氵　(4)口
❷ (1)体，作，何
(2)外，多，夜
❸ (1)日　(2)糸　(3)言

ポイント

❶(1)共通する部分は「辶」。「道」や「行く」「進む」などの意味を表す漢字につきます。漢字を書くとき，「辶」は最後に書きます。
(2)共通する部分は同じ位置にあるとは限りません。
(3)「氵」は水に関係する漢字につきます。「汽」の「气」は，水蒸気などが立ちのぼるさまをかたどっています。
(4)外側を囲む「口」の部分が共通しています。
❷(1)左側の「亻」の部分が共通しています。
(2)「夕」の部分が共通しています。位置のちがいにも注意しましょう。「夕」は「月」や「肉」の形をかたどった象形文字です。「多」は，日数がたくさん重なることから「おおい」という意味を表すという説と，肉が重なって「おおい」様子を表すという説があります。
❸(1)「日」を付けると，「晴」「早」「時」「明」になります。「早」は位置や形が異なりますが，同じ「日」です。
(2)「糸」を付けると，「紙」「線」「絵」「細」になります。
(3)「言」を付けると，「読」「記」「計」「話」になります。

11 かん字③　167ページ

❶ (1)**けいと**　(2)**まいにち**
(3)**よぞら**　(4)**した**
(5)**ゆうがた**　(6)**にんげん**
(7)**こころ，うた**　(8)**ちち，はは**

❷ (1)明　(2)歩　(3)体
(4)門　(5)広場　(6)万円
(7)里，理　(8)鳴，声

ポイント

❶(6)「間」は，「ケン」ではなく，「ゲン」と濁って読むことに注意します。
❷(2)「歩」の五画目の縦画は，左にはねて書きます。
(6)「万」の「ノ」は三画目で，最後に書きます。

12 かん字④　169ページ

❶ (1)**てんせん**　(2)**でんわ**
(3)**がようし**　(4)**げんき**
(5)**けいさん**　(6)**こうえん**
(7)**つく，おし**　(8)**くろ，うま**

❷ (1)読　(2)風　(3)昼
(4)色　(5)走　(6)時間
(7)名前，書　(8)長，台

ポイント

❶(6)「コー」とオ段の音をのばすときは，オ段の仮名に「う」を添えて「こう」と表記します。
(7)「教」には「おし（える）」「おそ（わる）」の二つの訓読みがあり，送り仮名で読み分けます。
❷(7)「前」の「䒑」を「艹」（くさかんむり）のように書いていないか注意します。「書」の貫く縦画は六画目に書きます。

13 お話を　読もう②　171ページ

❶ (1)**うまそうに**
(2)**じぞうさま**
(3)**おみこし**
(4)㋑

ポイント

❶(1)さるどもの様子を捉えさせます。冒頭に「さるどもが　あんまり　うまそうに　食べて　おるので」とあり，ここから書き抜きます。
(2)そばもちを食べるさるどもに，じっさまは「なにも　言わず、はたけの　すみに　引っくり　かえって　ねて」いました。さるどもは，その動かないじっさまを，「じぞうさまと　まちがえて」しまったのです。
(3)さるどもが「手と　手を　組んで、手車を　作り、その　上に　じっさまを　すわらせ」て運ぶ様子が，どのように表現されているかを見つけます。続く箇所に，「おみこしを　かつぐみたいに」とあります。「みたいに」とあることから，実際におみこしをかついでいるのではなく，たとえであることに注意しましょう。
(4)最後の「だまって　じっと　目を　つぶって　おった」に合う選択肢を選びます。じっさまは「みょうな　ことに　なった」，つまり，奇妙なことになったと思っているので，㋐「よろこんで　いた」と㋒「かなしんで　いた」は合っていません。しばらく様子を見ようと，じっとしていたのです。

14 せつ明文を　読もう②　173ページ

❶ (1)**土，木**
(2)㋒
(3)**半とう明**
(4)（右から順に）**3，2，1**

ポイント

❶(1)セミの羽化について書かれた文章です。ここでは，羽化が始まる前のよう虫の様子が問われています。「よう虫」ということばが出てくる第二段落に着目すると，「夕方　くらく　なると、セミのよう虫は、地めんの　土から　出て、木に　のぼりはじめます」とあります。
(2)「羽化の　はじまりです」ということばが，第二段落の最後にあります。羽化は，どうなったら始まるのか。それは「（木の）上へ　上へと　のぼって　いた　よう虫が　うごかなく　なったら」です。
(3)色について書かれている段落を探すと，最終段落で「体の　色」について述べられているのが見つかります。ぬけがらにぶら下がって，見慣れたセミの形になっても，「まだ　体の　色は、少し　みどりがかった　半とう明」とあります。
(4)第三・四段落の，羽化の経過を押さえます。背中がわれはじめて体が少しずつ出てくる→体が全部出る→ぬけがらにぶら下がって羽をのばす→いつもの見慣れたセミの形になる→半透明の体が濃い色に変わる，という流れです。

15 しを　読もう①　175ページ

❶ (1)**いなご**
(2)**ひこうき**
(3)(右から順に) **あし，はね**
(4)**㋑**

ポイント

❶(1)この詩は，作者がある生き物になりきり，その生き物の気持ちを表現したものです。題名にあるとおり，ここでは「いなご」の「ぼく」の視点で書かれています。
(2)(3)「ぼく」がどう思っているのか，何をしているのかを捉えさせます。「みつめろ　ちへいせん」「みあげろ　あおいそら」のあとに，「ぼくは　いつか　きっと/ひこうきに　なるぞ」とあることから，「ひこうき」になろうと思っていることが読み取れます。また，「ふんばれ　6ぽんのあし」「ひろげろ　4まいのはね」のあとに，「ぼくは　いつか　きっと/くもに　とびのるぞ」とあることから，「ぼく」が足をふんばり，はねを広げていることがわかります。
(4)第一・二連の二行目に「たびにでたいと　ゆめみるいなご」とあることに着目させます。「ぼく」は大きな世界に旅立つことを夢見ています。

16 かん字の　画数　177ページ

❶ (1)**6**　(2)**3**　(3)**7**　(4)**4**
(5)**13**　(6)**8**　(7)**7**　(8)**18**
(9)**11**　(10)**14**

❷ (4)　(3)　(2)　(1)
図　夏　後　姉

食　国　家　麦

❸ (〇で囲むところ)
(1)**交**　(2)**冬**　(3)**店**　(4)**歩**

ポイント

❶(1)三画目，四画目は縦と横を一画で書きます。
(2)一画目は縦と横を一画で書きます。三画目は最後のはねるところまでを一画で書きます。
(3)「辶」は三画で書きます。
(6)「直」の最終画は縦と横を一画で書きます。
(7)三画目は横と縦を一画で書きます。五画目は最後のはねるところまでを一画で書きます。
(8)二年生で学習する漢字の中で，最も画数が多い漢字の一つです。
(10)画数を少なく数えてしまった場合は，「歌」の左の部分をまちがえていないか確認しましょう。
❷(1)「姉」と「国」は八画，(2)「後」と「食」は九画，(3)「夏」と「家」は十画，(4)「図」と「麦」は七画です。
❸(1)「古」と「広」は五画，「交」は六画です。
(2)「戸」と「今」は四画，「冬」は五画です。
(3)「角」と「来」は七画，「店」は八画です。
(4)「室」と「風」は九画，「歩」は八画です。

17 カタカナで 書く ことば　179ページ

❶ (1)**ニャーニャー**　(2)**ガチャン**
(3)**アイスクリーム**　(4)**アメリカ**
(5)**ベートーベン**

❷ (1)**ピカソ，スペイン** (順不同)
(2)**ペットボトル，ビーズ**
ビニールテープ，シャカシャカ
マラカス (順不同)

ポイント

❶判断しやすいものから書き入れていくとよいです。正しく選択できているか，長音を「ー」に直して書けているかどうかに注意します。
❷(1)外国の国名，人の名前をカタカナに直します。「ソ」と「ン」の形が正しく書けているかにも注意します。
(2)外国からきたことば (外来語) と，ものの音を表すことば (擬音語) を文中から抜き出します。形の似ている字や長音 (「ー」) の表記のほかに，「゛」と「゜」の書き分けが正しくできているかどうかも確認します。

18 かん字の 読みと おくりがな 181ページ

❶ (1) (右から順に) **あ，あか**
(2) (右から順に) **すく，すこ**

❷ (○をつけるところ)
(1)**新しい**　(2)**光る**　(3)**答え**

❸ (1)考える　(2)分ける　(3)歩く
(4)帰る　(5)教える　(6)親しい
(7)後ろ

ポイント

❶複数の訓読みがある漢字は，送り仮名で漢字の読み方を判断します。

❷(1)送り仮名をまちがえやすい漢字です。「新しい」「楽しい」など，最後が「○○しい」で終わる様子を表すことばは，送り仮名が「しい」であることが多いです。
(2)「光」は動作を表すことばとして「ひかる」と読むときは「る」を送ります。「星の光」などのように，「ひかり」としてものの名前を表すときは，送り仮名はつけません。

❸(2)「分」は「分ける」のほかに，「分かれる」「分かつ」「分かる」など多くの送り仮名があります。
(5)「教」は「教える」のほかに，「教（おそ）わる」という訓読みがあります。「教える」の場合は，「える」が送り仮名になります。

19 主語と　述語①　183ページ

❶ (1)**妹が**　(2)**雨が**
(3)**ゲームは**　(4)**これは**

❷ (1)**すっぱい**　(2)**オスだ**
(3)**読む**

❸ (1)主語…**ねこが**　述語…**ねる**
(2)主語…**鳥は**　述語…**歌う**
(3)主語…**にんじんも**　述語…**おいしい**

ポイント

❶まず述語を見つけ，述語に対して「何が？」「誰が？」と問うと主語が見つかりやすくなります。
(4)述語は「ぼうしだ」です。「ぼうしだ」に対して「何が」と考えると「これは」が主語だとわかります。「ぼくの」は「ぼうし」をくわしくすることばです。

❷文末のことばを探すとよいです。なお，それぞれの主語は(1)「レモンは」，(2)「ひよこは」，(3)「わたしは」です。

❸(3)絵の中で食べているのは「うさぎ」です。ここで「うさぎが―おいしい」にすると，うさぎが食材になってしまいます。「おいしい」に対して，「何が」と考えると，「にんじんも」が主語だとわかります。なお，「にんじんも」の「も」は，りんごのようにほかにもおいしいものがあることを表しています。

20 にた　いみの　ことば　185ページ

❶ (4)　(3)　(2)　(1)
話《はな》す　おわり　さわがしい　あける

おしまい　しゃべる　ひらく　うるさい

❷ (1)**おどろく**　(2)**こわい**
(3)**ゆっくり**

❸ (○をつけるところ)
(1)**じょうずだ**　(2)**親切な**

❹ (1)**みんな，すべて** (順不同)
(2)**じきに，ただちに** (順不同)

ポイント

❶(2)ほかに「やかましい」「そうぞうしい」などもあります。

❷(1)ほかに「ぎょう天する」などもあります。

❸大きく分けると，「うまい」には「上手だ」「おいしい」，「やさしい」には「親切だ」「簡単だ」両方の意味があります。

❹(1)「ぜんぶ」－「ほしい」など，あとに続くことばを考えます。すると，「みんな」－「ほしい」，「すべて」－「ほしい」が似た意味のことばであることがわかります。
(2)「すぐに」－「行く」など，あとに続くことばを考えます。すると，「じきに」－「行く」，「ただちに」－「行く」が似た意味のことばであることがわかります。

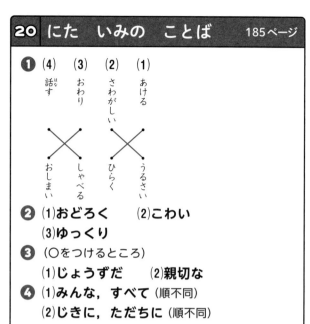

21 はんたいの　いみの　ことば　187ページ

❶
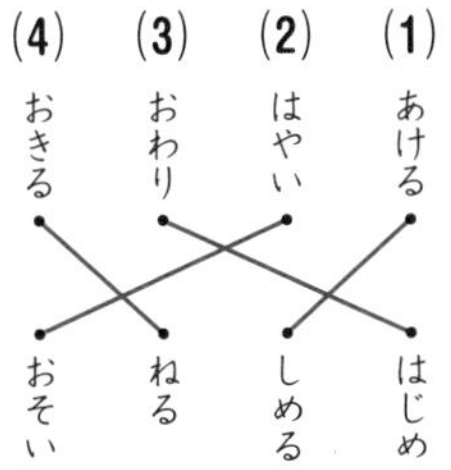

❷ (1)**ひくい**　(2)**さむい**
❸ (1)**かるい**　(2)**売る**
❹ (1)近い　(2)細い　(3)少ない
(4)強い　(5)新しい

ポイント

❶(1)ここでの「あける」は「窓をあける」などの，「閉じていたものを開く」という意味の「あける」です。「あける」には，「明るくなる」という意味もあります。その場合，反対の意味のことばは「暮れる」です。
❷反対の意味のことばを自分で考える問題です。絵をヒントにします。
❸(1)――線のことばに「ない」をつけて考えます。「おもくない」は，どういったことばで表せるのかを考えます。
(2)動作を表すことばの場合は，人がその動作をしている場面を思い浮かべて，その相手の動作を考えてみるとよいでしょう。
❹(3)「多い」は「休みが多い。」「人が多い。」などの例文を考えてみると数量に関わることばだと気づき，対義語は「少ない」が最適だとわかります。

22 かん字⑤　189ページ

❶ (1)**きいろ**　(2)**いわやま**
(3)**みなみ**　(4)**なお**
(5)**あさがお**　(6)**しちょう**
(7)**たに，ゆき**　(8)**はんぶん，わ**
❷ (1)外　(2)高　(3)近
(4)米　(5)国語　(6)図工
(7)西，土地　(8)古，寺

ポイント

❶(5)「顔」は，ここでは「かお」ではなく，「がお」と濁って読むことに注意します。
(6)「ちょう」と「ょ」を小さく書きます。
❷(2)「高」(5)「国」「語」(6)「図」(8)「古」は，それぞれの漢字の「口」の部分を三画で書くことに注意します。
(5)(6)「国」「図」の，囲む「口」の下の横画は，全体の最後に書きます。

23 かん字⑥　191ページ

❶ (1)**う**　(2)**よわ**
(3)**さんかく**　(4)**うし**
(5)**のはら**　(6)**ことり**
(7)**おな，とも**　(8)**とお，くに**
❷ (1)春　(2)弓矢　(3)多
(4)首　(5)自分　(6)今週
(7)会社，行　(8)夏，海

ポイント

❶(4)「後」の読み方は「ゴ」「コウ」「あと」「うし（ろ）」「のち」と，たくさんあります。ここでは「ろ」が続いているので，「うし（ろ）」と読みます。
(8)「遠く」は「とうく」ではなく，「とおく」と表記することに注意します。
❷(1)「春」の右払いは横画の二本目の位置から書き始めます。
(2)「矢」を「失」としていないか注意します。
(5)「分」の上の「八」の部分はくっつけずに書きます。
(6)「今」(7)「会」の上の「へ」の部分は，くっつけて書きます。

24 お話を　読もう③　193ページ

❶ (1)（右から順に）**はたけ，えほん**
(2)**はずかしく**
(3)**夜**
(4)㋑

ポイント

❶(1)誰が何をしているのかを読み取らせます。冒頭に「ある日、おばあさんが、はたけで　いつものように　えほんを　よんで　いると」とあります。
(2)「けはい」については，「うしろに　なにか　けはいを　かんじました」から「はずかしく　なりました」の部分に書かれています。近くの草むらがゆれた→誰かに自分の話を聞かれていたと思った→はずかしくなった，という順序で読み取らせます。
(3)場面が変わったことを読み取らせます。この文章は，おばあさんが「はたけ」で絵本を読んでいる場面と，「その　日の　夜」おばあさんが家のとじまりをしている場面に分かれています。
(4)おばあさんが見つけた小さなひとかげは「男の子」でした。その男の子は，「えほん」を「よんで　ください」と言っています。㋐は，「えほんを　なくした」という内容は文章中にはないのでまちがいです。㋒は，ただ話したかったのではなく，「よんで　ください」と会話文中にあるように，絵本を読んでほしいからなので，まちがいです。

25 せつ明文を　読もう③　195ページ

❶ (1)②**タコ糸**　③**紙コップ**　④**玉**
(2)**新聞紙**
(3)㋑

ポイント

❶(1)紙コップを利用した，けん玉の作り方が述べられた文章です。第三～六段落の冒頭に，それぞれ「はじめに」「つぎに」「そして」「さいごに」とあり，作り方が順を追って説明されています。①は第三段落，②は第四段落，③は第五段落，④は第六段落に対応しています。一つ一つの段落の内容を押さえましょう。

(2)材料は第二段落で挙げられています。玉の作り方について書かれているのは第三段落です。「新聞紙を　丸めて、けん玉の　玉を　作ります」とあります。

(3)ビニールテープは多くの場面で使われているので，注意しましょう。ビニールテープと玉について書かれているのは，第三段落と第六段落です。第三段落に「まわりを　ビニールテープで　まいて、玉が　くずれないように　します」とあります。

26 つなぐ はたらきの ことば　197ページ

❶ (○をつけるところ)
(1)㋑　(2)㋐

❷ (○をつけるところ)
(1)㋐　(2)㋑
(3)㋐　(4)㋑

ポイント

❶(1)「まず」「つぎに」は順序を示すつなぎことばです。「まず」は「最初に，先に」の意味なので，㋐のように手順の説明の途中にあるのはまちがいです。

(2)「だから」は，前の内容が原因や理由となり，順当な結果があとにくるときに使います。「けれども」は，前後で反対，もしくは予想外の内容がくるときに使います。「おなかがすいた」→「おにぎりを食べた」は自然な流れです。よって，つなぐことばは「だから」が適当です。

❷(1)「そして」は，前の内容にあとの内容を付け加える働きがあります。

(2)ここでは，「でも」のあとに，前の内容と矛盾する内容が続きます。「あまい　ものが　すき」であれば，あまいものである「チョコレート」も好きなはずですが，「チョコレート」はきらいなのです。

(3)「そこで」は，前の内容が原因や理由になって起こる結果を，あとにつなげる働きがあります。

(4)「なぜなら」は，前の内容に対して，原因や理由を説明するときに使います。「学校を休んだ」理由になるのは㋑です。㋐は，学校を休んだ理由とはまったく関係のない内容です。

27 手紙の　書き方　199ページ

❶ (1)**話す**
(2)①**話し合い**　②**はきはきと**
(3) (右から順に) **3，1，2**

ポイント

❶(1)二文目に「あすかさんは、話す　ことが　じょうずで　すてきだと　思います」と書かれています。

(2)「すてきだな」と思ったできごとは，第二段落に書かれています。「いつ」「どんなこと」でそう感じたのかを読み取らせます。自分と比べた感想を入れるなど，理由が具体的であるほど，手紙の内容が読み手に伝わります。

(3)この手紙は，「初め（読み手に伝えたいこと）→中（感じたときのできごと）→終わり（これからの自分の目標）」の構成で書かれています。実際に手紙を書くときも，内容のまとまりをつくり，伝えたいことを順序立てて書くようにしましょう。

28 しを　読もう②　201ページ

❶ (1)㋒
(2)**いす**
(3)**ちょき　ちょき　ちょっきん、**
(4)**かがみ**

ポイント

❶(1)詩によまれた心情を読み取る問題です。冒頭に「さんぱつに　いったら　おもしろかった」とあります。また，鏡に映る自分や，切られて落ちていく髪の毛に，「ぼく」が興味津々であることが読み取れ，詩全体からさんぱつを楽しんでいることがわかります。
(2)「いすに　こしかけた　ぼく」「かがみの　なかの　ぼく」から読み取ります。「かがみの　なかの　ぼく」から，「ぼく」はいすにこしかけ，鏡と対面していることがわかります。
(3)髪の毛が切られる「音」を表すことば（オノマトペ）を探す問題です。まず第三連に「おちていく　かみの　け」とあり，髪が切られていることを表現しています。よって，その前の「ちょき　ちょき　ちょっきん」が，髪を切られている音だとわかります。（一行を書き抜くので，読点「、」も入れましょう。）はさみでものを切るときは，どういう音が出るのかを想像させましょう。
(4)「どっさり」いた「ぼく」とは何かを考えます。それは，さんぱつの際に鏡に映った自分であり，切られて落ちた髪の毛です。さんぱつが済んだので，切られて落ちた髪の毛や，鏡に映っていた「ぼく」にさよならしたのです。

29 主語と　述語②　203ページ

❶ (1)㋑　(2)㋐　(3)㋒
(4)㋐　(5)㋒
❷ (1)㋒　(2)㋐　(3)㋑
(4)㋑　(5)㋐
❸ (1)主語…**これは**　述語…**本だ**
(2)主語…**いちごも**　述語…**あまい**
(3)主語…**馬が**　述語…**走る**
(4)主語…**話は**　述語…**おもしろい**
(5)主語…**こまは**　述語…**回る**

ポイント

❶主語は㋐㋑㋒のすべてが「だれが（は）」となっているように，人物を指します。
(1)父がどんな様子かを示しています。
(2)友だちがどんな動作をしているのかを表しています。
(3)(5)「何だ」は「ものなどの名前＋だ」の形です。
(4)姉がどんな動作をしているのかを表しています。
❷「何が（は）」は，主語が人以外の場合です。事物以外に動植物なども「何が（は）」の形で主語になります。
❸(1)「わたしの」は主語ではなく，「本」をくわしくすることばです。
(2)主語は「だれが」「何が」の「が」以外に，「～は」や「～も」「～こそ」などの形をとることもあります。
(4)(5)「先生の」「ぼくの」は，主語をくわしくすることばです。「おもしろい」のは何か，「回る」のは何かを考えると主語がわかります。

30 ようすを　あらわす　ことば　205ページ

❶ （○をつけるところ）
(1)**ごくごく**　(2)**すいすい**
(3)**きれいな**　(4)**やわらかい**
(5)**こおりの**
❷ (5)　(4)　(3)　(2)　(1)

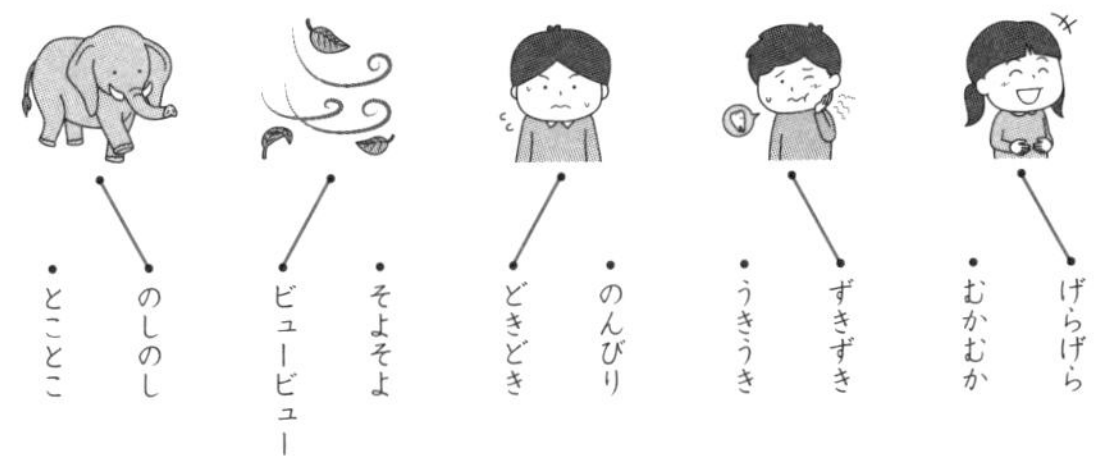

ポイント

❶(1)「ぺらぺら」は，よくしゃべる様子などを表します。
(2)「よろよろ」は，足元がふらつき倒れそうな様子などを表します。
(5)手の冷たさを，たとえを使って表現しています。「怒っている」態度も「つめたい」と表現できますが，ここでは手の温度について述べているので，「こおりのように」が適切です。
❷(1)「むかむか」は，怒っている様子などを表します。
(2)「ずきずき」は，体や傷口が絶え間なく痛む様子を表します。「うきうき」は，楽しい様子を表します。
(5)「のしのし」は大きくて重いもの（人）がゆっくりと，「とことこ」は小さいもの（人）が小股で軽やかに歩く様子を表します。

答え

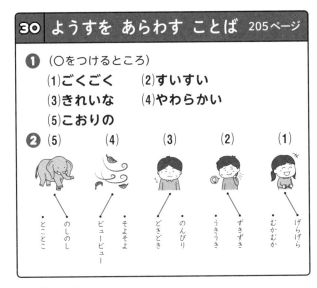

31 組み合わせた　ことば　207ページ

❶ (1)もち上げる　(2)切りとる
(3)おりまげる　(4)とびこえる
(5)作り直す　(6)あらいながす

❷ (4)　(3)　(2)　(1)

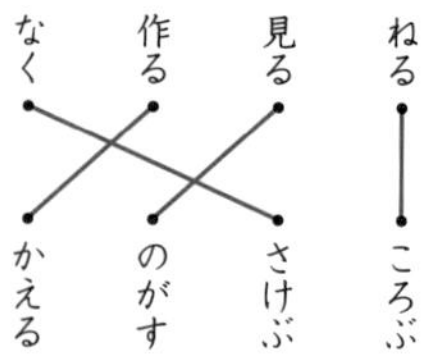

❸ (1)歌う，出す
(2)食べる，おわる

ポイント

❶二つの動作が組み合わさり，一つになったことばです。上のことばの形が変わることに注意します。
(1)「もつ」と「上げる」が組み合わさり，「もつ」は「もち」に変化します。
(4)「とぶ」と「こえる」が組み合わさり，「とぶ」は「とび」に変化します。
❷組み合わせると(1)「ねころぶ」，(2)「見のがす」，(3)「作りかえる」，(4)「なきさけぶ」となります。「ねる」―「ころぶ」，「ねる」―「さけぶ」，「ねる」―「のがす」，「ねる」―「かえる」というふうに，一つずつ組み合わせてみて確かめましょう。
❸上のことばを言い切りの形で書くことに注意しましょう。
(1)「歌い」を言い切りの形に直し，「歌う」と書きます。
(2)「食べ」を言い切りの形に直し，「食べる」と書きます。

32 かん字⑦　209ページ

❶ (1)あきば　(2)とうきょう
(3)せいかつ　(4)しょうねん
(5)ひかり　(6)てんさい
(7)おも，い　(8)まる，かたち

❷ (1)強　(2)太　(3)買
(4)頭　(5)教室　(6)草原
(7)小刀，切　(8)兄，姉

ポイント

❶(1)「晴(れ)」は，ここでは「は(れ)」ではなく，「ば(れ)」と濁って読むことに注意します。
(7)「言う」は，「ユウ」と発音することもありますが，「いう」と表記することに注意します。
❷(7)「刀」が「力」になっていないか注意します。

33 かん字⑧　211ページ

❶ (1)ぎょう　(2)あかぐみ
(3)ふゆ　(4)にくたい
(5)にちようび　(6)ぼし
(7)たの，えほん　(8)かんが，あ

❷ (1)回　(2)交番　(3)止
(4)親子　(5)池　(6)麦茶
(7)知，会　(8)船，来

ポイント

❶(2)「組」は，ここでは「ぐみ」と濁って読みます。
(5)「日」を「にち」「び」の二通りで読んでいます。
❷(2)「交」を「文」と書いていないか注意します。
(3)「止」を「上」と書いていないか注意します。
(4)「親」を「新」と書いていないか注意します。
(5)「池」を「地」と書いていないか注意します。
(7)「会」を「合」と書いていないか注意します。

34 お話を　読もう④　213ページ

❶ (1)夕日，なかま
(2)地めん
(3)例赤い小さな花
(4)㋒

ポイント

❶(1)きりんのことばから，きりんが何を思っているのかを読み取ります。設問に「かあさん」とあることから，「かあさんと　ならんで　見た」で始まる文に着目します。きりんは，海のむこうの，生まれた地で見た夕日や，なかまのことを思い出しています。
(2)行動の理由を問う問題です。「こんどは、おろして　あげようね。」から，きりんはありを上に乗せていたことがわかります。首を下げたのは，「ありを、やさしく　地めんに　おろ」すためです。
(3)まず，「いきをのむ」は「驚いて息を止める」という意味であることを確認します。きりんが驚いた理由は，――線部のあとに書かれています。「赤い小さな　花が、ぽつんと　さいて」いるのを見つけたからです。そして，その花は「夕日の　しずく」のように見えたのです。
(4)きりんは，「赤い　小さな　花」を見て，「きれいだなあ」と言っています。そして「こんなに　きれいな　花を　見たのは、ぼく、生まれて　はじめてだ」と言っています。これらのきりんのことばから，花の美しさに感動していることを読み取ります。

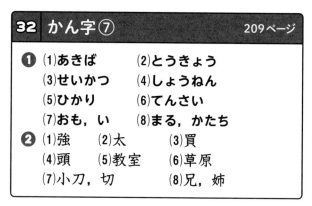

35 せつ明文を　読もう④　215ページ

❶ (1)**やくわり**
(2)**てんてき**
(3)**けつえき**
(4)㋒

ポイント

❶(1)文章のテーマを問う問題です。この文章は，第一段落でテーマを提示し，最後の段落でまとめています。第一段落に「耳には　どのような　やくわりが　あるのでしょうか」，最後の段落に「耳には、大じな　やくわりが　あるのです」とあることから，テーマは，うさぎの耳の役割であることがわかります。

(2)第二段落と第三段落で，うさぎの耳の二つの役割について述べています。ここでは，第二段落の「音を　聞く」役割について問われています。「てんてきから　のがれる　ために、長い　耳を　ぴんと　立てて」と　あることから，なぜ耳を立てているのかがわかります。

(3)ここでは，第三段落の「体おんを　下げる」役割について問われています。設問の「けっかんに　風を　当て」と同じ部分を，文章中から見つけます。その直後に「中の　けつえきを　ひやして　体の　ねつを　外に　にがして　いるのです」とあります。

(4)㋐は，第三段落に「うさぎの　耳を　そっと　さわって　みると　つめたく　かんじます」とあることから，まちがいです。㋑は，第三段落に「うさぎは　ほとんど　あせを　かきません」とあることから，まちがいです。㋒は，第二段落に「あん心して　いる　とき、うさぎは　耳を　ねかせて　います」とあることから合っています。

36 二つの かん字で できた ことば　217ページ

❶ (1)茶　(2)古い　(3)木
(4)休み　(5)強い

❷ (1)草花　(2)足音　(3)青空
(4)小声　(5)新年　(6)校門
(7)子犬

ポイント

❶二つの漢字でできたことば（熟語）の意味を考えます。その熟語を知らなくても，それぞれの漢字の意味を考えることで，熟語の意味が推測できるようになります。

(3)(4)(5)「木」「休」「強」は「ボク」「キュウ」「キョウ」以外にどんな読み方があるのかを考えます。訓読みをするときは送りがなも忘れないようにします。

❷漢字部分を抜き出せば正解できますが，答えを声に出して読ませ，熟語の読み方も理解できているかどうかを確認しましょう。

(1)読み方は「はな」が「ばな」と濁ります。

(3)読み方は「そら」が「ぞら」と濁ります。

(4)読み方は「こごえ」です。

(6)「校門」は「学校の門」の「学」と「の」が省略されています。

(7)「子犬」は生まれてからまだ日が浅い犬，「小犬」は小型犬のことです。

37 まとめの　テスト❶　219ページ

❶ (1)**きいろ**　(2)**よぞら**
(3)**みなみ**　(4)**した，とも**
(5)遠足　(6)聞
(7)昼　(8)兄，姉

❷ (1)主語…**あれは**　述語…**ボールだ**
(2)主語…**花も**　述語…**うつくしい**
(3)主語…**魚が**　述語…**およぐ**

❸ (2)　(1)

ポイント

❶(4)「親」の読み方は，「シン」「した（しい）」「おや」と，いくつもあります。ここでは「しい」が続いているので，「した（しい）」と読みます。

(7)「尺」の中の部分が，「亘」とならないように気をつけましょう。

❷(2)述語は文の最後にあることが多いです。述語「うつくしい」の主語は何かを考えて，「花も」を見つけます。

(3)述語「およぐ」の主語は何かを考えて，「魚が」を見つけます。

❸(1)「のんびり」はリラックスする様子を，「どきどき」は緊張する様子を表します。

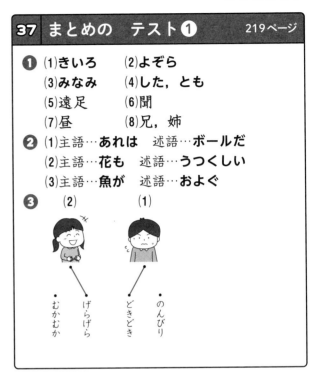

38 まとめの　テスト❷　221ページ

❶ (1)**とお**　(2)**がようし**
(3)**あさがお**　(4)**かず，おし**
(5)**図工**　(6)**交番**
(7)**読書**　(8)**海，船**
❷ (1)（右から順に）**すこ，すく**
(2)（右から順に）**あか，あ**
❸ (1)**弱い**　(2)**遠い**
(3)**古い**

ポイント

❶(4)「数」と「教」は同じ部分のある漢字です。読みまちがえないように注意しましょう。
(5)「口（くにがまえ）」の中の「〻」と「メ」の位置に注意しましょう。
(7)「読」の右上の部分は，「土」ではなく「士」です。
❷(2)「明」はほかにも「あか（るむ）」「あか（らむ）」「あき（らか）」「あ（く）」「あ（くる）」「あ（ける）」など読み方がたくさんあります。送りがなから読み方を考えましょう。
❸そのことばがあてはまる場面や，そのことばを使う場面を思い浮かべましょう。(1)「力が強い」，(2)「家から駅までは近い」，(3)「新しいくつを買う」などとした場合，反対はどう表すかを考えましょう。

39 まとめの　テスト❸　223ページ

❶ (1)**タカシ**
(2)**花びん**
(3)㋐
(4)㋒

ポイント

❶(1)誰が，何をしたのかを読み取ります。冒頭に「ぼくが　さかせたんだよ」とあります。この前の小さい文字の二行やここからあとの部分も読み，これはタカシのことばであることを捉えます。
(2)「目を見はる」は「驚いて目を見開く」という意味であることを押さえます。タカシたちが，何を見て驚いたのかを捉えます。「先生の　つくえの上に、色とりどりの　コスモスが、花びん　いっぱいに　生けて　あった」ことです。
(3)人物の様子を捉える問題です。ここでは，ジュンの様子を捉えます。ジュンは「タカシの　コスモスより、花が　大きく、数も　三ばいは」ありそうな，立派なコスモスを教室に持ってきました。そして，「すごいだろ」と言っています。このことから，㋐「とくいそうに」があてはまります。
(4)最後の一文から，タカシの行動の理由を捉えます。タカシは，自分が育てたコスモスを持ってきて，先生やみんなに見せようとしていました。しかし，ジュンのお父さんが咲かせた，色とりどりの大きくてたくさんのコスモスが教室にあるのを見て，「自分の　コスモスを　あわてて　つくえの下へ」おしこんだのでした。この行動から，ジュンのものよりも劣っている自分のコスモスを，人に見られたくなかったことが読み取れます。したがって，㋒が合っています。

40 まとめの　テスト❹　225ページ

❶ (1)**きめられた**
(2)（右から順に）**五，七**
(3)**あんぜん**
(4)（右から順に）**3，1，2**

ポイント

❶(1)この文章では，路線バスの運転手の一日のタイムスケジュールを，実際の運転手が語り手となって述べています。ここでは，運転手の仕事とは何かを問われています。仕事の内容を端的に説明している第一段落に着目すると，「おきゃくさんをのせ、きめられた　道を　時間通りに　走ります」とあります。
(2)第二〜四段落でタイムスケジュールが説明されています。その中の時間を表すことばに着目します。朝の五時→六時→お昼→午後六時→七時と順番に出てきます。これらから，一日の仕事のはじまりは朝の五時，終わりは午後七時であることがわかります。
(3)「うんてん」について書かれている第三段落に着目します。「走り出す　ときや　左右に　まがる　ときは……あんぜんを　心がけて　います」とあるのが見つかります。
(4)朝，営業所に行ってから出発する（第二段落）→昼休けいをはさみながらの運転（第三段落）→夕方，営業所に戻り，仕事が終了する（第四段落）という流れを押さえます。「わすれものの　かくにん」と「そうじ」は第四段落，「道と　時間の　かくにん」と「バスの　点けん」は第二段落，バスの「うんてん」は第三段落に書かれています。